U0786386

国家级实验教学示范中心·师范生教学能力实训系列教材

物理实验方法与演示教具制作

潘学军　编著

科学出版社

北　京

内 容 简 介

本书主要针对物理学师范专业学生为适应普通高中新物理课程标准和中学物理教学要求而编写，旨在培养学生的创新意识和动手能力，使学生能根据中学物理教学的要求，设计和改进实验，能自制和改进教具，并能应用新技术、新材科学更新和充实中学物理实验内容.本书内容包括物理实验中按测量技术分类的各种测量方法、实验误差分析与数据处理方法、物理实验设计的基本原则和方法、各种实验创新方法、物理实验教具制作加工的基本方法以及实际制作演示和设计性与制作性实验.

本书各章内容相对独立，可视教学条件灵活掌握.可作为师范院校物理专业的学生教材和相关学校的物理教师的教学参考用书.

图书在版编目(CIP)数据

物理实验方法与演示教具制作 / 潘学军编著. —北京：科学出版社，2012.8（2024.9重印）

ISBN 978-7-03-035222-4

Ⅰ.①物… Ⅱ.①潘… Ⅲ.①中学物理课-实验-教学研究-高等师范院校-教材②中学物理课-实验-教学研究-高中 Ⅳ.①G633.72

中国版本图书馆 CIP 数据核字（2012）第 172172 号

责任编辑：黄 桥 / 责任校对：彭 映
责任印制：罗 科 / 封面设计：墨创文化

科学出版社 出版
北京东黄城根北街16号
邮政编码：100717
http://www.sciencep.com

成都锦瑞印刷有限责任公司印刷
科学出版社发行 各地新华书店经销

*

2012年8月第 一 版 开本：787×1092 1/16
2024年9月第十二次印刷 印张：18 3/4
字数：434 000

定价：59.00 元

（如有印装质量问题，我社负责调换）

国家级实验教学示范中心·师范生教学能力实训系列教材

编　委　会

前　　言

近年来不管是对中学、大学还是硕士研究生,在物理相关教学课程中对分组实验、演示实验、教具制作都提出了明确要求. 例如,在普通高中新物理课程标准中明确指出要突出物理学科特点,发挥实验在物理教学中的重要作用. 物理实验是高中物理教学中的重要内容,教师应该积极开发适合教学的实验项目,充分利用实验资源做实验. 利用身边随手可得的普通物品做实验,不但具有简便、直观等优点,而且有利于提高学生的动手能力,培养学生的实验技能和创新意识.

为了提高所培养人材的创新和实践综合能力,适应社会需求,弥补如何使用常用加工工具与加工方法进行简易实验教具设计和制作方面的欠缺和不足,很多高校都根据自身特点和培养目标要求,陆续开设了设计性实验、综合性实验、创新性实验和简单仪器教具制作一类的课程. 通过该类课程的学习,提高了学生的理论联系实际和动手的能力.

本教材的内容设计主要针对物理学师范专业学生开展的课程,开展该门课、编写此教材的目的是使物理学师范生能更好的适应普通高中新物理课程标准要求及中学物理教学要求,积极开发适合教学的实验及演示实验项目,充分利用实验资源,尤其是使用身边随手可得的普通物品做物理实验.

本教材是在教育硕士研究生《物理实验方法和实验设计》讲义的基础上,结合多数学校教学条件、参考其它兄弟院校研究成果、总结编著者的教学研究成果并通过不断改进后编著而成.

本书共分八章节,第 1 章主要介绍什么是实验方法,实验方法的一般性作用,实验方法在科研中的特殊作用,物理实验在物理学发展中的作用及物理实验方法的发展. 第 2 章主要介绍物理实验中的测量方法,按测量技术分类有比较法(补偿法)、放大法、模拟法、干涉法、示踪法、量纲分析法和转换测量法等. 第 3 章主要介绍实验误差分析与数据处理,内容涉及测量误差、误差处理、方法测量不确定度、有效数字、数据处理常用方法及如何使用 Excel 软件处理物理实验数据等内容. 第 4 章主要介绍物理实验设计的基本原则和方法,内容涉及实验方法的选择与设计、测量方法的选择与设计、测量仪器的选配、测量条件的选择及设计实验举例. 第 5 章主要介绍创新的方法，内容涉及技术创新的基本过程、创新的目标及其来源、创新构思的技巧以及创新与灵感等内容. 第 6 章主要介绍物理实验教具的制作，内容涉及自制物理实验教具的意义、制作教具的几个基本问题、金属加工技术、焊接技术、玻璃材料加工、有机玻璃的加工、粘接技术、仪器设计中的电子制作等. 第 7 章主要介绍自制仪器教具及方法，如用废旧材料等制作的演示教具喷泉实验、自制气垫盘等约 30 例；机械振动和机械波疑难实验分析与实验方法的改进，直流稳压电源、微电流放大器及相关实验演示，如欧姆定律演示实验、电容储能演示等约 14 例；静电演示实验及仪器制作，演示与静电相关各种演示实验 14 例. 第 8 章为设计性与制作性实验，可作为学生在实验室进行实践制作研究环节.

全书各章均独立成章可根据教学条件和要求灵活掌握.

本书在编写过程中得到四川师范大学物理与电子工程学院、实验设备与实验室管理处、师范生教学能力综合训练中心和物理实验中心的大力支持，同时借鉴、参考和引用了兄弟院校的大量资料，在此表示衷心感谢！

由于本人经验不足、水平有限，书中的缺点和错误定所难免，诚恳希望批评指正.

作　者

2012 年 1 月

目　　录

第1章　实验方法及作用

1.1　什么是实验方法

人们通常说的实验方法有两种:一种是探索未知自然界奥秘,属于试探性质的,即试验方法;另一种是为了学习掌握已认识的自然科学知识,通过一定的仪器、设备等物质条件,在实验室条件下科学地再现自然现象,使以往人们做过的实验重复表现出来,以便验证已有的自然知识,即实验方法.在一些科技文献中,并未区分这两种概念,一般通用"实验"表示.本书对这两种科学概念也不作严格区分,它们是混用的.

所谓实验(试验)方法,是人们根据一定的研究任务和目的,利用一定的仪器、设备等物质手段,人为地创造一定的环境或条件,主动控制或干涉研究对象,舍弃或排除次要因素和无关因素的影响,选取或突出主要因素,在典型的环境中或特定的条件下,去探索自然界奥秘的一种特殊的研究方法.

1.2　实验方法的一般性作用

1.2.1　实验方法能检验理论的真理

许多科学理论和技术的正确与否都要通过实验方法的验证.例如,自然科学已经发现宇宙间存在着四种相互作用力,那么它们之间有没有内在的联系呢?爱因斯坦提出"统一场论"的假说,然后他用了30年的时间(1925~1955年)探索万有引力与电磁相互作用力之间相统一的"统一场论"问题,但没有得出结论。

1968年,美国物理学家温伯格和巴基斯坦物理学家萨拉姆提出了新的统一场论.他们认为μ中微子与电子相碰撞,可以证明弱相互作用力与电磁相互作用力有极密切的内在联系.

电磁相互作用力与弱相互作用力的大小是不同的.电磁相互作用力非常大(据资料介绍,电磁相互作用力是弱相互作用力的一万亿倍),可以把电子与原子核束缚在一定距离的稳定位置上,从而结合成原子.而弱相互作用力却什么也吸引不住,能影响的范围只是原子半径的千万分之一.但是,温伯格和萨拉姆却认为它们有统一性.这个科学假说一经提出,就遭到一些物理学家的质疑.这个新的统一场论的科学假说是否正确呢?只有通过实验方法才能做出科学的回答.

1979年10月,美国物理学家莫纬、中国物理学家王祝翔等合作,在美国费米实验室

成功地进行了 μ 中微子和电子相碰撞的实验，使弱相互作用力和电磁相互作用力基本统一起来，从而证实了温伯格和萨拉姆所提出的科学假说. 同年 12 月，温伯格和萨拉姆因此获得了诺贝尔物理学奖.

1.2.2　实验方法是获取第一手科研资料重要的和有力的手段

大量、崭新、准确和系统的科研资料，往往是通过实验获得的. 例如，“发明大王”爱迪生(图 1.1)，在研制电灯的过程中，为了寻找灯丝的合适材料，先后试验了一千六百多种矿物和金属材料，连续十三个月，反复进行了两千多次实验，积累了大量的第一手材料，最后发现白金比较合适. 然而，白金价格昂贵，不宜普及，爱迪生又以植物纤维作为材料，继续进行实验，先后共进行六千多次实验，结果发现炭化了的竹丝作灯丝效果最好.

图 1.1　大发明家爱迪生和他发明的电灯[1]

又如，1820 年初，丹麦物理学家奥斯特(图 1.2)在研究电与磁的关系时，根据电流通过直径逐步缩小的导线时会导致其发热，直至发光这一实验现象，推测出若直径再缩小会导致磁效应，但做实验没有获得结果. 后来他思考，如果不是沿着电流方向的纵效应而是垂直电流方向的横效应呢？奥斯特基于这一思想又做了各种实验. 同年 4 月，在哥本哈根大学的一次讲学中，他偶然发现在电流附近的小磁针微微跳动了几下. 奥斯特紧紧抓住这一现象，进行了为期三个月的连续研究，终于在 1820 年 7 月 21 日，发表了题为《关于磁针与电流碰撞的实验》的论文. 于是，1820 年 7 月 21 日，作为电磁学发展史上一个划时代的日子载入了史册.

图 1.2　丹麦物理学家奥斯特

1.2.3　实验方法是探索自然奥秘的必由之路

达·芬奇曾指出：“科学如果不是从实验中产生，并以一种清晰实验结束，便是毫无用处的，充满谬误的，因为实验是确实性之母.”例如，阿基米德揭开王冠之谜的实验和法拉第的电磁感应实验，卢瑟福发现原子核，完成 α 粒子散射实验等，都是历史上著名的运用实验方法做出科学发现的典型事例.

1.2.4 实验方法能够推动自然科学的发展

实验方法是推动自然科学发展的强有力的手段,这已为科学界所公认.例如,1898年,居里夫人(图 1.3)在实验中发现了镭和钋的放射性;1899 年,卢瑟福用强磁场和电场做实验,发现了镭的放射线是由 α,β,γ 射线组成的,α 射线是由大量带正电的氦原子组成的高速粒子流,β 射线是由大量带负电的电子组成的高速粒子流,γ 射线是不带电的高速光子流;1903 年,卢瑟福又通过实验方法,提出了放射性元素衰变的理论,并且证明 α 粒子是带正电的氦原子核,β 粒子是接近光速的电子,从而打破了原子不变的旧观念.

至于运用实验方法而迅速地推动技术发明的事例,那就更多了.总之,无数事实充分地说明了运用实验方法可以发现、验证和发展科学技术,实验方法是自然科学的生命,它是科学发现和技术发明的必由之路.

图 1.3 居里夫人正在做实验[1]

1.3 实验方法在科研中的特殊作用

1.3.1 可以选取典型材料进行实验和研究

人们可以选取典型的实验材料进行实验和研究,充分发挥人的主观能动性,完善实验和研究的效果.例如,美国实验胚胎学家、遗传学家摩尔根和他的同事,自 1909 年就开始选择果蝇作为研究遗传秘密的实验对象.

在生物界中,物种如此之多,摩尔根为什么单单选择果蝇作为研究遗传秘密的实验对象呢? 其原因是,果蝇的染色体很简单,每个细胞只有四对染色体,易于通过实验进行观察;果蝇的生命周期短,仅两周左右,可有效缩短研究周期;果蝇的生殖力很强,每对亲本可以产生成百上千的子代,产生的变异和有几十种遗传特征,在实验中容易观察.正因为果蝇有这些特性和特征,所以它对于研究生物遗传规律具有典型性,在较短的时间内可以收到较好的研究效果.实验的结果把孟德尔关于生物遗传定律的认识向前推进了一步,并奠定了基因遗传学的基础.

1.3.2 实验方法可以简化和纯化研究对象

自然界的事物和现象种类繁多,千差万别,互相联系,互相影响,单凭观察往往分辨不清,难以认识清楚它们的规律性.运用实验方法,对客观存在的各种因素、自然过程和生产过程进行简化和纯化,选取和突出主要因素,舍弃或排除次要因素的干扰,易于进行实验和观察,这更便于揭示自然事物或现象的性质及其规律性.正像马克思所说的:“物理学家是在自然过程表现得最确实、最少受干扰的地方考察自然过程的,或者,如有可能,是在保证过程以其纯粹形态进行的条件下从事实验的.”①

图1.4　吴健雄在实验室中[2]

美籍物理学家吴健雄(图1.4)1957年所做的关于在弱相互作用下宇称不守恒的实验,就是通过简化和纯化自然现象的方法而实现的.她用钴-60作为实验材料,但是在常温下钴-60本身的热运动和自旋方向是杂乱无章的,因而无法进行实验.吴健雄把钴-60冷却到0.01K(绝对温度零度相当于零下273℃),使钴核的热运动停止下来,方使实验得以顺利进行.实验的结果证明了微观粒子在弱相互作用下宇称不守恒的科学假说是正确的.

1.3.3　实验方法具有定向强化研究对象的作用

在科学实验中,人们凭借各种物质手段,能够设计和创造出地球上的自然条件下不存在的、难以得到的或难以利用的各种极端状态和特殊的环境条件,也就是人为地使研究对象处于这种极端状态,以便于去研究和揭示它的运动规律及其特性.这就是实验方法具有定向强化研究对象的特殊作用的原因.

为什么通过强化研究对象的方式才能够达到研究的目的呢?这是因为在自然界中,有些事物在常态下一般是不容易暴露其特殊的运动规律和性质的,只有在人为控制的条件下,定向强化,使它处于一些极端状态和特殊的条件下,才能达到研究的目的.例如,超高压、超高温、超低温、超高真空、超强磁场等极端条件,在现实的自然界中是罕见的,不易得到,只有在实验中,人为地使其变化过程向人们指定的方向强化,才能达到.在常温下,地球表面的大气压力是一个大气压,各种物质及其结构处于常态.可是,在超高压的作用下,不但使分子之间、原子之间的自由空间被压缩变小了,而且当超高压达到一定程度时,电子壳层也会发生巨大的变化,甚至把电子压进到原子核里面去,变成超固态.这将引起物质的物理性质和化学性质的变化,或者生成新的物质.

在超高温的条件下,物质处于由离子、电子或其他粒子组成的“等离子态”,与通常的固态、液态和气态物质又有着不同的特殊性质和运动规律.这样,物质就由通常的三态发展到五态(固、液、气、等离子、超固态).对氘的等离子体研究,是目前探寻实现受控热核反应的重要途径.在超低温的条件下,发现金属或合金具有超导电性(即电阻等于零,具有完全的抗磁性).

---

① 《马克思恩格斯选集》第二卷,人民出版社,1972:206.

实验方法具有的这种强化研究对象的特殊作用,不仅有利于人们探索自然奥秘,而且还能有助于开辟新的科学研究领域,为生产实践的发展开辟新的天地.

1.3.4 实验方法具有加速和延缓研究对象的作用

有些自然事物或现象的发生、发展和转化过程比较短暂,有的可以说是转瞬即逝,这使得人们对这些过程无法进行研究;有些自然事物或现象发展变化的过程很缓慢,有的甚至相当漫长,这使研究工作旷日持久,周期延长,有碍于自然科学的发展,不利于早出成果和多出成果.运用实验方法,人们可以主动地控制研究对象及其发展变化过程.若进展太慢,则可以设法催化,使它加速变快;若进展太快,则可以创造条件,使它延缓放慢;也可在不改变原来发展变化过程的情况下,通过实验方法人为控制,使其显示过程缩短或延长(就像放电影用的快慢镜头那样).控制过程可便于研究.

1.3.5 实验方法具有模拟研究对象的作用

在自然界和经济建设中,对于那些现今不可能或不允许进行直接实验的自然事物或现象、自然过程和生产过程,运用模拟方法(又称模拟实验)可以间接地对原型进行实验和研究.

此外,用实验方法还可以解决生产中无法解决的理论和技术问题,为生产实践提供新理论、新技术、新方法、新材料和新产品等.[3]

1.4 物理实验在物理学发展中的作用

1.4.1 物理实验方法的兴起

物理学是一门实验科学.在物理学中,每个概念的建立、每个定律的发现,都有其坚实的实验基础.物理实验在物理学的发展中有着巨大的意义和推动作用.在物理学发展的漫长历程中,有不少人做过许许多多的实验或观测,对这些实验或观测做出过各种各样的解释,也提出过种种理论,还制造出不少仪器.古巴比伦人发明了梁式天平;古希腊人阿里斯托芬有过用玻璃点火熔化石蜡的记述;欧几里得记载过用凹面镜聚焦太阳光的实验;阿里斯塔克第一次测定了太阳、地球、月亮之间的相对距离……

早在公元前,阿基米德除做杠杆、滑轮等实验外,还做了浮力实验,建立了浮力定律.他在《论浮体》一文中曾这样叙述:浸没在水中的物体所减少的重量等于它所排开的水的重量.这就是一个从实验总结为理论的定量实验.这个原理就是迄今仍被普遍使用的"阿基米德原理".

上述这些实验,无论是从系统的观测和记录,或从确定量度标准和量度仪器方面,还是在人为的条件下重现物理现象，制造实验和观测仪器等方面来看，都能够称得上是物理实验，而且其中有些还是很卓越的物理实验. 但是这些实验毕竟还是零星的. 定量的实验较少，而定性的实验较多，大多数实验没有提升概括出理论，而只限于现象的描述，或者只做了一般的解释而没有形成系统的理论，即使形成了一些理论，也没有再用实验去检验它. 因此，这并不标志着物理学的真正开始.

16～17世纪，吉尔伯特、伽利略（图1.5）等一批科学家的出现，标志着物理学的真正开始. 他们把实验方法与物理规律的研究结合起来，对物理学的发展做出了划时代的贡献. 伽利略是其中最杰出的代表之一.

图1.5　43岁时的伽利略[4]

伽利略做了摆的实验，说明单摆的周期与摆长的平方根成正比，而与摆的质量和材料无关；做了斜面实验，验证了物体在重力作用下作等加速运动的性质，总结出物体从静止开始作等加速运动时，运动的距离与时间的平方成正比的普遍公式，并且利用几何关系，建立了等加速运动的平均速度与末速度关系的数学表达式. 他还根据实验事实或利用演绎推理，得出了许多物理学的理论结论. 他采取了一套对近代科学发展很有效、很具体的程序，即对现象的一般观察→实验测试→提出假设→运用数学和逻辑的手段演绎、推理得出推论→再通过物理的或思想的实验对推论进行检验→对假设进行修正和推广等.

伽利略的科学思想方法有以下几个特点.

1. 运用科学推理和抽象分析

亚里士多德在他的著作《论天》中阐述："两个不同重量的物体作自由落体运动时，较重的物体速率大，较轻的物体速率小."伽利略用著名的逻辑推理反驳了这个论述. 他指出："如果亚里士多德的论断成立，即重物比轻物下落的速度大，那么将一轻一重两个物体拴在一起，下落快的重物会由于被下落慢的轻物拖着而减速，而下落慢的轻物会由于被下落快的重物拖着而加速. 因而两个拴在一起的物体其下落速度将比两个中较重的物体下落速度小. 但两个物体拴在一起又要比原来较重的物体更重，下落速度应更大."这样，亚里士多德的论断陷入自相矛盾的困境. 这个流传了千余年的自由落体运动的谬误终于被伽利略纠正.

亚里士多德的另一论断："作用于物体上的力一旦终止，物体就随即静止."伽利略经过独立思考、推理，用抽象方法针对消除摩擦的极限情况来说明惯性运动，发现了惯性原理，纠正了统治物理界两千年之久的"力是维持速度的原因"的谬误.

2. 重视观察和实验

以哥白尼为代表的地动论和以亚里士多德为代表的地静论争论的焦点是：如果地球是在高速地运动，为什么地面上的人一点也感觉不出来呢？为此伽利略亲自到船上做了十分细致的观察、实验，揭示了一条极为重要的真理，即从一艘做匀速直线运动的船中发生的任何一种现象,你无法判断该船究竟是在运动还是停止不动. 这就是说地球本身的运动对居住在地球上的人们来说是觉察不出来的. 这个结论从根本上否定了地静论对地动说的非难,现在人们便称这个论断为伽利略相对性原理,这个重要原理后来也成为狭义相对论的两个基本原理之一.

伽利略还通过自身的脉搏跳动作计时器证明了摆的等时性,计算了摆的周期,并证明了摆的周期与摆的长度的平方根成正比,而与摆锤的重量无关. 这个实验的结论纠正了亚里士多德的“摆幅小需时少”的错误说法.

此外,伽利略还用实验研究了匀加速运动,并用实验来验证他推出的公式——从静止开始的匀加速运动的距离和时间的平方成正比,还把这一结果推广到自由落体运动.

3. 把实验和逻辑(数学)有机地结合起来

伽利略所发现的许多最基本的定理,都是通过实验和逻辑(数学)的双重证明以及两者有机结合而得到的,从而克服了实验不精确和不定量的缺陷,又摒弃了“万物皆数”的唯心主义对科学研究的不良影响. 值得指出的是,在伽利略的著作里所描述的实验都是理想化的,他所写出的实验数据都同理论有很好的符合,这很可能是因为他对数据进行了筛选. 这表明伽利略并没有被实验的表面现象束缚,能正确地对待和解释实验误差. 在他看来,实验结果与理想的简单规范之间的偏差,只是某些次要因素干扰的结果.

综上所述,伽利略把科学的实验方法发展到了一个全新的高度. 从此,开始了物理学的一个新时代,物理学走上了真正科学的道路.

1.4.2　物理实验在物理学发展中的作用

在物理学发展的历程中,实验和理论互为依赖,相辅相成,共同缔造着物理王国. 下面从它们的相互关系来讨论物理实验在物理学发展中的作用.

图 1.6　德国物理学家开普勒

图 1.7　英国物理学家麦克斯韦[5]

1. 物理学理论是实验事实的总结

有许多物理学的理论规律是直接从大量实验事实中总结概括出来的. 例如,经典物理学中的开普勒三定律是依据弟谷 · 布拉赫所积累的大量观测资料,采纳了哥白尼体系,又把哥白尼的圆轨道修改为椭圆轨道而得到的. 牛顿是在伽利略、开普勒(图 1.6)、胡克、惠更斯等人的工作基础上,总结归纳万有引力定律,完成经典力学体系的. 能量守恒及转换定律也是大量实验的归纳,其中包括很重要的焦耳的热功当量实验.

电磁学中的一系列定律,如库仑定律、欧姆定律、安培定律、毕奥·萨伐尔定律、法拉第电磁感应定律等,都是实验的总结.在有关实验规律和法拉第的“力线”及场的概念的基础上,麦克斯韦(图1.7)总结出了经典电动力学方程组.

不仅经典物理的规律是这样,近代物理的发展中也不乏这种例子.例如,粒子物理中的奇异粒子就是1947年首先在宇宙射线中被观察到的.后来,20世纪50年代在加速器实验中发现了一批粒子,它们协同产生,非协同衰变,而且是快产生、慢衰变.经研究,需要引进一个新的守恒量来概括,于是提出了一个新的量子数——奇异数.普通粒子的奇异数为零,奇异粒子的奇异数不为零,这是完全从实验规律中总结而来的.

2. 用实验去判定物理学中的争论

物理学中常常产生一些不同意见,或以不同的理论解释同一个问题的争论.往往,学术界会给某一种意见以有力的支持,但最终还是要靠实验做出终结判断.

在对光本质认识的历史过程中,微粒说和波动说的争论持续过很长一段时期.最初,由于光的成像和直线传播的事实,很自然地支持了微粒说.可是,光的独立传播,即两束光交叉后,还是各自按原来的方向和强度传播,又给惠更斯的波动说提供了有力的佐证.杨氏的双缝干涉实验显然证明光是一种波动,马吕斯发现的光的偏振也证明光是一种横波.在光速的测定成为可能以后,光在空气中和水中的速度大小比较的实验,曾经成为微粒说还是波动说的判据.列别捷夫的光压测定利于光是一种粒子的学说,劳厄的X射线实验又证实了X射线是一种电磁波,具有波动的性质.还有,光电效应及康普顿效应又给爱因斯坦的光量子论以有力的支持.最后,以波粒二象性结束了这一场旷日持久的争论,解释了全部实验事实.

在争论电的本质、流动的电荷是什么及是否有最小电荷单位等问题上,实验也给出了判定性的凭证.

至于“以太”学说,则是从另一个角度说明了实验的作用.17世纪以来,许多有卓越成就的科学家,提出了各种“以太”假说,从“机械以太”、“电磁以太”、“光以太”一直到“绝对以太”等.但是,任何一种“以太”学说都不能解释那些实验事实,于是最后只得以放弃“以太”学说而告终.

3. 实验是修正错误的依据和发展理论的起点

实验常常成为纠正错误理论的依据和发展理论的新起点.例如,古希腊的亚里士多德曾经断言:体积相等的两个物体,较重的下落较快.他认为,物体下落的快慢精确地与它们的重量成正比.这种理论曾经统治物理界1800多年.但以后的无数实验事实及伽利略的逻辑分析,都无可争辩地否定了亚里士多德的观点.亚里士多德还有一个理论,即保持物体匀速运动是由力的持久作用而导致的,但这也被伽利略的斜面实验引出的惯性定律所否定.

1911年,卡莫林·昂内斯在观察低温下水银的电导变化时,在4.2K附近突然发现电阻消失的现象,而后又观察到了许多金属在低温下的超导状态(即电阻率为0).随后,又发现了超流现象(即黏滞系数为0). 由此产生了一个新的物理学分支领域——超导物理.

4. 物理学的发展模式

物理学任何一个分支的发展,都是先从某些物理现象或实验事实开始,或是受到某些事物的启发,提出一定的物理模型,以解释过去已有的实验事实,然后再用实验来进一步验证这个模型的合理性,并根据不断发展的实验结果进行修正和完善. 实验—理论—实验—理论—实验……是物理学发展的一般模式. 电子被发现以后,人们就认定中性的原子是由正、负两部分带电荷的物体组成的. 1902年,开尔文提出物质的原子是由带正电的均匀球组成的,整个物质原子里面的负电是按分立电子的形式分布的. 1904年,J. J汤姆孙提出了这个模型(图1.8),认为电子分布在直径约为1×10^{-10}m(1Å)的带正电的均匀球体中,有如葡萄干撒在布丁点心上一样. 1902年,勒纳德根据薄金属片对于阴极射线几乎是完全透明的这一实验事实,提出不同物质的原子是由同一类型、不同数目的组元——“动力子”所构成的,原子直径约为10^{-10}m(1Å)数量级,“动力子”只占其中极微小的一部分. “动力子”可能是电子和质量比电子大得多的带正电的物质的紧密结合体. 1903年,日本人长冈提出,原子中有一个很重的正电球体,电子围绕它并按一定间隔分布在周围,电子在平衡位置附近作微小振动,产生光的辐射. 无疑,这是由原子光谱的事实引起的设想. 1906年,卢瑟福观察到α粒子实验要产生大角度散射. 例如,用α粒子轰击ZnS薄片时,有八千分之一的概率要反射回来. 于是卢瑟福提出了原子的有核模型(图1.9),即处于原子中心的带正电的原子核,直径只有整个原子的万分之一,原子的大部分质量集中在这个中心上,电子围绕原子核旋转.

J. J汤姆孙　英国物理学家

E. 卢瑟福　英国物理学家

N. 玻尔　丹麦物理学家[6]

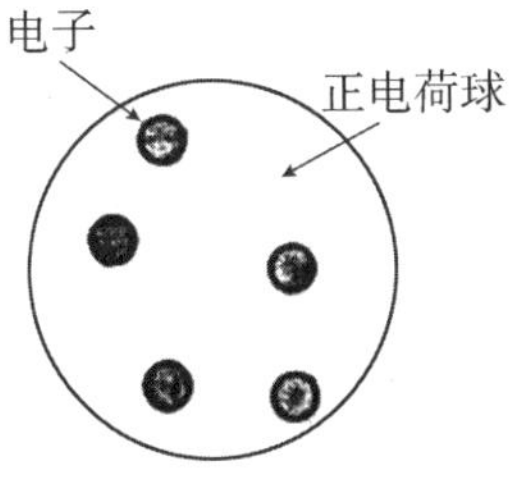

图1.8　汤姆孙模型

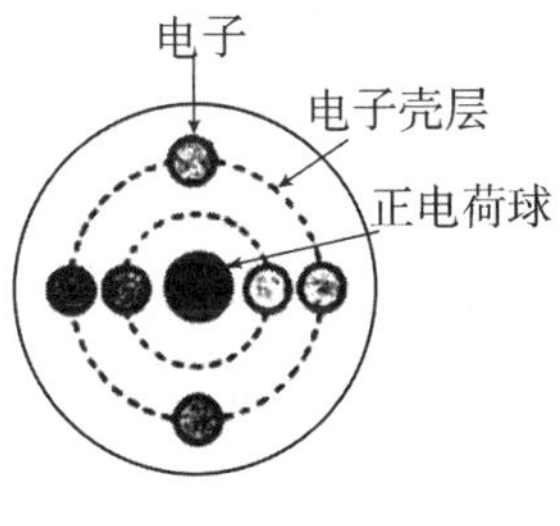

图1.9　卢瑟福模型

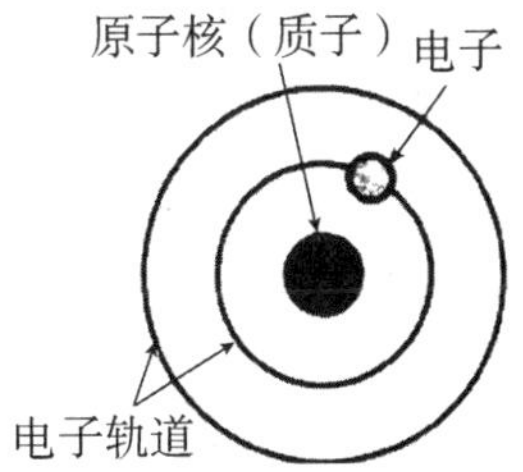

图1.10　玻尔氢原子模型

卢瑟福的模型无法解释复杂的光谱现象，也无法说明原子为何能发射出线光谱，因为，如果电子以一定频率围绕原子核转动而产生辐射，则辐射的结果必将导致能量的损失，并且引起光线频率的变化，于是玻尔提出了电子处于量子化圆轨道上，进行定态跃迁的模型（图 1.10）. 1914 年弗兰克–赫兹实验的结果很好地验证了玻尔的理论.

由于光谱精细结构的发现，1915 年索末菲把玻尔的圆轨道推广为椭圆轨道，由此引入了两个量子条件，在应用了相对论理论以后，斯塔克效应（即原子光谱在电场上的多重分裂）获得了完满的解释.

1922 年，施特恩–格拉赫实验的结果证实了原子也有磁偶极子的性质，而且原子磁矩是空间量子化的，使原子模型又得到进一步发展.

发展的玻尔理论还是不能解释光谱的相对强度，于是，在德布罗意物质波的基础上，薛定谔提出了“波原子”的理论，解决了玻尔理论的困难.

5. 理论与实验的结合和统一

以上强调了实验在发展理论中的重要作用，但是并没有丝毫轻视理论的意图.

在物理学的发展史上，理论的发展往往有其相对的独立性. 在一个相当的时期内，理论可以独立于实验而发展，而且这种独立的趋势还可能随着物理学的进一步发展而扩展. 然而，归根结底，新理论的提出还是建立在一定实验事实的基础之上，受实验事实的影响，并且绝不能违背已有的实验事实. 相对论是思维和演绎的产物，但是，爱因斯坦自己也曾经说过：“当目的在揭示以假想的光以太为参照的特许运动状态的物理实验都失败以后，问题就应该反过来加以考虑了. ”“直接引导我提出狭义相对论的，是由于我深信：物体在磁场上运动所感应的电动力，不过是一种电场罢了. 但是我也受到了斐索实验结果以及光行差实验的指引. ”“还在学生时代，我就想这个问题了，当我知道迈克尔孙实验的奇怪结果时，我很快得出结论，如果我承认迈克尔孙的零结果是事实，那么地球相对于以太运动的想法就是错的，这是引导我走向狭义相对论的最早想法. ”

物理学发展到今天，在理论指导下进行实验就变得更加重要了. 因为，除天文现象外，已经很少有在一般自然条件下，或一般实验条件下就可以观察到的新的、具有前所未有的理论价值的实验现象了. 现代的实验往往要用大型或非常精密的仪器，耗费很多人力、物力和时间，在一定的特殊条件下去探求，经过大量数据处理，才可能获得结果，甚至为了寻求某一个结果往往要制造专用的仪器. 因此要在精确地进行了理论计算，并在实验方案获得认可后再进行实验，或者是在理论指出方向后再进行实验. 例如，探索高温超导是在理论上指出可能以后，经多年反复实验，得到意外的突破，才形成热潮的.

但是，也并不排斥另一种可能，就是首先发现新的实验现象. 例如，切伦科夫发现原子核反应堆中有不同于已知发光行为的微光. 3 年以后，塔姆和弗兰克才对此做出了理论解释.

事实上，还有许多自然界之谜，有待我们去解决，去认识.

要注意的是，有些情况下，理论高于实验，实验结果可能是错误的. 例如，1901 年考夫曼用镭溴化合物产生的 β 射线发现了电子质量随运动速度变化的事实. 阿布拉罕姆和布雪勒在1903年和1904年用经典理论对此现象作的解释要比洛伦兹-爱因斯坦公式更与实验结果相符合. 对此,爱因斯坦在1907年曾写道:"阿布拉罕姆和布雪勒的电子运动理论所给出的曲线显然比相对论所得出的结果更符合观测结果. 但是,在我看来,那些理论在很大程度上是由于偶然碰巧与实验结果相符的,因为他们关于运动电子质量的基本假设不是从总结了大量现象的理论体系中得出来的."

后来的实验,包括布雪勒本人做的实验,证明了洛伦兹-爱因斯坦理论的正确性.

1.5 物理实验方法的发展

物理学是一门基础科学,它的发展会引起整个自然科学的变革,导致生产技术的革命. 基于力学和热力学理论的纺织机械和蒸汽机的发明引起了产业革命;基于电子的发现、各种电学规律及电磁波理论,造就了当今的电的世界和计算机的世界;原子核裂变的发现开始了原子时代;热核聚变正预示着更新的能源的开发;量子化效应把我们推到一个更精细的境界;高温超导的发现和利用,为科技的发展展示出了一片新的光明前景;计算机系统和高能辐射武器、空间武器的结合又勾画出一片战争的可怕图像. 这些都是与物理实验方法和实验技术的发展密切相关的. 在物理实验方法和技术不断发展的今天,物理实验也越来越成为大规模的、集体的、综合的事业.

1.5.1 物理实验方法需要去搜索更大和更小

当今已不是伽利略、牛顿的时代,也不是库仑、奥斯特和麦克斯韦的时代. 也就是说,从日常的生活或观察中,用简陋的仪器和简单的实验方法几乎不可能在物理学上有什么偶然的发现或找出什么显而易见的规律了. 物理学实验更加需要理论的指导,在理论的预测和一定的条件范围内去进行,实验与理论越来越紧密地结合,是当前物理实验方法发展的特点之一.

常规的仪器和简单的方法已经不能满足当前进一步探索物理世界的需要. 因此,实验要向新的更加深远的领域进军,利用越来越大的加速器探索更细微的结构,利用越来越精巧的射电望远镜来观察更远的距离,从天体获得更高的温度、更大和更小的压强.

同时,人们也在追求实验的更高精确度,库仑定律的平方反比律

$$F \propto \frac{1}{r^{2+\delta}}$$

的实验准确度在不断提高,20世纪60年代达到$\delta < 10^{-12}$,20世纪70年代达到$\delta < 10^{-16}$. 如果证明$\delta \neq 0$,则物理学又将会有新的变革.

总之,实验要有更高的准确度,就需要有更先进的仪器和设备.

1.5.2　物理实验方法是集体的综合事业

当代前沿的物理实验常常是一个综合性的巨大工程(参见图 1.11 和图 1.12). 它的设计、建设、运转和使用都是许多一线科学家和二线工程技术人员集体的智慧和结晶. 另外,还需要有许多辅助和配套工作. 比如,一个大型的加速器、一个大风洞、一台望远镜、一个核反应堆,都相当于一个大型的特殊工厂,里面有成百上千的工作人员和各方面的科学家、技术专家. 运转它们需要几十万千瓦的电力,相当于一个大型电站的发电功率.

图 1.11　欧洲粒子物理研究所的鸟瞰——白色曲线示出在地下的隧道位置[7]

图 1.12　欧洲粒子物理研究所的隧道[7]

1.5.3　物理实验方法是各学科的结合、渗透和应用

物理实验方法与其他学科的结合、渗透,以及新的方法和技术在应用领域的推广和使用,也是当前的一种趋势.

一方面,在物理实验中广泛地应用计算机是一个不可阻挡的潮流. 计算物理已经成为一门联系理论物理和实验物理的纽带性学科. 各种大型的实验基地无一例外地要有一个先进的计算中心,进行如亿万个数据的处理,在几百万分之一的概率中寻找新粒子的踪迹,进行综合分析等工作. 计算机控制物理实验,计算机辅助设计实验,计算机辅助进行实验,计算机模拟实验,用计算机进行最优化选择,用计算机对实验数据进行综合处理和系统分析都已被普遍采用.

另一方面,计算机从电子管到晶体管到集成电路到大规模、超大规模集成电路,以至预期的激光计算机,都是基于物理学的理论和技术发展并与之密切联系的.

物理实验方法和仪器已被广泛地使用在各个自然科学学科领域,如物质结构分析或化学分析中使用的各种谱仪(光谱仪、X 光谱仪、质谱仪、波谱仪、极谱仪、色谱仪等)都是一些物理仪器. 特别是新兴的前沿学科的研究分析方法,如生命科学、信息科学、材料科学、环境科学等学科,采用的都是大量的物理实验仪器和计算机.

第一类边缘学科是自然科学学科之间或自然科学与技术学科的结合. 而第二类边缘学科则是自然科学或技术科学与社会科学的结合. 在这些边缘学科里也大量使用了物理

实验方法.例如,音乐物理,它综合了物理学、音乐学、计算机科学、生理学、心理学及美学等诸多学科.其中,音乐的声谱分析、和弦的协调性与频率成分之间的关系,乐器的材料、结构与音色的质量的关系,乐器发声的客观激励,人耳对音高分辨能力的统计分析,电声乐器和电子乐器的发音取样,计算机音乐中音的数字合成的模式等,都是同物理实验方法紧密相关的.

总之,对于新的科学发现,就需要有新的理论去解释.出现一种新现象,就会有一种新的理论,从而就需要用新实验、新方法、新仪器去验证它、解释它.科技的不断发展进步,也会给人们提供新的实验方法和新的实验手段.[8]

思考题

1. 实验方法的一般性作用有哪些?
2. 实验方法在科研中有何特殊的作用?
3. 伽利略的科学思想方法有哪几个特点?
4. 物理实验对物理学发展起到何种作用?

参考文献

[1]魏志敏,王焰.世界5000年科学故事.北京:光明日报出版社,2005:134-135.
[2]吴宗汉.物理学概论.南京:东南大学出版社,2004:231.
[3]栾玉广.自然科学研究方法.合肥:中国科技大学出版社,1986:72-77.
[4]魏志敏,王焰.世界5000年科学故事.北京:光明日报出版社,2005:54.
[5]魏志敏,王焰.世界5000年科学故事.北京:光明日报出版社,2005:127.
[6]吴宗汉.物理学概论.南京:东南大学出版社,2004:198.
[7]托马斯·克拉普.科学简史——从科学仪器的发展看科学的历史.朱润生译.北京:中国青年出版社,2005:302.
[8]魏计林,王青狮.大学物理实验学.北京:中国铁道出版社,2002:1-6.

第 2 章　物理实验中的测量方法[1]

物理实验由三个基本部分构成,即在实验室人为地再现自然界的物理现象,寻找物理规律和对物理量进行测量。物理实验与物理测量有着紧密的联系. 在任何物理实验中都包含测量物理量的内容,测量的最终目的是获得物理量的准确值,物理实验的最终目的是探索物理规律. 在物理实验中,把具有共性的测量方法叫做物理实验中的测量方法.

物理测量泛指以物理理论为依据,以实验装置和实验技术为手段进行测量的过程,其内容非常广泛,包括运动力学量、分子力学量、热学量、电学量、磁学量和光学量的测量等. 测量的分类也很多,如按内容来分,可分为电量测量和非电量测量;按测量性质来分,可分为直接测量、间接测量和组合测量;根据测量过程中被测量是否随时间变化来分,可分为静态测量和动态测量;根据是否通过对基本量的测量得到测量数据来分,可分为绝对测量和相对测量;按测量技术来分,可分为比较法、补偿法、放大法、模拟法、干涉法、转换法、示踪法和量纲分析法等.

随着人类对物质世界了解的深入,待测物理量的内容越来越广泛;随着科学技术的飞速发展,测量方法和手段也越来越丰富,越来越先进. 接下来将从测量技术的角度,对几种常用的基本测量方法逐一进行介绍.

2.1　比 较 法

比较法是最基本和最重要的测量方法之一. 测量,就是把待测的物理量直接或间接地与作为基准(或标准单位)的同类物理量进行比较得到比值的过程。找出被测量是计量单位的多少倍,这个倍数称为测量的读数,将读数与单位一起记录下来,这个数据便是测量数据. 因此,比较法就是将被测量与标准量进行比较而得到测量值的方法,它是物理测量中最普遍、最基本、最常用的测量方法. 比较法可分为直接比较法和间接比较法两种.

2.1.1　直接比较法

直接比较法是把待测物理量 X 与已知的同类物理量或标准量 S 直接进行比较,这种比较通常要借助仪器或标准量具. 通常是直读式仪表,用它所测量的物理量一般为基本量. 例如,用米尺、游标尺和螺旋测微计(千分尺)测量长度;用秒表和数字毫秒计测量时间;用电压表测量电压等. 仪表刻度预先用标准计量仪器进行分度和校准,在测量过程中,通过指示标记的位移,标尺上相应的刻度值就表示被测量的大小. 对测量人员来说,除将其指示值乘以测量仪器的常数或倍率外,无须作附加的操作或计算. 由于测量过程简单方便,在物理量测量中的应用较广泛. 直接比较法的特点如下:

(1)同量纲. 被测量与标准量的量纲相同. 例如,用米尺测量某物体的长度,米尺与被测量同为长度量纲.

(2)直接可比. 被测量与标准量直接可比,从而直接获得被测量的量值. 例如,用天平来称量,当天平平衡时,砝码的数值就是被测量的量值.

(3)同时性. 被测量与标准量的比较是同时发生的,没有时间的超前和滞后. 例如,用秒表测量某一过程的耗时,过程开始,启动秒表;过程结束,终止秒表. 两者同时开始,同时终止.

直接比较法的测量精度受到测量仪器或量具自身精度的局限,因此欲提高测量精度就必须提高量具的精度.

2.1.2 间接比较法

多数物理量难以通过标准量具依靠直接比较法而测出,这时可以利用物理量之间的函数关系将被测量与同类标准量进行间接比较测出其值. 这种借助一些中间量或将被测量进行某种变换来间接实现比较测量的方法称为间接比较法.

有时仅有标准量具还不够,还要配置比较系统,使被测量和标准量能够实现比较. 例如,测电压,只有标准电池不能测量,还须配有电阻、电表、工作电源等,将它们组成电势差计测量系统,依靠这个系统才可测量电压,这种装置称为比较系统.

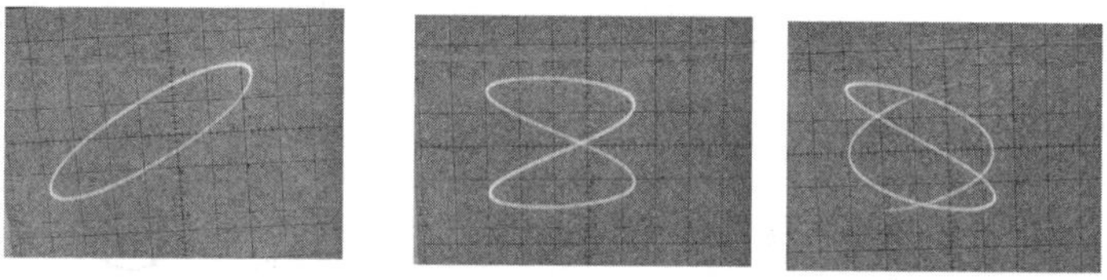

图 2.1 根据李萨如图形测频率

还可以将被测量转换成为能够进行比较的另一种物理量再进行比较. 例如,用李萨如图形测量交流电信号频率就是先将被测信号和标准信号同时输入示波器转换为特殊图形后,再由标准信号频率换算出被测信号的频率. 如果在示波器的 X 偏转板和 Y 偏转板上分别输入正弦电压信号,其中一个为频率待测电信号,另一个为频率可调的标准电信号. 若调节标准电信号的频率,当两个电信号的频率相同或成简单的整数比时,则可以利用在荧光屏上呈现的李萨如图形间接比较两个电信号的频率,如图 2.1 所示. 设 N_x,N_y 分别为 x 方向和 y 方向切线(交线)与李萨如图形的切点(交点)数,则

$$\frac{f_y}{f_x}=\frac{N_x}{N_y}\Rightarrow f_y=\frac{N_x}{N_y}f_x \text{或} f_x=\frac{N_y}{N_x}f_y$$

实际上,所有测量都是将待测量与标准量进行比较的过程,只不过比较的形式有时明显,有时不那么明显而已. 下面分别介绍几种典型的比较测量方法.

1. 补偿平衡比较法

平衡测量、补偿测量或示零测量是物理实验与科学研究中常用的测量方法,即把标准值 S 选择或调节到与待测物理量 X 值相等,用于抵消(或补偿)待测物理量的作用,使系统处于平衡(或补偿)状态. 处于平衡状态的测量系统,待测物理量 X 与标准值 S 具有确定的关系,这种测量方法称为平衡法(或补偿法). 例如,等臂天平称重、惠斯通电桥在 1∶1 时测电阻、电位差计测电压、卡文迪什扭称法测万有引力,以及各种平衡电桥的调节等.

平衡法(或补偿法)的特点是测量系统中包含有标准量具和平衡指示器(或示零器),在测量过程中,待测物理量 X 与标准量 S 进行比较,调整标准量 S,使 S 与 X 之差为零(也称示零法). 这个测量过程就是调节平衡(或补偿)的过程,其优点是可以免去一些附加的系统误差,当系统具有高精度的标准量和平衡指示器时,可获得较高的分辨率、灵敏度及测量的准确度. 在物理实验的测量操作中,平衡法的运用是非常广泛的.

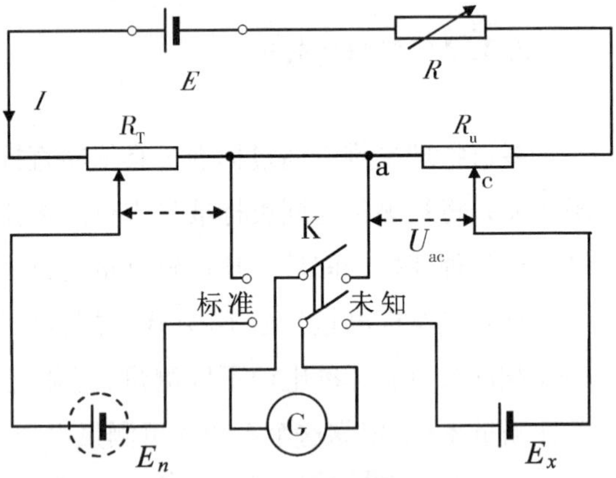

图 2.2　电位差计原理图

例如,图 2.2 所示为电位差计测量电池电动势的基本电路,是补偿法测量的一个典型例子. 先将电键 K 合向标准一端,根据标准电池 E_n 值的大小调节 R,使在工作回路的电阻 R, R_T, R_u 上流过特定的电流 I,然后将电键 K 倒向未知一端,移动电阻位置,使检流计 G 示零,则待测电动势 E_x 被电位差 U_{ac} 所补偿,这时有

$$E_x = U_{ac} = IR_u$$

2. 替代比较法

我国古代少年曹冲用船称象是一例典型的替代比较实验方法. 在现代测量技术中,当某些物理量难以用直接比较测量法测量时,可以利用物理量之间的函数关系将被测量与同类标准量进行间接比较测出其值. 图 2.3 所示为将待测电阻 R_x 与一个可调节的标准电阻 R_s 进行间接比较的测量示意图. 若稳压电源输出 U 保持不变,调节标准电阻值 R_s,使开关 S 在"1"和"2"两个位置时,电流表 A 的指示值不变,则

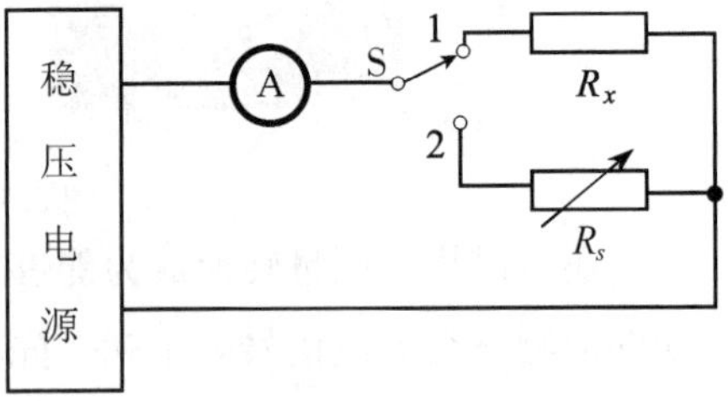

图 2.3　间接比较法示意图

$$R_x = \frac{U}{I} = R_s$$

图 2.4 所示也是用替代比较法测电表内阻的电路图. 将 K_2 置于"1"处,合上 K_1,调节 R 使电流表 A 指针在较大示值处(同时注意检流计 G 指针不能超过量程),记下电流表 A

读数. 然后断开 K_1(为了保护电流表 A),将 K_2 置于“2”处,再合上 K_1,调节原来处在最低阻值上的 R_0,使电流表 A 示值不变. 此时 R_0 代替了检流计内阻 R_x,即 R_0 的读数就是检流计的内阻值 R_x.

采用替代比较法所要求的条件:

(1)要求标准量和被替代的待测量属性上完全等效,而且标准量的数值在与待测量相应的范围内可连续变化,如上述实验中的电阻箱.

(2)要有一个中间载体把标准量与待测量联系起来,以便进行比较,如上述实验中的电路.

(3)要有一个达到精度要求的指示仪器,以判别替代的等效性,如上述实验中的电流表 A.

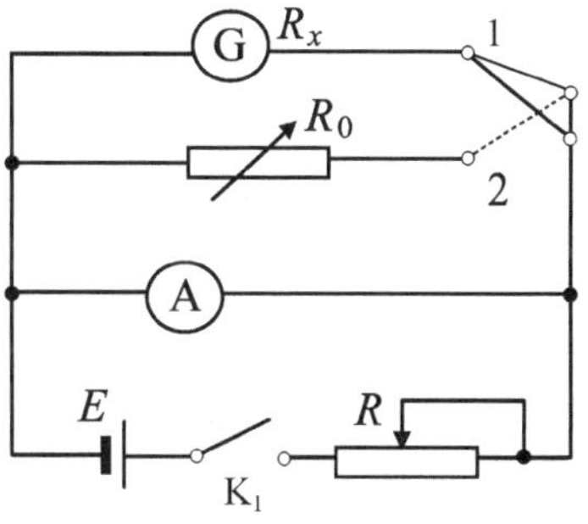

图 2.4 检流计内阻的测量电路

3. 比率测量法

将一个未知量 X 与一已知量 S 的某倍数进行比较,$X=KS$(K 为比例系数,可由实验定出). 例如,线式电位差计、滑线式电桥、不等臂天平、杆秤等. 在线式电位差计中将标准电位差 U_s 加到电阻的两端,此电阻通常是一根均匀的长导线(或均匀的线绕滑线电阻器),我们可以移动触点,选取某一确定的长度 L_x,若 $L_x/L_0=K$(L_0 为长导线或滑线电阻器的总长),则 K 也是电位差的比值(即 $U_x/U_s=K; U_x=KU_s$). 再如,图 2.5 所示的单臂电阻电桥的倍率旋钮挡的设计,就是利用了比率测量法的原理,即利用 $R_1/R_2=K$($K=0.001,0.01,0.1,1,10,100,1000$)来达到改变量程的目的.

图 2.5 QJ23A 型直流电桥

4. 小差值测量法

如果差值 $X-S=\delta$ 已测定,那么 $X=S+\delta$(δ 可正可负),若 δ 很小,那么 δ 的相对误差比较大也是容许的,并不给 X 的测量值带来很大的误差. 例如,考虑用一个 125mm 的块规作为标准量 S 和一个供测量 δ 用的差数指示器来测量一段略大于 S 的长度. 假定:$S=(125.000\pm0.013)$mm,先用块规 S,将千分表调节到读数为 0,再用 X 代替 S,并且假定千分表读出的差值 $\delta=(0.249\pm0.005)$mm,此时,X 的测量值为 $X=125.249$mm,δ 的相对误差为 $\pm2\%$,它对 X 的测量误差产生的影响小于标准值 S 自身容许的偏差 0.013mm,这是一个说明小差值测量法的特例.

又如,在某课题研究中,要测量一个电压源的输出电压,要求测量结果的相对误差 $E_U\leq0.05\%$,给定的条件是:电压表 2.5 级,电势差计 0.5 级,可变标准电压源 0.01 级.

根据给定的条件,可设想运用比较法——直接与电压表比较或利用电位差计的补偿法测量.

若用电压表直接比较,由于 $E_U=\frac{\Delta U_x}{U_x}\leq0.05\%$,要求所选的电压表准确度等级为 0.05 级,而现有的电压表级别为 2.5 级,因此无法达到课题要求. 若改用电位差计来进行,同样要求其准确度等级为 0.05 级,对于这一要求也不能满足.

如图 2.6 所示,利用标准可变电压源输出的电压 U_s 与被测电压 U_x 相差一个微小差值 δ,然后对 δ 进行测量(微差法).因为

$$U_x = U_s + \delta, \Delta U_x = \Delta U_s + \Delta\delta$$

所以

$$\frac{\Delta U_x}{U_x} = \frac{\Delta U_s}{U_x} + \frac{\Delta\delta}{U_x} = \frac{\Delta U_s}{U_x} + \frac{\delta}{U_x} \times \frac{\Delta\delta}{\delta} \tag{2.1}$$

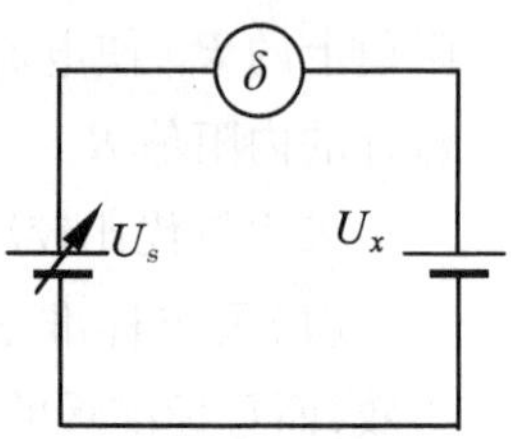

图 2.6　微差法原理图

由式(2.1)可知,差值 δ 越小,测量差值所引起的误差对测量结果的影响越小.为便于理解,下面以具体数值计算来说明.

现有 0.01 级的标准电压源$\left(\frac{\Delta U_s}{U_s} \leqslant 0.01\%\right)$,若微差 δ 取为 $\delta = \frac{U_x}{100}$,则由式(2.1)可得

$$\frac{\Delta\delta}{\delta} = \left(\frac{\Delta U_x}{U_x} - \frac{\Delta U_s}{U_x}\right)\frac{U_x}{\delta} = (0.05\% - 0.01\%) \times 100 = 4\%$$

可见,利用这一方法只要求微差指示器的相对误差不超过 4%,就可满足测量要求.

2.2　放 大 法

物理学中涉及各种物理量的测量,即使是同一物理量其值的大小相差也甚为悬殊.例如,长度测量,地球半径为 6.38×10^6m,而氢原子直径仅为 1.06×10^{-10}m,相差达 10^{16}m.要适应各种范围内的精密测量,就得设计相应的装置或采用不同的方法,其中放大法是常用的基本方法之一(缩小也可视为放大倍数小于 1 的放大).此时可以先通过某种途径将被测量放大,然后再进行测量.放大被测量所用的原理和方法便称为放大法,即对物理实验中测量的微小物理量或对待测的物理量进行选择,积累或放大有用的部分,相对压低不需要的部分,提高测量的分辨率和灵敏度是物理实验中最常用的方法之一.常用的放大法有累积(或累计)放大法、机械放大法、电子放大法和光学放大法等.

2.2.1　累积放大法

在物理实验中我们常常可能遇到这样一些问题,如受测量仪器精度的限制,或存在很大的本底噪声,或受人的反应时间的限制,单次测量的误差很大或无法测量出待测量的有用信息,这时,采用累积放大法来进行测量,就可以减小测量误差、降低本底噪声和获得有用的信息.例如,最简单的单摆实验的周期测量,假定单摆周期 T 为 1.50s,人开启和关闭秒表的平均反应时间为 $\Delta T = 0.2$s,则单次测量周期的相对误差为 $\Delta T/T = 13\%$,若测量 50 个周期,则将由人开启和关闭秒表的平均反应时间引起的误差降

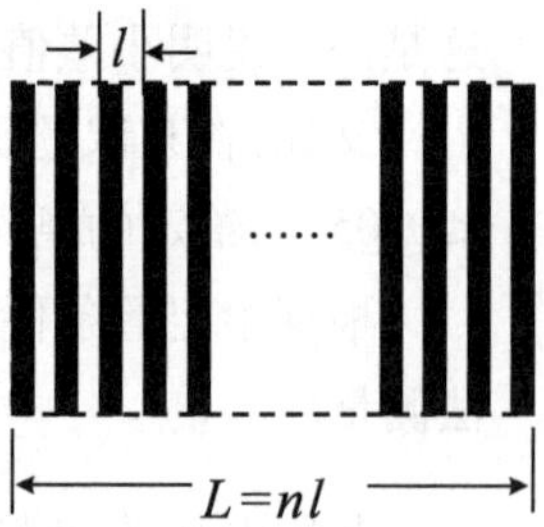

图 2.7　干涉条纹

到 $\Delta T/50T=0.3\%$. 再如,要测量如图 2.7 所示的干涉条纹间距 l, l 的数量级为 10^{-2}mm,为了减小测量的相对误差,一般不是去测量每个间隔,而是测量若干个(n)条纹的总间距 $L=nl$,假如 $l=0.040$mm,所用量具误差为 $\Delta_{仪}=0.004$mm,则测量一个间距 l 的相对误差为 $\frac{\Delta_{仪}}{l}=\frac{0.004}{0.040}=0.1$, 即为 10%. 若采用放大法测量 100 个条纹的总间距,则 $L=4.000$mm,其相对误差减小为 $\frac{\Delta_{仪}}{L}=\frac{0.004}{4.000}=0.001$,即 0.1%,使测量精度大为提高.

累积放大法的优点是在不改变测量性质的情况下,将被测量扩展若干倍后再进行测量,从而增加测量结果的有效数字位数,减小测量误差.

2.2.2 机械放大法

机械放大是最直观的一种放大方法. 例如,利用游标尺(图 2.8)可以提高测量读数的精度,原来分度值为 y 的主尺,加上一个 n 等分的游标后组成的游标尺的分度值 $\Delta y=y/n$,即对 y 细分了 n 倍,这对直游标和角游标都是适用的. 螺旋测微放大法(图 2.9)也是一种典型的机械放大法. 将螺距(旋进一圈的推进距离)通过螺母上的圆周来进行放大,放大率 $\beta=\pi D/d$,其中 d 是螺距,D 是与螺母联结在一起的微分套筒的直径. 螺旋测微计、读数显微镜和迈克耳逊干涉仪等的测量系统的机械部分都是采用螺旋测微装置进行测量的. 常用的读数显微镜(图 2.10)的测微丝杆的螺距是 1mm,当丝杆转动一圈时,滑动平台就沿轴向前进或后退 1mm,在丝杆的一端固定一测微鼓轮,其周界上刻成 100 分格,因此当鼓轮转动一分格时,滑动平台移动了 0.01mm,从而使沿轴线方向的微小位移用鼓轮圆周上较大的弧长准确地表示出来,大大提高了测量精度(或者在滑动平台侧设置一游标,则也可以通过游标准确地读出微小位移).

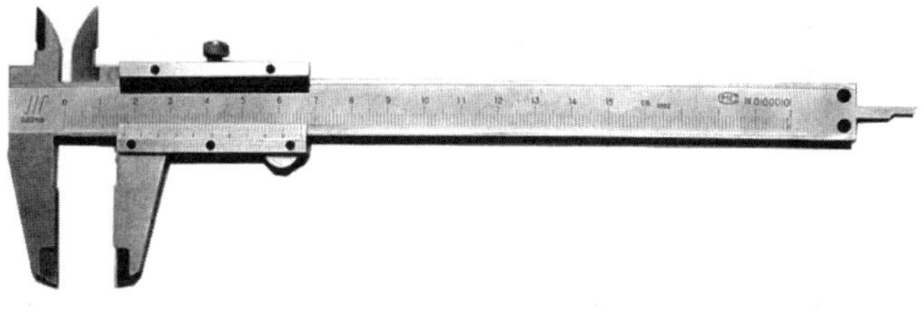

图 2.8 游标尺

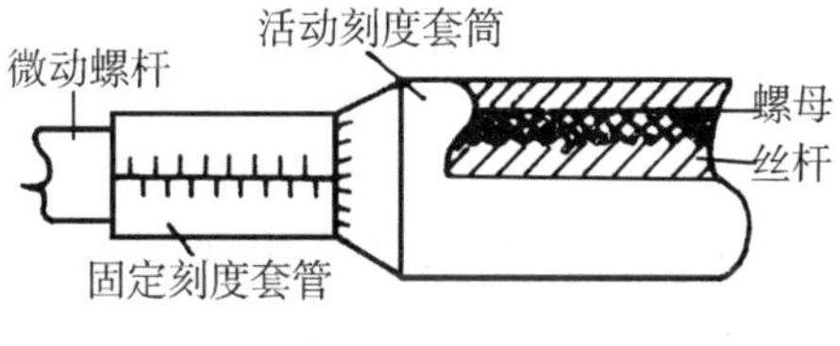

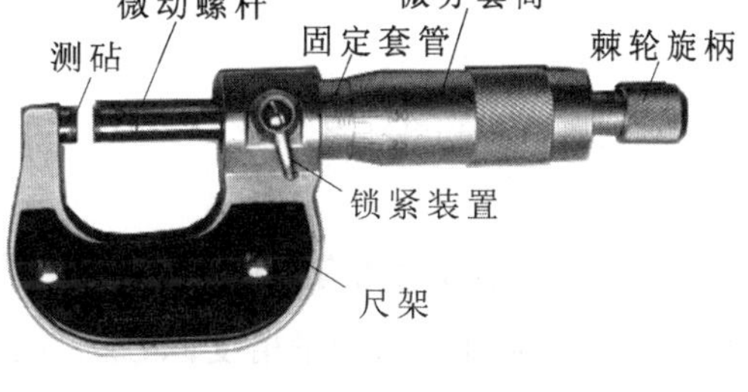

图 2.9 螺旋测微计

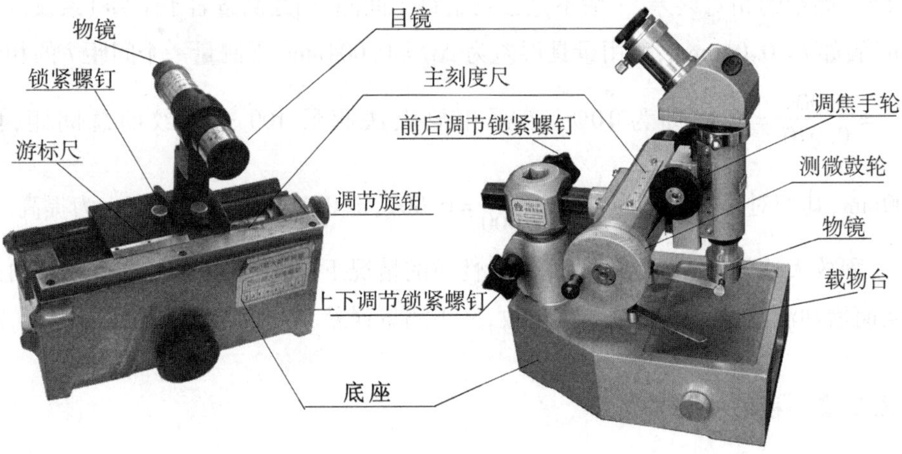

图 2. 10　读数显微镜

2. 2. 3　电子放大法

在物理实验中往往需要通过测量变化的微弱电信号(电流、电压或功率),以达到了解物质内部的变化或者利用微弱的电信号去控制某些机构的动作的目的,而微弱电信号必须用电子放大器将其放大后才能有效地进行观察、控制和测量. 电子放大作用是由三极管或集成电路完成的. 最基本的交流放大电路是如图 2. 11(a)所示的共发射极三极管放大电路和图 2. 11(b)所示的集成运算放大器反相放大电路,当微弱信号 U_i 由基级和发射极之间输入或由集成运算放大器反相输入端和地之间输入时,在输出端就可获得放大了一定倍数的电信号 U_o.

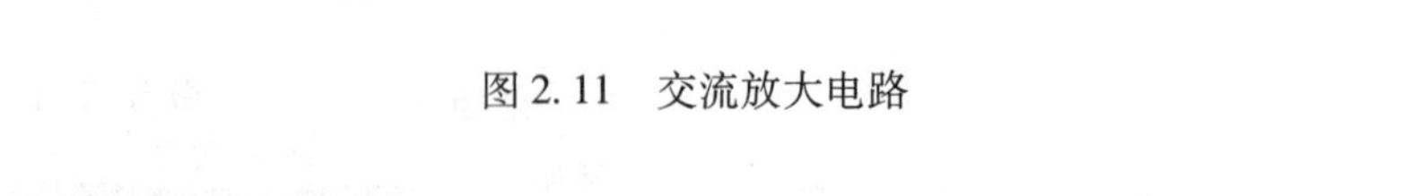

图 2. 11　交流放大电路

2. 2. 4　光学放大法

常用的光学放大法有两种,一种是使被测物通过光学装置放大视角形成放大像,便于观察判别,从而提高测量精度,如放大镜、显微镜、测微目镜、望远镜等;另一种是使用光学装置将待测微小物理量进行间接放大,通过测量放大了的物理量来获得微小物理量.例如,要测如图 2.12 所示的 AB 对 C 的微小张角 α,可利用函数关系 $\tan\alpha=\frac{AB}{CB}$,测出 AB 和 CB 即可求得 α.但 AB,CB 也是微小量,若放大为测量相应的 $A'B'$ 与 CB' 则在使用同样量具的情况下,相对误差可大为减小,CB' 越长相对误差越小.因此,测量时常常利用光学平面镜多次反射来延长光程.又如,测量激光束的发散角,常用如图 2.13 所示的平行平面镜装置,使发散角较小的激光束在两镜之间多次反射后射出,再测量其光斑大小.此外,测量微小长度和微小角度变化的光杠杆镜尺法,也是一种常用的光学放大法.(参阅实验《金属杨氏弹性模量的测量》)

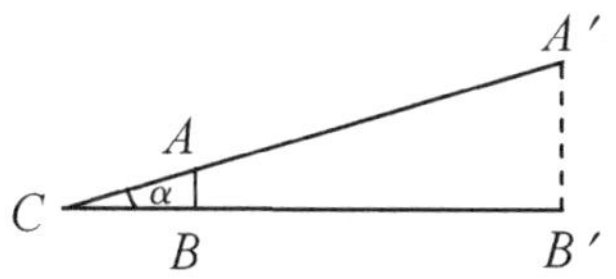

图 2.12 微小量的测量

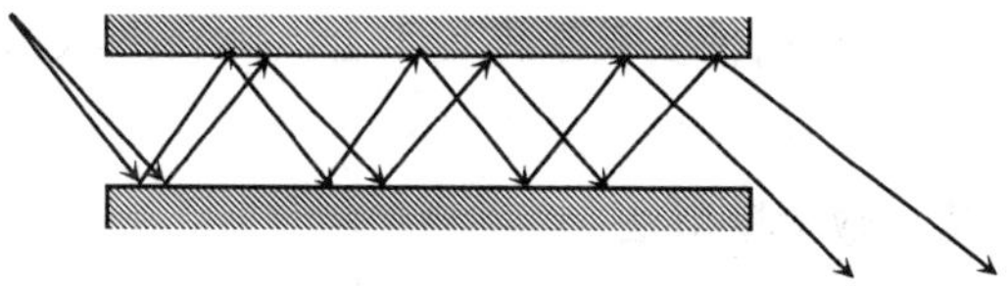

图 2.13 平行平面镜装置

2.3 模 拟 法

模拟法是以相似性原理为基础,不直接研究自然现象或过程本身,而用与这些自然现象或过程相似的模型来进行研究的一种方法,即通过模型实验,研究物质或事物物理属性或变化规律的实验方法.在探求物质的运动规律或解决工程技术问题时,常常会遇到一些特殊的情况.例如,被研究的对象或非常庞大或非常微小或过程非常危险或变化非常缓慢,根据相似性原理,可人为地制造一个类似于被研究对象或运动过程的模型来进行实验.

模拟法可以按其性质和特点分成两大类:物理模拟法和数学模拟法.

2.3.1 物理模拟法

保持同一物理本质的模拟方法称为物理模拟法.物理模拟必须具备一些条件,首先,要求模型的几何尺寸与原型的几何尺成比例地缩小或放大,即在形状上模型与原型完全相似,这称为几何相似条件;其次,要求模型与原型遵从同样的物理规律,只有这样才能用模型代替原型进行物理规律范围内的测试,这称为物理相似条件.物理模拟可以分为两类:几何模拟和动力相似模拟.

1. 几何模拟

顾名思义,几何模拟是将实物按比例放大或缩小,对其物理性能及功能进行实验.如流体力学实验室常采用水泥造出河流的落差、弯道、河床的形状,还有一些不同形状的挡水状物,用来模拟河水流向、泥沙的沉积、沙洲、水坝对河流运动的影响,或用“沙堆”研究泥石的变化规律.再如,研究建筑材料及结构的承受能力,可将原材料或建筑群体设计,按比例缩小几倍到几十倍,进行实验模拟.

2. 动力相似模拟

我们知道,物理系统常常是不具有标度不变性的,即一般说来,几何上的相似性并不等于物理上的相似. 因而在工程技术中做模拟实验时,如何保证缩小的模型与实物在物理上保持相似性是个关键问题,为了达到模型与原型在物理性质或规律上的相似或等同性,模型的外形往往不是原型的缩型,如 1943 年美国波音飞机公司用于实验的模型飞机,其外表根本就不像一架飞机,然而风速对它翼部的压力却与风速对原型机翼的压力相似. 又如,在航空技术研究中,人们不得不建造压缩空气作高速循环的密封型风洞来作为模型实验的条件,使实验条件更符合实际自然状态的形式.

2.3.2　数学模拟法

两个完全不同性质的物理现象或过程,依赖于它们的数学方程形式的相似而进行模拟的方法,称为数学模拟法. 数学模拟法又称类比法,它既不满足几何相似条件,也不满足物理相似条件,原型和模型在物理规律的形式和实质上均毫无共同之处,只是它们遵从了相同的数学规律.

利用物质材料的相似性或类比性进行实验模拟,它可以用别的物质、材料或者别的物理过程来模拟所研究的材料或物理过程. 例如,模拟静电场的实验就是用电流场模拟静电场的实例. 又如,可以用超声波代替地震波,用岩石、塑料、有机玻璃等做成各种模型来进行地震模拟实验.

更进一步的物理量之间的代替,就形成了原型实验和工作方式都改变了的特殊的模拟方法. 应用最广的就是力电模拟. 因为在实际工作中,要改变一些力学量不是轻而易举的事,而在实验电路中改变电阻、电容和电感的数值是很容易实现的. 例如,质量为 m 的物体在弹性力 $-kx$、阻尼力 $-a\mathrm{d}x/\mathrm{d}t$ 和策动力 $F_0\sin\omega t$ 的作用下,其振动方程为

$$m\frac{\mathrm{d}^2x}{\mathrm{d}t^2}+a\frac{\mathrm{d}x}{\mathrm{d}t}+kx=F_0\sin\omega t$$

而对 R、L、C 串联电路,加上交流电压 $U_0\sin\omega t$ 时,电荷 Q 的运动方程为

$$L\frac{\mathrm{d}^2Q}{\mathrm{d}t^2}+R\frac{\mathrm{d}Q}{\mathrm{d}t}+\frac{1}{C}Q=U_0\sin\omega t$$

上述两式是形式上完全相同的二阶常系数常微分方程,利用其系数的对应关系,就可将上述力学振动系统用电学振动系统来模拟.

2.4　干 涉 法

干涉法是应用相干波产生干涉时所遵循的规律进行有关物理量的测量的方法. 通常可利用干涉法来测量长度、薄膜的厚度、微小的位移与角度、光波波长、透镜的曲率半径、气体

或液体的折射率和检测各种光学元件的质量等. 例如,在著名的牛顿环实验中,可通过对等厚干涉图样的测量,求出平凸透镜的曲率半径;在劈尖干涉实验中,可以通过对等厚干涉图样的测量,求出薄膜的厚度或细丝的直径;在迈克尔孙干涉仪的使用实验中,应用等倾干涉图样,可准确地测量激光光束的波长.

2.5 示踪法

示踪法不仅应用于物理实验,在其他学科及生产实践中也被广泛采用. 特别是放射性同位素被发现以后,示踪法又进入了一个新的阶段. 示踪法能形象、直观、及时地显示出物理过程. 它可以是实物示踪,也可以是模拟示踪. 示踪法还常常配合其他实验方法共同使用.

例如,把红墨水滴入静止的清水中,即可观察红墨水分子的扩散;应用示踪法观察物体运动的典例实例——布朗运动;在粒子物理中,云室、气泡室、照相底片都可留下粒子运动的踪迹.

用钡(Ba)作为示踪剂已经沿用许久. 在医学上,服用 Ba 剂以后,可用 X 射线透视胃肠中的情况. 在大规模的宇宙及航天实验中,也用 Ba 作为指示剂,显示高速太阳风在地球磁场作用下产生极光的情况,以揭示极光产生的秘密. 将小的发射机安放在动物体上进行跟踪,是研究动物活动规律的有效方法,如鱼群分布、珍稀动物生活规律等.

对于时间示踪,定时间间隔摄影,可以显示很短时间的时间过程;示波器的扫描也是显示时间过程的方法;利用放射性物质^{14}C 半衰期,测定物体的寿命,在考古工作中已经普遍被采用.

2.6 量纲分析法

量纲分析法又称为因次分析法,是一种数学分析方法. 通过量纲分析,可以正确地分析各变量之间的关系,以简化实验. 量纲分析法是自然科学中一种重要的研究方法,它根据一切量所必须具有的形式来分析判断事物间数量关系和遵循的一般规律. 通过量纲分析可以检查反映物理现象规律的方程在计量方面是否正确,甚至可提供寻找物理现象某些规律的线索.

在间接测量中,若能建立被测量与可测量之间的数学关系,则将直接测量出的可测量代入这种数学关系中,即可间接地求出待测量. 那么如何确立这种数学关系式呢? 量纲分析法是一种可以尝试的手段.

设物理量 A 是与某物理现象有关的待测量,它不能直接测到,而物理量 B,C,D 为与此物理现象有关的全部其他独立物理量,它们均是可直接测量的. 于是 A 与 B,C,D 之间必有某种物理规律联系在一起. 假定它们之间有如下的指数关系:

$$A = kB^x C^y D^z$$

式中，k 为无量纲的待定比例系数；x,y,z 为各量的幂指数.

如果用量纲分析法具体确定出 x,y,z 的值，那么 A 与 B,C,D 的数学关系式就被确定下来了.

量纲分析法的指导思想是：只有量纲相同的物理量才能相加、相减和用等号相连接，所以只要考察等式两端各项物理量的量纲是否相同，就可初步校验等式的正确性. 具体做法是将 A,B,C,D 诸物理量的量纲代入上述指数关系式，再令等式两边的各基本量的幂指数相等，于是有几个基本量，就可建立几个关于幂指数的代数方程式，联立这些代数方程式便可解得幂指数的值，从而确定被测量 A 与可测量 B,C,D 的关系式，而比例系数 k 则由实验来确定.

量纲分析法是研究自然现象中各种物理量的性质和内在规律的有力工具，能较直观地揭示物理过程的实质，因而用量纲分析法寻找物理量之间的联系，是建立物理关系的常用方法之一.

例如，用量纲分析法可确定弦线振动的激励信号的频率.

我们知道，弦线振动的条件是激励信号频率 f 与弦的固有频率 f_0 相同，固有频率又与弦长 l、弦线的密度 ρ 及弦所受的张力 F 三个量有关，于是设有关系式

$$f = kl^x F^y \rho^z$$

等式两边量纲应该相等，即

$$[f] = [l]^x [F]^y [\rho]^z$$

注意到

$$[f] = T^{-1}, [l] = L, [F] = MLT^{-2}, [\rho] = ML^{-1}$$

于是

$$T^{-1} = L^x M^y L^y T^{-2y} M^z L^{-z} = L^{x+y-z} M^{y+z} T^{-2y}$$

因 L、M、T 三个基本量在等式两边的幂指数和均应相等，所以由 L、M、T 有

$$0 = x + y - z$$

$$0 = y + z$$

$$-1 = -2y$$

解上三方程的联立解，得

$$x = -1, y = \frac{1}{2}, z = -\frac{1}{2}$$

于是

$$f = k\frac{1}{l}\sqrt{\frac{F}{\rho}}$$

只要测出 l、F、ρ 就可求得 f，而 k 可以通过多次实验测量来确定.

2.7　转换测量法

转换测量法是根据物理量之间的各种效应和函数关系，利用变换原理进行测量的方

法. 物理量之间存在着千丝万缕的联系和多种效应,它们相互关联,相互依存,在一定的条件下亦可相互转化. 因而,寻求物理量之间的关系,是探索物理学奥秘的主要方法之一,也是物理实验最富有启发性和开创性的一面. 当人们了解了物理量之间的相互关系和函数形式时,就可以将一些不易测量的物理量转化成可以(或易于)测量的物理量来进行测量,这也是物理实验中常用的方法之一.

2.7.1 寻求物理量之间的相互关系

寻求物理量之间的相互关系,可以分为定性描述和定量测量两类. 定性描述以实验观察为主,旨在了解各相关物理量间相互依赖、相互转化的物理现象的过程或变化规律等;定量描述不仅要观察物理现象和变化规律,还需要准确测量各物理量之间的变化,经过数学和逻辑推理过程,用数学公式表达出来,使之具有普适性. 在定量寻求中,又可分为直接寻求和间接寻求两类.

1. 直接寻求

探求两个物理量之间的关系时,可以直接改变其中某一物理量,测量另一物理量随前一物理量的变化值. 探求多个物理量之间的关系时:

(1)可以先固定某个或某些物理量,而求出两个主要变化量之间的关系;

(2)先固定某个或某些物理量,两两地求出相互关系,再综合分析;

(3)先找出影响各物理量变化的主要物理量,改变这一物理量,同时测量多个变量,然后用某种方法进行处理,并找出各物理量之间的关系.

2. 间接寻求

在设计和安排实验时,有的物理量有时不能直接测量或求出,就需要采用迂回的策略,先找到容易攻克的突破口,然后一鼓作气直捣核心,这也是一种解决问题的途径和方法.

1)把不可测的量转换成可测的量(即变量转换法)

在设计和安排实验时,当预先估算不能达到要求时,就需另辟新径,把一些不可测量的物理量转换成可测量的物理量,如质子衰变实验. 长期以来,物理学家们都没有观察到质子的衰变,故认为它是一种稳定的粒子,其寿命是无限的. 但根据弱电统一理论预言,质子的寿命是有限的,其平均寿命约为 $10^{38}s$(即大约 10^{31}年). 10^{31}年是一个多么漫长的时期,简直是一个无法测量的时间. 因为地球的年龄才大约 10^{9} 年(十亿年),谁也无法预料 10^{31}年内,宇宙会发生什么样的变化. 因此,在很长一段时间,人们无法揭示质子寿命的奥秘. 但是当人们把思考的着眼点变换一个角度,把时间的测量转换为空间概率的测量时,整个事件就发生了戏剧性的变化. 假如我们观察 10^{33} 个质子(每吨水约有 10^{29} 个质子)则一年之内可能有 100 个质子衰变. 这样使原来根本无法观察和测量的事件,变成可以测量了. 又如,关于引力波的实验,根据爱因斯坦关于引力波的理论,任何作相对加速运动的物体都可以发射引力波,因而,双星体 ζ 可能是引力波源. 而目前实验室中引力波天线的灵敏度都不足以达到既可以直接测量到宇宙内的引力波，又同时能排除电磁辐射干扰. 于是，物理学家们就把着眼点放在了双星座引力辐射阻尼上，即测量双星由于辐射引力波而导致轨道周期的减小来检验引力波的存在.

我国古代曹冲称象的故事也是一个变量代换的很好范例，把当时不可测量的大象质量变换成可测量的石头质量.

2）把测不准的量转换成可测准的量（亦是一种变量转换法）

有时某些物理量虽然可以测定，但要精确测量则不容易，或所需要的条件苛刻或所需的测量仪器复杂、昂贵等，但是换个途径，事情就变得简单多了，而且能够较精确地测量. 因为在实际测量工作中，可以改变的条件很多，于是我们可以在一定范围内找出那些易于测准的量，绕开不易测准的量，实行变量代换. 最经典的例子便是利用阿基米德原理测不规则物体的体积或密度，即将不易测准的不规则物体的体积转化为容易测准的液体体积，只需一个有较精密刻度的量筒就行（更精确一些则用流体静力称衡法——用天平"称"体积）.

3）用测量物理量的改变量代替测量物理量

把测量物理量变换成测量物理量的改变量，是一种行之有效的实验方法.

例如，用拉伸法测杨氏模量，就是把直接测量 L 变为分别测量 L_0 及拉伸量 ΔL（$\Delta L = L - L_0$），并用光杠杆把变量放大. 又如，非平衡电桥（图 2.14）实际上就是一种显示变化值的方法. 可以证明，在平衡点附近，平衡指示器的变化量与某一个臂数值的变化是成正比的.

兰利于 1881 年就利用四个臂均为细铂丝的惠斯通电桥作非平衡测量，可以从灵敏电流计上测出 $\Delta T = 1\times10^{-5}$K 的温度变化. 如果直接测量铂丝电阻随 T 的变化（因为铂的电阻温度系数 $\alpha = 3.9\times10^{-3}\text{K}^{-1}$）则要达到可检测 $\Delta T = 1\times10^{-5}$K 的温度变化，对电阻的测量精度要达到约 $4\times10^{-8}\Omega$，这在当时是不可能的，即使是现在，所需条件和设备要求也是很高的.

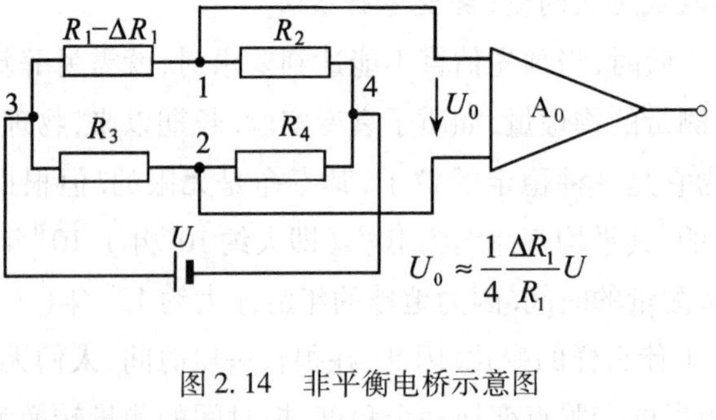

图 2.14　非平衡电桥示意图

4）把单个测量点的计算方法，改变为多个测量点的作图法或回归法

把不易测的物理量放在截距上，而把要测的物理量放在斜率中去解决，亦是物理实验中常用的简便方法之一. 例如，热敏电阻的电阻与温度之间的关系为 $R_T = A\mathrm{e}^{B/T}$，若我们要想求出与半导体热敏电阻物理性能有关的两个常数 A 和 B，则可以将原函数变形为

$$\ln R_T = \ln A + B\frac{1}{T}$$

即具有 $y=b+kx$ 的形式,只要测量在不同温度 T 时的 R_T 值通过作 $\ln R_T - 1/T$ 图或回归分析,由截距 $\ln A$ 可求得 A,由斜率可求得 B.

2.7.2 传感器转换法

把某些不易测量的物理量转换成易于测量的物理量,也是物理实验惯用的手法,而且随着各种新型功能材料(如热敏、光敏、磁敏、压敏、气敏、湿敏等材料)的不断涌现,随着这些材料性能的不断提高,形形色色的敏感器件和传感器也就应运而生,为科学实验和物性测量方法的改进提供了很好的条件.考虑到电学参量具有测量方便、快速的特点,电学仪表易于生产,而且常常具有通用性,所以许多能量转换法都是将待测物理量通过各种传感器或敏感器件转换成电学参量来进行测量的.

最常见的物理量转换有如下几种.

1. 光电转换

利用光敏元件将光信号转换成电信号进行测量.例如,在弱电流放大的实验中,把激光(或其他光,如日光、灯光等)照射在硒光电池上直接将光信号转换为电信号,再进行放大.在物理实验中常用的光电元件还有光敏三极管、光电倍增管、光敏电阻等.

2. 磁电转换

最典型的磁敏元件是霍尔元件,磁记录元件(如读、写磁头,磁带,磁盘……),磁敏二极管,三极管等.利用磁敏元件(或电磁感应组件)将磁学参量的测量转换成电压、电流或电阻进行测量.

3. 热电转换

利用热敏元件(如半导体热敏元件、铂热电阻、热电偶、PN 结等)将温度的测量转换成电压或电阻的测量.

4. 压电转换

利用压敏元件或压敏材料(如压电陶瓷、石英晶体等)的压电效应,将压力转换成电信号进行测量.反过来,也可以用某一特定频率的电信号通过逆压电效应去激励压敏材料使之产生共振,来进行其他物理量的测量(超声波测声速实验).

5. 几何变化量与电学参量的转换

利用电学元件或参量(如电感、电容、电阻等)对几何变化量敏感的特性,来进行对长度、厚度或微小位移等几何量的测量.

思考题

1. 按测量技术来分,物理测量方法可以分为哪几类?

2. 为什么说比较法是最普遍、最基本、最重要的测量方法之一?

3. 什么是平衡(补偿、示零)测量？其特点有哪些？

4. 典型的比较测量方法有哪几种？

5. 何为放大法？典型的放大测量法有哪些？

6. 转换测量法的基本原理和特点是什么？

参考文献

[1]潘学军,等. 大学物理实验(基础物理部分). 北京:电子工业出版社,2006:70 – 79.

第 3 章　实验误差分析与数据处理

物理实验的任务,一是在实验室条件下科学地再现自然现象;二是测量现象中有关物理量及它们之间的数量变化关系;三是通过测量数据的误差分析和数学处理,科学地评价测得的物理量或物理关系接近于客观真实的程度.因此,测量误差理论、实验数据处理、实验结果表述及实验设计等方面的知识,不仅是物理实验前的基础准备,也是今后从事仪器教具设计制作及科学实验工作所必须了解和掌握的.本章对这方面的知识做一简要介绍,如果需要更深入地了解,请参阅有关专著.

3.1　测量及其误差

3.1.1　量、测量和单位

任何现象和实体都能以量的大小来表征,而且量具有对现象和实体作定性区别或定量区别的属性.

测量是人类对自然界中的现象和实体取得数量概念的一种认识过程.为确定被测对象的量值,首先要选定一个单位,用它与被测对象进行比较,求出被测对象与它的比值——倍数,这个倍数即为数值.数值的大小与所选用的单位有关,对同一对象测量时,选用单位越大,数值越小,反之亦然.因此,在表述被测对象的测量值时就必须包含数值和单位两个部分.

目前,物理学上各物理量的单位都采用中华人民共和国法定计量单位.根据《中华人民共和国计量法》,国家计量局于 1987 年 2 月 1 日发布了国家法定计量单位名称、符号和非国家法定计量单位的废除办法,规定以国际单位制(*SI* 制)为国家法定计量单位,即以米(*m*)、千克(*kg*)、秒(*s*)、安培(*A*)、开尔文(*K*)、摩尔(*mol*)、坎德拉(*cd*)作为基本单位,其他单位都由以上七个基本单位导出,称为国际单位制的导出单位,并规定 1991 年起实行国家法定计量单位.[1]关于中华人民共和国法定计量单位的详细内容参见本章后面附录表.

3.1.2　测量及误差

物理实验离不开对物理量进行测量,不论是研究物理现象、验证物理原理,还是研究物质特性等,都要进行测量. 所谓测量,就是用一定的量具或仪器,通过一定的方法,直接地或间接地与被测对象进行比较. 在一定的条件下,任何物理量的大小都有一个客观存在的真实大小——真值. 测量的目的就是要想办法知道待测物理量的真值. 然而,每个具体测量都是依据一定的理论或方法,在一定的环境中使用一定的仪器,由一定的人进行的,但由于理论的局限性或近似性,环境的不稳定性,实验仪器灵敏度和准确度的局限性,人的实验技能和判断能力的影响等,测量值与客观存在的真值之间总是或多或少地存在偏差,这种偏差就称为测量值的误差.

假设被测量的真值为 A,测量值为 x,误差为 δ,则

$$\delta = x - A \tag{3.1}$$

式(3.1)定义的误差反映了测量值偏离真值的大小和方向,称为绝对误差.

某些情况下真值的大小是可知的,但在多数情况下被测量的真值是未知的. 在实际测量中,一般根据测量数据,只能确定出测量的最佳值. 为了全面评价测量的优劣,往往还需要考虑被测量本身的大小,如测量两个物体的质量得出一个是 1.00g,另一个是 100.00g,如果绝对误差都是 0.01g,那么,从绝对误差来看,对二者的评价是相同的. 但前者的误差占测量值的 1%,而后者仅占 0.01%,显然测量误差的严重程度比前者要小得多. 为了区分或评价测量的优劣,常用相对误差表示. 相对误差定义为绝对误差与测量最佳值之比,常用百分数表示,即

$$\text{相对误差 } E = \frac{\text{绝对误差 } \delta}{\text{测量最佳值 } \bar{x}} \times 100\% \tag{3.2}$$

有时被测量有公认值或理论值,则用百分误差来表示. 百分误差定义为

$$\text{百分误差 } E_0 = \frac{|\text{测量最佳值} - \text{公认值}|}{\text{公认值}} \times 100\% \tag{3.3}$$

不论是在实验设计、测量操作中,还是在实验数据处理中,都存在误差. 在这种情况下,测量的任务就是要在一定的条件下设法将测量值的误差尽量减小,得到一个最近真值,并估计出最近真值偏离真值的程度.

产生误差的原因是多方面的,从误差的性质上可以分为系统误差和随机误差两大类. 它们对测量结果的影响不同,处理方法也不同.

1. 系统误差

在同样条件下,对某一物理量进行多次测量,其误差的绝对值和符号保持不变,或随着测量条件的变化而按确定的规律变化,这类误差称为系统误差.

系统误差的特征是,在同一条件下(方法、仪器、环境、人员),对同一物理量进行多次测量时,误差的大小和符号保持不变,当测量条件改变时,误差的大小和方向按一定的规律变化.

系统误差的来源有以下几个方面:

(1)仪器误差. 由于测量仪器的不完善、仪器不够精密或安装调整不妥所引起的误差. 例如,仪器的刻度不准、零点没有校准、天平臂长不相等、砝码未被校准等所产生的

误差.

(2)方法误差.由于实验方法的不完善或某种方法所依据的理论公式本身具有近似性,或实验条件不能达到理论公式所规定的要求等而引起的误差.例如,在空气中测质量时没有考虑空气浮力的影响,量热时没有考虑热量的散失,单摆周期公式 $T=2\pi\sqrt{l/g}$的条件是摆角趋于零,电路中没有考虑电表内阻和接线附加电阻的影响等.

(3)环境、条件误差.由于环境的影响或没有按规定的条件使用仪器.例如,测长度时没有考虑温度使尺长改变,仪器未进行电磁屏蔽而受到电磁场的干扰或应该水平(或垂直)放置的仪器没有放水平(或垂直)等所引入的系统误差.

(4)人员误差.由于实验者心理或生理特点、缺乏技术、经验等而引入的误差.例如,有些人习惯于侧坐斜视读数,眼睛分辨能力较差等,使测量读数偏大或偏小.

系统误差的减小或消除是实验技能问题,应尽可能采取各种措施将其降低到最小.例如,对仪器进行校正,改变实验方法或者在计算公式中列入一些修正项以消除某些因素对实验结果的影响,纠正不良实验习惯等.

能否识别和消除系统误差与实验者的经验和实际知识有着密切关系,同学们在学习过程中要注意积累这方面的感性知识,结合实验的具体情况对系统误差进行分析和讨论.

2. 随机误差(偶然误差)

在相同条件下,对同一物理量进行多次重复测量时,即使系统误差减小到最小程度之后,测量值仍然会出现一些难以预料和无法控制的起伏,而且测量值误差的大小和符号在随机变化,即每次测量值都会有些差异,它们分散在一定范围内,其误差时正时负,误差值时大时小,无规则地涨落,这类误差称为随机误差,又称为偶然误差.随机误差的特点是随机性.

随机误差是由于测量过程中一些随机或不确定的因素引起的.例如,人的视觉、听觉和触觉等感觉能力的限制,以及实验环境中的温度、湿度、电源电压的起伏、气流波动及振动等因素的影响.从个别测量值来看,它的数值带有随机性,好像是杂乱无章的.但是,如果测量次数足够的话,就会发现随机误差遵循一定的统计规律,可以用概率理论来估算它.

3. 误差的相互转化

系统误差和随机误差在一定的条件下是可以相互转化的.例如,一把米尺刻度不均匀,如果固定以尺的端面测量某一物体长度时,测量结果会产生系统误差,若采用尺的不同刻度部分来多次测量又可把分度不均匀的误差随机化.又如,同一级别的仪器中每台仪器的具体系统误差都不相同,或大或小,或正或负,是随机的,但当使用某台仪器做实验时,它所引起的误差又是固定的.因此,一个具体测量中出现的误差往往既含有随机误差,又含有系统误差.在实验中,当实验条件稳定且系统误差可以掌握时,就尽量保持在相同条件下做实验,以便修正系统误差;当系统误差未被掌握时,常常想出一些办法使系统误差随机化,以便多次测量取平均抵消其中一部分.

除误差之外,在测量中还可能出现错误,如读数、记录、操作、估算等方面的错误. 错误已不属于正常的测量工作范畴,应当尽量避免. 克服错误的方法,除端正工作态度,严格工作方法外,可用和另一次测量结果相比较的办法发现并纠正,或者运用异常数据剔除标准来判别因过失而引入的异常数据,并加以剔除.

3.2　误差处理

3.2.1　系统误差的修正和消减

在很多情况下,系统误差是影响测量结果主要因素,可是它又常常不明显地表现出来,有时还会给实验结果带来严重影响. 因此,发现系统误差,设法修正或消除它的影响,是误差分析的一个很重要的内容. 在实验工作中发现和消减系统误差相对来说是一件较难的工作. 它既需要理论指导又需要丰富的实验工作经验,往往是针对实际工作情况采取灵活多样的办法来解决,下面介绍一些常用的方法.

1. 发现系统误差的方法

因为系统误差的数值往往比较大,要有效地提高测量准确度,必须减小和消除系统误差的影响. 首先遇到的问题是怎样发现系统误差? 在测量过程中,形成系统误差的因素是复杂的,在一般情况下,系统误差是不能通过多次重复测量来发现的,有时候,直接测量的每个量都排除了系统误差,但是间接测量的计算结果仍可能有系统误差存在. 要发现系统误差,就必须仔细地研究测量理论和方法的每一步推导,分析每一个实验条件,检验或校准每一件仪器,考虑每一步调整和测量,注意每一个因素对实验的影响等. 下面简要介绍几种发现系统误差的常用方法.

1) 实验对比法

实验对比法是通过改变产生系统误差的条件进行测量,从而发现系统误差.

(1) 仪器的对比. 用不同仪器去测量同一量,如果结果不一致,则说明至少有一个存在系统误差. 如其中一个是高一级精度的仪器或标准器件,就可以找出系统误差的修正值.

(2) 测量方法的对比. 例如,把电流反向进行读数;增加和减少砝码过程中分别读数;转盘转180°进行读数等,看结果是否一致.

(3) 改变某些参量的取值. 改变某参量的取值,看结果是否有某种变化,有时为了判断某个因素是否会带来系统误差,常采用这种方法. 例如,改变温度测电流,可看出温度高低对电流的影响.

(4) 实验条件的对比. 例如,用单臂电桥测电阻时,可以通过改变桥臂电阻的位置(如把 R_x 和 R_s 互换),判断有无系统误差存在.

(5) 测量人员的对比. 由两个人对比观测,可发现人员误差.

(6)实验方法的对比. 必要时可改变实验方法去测量,看结果是否一致. 例如,分别用单摆、自由落体仪、弹簧振子测得本地区的重力加速度,若在随机误差范围内三者不重合,则说明至少其中两个存在系统误差.

2)理论分析法

由于测量所依据的理论公式本身的近似性,或实验条件不能达到理论公式所规定的要求等而引起的误差,我们可作如下分析.

(1)分析测量所依据的理论公式所要求的条件与实际情况有无差异,是否超过了测量精确度所要求的范围? 例如,单摆实验中,公式 $T=2\pi\sqrt{l/g}$ 是 $T=2\pi\sqrt{l/g}\left(1+\frac{1}{4}\sin^2\frac{\theta}{2}+\cdots\right)$ 做了 $\theta\approx 0$ 的近似,而实验中 $\theta\neq 0$;式中把摆球看做质点,忽略摆线质量,实验中摆球体积 $V\neq 0$,摆线也具有质量,实际上是一个复摆;公式中忽略了的空气浮力与阻力,而实际上空气浮力与阻力是存在的.

(2)分析仪器是否达到了所要求的使用条件? 例如,标准电池给出的电动势值是在工作温度为20℃条件下的,使用光杠杆镜尺系统时要求平面镜反射面垂直、标尺垂直、望远镜光轴水平;在光杠杆测微小长度变化量公式 $\Delta L=\frac{kl}{2D}$ 中,要求 $\Delta L\ll k$,$l\ll D$.

总之,要分析公式推导中每一步所要求的条件与实际是否一致,每一个实际测得的量与公式中写的量是否真正一样,仪器使用的条件是否合乎规定等.

3)分析数据法

分析数据法的理论依据是随机误差服从一定的统计分布规律,如果实验结果不遵从这种规律,则说明存在系统误差. 在相同条件下得到大量数据时,可用这种方法.

如按测量次序记录的测量数据的偏差是单向或周期性变化的,说明存在固定的或变化的系统误差,因为按照随机误差的统计分布理论,测量值的散布在时间和空间上应该是随机的.

以上只是从普遍的意义上介绍了几种发现系统误差的途径,实际工作中还会有许多具体的办法.

2. 系统误差的修正和消减

消减系统误差对测量结果的影响是测量工作中一件最重要的事情. 由于人们不可能全部掌握所有系统误差的规律和大小,因而也就不能全部消减它们对测量结果的影响,实际上任何"标准"的仪器,总是有缺陷的,任何理论模型也只是实际情况的近似,因此,对系统误差只能尽量设法去减小它,不可能绝对地消除. 所谓消减系统误差的影响,是指把它的影响减小到随机误差以下,如果系统误差不影响有效数字的最后一位,就可认为是已经消减了它的影响,因此,对于不同的测量精度要求,所要考虑的系统误差项也不同.

原则上,消减系统误差影响的途径首先是设法使它不产生. 如果做不到,那么就设法修正它,或者设法在测量中抵消或减小它的影响. 下面简要介绍几种消减系统误差影响的途径.

1）消减系统误差产生的根源

这是消减系统误差的最根本的方法，它要求实验者首先要仔细分析所采用的实验方法、仪器、设备、环境条件和实验者的素质等，对可能产生系统误差的因素，尽可能预先处理，从根源上加以消除. 例如，采用更符合实际的理论公式；正确地调整仪器，合理地布局仪器；使外界条件稳定在规定值之后再进行测量，以保证满足仪器装置及测量所要求的条件等.

2）用修正值修正测量结果

这种方法是预先用标准仪器对测量器具进行校准，得出误差表或校准曲线，然后取与误差数值大小相同而符号相反的值作为修正值，将实际测得值加上相应的修正值，即可得到不包含系统误差的测量结果. 或对理论公式进行修正，找出修正值.

由于修正值本身也包含有一定的误差，因此用修正值修正的方法不可能全部消减系统误差，总要残留少量系统误差. 对于残留的系统误差按随机误差进行处理.

3）定值系统误差消减法

（1）替代法. 这种方法是在一定的测量条件下，对某一被测量进行测量，使在仪器上得到某一状态（如指针指示零位、天平平衡等），再以同样性质的标准量替代被测量，调整标准量值的大小，使在仪器上呈现出与前者相同的状态，则此时的标准量值即等于被测量值，如图 3.1 所示. 由于两次测量都在仪器上呈现同一状态，故一切定值系统误差的影响相同，这样就消减了除标准量值本身的定值误差以外的一切定值系统误差. 而标准量的定值误差还可进一步检定修正. 如图 3.2 所示，用电桥法测电阻时，可先接入待测电阻使电桥达到平衡，然后保持其他条件不变，用标准电阻替换待测电阻，调节标准电阻的大小，使电桥再次达到平衡，则标准电阻值就等于待测电阻值.

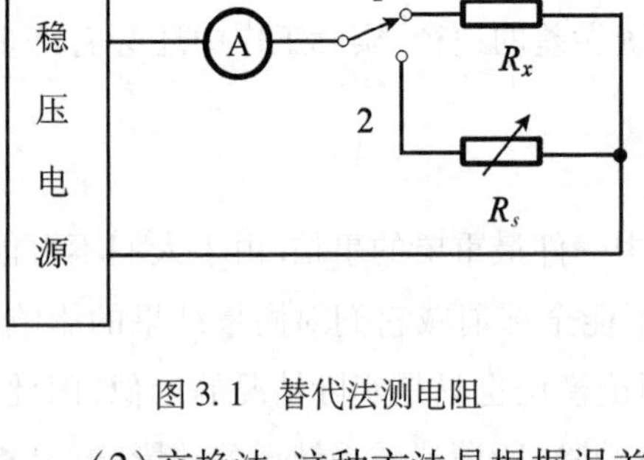

图 3.1　替代法测电阻

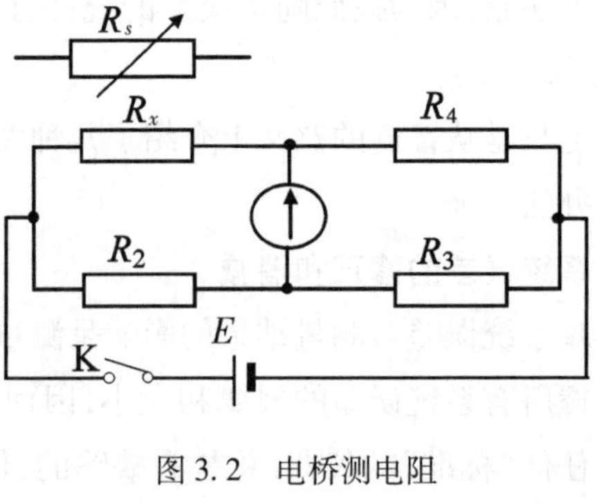

图 3.2　电桥测电阻

（2）交换法. 这种方法是根据误差产生的原因，在一次测量后，将某些测量条件交换一下，以消减系统误差. 例如，在等臂天平上称量重物 X（图 3.3），第一次测量标准砝码 P 放于右边，调平衡后有

$$X=\frac{l_2}{l_1}P$$

将 X、P 交换位置后，由于 $l_1 \neq l_2$，砝码将略有增减，再次平衡后 $P'=P+\Delta P$，于是有

$$P' = \frac{l_2}{l_1}X$$

取 $X = \sqrt{PP'}$ 即可消除天平两臂不等而带来的误差.

(3)抵消法(异号法). 当已知有某种产生定值系统误差的因素存在,而又无法从根源上消除,也难确定其大小并从测量结果中修正时,可考虑能否去抵消它. 先在有定值系统误差存在的条件下进行一次测量,再在该定值系统误差影响相反的另一状态下测量一次,取两次测量的平均值作为测量结果. 这样,由于两次测量中定值系统误差的大小相等、方向相反,取平均值后便相互抵消了. 例如,灵敏电流计实验(图 3.4)及霍尔效应实验、杨氏模量实验等都是采用抵消法.

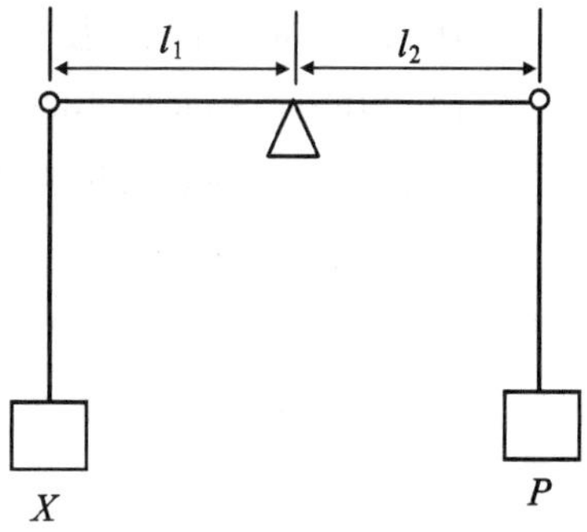

图 3.3 交换法

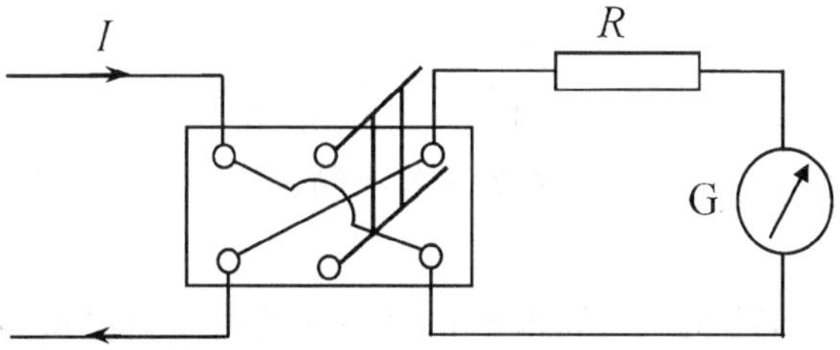

图 3.4 电流反向电路

此外,还有线性系统误差的对称观测法、半周期性偶数观测法等用来判断消减系统误差的方法.

3.2.2 测量结果的最佳值与随机误差的估算

1. 随机误差统计规律与测量结果最佳值

实践和理论都证明,大部分测量的随机误差服从统计规律,其中最典型的一种是高斯正态分布律. 标准化正态分布曲线如图 3.5 所示. 图中 ε 表示测量值 x 的误差,$f(\varepsilon)$ 为概率密度函数,误差出现在 $\varepsilon \sim \varepsilon + \mathrm{d}\varepsilon$ 范围内的概率为 $f(\varepsilon)\mathrm{d}\varepsilon$. 由概率论的数学方法可以导出

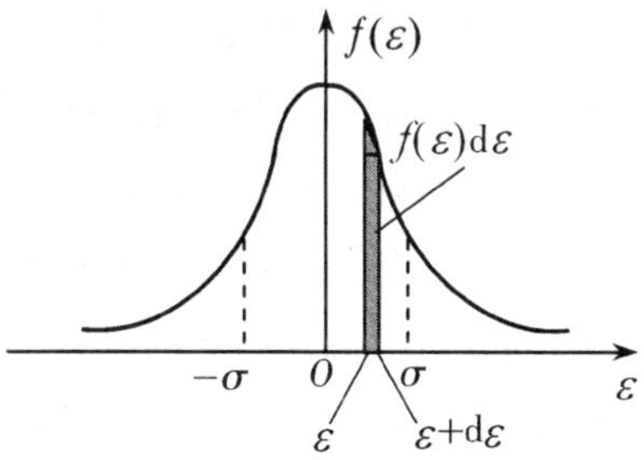

图 3.5 正态分布曲线

$$f(\varepsilon) = \frac{1}{\sigma\sqrt{2\pi}}\mathrm{e}^{-\varepsilon^2/2\sigma^2} \tag{3.4}$$

式中的 σ 是一个与实验条件有关的常数,称为标准偏差. 设 ε_i 为第 i 次的测量误差,n 为测量次数,则

$$\sigma = \lim_{n\to\infty}\sqrt{\frac{\sum \varepsilon_i^2}{n}} \tag{3.5}$$

从图 3.5 可以看出,服从正态分布的误差具有下面一些特性:

(1) 单峰性. 绝对值小的误差比绝对值大的误差出现的概率大.

(2) 对称性. 绝对值相等的正负误差出现的概率相同.

(3) 有界性. 绝对值很大的误差出现的概率近于零,即误差的绝对值不超过一定限度.

(4) 抵偿性. 随机误差的算术平均值随着测量次数的增加越来越趋于零,即

$$\lim_{n\to\infty}\frac{1}{n}\sum_{i=1}^{n}\varepsilon_i = 0 \tag{3.6}$$

由此定义

$$\frac{1}{n}\sum_{i=1}^{n}(x_i - A) = \frac{1}{n}\sum_{i=1}^{n}\varepsilon_i$$

即

$$\frac{1}{n}\sum_{i=1}^{n}x_i - A = \frac{1}{n}\sum_{i=1}^{n}\varepsilon_i \tag{3.7}$$

上式表示测量值的算术平均值的误差等于各次测量误差的算术平均值. 由随机误差的对称性和抵偿性知:

①在排除系统误差影响后,算术平均值的误差由于测量次数 n 的增加而减小,由式(3.7)知

$$\lim_{n\to\infty}\frac{1}{n}\sum_{i=1}^{n}x_i = A$$

即当 $n\to\infty$ 时算术平均值趋于真值. 因此,可以取算术均值

$$\bar{x} = \frac{1}{n}\sum_{i=1}^{n}x_i \tag{3.8}$$

作为测量结果的最佳值.

②在确定的测量条件下,增加测量次数可减小测量结果的随机误差. 增加测量次数对提高算术平均值的可靠性是有利的,但在实际工作中,并不是测量次数越多越好. 因为增加测量次数必定要延长测量时间,这将给保持稳定的测量条件带来困难,同时也引起观测者的疲劳,又可能带来较大的观测误差. 另外,增加测量次数只能对降低随机误差有利而与系统误差的减小无关. 误差理论指出,随着测量次数的不断增加,随机误差的降低越来越缓慢. 从图 3.6 表示的算术平均值的标准偏差 $\sigma_{\bar{x}}$ 随测量次数 n 的变化情况,可以看出,当测量次数 $n>10$ 后,$\sigma_{\bar{x}}$ 的减小极慢. 所以,在实际测量中次数不必过多,在科学研究中一般取 10 ~ 20 次,而在物理实验教学中一般取 5 ~ 10 次就可以了.

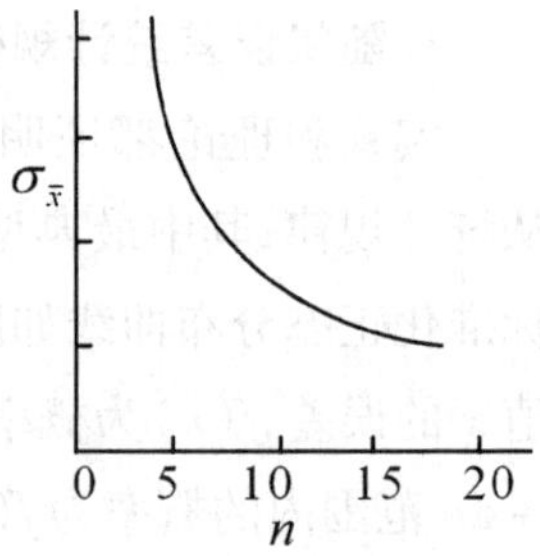

图 3.6　误差与测量次数

2. 随机误差的估算

随机误差与系统误差的性质不同,处理方法也不同. 前面已经讲过,随机误差服从统

计分布规律，所以下面主要介绍如何根据统计规律进行随机误差的估计.

1）直接测量的随机误差估计

（1）测量标准偏差及置信概率. 在同样条件下，对同一物理量进行多次重复测量（等精度测量），设测量值分别为 $x_1, x_2, x_3, \cdots, x_n$；真值为 A，各次误差分别为 $\varepsilon_1, \varepsilon_2, \cdots, \varepsilon_n$. 科学实验中常用标准偏差来估计测量的随机误差. 一组测量值，即一个测量列的标准偏差定义为：各测量值误差的平方和的平均值的平方根，故又称为均方差. 用 σ 表示为

$$\sigma = \sqrt{\frac{\sum_{i=1}^{n} \varepsilon_i^2}{n}} \tag{3.9}$$

σ 的物理意义是什么呢？当随机误差服从正态分布时，概率密度函数 $f(\varepsilon)$ 由式（3.4）表示. 误差落在 $(\varepsilon, \varepsilon + \mathrm{d}\varepsilon)$ 范围内的概率为 $f(\varepsilon)\mathrm{d}\varepsilon$，所以误差出现在 $(-\sigma, \sigma)$ 区间内的概率 p_1 就是图 3.5 中该区间内 $f(\varepsilon)$ 曲线下的面积，即

$$p_1 = \int_{-\sigma}^{+\sigma} f(\varepsilon)\mathrm{d}\varepsilon = \int_{-\sigma}^{+\sigma} \frac{1}{\sigma\sqrt{2\pi}} \mathrm{e}^{-\varepsilon^2/2\sigma^2} \mathrm{d}\varepsilon = 68.3\% \tag{3.10}$$

由此可见，标准偏差 σ 表示的意义是：任一测量值的误差落在 $(-\sigma, \sigma)$ 范围内的概率为 68.3%；或者说，真值 A 落在 $(x_i - \sigma, x_i + \sigma)$ 范围内的概率为 68.3%. 区间 $[\pm\sigma]$ 称为置信区间，在给定置信区间内包含真值的概率（$P = 68.3\%$）称为置信概率或置信水平. 扩大置信区间，置信概率就会提高. 同样可知，误差出现在 $(-2\sigma, 2\sigma)$ 范围内的概率 p_2 及 $(-3\sigma, +3\sigma)$ 范围内的概率 p_3 为

$$p_2 = \int_{-2\sigma}^{+2\sigma} \frac{1}{\sigma\sqrt{2\pi}} \mathrm{e}^{-\varepsilon^2/2\sigma^2} \mathrm{d}\varepsilon = 95.4\% \tag{3.11}$$

$$p_3 = \int_{-3\sigma}^{+3\sigma} \frac{1}{\sigma\sqrt{2\pi}} \mathrm{e}^{-\varepsilon^2/2\sigma^2} \mathrm{d}\varepsilon = 99.7\% \tag{3.12}$$

式（3.11）和式（3.12）的计算结果表明：真值 A 出现在置信区间 $[x \pm 2\sigma]$ 内的概率约为 95.4%，出现在置信区间 $[x \pm 3\sigma]$ 内的概率约为 99.7%. 可见，只要对测量结果给出置信区间和置信水平 P，就表达了测量结果的精确程度. $\pm 3\sigma$ 这个置信区间表明随机误差超过这个范围的测量值在 1000 次测量中只出现 3 次左右，在一般几十次测量中，几乎不可能出现，所以将 3σ 称为极限误差.

图 3.7 所示为不同 σ 值时 $f(\varepsilon)$ 的曲线. 容易看出，由于曲线下的总面积不变（即表示各种大小及正负误差出现的总概率为 100%），σ 值小，曲线变高变窄；σ 值大，曲线较平坦. 说明标准偏差反映了测量数据的离散程度. σ 值小，测量值的误差中绝对值小的误差出现的概率大，数据比较集中，重复性好，测量的精确度高，反之亦然. 但应注意，标准偏差 σ 与各测量值的误差 ε_i 有着完全不同的含义；ε_i 是实在的误差值，

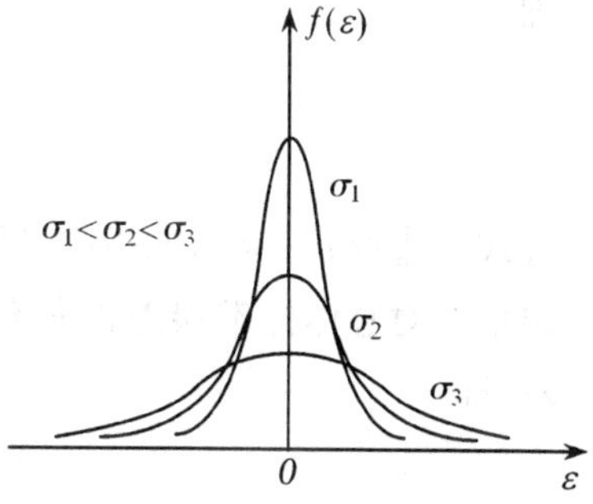

图 3.7 σ 与概率分布

而 σ 并不是测量列中任一个具体的测量误差值，它只反映在一定条件下等精度测量列随机误差的概率分布情况，只有统计性质的意义，是一个统计特征值.

(2) σ 的最佳估值——样本标准偏差 S_x. 由于真值 A 无法知道，所以 σ 无法计算. 前面讨论过，可将测量列的算术平均值 $\bar{x}$ 作为测量结果的最佳值. 所以，我们可以用各次测量值与算术平均值之差 v_i 来估算标准偏差并记为

$$v_i = x_i - \bar{x} \tag{3.13}$$

v_i 称为残差（或偏差），是可以计算的. 而各次测量值的误差为 $\varepsilon_i = x_i - A$，把这些误差求和取平均得

$$\frac{1}{n}\sum_{i=1}^{n}\varepsilon_i = \frac{1}{n}\sum_{i=1}^{n}(x_i - A) = \bar{x} - A$$

或者写成

$$\bar{x} = A + \frac{1}{n}\sum_{i=1}^{n}\varepsilon_i$$

将 $\bar{x}$ 代入式(3.13)得

$$v_i = x_i - A - \frac{1}{n}\sum_{i=1}^{n}\varepsilon_i = \varepsilon_i - \frac{1}{n}\sum_{i=1}^{n}\varepsilon_i$$

对上式平方求和得

$$\begin{aligned}\sum_{i=1}^{n}v_i^2 &= \sum_{i=1}^{n}\left[(\varepsilon_i)^2 - 2\varepsilon_i\frac{1}{n}\sum_{i=1}^{n}\varepsilon_i + \left(\frac{1}{n}\sum_{i=1}^{n}\varepsilon_i\right)^2\right]\\ &= \sum_{i=1}^{n}(\varepsilon_i)^2 - 2\frac{1}{n}\left(\sum_{i=1}^{n}\varepsilon_i\right)^2 + n\left[\frac{1}{n^2}\left(\sum_{i=1}^{n}\varepsilon_i\right)^2\right]\\ &= \sum_{i=1}^{n}(\varepsilon_i)^2 - \frac{1}{n}\left(\sum_{i=1}^{n}\varepsilon_i\right)^2\end{aligned}$$

因为在测量中正负误差出现的概率接近相等（对称性），故 $(\sum\varepsilon_i)^2$ 展开后，交叉项 $\varepsilon_1\varepsilon_2, \varepsilon_1\varepsilon_3, \cdots$ 为正负的数目接近相等，彼此相消，故得

$$\left(\sum\varepsilon_i\right)^2 \approx \sum(\varepsilon_i)^2$$

因此

$$\sum v_i^2 \approx \frac{n-1}{n}\sum(\varepsilon_i)^2$$

即

$$\sqrt{\frac{\sum v_i^2}{n-1}} \approx \sqrt{\frac{\sum(\varepsilon_i)^2}{n}}$$

等式右边取 $n\to\infty$ 时的极限，即 σ 的定义式，因此等式左边的表达式就是能从样本中计算出来的对总体标准误差的最佳估计值，称为样本标准偏差，简称标准差，用符号 S_x 表示，即

$$S_x = \sqrt{\frac{\sum_{i=1}^{n}v_i^2}{n-1}} = \sqrt{\frac{\sum_{i=1}^{n}(x_i - \bar{x})^2}{n-1}} \tag{3.14}$$

这是计算测量结果误差时很有用的公式，称为贝塞耳(Bessel)公式.

(3)平均值的标准偏差 $S_{\bar{x}}$. 一般情况下，在多次测量后，是以平均值 $\bar{x}$ 来表达测量结果的，而平均值 $\bar{x}$ 本身显然也是一个随机变量. 可以设想取多个 n 次测量的样本，每个样本可以求出一个平均值 $\bar{x}_1,\bar{x}_2,\bar{x}_3,\cdots$，这些平均值的统计分布必然会更靠近真值附近(因为平均值已经对单次测量的随机误差都有一定程度的抵消)，所以平均值的标准偏差要比单个测量值的标准偏差小. 可以证明平均值 $\bar{x}$ 的标准偏差 $S_{\bar{x}}$ 为

$$S_{\bar{x}} = \frac{S_x}{\sqrt{n}} = \sqrt{\frac{\sum_{i=1}^{n}(x_i - \bar{x})^2}{n(n-1)}} \tag{3.15}$$

它表示真值 A 落在 $(\bar{x}-S_{\bar{x}},\bar{x}+S_{\bar{x}})$ 范围内的概率为 68.3%.

(4)测量次数很少时置信区间的确定. 当测量次数很少时，样本的平均值 $\bar{x}$ 与标准偏差 S_x 可能会严重偏离总体正态分布的真值 A 和标准误差 σ. 根据误差理论，如果令 $t \equiv (\bar{x}-A)/S_{\bar{x}}$，$t$ 作为一个统计量将遵从另一种分布——t 分布，也叫"学生分布". 这个分布是 1908 年戈塞特(W. S. Gosset)首先提出的，由于发表时使用了笔名 Student，故译为"学生分布"，其函数式比较复杂，可以不去管它. 但由 t 分布可以提供一个系数因子，简称 t 因子，用这个 t 因子乘以小样本的标准偏差作为置信区间，仍能保证在这个区间内有 68.3% 的置信概率. 几个常用的 t 因子见表 3.1，可供实验时查用，其中 n 表示测量次数.

表 3.1 t 因子表

n	2	3	4	5	6	7	8	9	10
$t_{0.683}$	1.84	1.32	1.20	1.14	1.11	1.09	1.08	1.07	1.06
$t_{0.95}$	4.30	3.18	2.78	2.57	2.45	2.36	2.31	2.26	2.23
$t_{0.99}$	9.92	5.84	4.60	4.03	3.71	3.50	3.36	3.25	3.17

从表中可以看出，$t_{0.683}$ 因子随测量次数的增加而趋向于 1，即 t 分布在 $n\to\infty$ 时趋于正态分布. 于是在测量次数很少时，把测量结果表示成：$\bar{x} \pm t_{0.683}S_{\bar{x}}(P=68.3\%)$ 或 $\bar{x} \pm t_{0.95}S_{\bar{x}}(P=95\%)$ 或 $\bar{x} \pm t_{0.99}S_{\bar{x}}(P=99\%)$[2].

2)间接测量的随机误差估计

在很多物理实验中，我们进行的测量几乎都是间接测量. 间接测量的结果是由直接测量根据一定的数学函数公式计算出来的. 显然，由于直接测量结果存在误差，间接测量结果也必然存在误差，这就是误差的传递. 表达各直接测量值误差与间接测量值误差之间的关系式，称为误差传递公式.

设间接测量 N 与各直接测量 $x,y,z,\cdots$，有下列函数关系：

$$N = f(x,y,z,\cdots) \tag{3.16}$$

其中 $x=\bar{x}\pm\delta_x, y=\bar{y}\pm\delta_y, z=\bar{z}\pm\delta_z,\cdots$，这里 $\bar{x},\bar{y},\bar{z}$ 为彼此独立的各直接测量的算术平均值，$\delta_x,\delta_y,\delta_z,\cdots$ 为相应的平均绝对误差或标准偏差.

(1)误差传递的基本公式. 对式(3.16)求全微分有

$$\mathrm{d}N = \frac{\partial f}{\partial x}\mathrm{d}x + \frac{\partial f}{\partial y}\mathrm{d}y + \frac{\partial f}{\partial z}\mathrm{d}z + \cdots \tag{3.17}$$

式(3. 17)表示,当 $x,y,z,\cdots$ 有微小改变 $\mathrm{d}x,\mathrm{d}y,\mathrm{d}z,\cdots$ 时,N 有微小改变 $\mathrm{d}N$. 通常误差 δ_x, $\delta_y,\delta_z,\cdots$ 远小于 $\bar{x},\bar{y},\bar{z}\cdots$,故可把 $\mathrm{d}x,\mathrm{d}y,\mathrm{d}z,\cdots$ 理解为各量相应的误差. 式(3. 17)就是间接测量的误差计算公式,称为误差传递公式. 若对式(3. 16)取自然对数后再求全微分,可得

$$\frac{\mathrm{d}N}{N}=\frac{\partial \ln f}{\partial x}\mathrm{d}x+\frac{\partial \ln f}{\partial y}\mathrm{d}y+\frac{\partial \ln f}{\partial z}\mathrm{d}z+\cdots \tag{3.18}$$

式(3. 17)和式(3. 18)就是误差传递的基本公式. 其中的每项 $\frac{\partial f}{\partial x}\mathrm{d}x,\frac{\partial f}{\partial y}\mathrm{d}y,\frac{\partial f}{\partial z}\mathrm{d}z,\cdots;\frac{\partial \ln f}{\partial x}\mathrm{d}x$, $\frac{\partial \ln f}{\partial y}\mathrm{d}y,\frac{\partial \ln f}{\partial z}\mathrm{d}z,\cdots$ 称为分误差,即由各直接测量产生的误差. 函数的偏微商 $\frac{\partial f}{\partial x},\frac{\partial f}{\partial y},\frac{\partial f}{\partial z},\cdots$; $\frac{\partial \ln f}{\partial x},\frac{\partial \ln f}{\partial y},\frac{\partial \ln f}{\partial z},\cdots$ 称为误差传递系数. 由此可见,一个直接测量的误差对于间接测量误差的影响,不仅取决于其本身误差的大小,而且取决于误差传递系数.

(2)标准偏差的传递公式. 设实验中对 m 个直接测量各测量了 n 次,则由式(3. 17)有

$$\mathrm{d}N_j=\frac{\partial f}{\partial x_1}\mathrm{d}x_{1j}+\frac{\partial f}{\partial x_2}\mathrm{d}x_{2j}+\cdots+\frac{\partial f}{\partial x_m}\mathrm{d}x_{mj}\quad (j=1,2,3,\cdots,n)$$

将上列各式两边各自平方后求和,再除以 n 得到

$$\begin{aligned}\frac{1}{n}\sum \mathrm{d}N_j^2 &= \frac{1}{n}\left(\frac{\partial f}{\partial x_1}\right)^2\sum \mathrm{d}x_{1j}^2+\frac{1}{n}\left(\frac{\partial f}{\partial x_2}\right)^2\sum \mathrm{d}x_{2j}^2+\cdots\\ &\quad+\frac{1}{n}\left(\frac{\partial f}{\partial x_m}\right)^2\sum \mathrm{d}x_{mj}^2+\frac{2}{n}\left(\frac{\partial f}{\partial x_1}\right)\left(\frac{\partial f}{\partial x_2}\right)\sum \mathrm{d}x_{1j}\mathrm{d}x_{2j}+\cdots\end{aligned}$$

由于各直接测量彼此独立,则各次测量中的 $\mathrm{d}x_{1j},\mathrm{d}x_{2j},\cdots,\mathrm{d}x_{mj}$,各自互不相关地时正时负,时大时小,因而上式中各交叉乘积项的和在 n 逐渐增加时将趋于零,故有

$$\frac{1}{n}\sum \mathrm{d}N_j^2 = \frac{1}{n}\left(\frac{\partial f}{\partial x_1}\right)^2\sum \mathrm{d}x_{1j}^2+\frac{1}{n}\left(\frac{\partial f}{\partial x_2}\right)^2\sum \mathrm{d}x_{2j}^2+\cdots+\frac{1}{n}\left(\frac{\partial f}{\partial x_m}\right)^2\sum \mathrm{d}x_{mj}^2$$

按照标准偏差的定义,即

$$S_N^2=\left(\frac{\partial f}{\partial x_1}\right)^2S_{x_1}^2+\left(\frac{\partial f}{\partial x_2}\right)^2S_{x_2}^2+\cdots+\left(\frac{\partial f}{\partial x_m}\right)^2S_{x_m}^2 \tag{3.19}$$

同样由式(3. 18)可得

$$\left(\frac{S_N}{N}\right)^2=\left(\frac{\partial \ln f}{\partial x_1}\right)^2S_{x_1}^2+\left(\frac{\partial \ln f}{\partial x_2}\right)^2S_{x_2}^2+\cdots+\left(\frac{\partial \ln f}{\partial x_m}\right)^2S_{x_m}^2 \tag{3.20}$$

式(3. 19)和式(3. 20)即是标准偏差的传递公式. 可以进一步写成

$$S_N=\sqrt{\left(\frac{\partial f}{\partial x_1}\right)^2S_{x_1}^2+\left(\frac{\partial f}{\partial x_2}\right)^2S_{x_2}^2+\cdots+\left(\frac{\partial f}{\partial x_m}\right)^2S_{x_m}^2} \tag{3.21}$$

$$\frac{S_N}{N}=\sqrt{\left(\frac{\partial \ln f}{\partial x_1}\right)^2S_{x_1}^2+\left(\frac{\partial \ln f}{\partial x_2}\right)^2S_{x_2}^2+\cdots+\left(\frac{\partial \ln f}{\partial x_m}\right)^2S_{x_m}^2} \tag{3.22}$$

以上两式在实际中可视函数的形式适当选用,一般来说,对于和与差相关的函数选用式(3. 21)式比较方便,对于积商关系的函数选用式(3. 22)比较方便. 另外,上面两式还

可以用来分析各直接测量的误差对间接测量误差影响的大小,为改进实验指明了方向,对设计实验也提供了必要的依据.

一般情况下,各直接测量的误差对间接测量的误差的影响起主要作用的,往往是其中一、二项或少数几项;当分误差对总误差的影响很小时,如某项只占总误差的1/10以下,则可把该项略去不计,这称为微小标准差准则. 因此,在用式(3.21)和式(3.22)进行较烦琐的计算时,由于各分项平方后求和,通常某一分项值小于最大分项值的1/3时,就可以略去不计,这样可以简化计算. 但对于初学者来说,我们希望能估算出每一分量值,以便能一目了然地判别出各分量对于总量所起作用的大小. 这对于正确掌握误差分析,不断积累实验经验是大有好处的.

3.3 测量不确定度和测量结果的表述

对于测量数据的处理、测量结果的表达,自数学家高斯研究误差分布以来的一个世纪中,经过无数的数学家们的研究,得出了多种误差表示方法及相应的理论. 长期以来,各个国家及不同学科之间有不同看法和规定,有关术语的定义也很不统一,其多义性往往使人们有莫衷一是的感觉,影响了国际的交流和对各种成果的相互利用. 因此,20世纪七八十年代,国际计量局(BIPM)、国际电工委员会(IEC)、国际标准化组织(ISO)和国际法制计量组织(OIML)四大权威计量组织为协调国际工商业测量误差表达的一致性,进行了十余年多方面的协同研究,终于与国际临床医学联合会(IFCC)、国际理论与应用化学联合会(IUPAC)、国际理论与应用物理联合会(IUPAP)等七个国际组织协调一致,按国际计量局提出的《实验不确定度的规定建议书 INC-1(1980)》制定了协调的、具有国际指导性的《测量不确定度表达指南》(Guide to Expression of Uncertainty in Measurement, GUM)(以下简称《指南》). 1992年发表的这个《指南》的一些基本概念是国际、国内各界表达测量不确定度最具权威性和指导性的论述. 我国政府明令自1992年10月1日起将其作为技术规范. 因此,我们在实验中也采用其技术规范.

3.3.1 测量不确定度的基本概念

四大权威计量组织提出的测量不确定度(uncertainty of measurement)定义为:表征被测量的真值所处的量值范围的评定,是用以表述测量结果分散性的参数.

测量不确定度可理解为测量结果有效性的可疑程度或不肯定程度,从统计意义上来理解,它是待测量真值所处范围的估计. 事实上,在实验中,由于各种物理因素(如观测者、测量对象、测量仪器、测量方法及测量条件等)的影响,不仅间接测量,而且直接测量,即使多次测量所得到的测量结果,都不可能必然地落在真值上,也就是说测量结果具有分散性,这个用以表述测量结果分散性的参数就是测量不确定度.

测量不确定度一般包含许多分量,其中一些分量可根据测量列结果的统计分布进行评定,并可用实验标准偏差表征. 当测量不确定度用实验标准偏差估计时,称为标准不确定度(standard uncertainty). 如果标准偏差的估计值是由对一系列测得值直接进行统计分析得到的,则称其为 A 类标准不确定度(type A standard uncertainty)或标准不确定度的 A 类评定. 其他分量只能根据经验或其他信息(如计量器具的鉴定证书、标准、技术规范、手册上所提供的数据及国际上所公布的常量或常数等)进行评定,它不同于对一系列测得值进行统计分析运算所得到的标准偏差估计值,被称为 B 类标准不确定度(type B standard uncertainty)或标准不确定度的 B 类评定.

因为间接测量的测得值是由若干直接测量的测得值,通过一定的函数关系求出的,所以其标准不确定度应由合成标准不确定度(combined standard uncertainty)表示.

按不确定度的获得方法,在将可修正的系统误差修正后,把余下的全部误差划分为可以用统计方法评定的 A 类分量 Δ_A 及以估算方法评定的 B 类分量 Δ_B. 两类分量通常用方差合成方法得出总不确定度(合成标准不确定度),即

$$\Delta = \sqrt{\Delta_A^2 + \Delta_B^2} \tag{3.23}$$

根据需要还可将合成标准不确定度乘以一个包含因子 k(取值范围为 2 ~ 3)作为展伸不确定度,使测量结果能以高概率(95% 以上)包含被测真值.

应当注意的是,不确定度和误差是两个完全不同的概念,它们之间既有联系,又有本质区别. 在物理实验教学中,我们用不确定度来评价测量质量,进行定量计算. 但在实验的设计、分析处理中,常常需要进行误差分析.

3.3.2　直接测量的不确定度估计和结果的表述

在通常的物理实验中,我们对直接测量能掌握的不确定度信息主要有两个,一是所使用的仪器的准确度,二是多次测量所获得的测量值.

1. 直接测量结果的 A 类不确定度分量估算

若测量次数在 5 次以上,测量结果以平均值 $\bar{x}$ 表示,其 A 类标准不确定度可以直接用平均值的标准偏差表示,即

$$\Delta_A = \frac{S_x}{\sqrt{n}} = \sqrt{\frac{\sum (x - \bar{x})^2}{n(n-1)}} \tag{3.24}$$

若测量次数在 5 次以下,为了保证标准不确定度的置信概率水平,应该考虑把标准偏差乘以 $t_{0.683}$ 因子,即

$$\Delta_A = t_{0.683}\frac{S_x}{\sqrt{n}} \tag{3.25}$$

2. 直接测量结果的 B 类不确定度分量估计

首先根据所用仪器及测量条件估计测量结果可能产生的误差限 Δ_I. 一般 Δ_I 值可直接采用仪器的示值误差限或允许误差限,在没有仪器准确度资料的特殊情况下也可以采

用仪器的最小分度值.

为了从误差限计算出近似的相当于标准偏差的不确定度 B 类分量,需要估计仪器误差的可能分布.解决这个问题需要有丰富的实验经验.为了便于教学,我们可以假设实际产生的误差在误差限 Δ_I 界限以内是均匀分布的,即误差在(Δ_I, $-\Delta_I$)以外出现的概率为零,在(Δ_I, $-\Delta_I$)以内,各种大小误差出现的概率相同.均匀分布的标准误差 $\sigma=\Delta_I/\sqrt{3}$,在 $\pm\sigma$ 以内的置信概率为 0.577. 这种假设对多数情况是适当的,于是,B 类标准不确定度分量可以简化为按下式估算

$$\Delta_B=\frac{\Delta_I}{\sqrt{3}} \tag{3.26}$$

3. 直接测量结果的合成不确定度

直接测量结果的合成不确定度可表示为

$$\Delta_{\bar{x}}=\sqrt{\Delta_A^2+\Delta_B^2}=\sqrt{S_{\bar{x}}^2+\left(\frac{\Delta_I}{\sqrt{3}}\right)^2} \qquad (P\approx 68\%) \tag{3.27}$$

4. 测量结果的表述

测量结果则表示为

$$x=\bar{x}\pm\Delta_{\bar{x}},U_x=\frac{\Delta_{\bar{x}}}{\bar{x}}\times 100\% \qquad (P\approx 68\%) \tag{3.28}$$

式中,U_x 为相对不确定度.

如果采用高置信概率的展伸不确定度表达测量结果,也可以直接采用下式计算展伸不确定度

$$\Delta_x=k\Delta_{\bar{x}}=\sqrt{(S_{\bar{x}}^2 t_{0.95})^2+\Delta_I^2} \qquad (P\geqslant 95\%) \tag{3.29}$$

测量结果表示为

$$x=\bar{x}\pm\Delta_x,U_x=\frac{\Delta_x}{\bar{x}}\times 100\% \qquad (P\geqslant 95\%) \tag{3.30}$$

3.3.3 间接测量的不确定度合成和结果的表述

设间接测量 N 与直接测量 x_i 的函数关系为

$$N=f(x_1,x_2,\cdots,x_m)$$

在直接测量中,我们以算术平均值 $\bar{x}$ 作为最佳值.在间接测量中,既然 $\bar{x}_i$($i=1,2,\cdots,m$)为各直接测量的最佳值,则可证明

$$\overline{N}=f(\bar{x}_1,\bar{x}_2,\cdots,\bar{x}_m) \tag{3.31}$$

为间接测量的最佳值,用 $\overline{N}$ 表示,即间接测量的最佳值由各直接测量的算术平均值代入函数关系而求得.

间接测量结果的表述与直接测量结果的表述形式相同,即写成 $N=\overline{N}\pm\Delta_N$ 的形式,必要时给出 U_N.根据式(3.21)和式(3.22),用不确定度 Δ_{xi} 代替标准偏差 S_{xi},便得到我们

在物理实验中简化计算间接测量不确定度 Δ_N 的公式,即

$$\Delta_N = \sqrt{\left(\frac{\partial f}{\partial x_1}\right)^2 \Delta_{x_1}^2 + \left(\frac{\partial f}{\partial x_2}\right)^2 \Delta_{x_2}^2 + \cdots + \left(\frac{\partial f}{\partial x_m}\right)^2 \Delta_{x_m}^2} \tag{3.32}$$

$$\frac{\Delta_N}{N} = \sqrt{\left(\frac{\partial \ln f}{\partial x_1}\right)^2 \Delta_{x_1}^2 + \left(\frac{\partial \ln f}{\partial x_2}\right)^2 \Delta_{x_2}^2 + \cdots + \left(\frac{\partial \ln f}{\partial x_m}\right)^2 \Delta_{x_m}^2} \tag{3.33}$$

常用函数的不确定度传递和合成公式见表 3. 2.

表 3. 2　常用函数的不确定度传递和合成公式

函数表达式	不确定度的传递公式
$N = x \pm y$	$\Delta_N = \sqrt{\Delta_x^2 + \Delta_y^2}$
$N = xy$	$\frac{\Delta_N}{N} = \sqrt{\left(\frac{\Delta_x}{x}\right)^2 + \left(\frac{\Delta_y}{y}\right)^2}$
$N = \frac{x^k y^m}{z^n}$	$\frac{\Delta_N}{N} = \sqrt{k^2\left(\frac{\Delta_x}{x}\right)^2 + m^2\left(\frac{\Delta_y}{y}\right)^2 + n^2\left(\frac{\Delta_z}{z}\right)^2}$
$N = kx$	$\Delta_N = k\Delta_x$; $\frac{\Delta_N}{N} = \frac{\Delta_x}{x}$
$N = \sqrt[k]{x}$	$\frac{\Delta_N}{N} = \frac{1}{k}\frac{\Delta_x}{x}$
$N = \sin x$	$\Delta_N = (\cos x)\Delta_x$
$N = \ln x$	$\Delta_N = \frac{\Delta_x}{x}$

【例 3. 1】一个钢球的体积 V 可以通过测量钢球的直径 D 求得;若测得 $D = (5.893 \pm 0.044)\,\mathrm{mm}$($P \approx 68\%$),求钢球体积的测量结果.

解:由钢球体积公式及测量数据有

$$V = \frac{1}{6}\pi D^3 = \frac{1}{6} \times 3.1416 \times 5.893^3 = 107.154(\mathrm{mm}^3)$$

由不确定度传递公式(3. 32)有

$$\Delta_V = \sqrt{\left[\frac{\partial\left(\frac{1}{6}\pi D^3\right)}{\partial D}\Delta_D\right]^2} = \sqrt{\left[\frac{1}{6}\pi 3D^2\Delta_D\right]^2} = \frac{\pi D^2}{2}\Delta_D$$

$$= \left[\frac{3.14 \times (5.89)^2}{2}\right] \times 0.044 = 2.398 \approx 2.4(\mathrm{mm}^3)$$

所以钢球体积的测量结果是

$V = (107 \pm 3)\,\mathrm{mm}^3$ 或$(107.2 \pm 2.4)\,\mathrm{mm}^3$, $U_V = 2.2\%$　　$(P \approx 68\%)$

如果函数关系只是乘除没有加减,先计算相对不确定度更为简单,由式(3. 33)有

$$\frac{\Delta_V}{V} = \sqrt{\left[\frac{\partial \ln\left(\frac{\pi D^3}{6}\right)}{\partial D}\right]^2 \times \Delta_D^2} = \sqrt{\left[\frac{\partial\left(\ln\frac{\pi}{6} + 3\ln D\right)}{\partial D}\right]^2 \times \Delta_D^2} = 3\frac{\Delta_D}{D}$$

$$\frac{\Delta_V}{V} = 3 \times \frac{\Delta_D}{D} = 3 \times \frac{0.044}{5.89} = 2.2\%$$

$$\Delta_V = V\times 0.022 = 107\times 0.022 = 2.4(\mathrm{mm}^3)$$

【例3.2】已知一圆柱体的质量 $m=(14.06\pm 0.01)$g，高度 $h=(6.175\pm 0.005)$cm，用千分尺（仪器误差 $\Delta_{\mathrm{I}}=0.004$mm）测得直径 D 的数据（表3.3），求圆柱体的密度 ρ 及不确定度 Δ_ρ.（注：上述各数据的置信概率 $P\approx 95\%$.）

表3.3 圆柱体直径

次数 i	1	2	3	4	5	6
D_i/cm	0.5642	0.5648	0.5643	0.5640	0.5649	0.5646

解：先计算直径 D 的测量结果，D 的最佳值为

$$\overline{D} = \frac{1}{n}\sum D_i = 0.56447\ (\mathrm{cm})$$

当 $n=6$，$P=95\%$ 时，查表得 $t=2.45$，则

$$S_D = t\sqrt{\frac{\sum(D_i-\overline{D})^2}{n(n-1)}} = 2.45\times\sqrt{\frac{63.36\times 10^{-8}}{6\times 5}}$$

$$= 0.00036 \approx 0.0004\ (\mathrm{cm}) \qquad (P\approx 95\%)$$

$$\Delta_{\mathrm{I}} = 0.0004(\mathrm{cm})$$

D 的不确定度 Δ_D 为

$$\Delta_D = \sqrt{S_D^2+\left(\frac{\Delta_{\mathrm{I}}}{\sqrt{3}}\right)^2} = 0.00046\approx 0.0005(\mathrm{cm})$$

$$D = \overline{D}\pm\Delta_D = 0.5645\pm 0.0005(\mathrm{cm}) \qquad (P\approx 95\%)$$

圆柱的密度 ρ 的计算公式为

$$\rho = \frac{4m}{\pi D^2 h}$$

其最佳值为

$$\overline{\rho} = \frac{4\overline{m}}{\pi\overline{D}^2\overline{h}} = \frac{4\times 14.06}{3.1416\times 0.5645^2\times 6.715} = 8.366(\mathrm{g/cm}^3)$$

函数关系为积商形式，先算 Δ_ρ/ρ 较方便，即

$$\ln\rho = \ln\frac{4}{\pi} + \ln m - 2\ln D - \ln h$$

$$\frac{\partial\ln\rho}{\partial m} = \frac{1}{m},\ \frac{\partial\ln\rho}{\partial D} = -\frac{2}{D},\ \frac{\partial\ln\rho}{\partial h} = -\frac{1}{h}$$

由式(3.33)有

$$\frac{\Delta_\rho}{\overline{\rho}} = \sqrt{\left(\frac{\Delta_m}{m}\right)^2+\left(\frac{2\Delta_D}{D}\right)^2+\left(\frac{\Delta_h}{h}\right)^2}$$

$$= \sqrt{\left(\frac{0.01}{14.06}\right)^2+\left(\frac{2\times 0.0005}{0.5645}\right)^2+\left(\frac{0.005}{6.715}\right)^2}$$

$$= 2.05\times 10^{-3}\approx 0.21\%$$

$$\Delta_\rho = \bar{\rho} \times \frac{\Delta_\rho}{\bar{\rho}} = 8.366 \times 0.21\% = 0.018 \approx 0.02(\mathrm{g/cm^3})$$

密度ρ的测量结果为

$$\rho = \bar{\rho} \pm \Delta_\rho = 8.37 \pm 0.02(\mathrm{g/cm^3}) \qquad (P \approx 95\%)$$

【例3.3】用流体静力称衡法测量一铝块的密度，计算公式为$\rho = \dfrac{m}{m - m_1} \times \rho_0$. 测得铝块的质量$m = (27.06 \pm 0.02)\mathrm{g}(P \approx 95\%)$，铝块浸没于纯水中的质量$m_1 = (17.03 \pm 0.02)\mathrm{g}(P \approx 95\%)$，水的密度查手册得$\rho_0 = (0.9997 \pm 0.0003)\mathrm{g/cm^3}(P \approx 95\%)$（其不确定度是根据室温的变动和水的纯度情况估计的）. 试求铝块的密度测量结果.

解：铝块的密度

$$\rho = \frac{27.06}{27.06 - 17.03} \times 0.9997 = 2.6979(\mathrm{g/cm^3})$$

铝块密度的不确定度由式(3.32)有

$$\Delta_\rho = \sqrt{\left(\frac{\partial \rho}{\partial m}\right)^2 \Delta_m^2 + \left(\frac{\partial \rho}{\partial m_1}\right)^2 \Delta_{m_1}^2 + \left(\frac{\partial \rho}{\partial \rho_0}\right)^2 \Delta_{\rho_0}^2}$$

$$= \sqrt{\left(\frac{\partial \rho}{\partial m} \times \Delta_m\right)^2 + \left(\frac{\partial \rho}{\partial m_1} \times \Delta_{m_1}\right)^2 + \left(\frac{\partial \rho}{\partial \rho_0} \times \Delta_{\rho_0}\right)^2}$$

$$\frac{\partial \rho}{\partial m} \times \Delta_m = \frac{\partial}{\partial m}\left(\frac{m}{m - m_1} \times \rho_0\right)\Delta_m = \left[\frac{\rho_0}{m - m_1} - \frac{m\rho_0}{(m - m_1)^2}\right]\Delta m$$

$$= \left[\frac{m - m_1 - m}{(m - m_1)^2}\right]\rho_0 \Delta m = \frac{-m_1}{(m - m_1)^2}\rho_0 \Delta_m$$

$$\approx -\frac{17}{(27 - 17)^2} \times 1 \times 0.02 = -3.4 \times 10^{-3}(\mathrm{g/cm^3})$$

$$\frac{\partial \rho}{\partial m_1} \times \Delta_{m_1} = \frac{\partial}{\partial m_1}\left(\frac{m}{m - m_1} \times \rho_0\right)\Delta_{m_1} = \frac{m}{(m - m_1)^2}\rho_0 \Delta_{m_1}$$

$$\approx \frac{27}{(27 - 17)^2} \times 1 \times 0.02$$

$$= 5.4 \times 10^{-3}(\mathrm{g/cm^3})$$

$$\frac{\partial \rho}{\partial \rho_0} \times \Delta_{\rho_0} = \frac{\partial}{\partial \rho_0}\left(\frac{m}{m - m_1} \times \rho_0\right)\Delta_{\rho_0} = \frac{m}{m - m_1} \times \Delta_{\rho_0}$$

$$\approx \frac{27}{27 - 17} \times 0.0003$$

$$= 8.1 \times 10^{-4}(\mathrm{g/cm^3})$$

于是得

$$\Delta_\rho = \sqrt{(-3.4 \times 10^{-3})^2 + (5.4 \times 10^{-3})^2 + (8.1 \times 10^{-4})^2}$$

$$= 6.4 \times 10^{-3}(\mathrm{g/cm^3})$$

铝块的密度测量结果为

$$\rho = (2.698 \pm 0.007)(\mathrm{g/cm^3}) \text{或} (2.6979 \pm 0.0064)(\mathrm{g/cm^3})$$

$$U_\rho = 0.24\% \qquad (P \approx 95\%)$$

3.4　有效数字及其表示

3.4.1　有效数字的一般概念

任何一个物理量,对它进行测量得到的结果总是有误差的,测得值的位数不能任意取,要由不确定度来确定,即测得值的末位数与不确定度的末位数对齐.

例如,如图 3.8 所示,用米尺测量某物体的长度,测量结果记为 63.6mm 或 63.5mm、63.7mm 都行,总之,头两位是准确数字,后一位是估计的,可疑的,存在误差的.

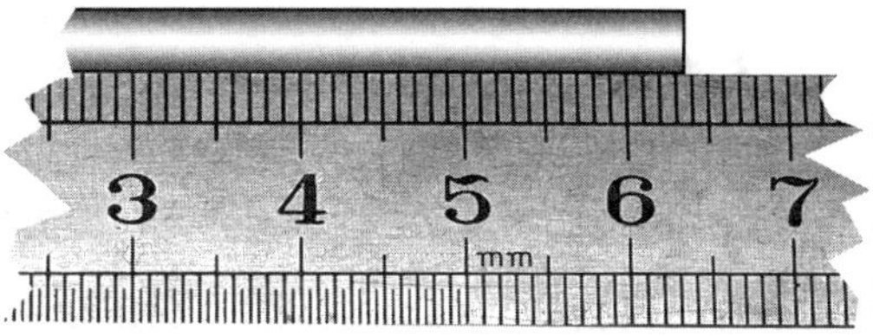

图 3.8　长度测量

如果认为最后一位可疑,可以不记,只记准确数字 63mm 行不行呢? 不行. 因为物体确实比 63mm 长,比 64mm 短,记上最后一位就比较客观地反映出实际情况. 那么记 63.55mm 行不行呢? 也不行. 因为小数点后第一位已不可靠,它以下的数字写出来便没有多大意义了,况且它是毫无根据的估计. 因此,在记录实验数据时,不能少记也不可多记,要正确记录和计算,必须用有效数字.

我们把测量结果中可靠的几位数字加上可疑的一位数字统称为测量结果的有效数字. 有效数字的最后一位是可疑的,即有误差,但它还是在一定程度上反映了客观实际,因此,它也是有效的. 例如,1.35 是三位有效数字,1.350 是四位有效数字. 必须注意,物理量的数值和数学上的数有着不同的意义. 在数学上,$1.35 = 1.350 = 1.3500 = \cdots$;在物理量表示上,$1.35 \neq 1.350 \neq 1.3500 \neq \cdots$,因为它们有着不同的误差.

有效数字的位数与十进制单位的变换无关,即与小数点的位置无关. 因此,用以表示小数点位置的"0"不是有效数字. 例如:

$$13.5\text{mm} = 1.35\text{cm} = 0.0135\text{m}$$

都是三位有效数字,当"0"不是用作表示小数点的位置时,0 与其他字码(1,2,…,9)具有同等地位,如 1.0035 是五位有效数字,4.00 是三位有效数字等. 显然,数据最后的零既不能随便加上,也不能随便去掉.

3.4.2　确定测量结果的有效数字的方法

由于不确定度本身只是对误差的一个估计值,因此,在一般情况下,不确定度只取 1~2 位有效数字,再多就没有意义了. 对于明确写出不确定度的测量结果也应使结果的最后一位或二位与所取不确定度值一位或二位对齐,多余的尾数应按"舍入规则"截取. 例如,例 3.3 中，计算铝块密度 ρ 的不确定度，若取 $\Delta_\rho = 0.007\text{g/cm}^3$，$\rho$ 值应取 2.698g/cm^3；若取 $\Delta_\rho = 0.0064\text{g/cm}^3$，$\rho$ 值应取 2.6979g/cm^3. 当不确定度用两位数字表达时，在测量结果中保留了两位可疑数字，而多保留的一位可疑数字不计入有效数字的位数.

按有效数字书写的测量数据，有效数字的位数就与测量的准确度联系起来. 例如，$\rho = 2.698\text{g/cm}^3$ 是四位有效数字，它的相对不确定度 $U_\rho = 0.24\%$，粗略地说是千分之几. 由此可大致推断，两位有效字测量准确度为十分之几（10^{-1}），三位有效字测量准确度为百分之几（10^{-2}），四位有效字测量准确度为千分之几（10^{-3}），等等. 因而按有效数字规定表示测量结果时，即使没有给出不确定度值，也粗略地表达了测量的准确度.

3.4.3　数字截尾的舍入规则

熟知的"四舍五入"规则是"见五就入"，这会使从 1～9 的 9 个数字中，入的机会总是大于舍的机会，因而是不合理的. 现在通用的规则是：对保留数字末位以后的部分，小于 5 则舍，大于 5 则入，等于 5 则把末位凑为偶数，即末位是奇数则加 1（5 入），末位是偶数则不变（5 舍）. 例如，4.535 取三位有效数字为 4.54；13.525 取四位有效数字为 13.52.

3.4.4　数值的科学表达形式

如果一个数很大或很小，而且有效数字位数也不多时，常用标准式表示. 例如，某人测得真空中的光速 c 为 299 800km/s，不确定度为：200km/s，这个测量结果可表示为 $c = (2.998 \pm 0.002) \times 10^5\text{km/s}$. 这便是数值的科学表达方式，也称为科学记数法. 用这种方式记数时，通常在小数点前只写一位数字. 这种写法不仅简洁明了，而且使有效数字的定位和运算变得简便.

3.4.5　有效数字运算规则

有效数字的运算如同间接测量结果误差估算的问题一样，也存在着误差传递. 在有效数字位数运算过程中，为了不致因运算而增加或损失有效数字位数，并尽量简化运算过程，统一规定有效数字的运算规则如下.

1. 加减法运算规则

加减法运算中，和或差的有效数字中的可疑数字所占位数，与参加运算数值中可疑数字所占位数最高的相同.

注：为了把可靠数字与可疑数字区分开，在下面对有效数字运算规则介绍中，算式中数字上面加横线者为可疑数字. 例如：

$$32.\bar{1} + 3.27\bar{6} = 35.\bar{3}\bar{7}\bar{6} = 35.\bar{4}$$

$$26.6\bar{5} - 3.92\bar{6} = 22.7\bar{2}\bar{4} = 22.7\bar{2}$$

2. 乘法运算规则

两个数相乘的积，其有效数字的位数一般与各数中有效数字位数最少的一个相同，但如果它们的最高位相乘的积大于或等于10，其积的有效数字应比诸因子中有效数字最少的多一位. 例如：

$$3.52\overline{3}\times 18.\overline{6}=65.\overline{5} \qquad 8.3\overline{2}\times 43.2\overline{6}=359.\overline{9}$$

$$\begin{array}{cccccc} & & 3. & 5 & 2 & \overline{3} \\ & & \times & 1 & 8. & \overline{6} \\ \hline & 2 & \overline{1} & \overline{1} & \overline{3} & \overline{8} \\ 2 & 8 & 1 & 8 & \overline{4} & \\ 3 & 5 & 2 & \overline{3} & & \\ \hline 6 & 5. & \overline{5} & \overline{2} & \overline{7} & \overline{8} \end{array} \qquad \begin{array}{ccccccc} & & & & 8. & 3 & \overline{2} \\ \times & & & 4 & 3. & 2 & \overline{6} \\ \hline & & & 4 & \overline{9} & \overline{9} & \overline{2} \\ & & 1 & 6 & 6 & \overline{4} & \\ & 2 & 4 & 9 & \overline{6} & & \\ 3 & 2 & 2 & \overline{8} & & & \\ \hline 3 & 5 & 9. & \overline{9} & \overline{2} & \overline{3} & \overline{2} \end{array}$$

3. 除法运算规则

一般情况下，两个数相除，商的有效数字的位数应和被除数及除数中有效数字位数较少者相同，但若被除数有效数字的位数小于或等于除数的有效数字位数，并且它的最高位的数小于除数的最高位的数，则商的有效数字位数应比被除数少一位. 例如：

$$4.52\overline{5}\div 5.4\overline{7}=0.82\overline{7} \qquad 12\overline{7}\div 36\overline{1}=0.3\overline{5}$$

$$\begin{array}{rr} & 0.82\overline{7}\,\overline{3} \\ \cline{2-2} 5.4\overline{7}\,\Big) & 4.525\overline{4} \\ & 437\overline{6} \\ \cline{2-2} & 14\overline{9}\,\overline{4} \\ & 109\overline{4} \\ \cline{2-2} & 4\overline{0}\,\overline{0}\,\overline{0} \\ & 3\overline{8}\,\overline{2}\,\overline{9} \\ \cline{2-2} & \overline{1}\,\overline{7}\,\overline{1}\,\overline{0} \\ & 1\overline{6}\,\overline{4}\,\overline{1} \\ \cline{2-2} & \overline{6}\,\overline{9} \end{array} \qquad \begin{array}{rr} & 0.3\overline{5}\,\overline{1}\,\overline{8} \\ \cline{2-2} 36\overline{1}\,\Big) & 12\overline{7} \\ & 108\overline{3} \\ \cline{2-2} & 1\overline{8}\,\overline{7}\,\overline{0} \\ & 1\overline{8}\,\overline{0}\,\overline{5} \\ \cline{2-2} & \overline{6}\,\overline{5}\,\overline{0} \\ & \overline{3}\,\overline{6}\,\overline{1} \\ \cline{2-2} & \overline{2}\,\overline{8}\,\overline{9}\,\overline{0} \\ & 2\overline{8}\,\overline{8}\,\overline{8} \\ \cline{2-2} & \overline{2} \end{array}$$

4. 乘方、开方运算规则

乘方开方运算规则和乘、除法运算规则相同. 例如：

$$(4.256)^2=18.114 \qquad (54.39)^{1/2}=7.37$$

5. 函数运算有效数字取位规定

1）对数函数

对数运算结果的有效数字，其小数点后面部分的位数与真值的位数相同. 例如，lg56.7 = 1.754. 当真数的第一位数大于“5”时，有效数字可以多取一位. 例如，lg6.78 = 0.8312.

2）指数函数

指数运算结果的有效数字位数与指数的小数点后的位数相同（包括小数点后的零）. 例如，$x=6.25$，小数点后有2位，所以 $e^x|_{x=6.25}=518.01282$，取成 $e^{6.25}=5.2\times 10^2$；$x=$

0.000924，小数点后有 6 位，则取 $e^{0.000924}=1.000924$. 对于 10^x 的有效数字取法与 e^x 的取法相同.

3）三角函数

三角函数运算结果的有效数字通常是由角度的有效数字决定的. 一般来说，当角度精确至分度时，三角函数可以取四位有效数字，还可以通过改变角度值的末位数的一个单位，由函数值的变化来决定三角函数值的有效数字取位. 例如，$\sin 35.58°=0.5818391\cdots$，哪位是可疑数字呢？我们可以再计算 $\sin 35.59°$ 的值为 $0.581981\cdots$，两数在小数点后第四位产生了差别，因此函数值应取四位有效数字，即 $\sin 35.58°=0.5818$.

6. 非测量常量的有效位数是无限的

对于 π、e、$\sqrt{2}$ 等值在计算时应根据需要多取一位有效数字，或直接按计算器上的按键取用，以免因过多截取而带来附加误差. 例如，计算圆周长 $L=2\pi R$，常量 π 的有效位数是无限的，若半径 $R=6.043\text{cm}$，手工计算时 π 应该取 3.1416.

7. 计算的中间过程

计算的中间过程，有效数字可暂保留两位可疑数字，即可多保留一位有效数字，但最终计算结果仍要按前面的规定处理有效数字.

以上这些结论，在一般情况下是成立的，有时会有一位的出入. 准确的方法还是应该先计算出测量结果的不确定度，用不确定度去确定测量结果的有效数字位数.[3]

3.5　数据处理常用方法

前面从测量误差的概念出发，讨论了测量结果的最佳值和不确定度的估算. 我们进行物理实验的目的是找出物理量之间的内在规律性，或验证某种理论的正确性等. 因而，对实验得到的大量数据必须进行正确的处理分析. 数据处理方法是实验方法不可分割的一部分，它是以一定的物理模型为基础，以一定的物理条件为依据的. 数据处理问题贯穿在整个物理实验的全过程中，包括记录、整理、计算、作图、分析等方面. 下面介绍几种常用的数据处理方法.

3.5.1　列表法

在记录和处理数据时，常常将数据列成表格形式. 数据列表既有条不紊，又简明醒目；既有助于表示出物理量之间的对应关系，又有助于检验和发现实验中的问题. 列表记录、处理数据是一种良好的科学工作习惯. 对于初学者来说，要设计出一个项目清楚、行列分明的表格虽不是很难办到事，但也不是一蹴而就的，需要不断地训练，逐渐形成习惯. 数据在列表处理时，应该遵循下列原则：

（1）各项目（纵或横）均应标明名称和单位，若名称用自定的符号，则需加以说明. 单位写在标题栏中，不要重复地记在各个数据上.

(2)项目的顺序应充分注意数据间的联系和计算的程序,力求简明、齐全、有条理,以方便看出有关量之间的关系,便于计算处理.

(3)表中列入的原始数据主要是原始测量数据,处理过程中的一些重要中间结果也应列入表中,表中数据均要正确反映测量结果的有效数字.

(4)若是函数测量关系的数据表,则应按自变量由小到大或由大到小的顺序排列,并注意函数关系的对应.

下面以使用千分尺测量钢球直径 D 为例,列表记录(表3.4)和处理数据.

表3.4 测钢球直径 D

测量顺序	初读数/mm	末读数/mm	直径 D_i/mm	$v_i=(D_i-\overline{D})$/mm	$v_i^2/10^{-6}\text{mm}^2$
1	0.005	8.255	8.250	−0.0013	1.69
2	0.005	8.258	8.253	+0.0017	2.89
3	0.004	8.256	8.252	+0.0007	0.49
4	0.005	8.259	8.254	+0.0027	7.29
5	0.004	8.253	8.249	−0.0023	5.29
6	0.005	8.255	8.250	−0.0013	1.69
平均			$\overline{D}=8.2513$	$\sum v_i=0.0002$	$\sum v_i^2=19.34\times10^{-6}$ $S_D=0.002$mm

注:使用仪器为0~25mm一级千分尺,$\Delta_{仪}=\pm0.004$mm.

由表3.4中数据及查表3.1可知,$n=6$,$P=68.3\%$时,A类不确定度分量

$$\Delta_A=t_{0.683}\frac{S_x}{\sqrt{n}}=1.11\times\frac{0.002}{\sqrt{6}}=0.00091\text{mm}$$

B类不确定度分量

$$\Delta_B=\frac{\Delta_{仪}}{\sqrt{3}}=0.004/\sqrt{3}=0.0023\text{mm}$$

合成不确定度

$$\Delta_D=\sqrt{\Delta_A^2+\Delta_B^2}=0.0025\text{mm}\qquad(P=68.3\%)$$

最后结果

$$D=\overline{D}\pm\Delta_{\overline{D}}=(8.251\pm0.003)\text{mm}\qquad(P=68.3\%)$$

在计算 D 的平均值和不确定度值的过程中有效数字多保留一位,一般处理时中间过程往往多保留一位,以使运算中不致失之过多,但最终结果中的有效数字的位数仍按有效数字有关规则取舍.

3.5.2 图示法和图解法

1. 图示法

物理规律既可以用解析函数关系表示,也可以借助图线表示;作图可把一系列数据之间的关系或其变化情况用图线直观地表示出来.作图法是研究物理量之间的变化规

律，找出对应的函数关系，求出经验公式的最常用的方法之一. 特别是在有些科学实验的物理量变化规律和结果还没有完全被掌握或还没有找出适当的函数表达式时，用作实验曲线的方法来表示出物理量之间的函数关系是一种很重要的方法，能简便地从曲线上求出实验的某些结果. 作图法有多次测量取平均的效果，并易于发现测量中的错误，还可把某些复杂的函数关系简化.

作图并不复杂，但对许多人来说，却不一定能做得很好. 这是由于他们缺乏作图的基本训练，以及思想上不够重视，总认为图是实验报告的附属品，以致往往达不到要求. 但是只要认真对待，遵循作图规则，进行一段时间的训练，是能够作出很好的图线来的.

制作一张完整而正确的图，其基本步骤包括：图纸的选择，坐标的分度和标记，标出每个实验点，作出一条与许多实验点基本相符合的图线，注解和说明等.

1）图纸的选择

图纸通常有线性直角坐标纸（毫米方格纸）、单对数坐标纸、双对数坐标纸、极坐标纸等. 确定了图线所要表示的内容及函数的形式以后，根据情况选用合适的坐标纸.

由于图线中直线最容易绘制，也便于使用，所以在已知函数关系的情况下，作两个变量之间的关系图线时，最好通过变量代换将某种原来不是线性函数关系的曲线改为线性函数的直线，这种方法称为曲线改直.

例如：

（1）$y=ax+b$，y 与 x 为线性函数关系；

（2）$y=a\dfrac{1}{x}+b$，若令 $u=\dfrac{1}{x}$，则得 $y=au+b$，y 与 u 为线性函数关系；

（3）$y=ax^b$ 取对数，则 $\lg y=\lg a+b\lg x$，$\lg y$ 与 $\lg x$ 为线性函数关系；

（4）$y=ab^x$ 取对数，则 $\lg y=x\lg b+\lg a$，$\lg y$ 与 x 为线性函数关系；

（5）$y=a\mathrm{e}^{-bx}$取自然对数，则 $\ln y=\ln a-bx$，$\ln y$ 与 x 为线性函数关系.

对于（1），选用线性直角坐标纸就可得直线；对于（2），以 y、u 为坐标时，在线性直角坐标纸上也是一条直线；对于（3），在选用双对数坐标纸，对于（4）、（5），在选用单对数坐标纸后，不必对 x、y 作对数计算就能得到一条直线. 如果只有线性直角坐标纸，而要作（3）、（4）、（5）三类函数关系的直线时，则应将相应的测量值进行对数计算后再作图.

2）坐标轴的比例与标度

坐标纸的大小及坐标轴的比例，应根据测量数据的有效数字位数及结果的需要来定. 原则上，数据中可靠的数字在图中亦是可靠的，数据中有误差的一位，在图中应是估计的，即坐标纸中的一小格对应数值中可靠数字的最后一位，以免因作图而引进额外的误差.

作图时应以横轴代表自变量，纵轴代表因变量. 在轴的末端要标明所代表的物理量及其单位，在图纸的明显位置写清图的名称.

在坐标轴上每隔一定的间距应均匀地标出分度值，标记所用的有效数字位数应与原始数据的有效数字位数相同，单位应与坐标轴的单位一致，坐标的分度应以不用计算便能确定各点的坐标为原则，通常只用1、2、5进行分度，避免用3、7等进行分度.

坐标分度值不一定从零开始，可以用低于原始数据的某一整数作为坐标分度的起点，用测量所得最高值的某一整数作为终点，这样图线就能充满所选用的整个图纸，如图3.9所示.

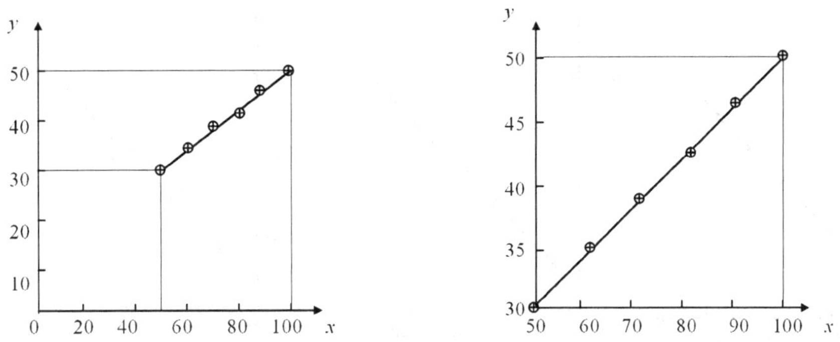

(a)不正确　　(b)正确

图 3.9 实验点与线段的画法

3)标点与连线

依据测量数据,用尖笔在坐标纸上以小"十"或"⊙"标出各数据点,要使各测量数据对应的坐标准确地落在"十"字的正交点上.当一张坐标纸上要画几条曲线时,每条曲线可采用不同的标记"×"、"⊙"、"⊕"等以示区别.

数据点标好以后,作一条与标出数据点基本相符的图线,连线一定要用作图工具(最好用透明的直尺、三角板、曲线板等).根据不同情况,把数据点连成直线或光滑曲线,而且要尽可能使所绘的图线通过较多的测量点,但不能连成折线.对那些严重偏离曲线或直线的个别点,应检查一下标点是否有错误,若没有错误,在连线时可舍去不考虑,其他不在线上的点应该使它们均匀地分布在图线的两侧,如图 3.10所示.

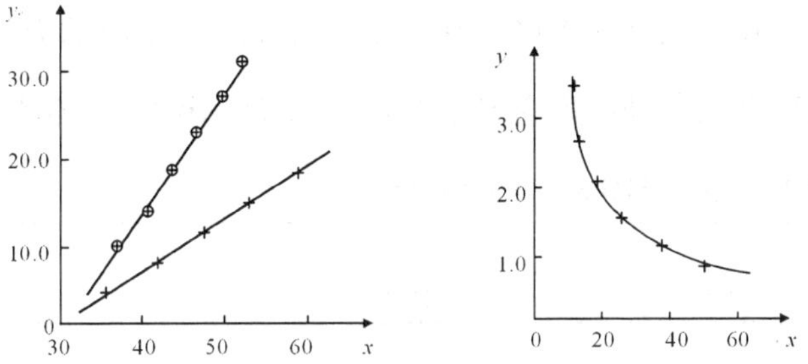

图 3.10 标点与连线

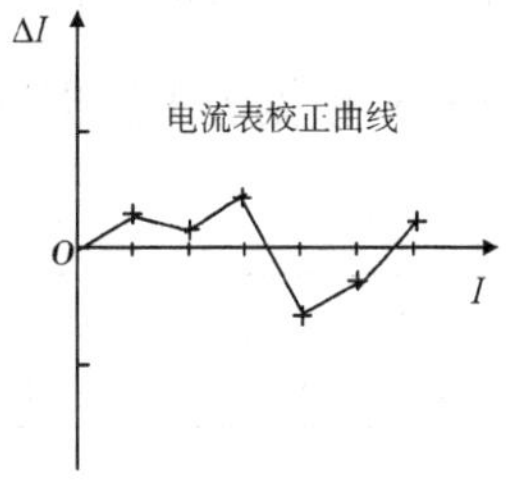

图 3.11 校正曲线

对于仪器仪表的校正曲线,连线时应将相邻的两点连成直线,整个校正曲线呈折线形式,如图 3.11 所示.

2. 图解法

利用已作好的图线,定量地求得待测量或得出经验方程,称为图解法.尤其当图线为直线时,采用此法更为方便.

1)选点——两点法

为求直线的斜率,通常用两点法,即在直线的两端任意取两点 $P_1(x_1,y_1)$ 和 $P_2(x_2, y_2)$(P_1 和 P_2 两点一般不取原来测量的数据点),并用与实验点不同的记号标记,在记号旁注明其坐标值,如图 3.12 所示.这两点不要相距太近,尽量分开些,以减小误差,但也不能取得超出实验数据范围以外,因为这样的点无实验依据.为了便于计算,x_1 和 x_2(或 y_1, y_2)两数值可取为整数.

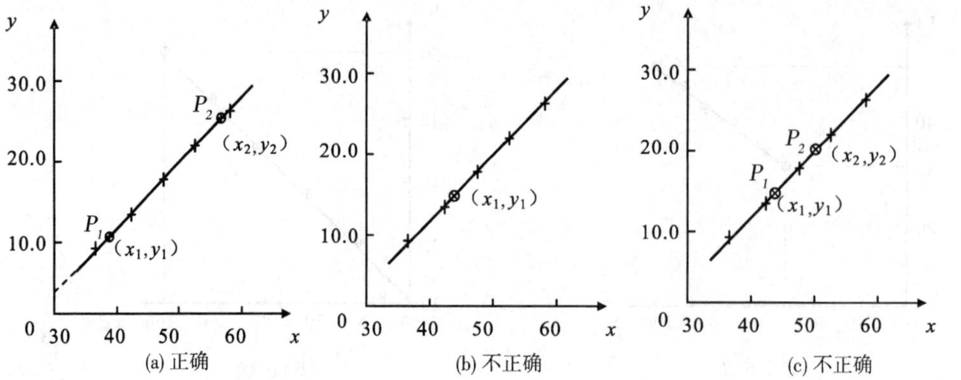

图 3.12　选点

2)求斜率

因直线方程为 $y = kx + b$,将两点坐标值代入,可得直线斜率为

$$k = \frac{y_2 - y_1}{x_2 - x_1} \tag{3.34}$$

3)求截距

若图纸坐标起点为零,则可将直线用虚线延长,得到与纵坐标轴的交点,即可求得截距. 如果起点不为零,可用下式计算截距:

$$b = \frac{x_2 y_1 - x_1 y_2}{x_2 - x_1} \tag{3.35}$$

下面以库仑扭秤所测力与距离之间变化关系为例进行图示和图解. 若利用库仑扭秤测出两个带电小球($Q_1 = 1.00 \times 10^{-9}$C,$Q_2 = 2.00 \times 10^{-9}$C)在不同距离 r 时的力 F,数据见表 3.5. 根据表中数据试用作图法:①证明库仑定律为 $F \sim \frac{1}{r^2}$;②求出静电力恒量 K.

表 3.5　力 F 与距离 r 关系测量数据表

$r/10^{-2}$m	0.60	1.00	1.70	3.00	5.00	8.00
$F/10^{-6}$N	499	180	62.2	22.9	7.19	2.81

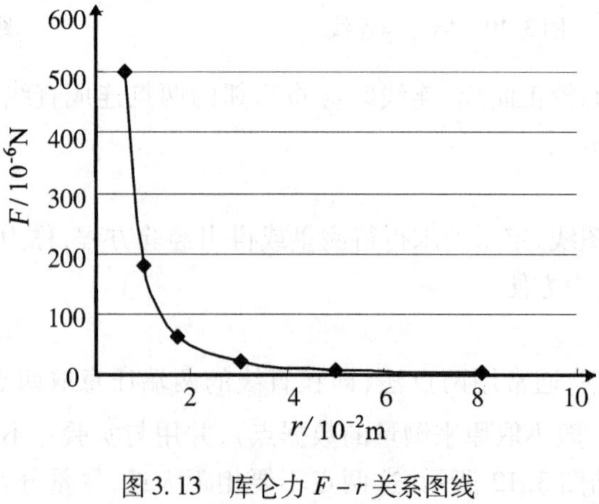

图 3.13　库仑力 $F-r$ 关系图线

解:用直角坐标纸作 $F-r$ 图线,如图 3.13 所示. 由图设库仑定律的经验方程为 $F = Ar^M$ 形式,式中 A 和 M 均为待定常数.

为了能变换成直线形式，将式 $F=Ar^M$，两边取常用对数得

$$\lg F=\lg A+M\lg r$$

并作变换，令 $y=\lg F$，$x=\lg r$，$b=\lg A$，$k=M$，则变换后的直线方程为

$$y=b+kx$$

以变量 x、y 作图，如果图线为直线就可证明库仑定律为 $F=Ar^M$ 假设形式是正确的，并且由图线可求出 A 和 M 的值，最后确定出库仑定律的数学表达式.

由表3.5中数据可计算 x 和 y 的值，见表3.6.

表3.6 x 和 y 计算值数据表

x	−2.22	−2.00	−1.77	−1.52	−1.30	−1.10
y	−3.30	−3.75	−4.21	−4.64	−5.14	−5.50

以上表数据用直角坐标纸作 $y-x$ 关系曲线(即 $\lg F-\lg r$ 关系曲线)，如图3.14所示. 从图中可得斜率

$$M=k=\frac{-5.34-(-3.50)}{-1.20-(-2.12)}=-2.00$$

截距

$$\lg A=b=\frac{-1.20(-3.50)-(-2.12)(5.34)}{-1.20-(-2.12)}=-7.74$$

取反对数得

$$A=1.82\times10^{-8}(\mathrm{N\cdot m^2})$$

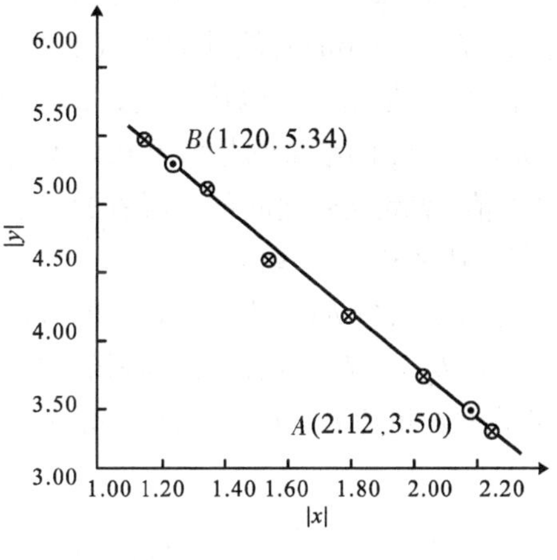

图3.14 库仑力 $|y|-|x|$ 关系曲线

从以上所作曲线及计算可见：

(1) $y-x$ 关系曲线(即 $\lg F-\lg r$ 关系曲线)的确是直线，因此所假设经验方程函数形式为 $F=Ar^M$ 是正确的. 计算结果为

$$F=Ar^M=A\frac{1}{r^2}$$

(2)由 $F=A\frac{1}{r^2}$ 及 $F=k\frac{Q_1Q_2}{r^2}$，并用上面计算结果可求得静电力恒量 K 为

$$K=\frac{A}{Q_1Q_2}=9.10\times10^9(\mathrm{N\cdot m^2\cdot C^{-2}})$$

3.5.3 逐差法

逐差法是物理实验中常用的数据处理方法之一，主要用于处理自变量等间距变化的数据组. 逐差法计算简便，特别是在检查数据时，可以随测随检，能及时发现数据差错和数据变化规律.

逐差法是把实验数据列成表格进行逐次相减或等间隔相减. 为了说明这种方法，我们用弹簧伸长与受力关系的实验数据进行讨论. 实验测量及逐次、间隔相减的计算数据见表 3.7.

表 3.7　弹簧伸长与受力关系及相关计算数据表

砝码质量(mg)	弹簧增重读数(mm)	弹簧减重读数(mm)	平均位置 L 读数(mm)	逐次相减(mm)	等间隔相减(mm)
0	58.2	61.2	$L_0=59.7$	$L_1-L_0=14.3$	$L_3-L_0=42.7$
200	72.8	75.2	$L_1=74.0$	$L_2-L_1=14.3$	
400	87.2	89.4	$L_2=88.3$	$L_3-L_2=14.1$	$L_4-L_1=42.4$
600	101.0	103.8	$L_3=102.4$	$L_4-L_3=14.0$	
800	115.7	117.1	$L_4=116.4$	$L_5-L_4=13.0$	$L_5-L_2=41.1$
1000	129.4	129.4	$L_5=129.4$		

由上表计算结果表明，逐次相减的结果相接近，说明弹簧伸长与所加砝码质量成线性变化关系. 同时还看出 $L_5-L_4=13.0\text{mm}$，较其他相减的结果偏小，这很可能是因为 L_5 这个值有某种系统误差，因为实验是增加砝码读一次数，减少砝码读一次数，减砝码读数普遍比增砝码读数偏大，从 L_0 至 L_4 的结果都是增重和减重的平均值，因此抵消了一部分系统误差，而 L_5 是一次测得值，增减砝码之间的差异在这个值上没有被抵消. 可见，只简单地逐差一次把数据减一下，就多知道一些信息.

利用所测数据求弹簧的劲度系数 $K(=F/l)$，通常的方法是把实验数据对半分成两组，一组是 L_0,L_1,L_2，另一组是 L_3,L_4,L_5，然后求其等间隔的差值. 对于本例相当于求出三个对应于600mg 砝码质量的伸长量值 $l_1=L_3-L_0,l_2=L_4-L_1,l_3=L_5-L_2$，得到三个独立的测量值后取平均

$$\bar{l}=\frac{l_1+l_2+l_3}{3}=42.1(\text{mm})$$

由于用这个平均值去求 K，相当于利用数据点连了三条直线，分别求出每条直线的斜率 l_i/F，再取其平均值的倒数，即

$$K=\frac{F}{\bar{l}}=\frac{600\times9.80\times10^{-6}}{42.1\times10^{-3}}=0.1397(\text{N/m})$$

所得劲度系数 K 的不确定度可以按以下方法计算. 由于 F 的不确定度可略，所以 K 的不确定度主要取决于 $\bar{l}$ 的不确定度. $\bar{l}$ 的 A 类不确定度 $(\Delta_\text{A})_{\bar{l}}=t_{0.683}S_{\bar{l}}$，而

$$S_{\bar{l}}=\sqrt{\frac{(l_1-\bar{l})^2+(l_2-\bar{l})^2+(l_3-\bar{l})^2}{3\times(3-1)}}=0.49(\text{mm})$$

查表 3.1 得 $n=3$ 时 $t_{0.683}=1.32$，于是

$$(\Delta_A)_{\bar{l}} = 1.32 \times 0.49 = 0.65(\text{mm})$$

$\bar{l}$ 的 B 类不确定度可根据 0.1mm 的游标尺,示值误差限为

$$(\Delta_B)_{\bar{l}} = \frac{\Delta_I}{\sqrt{3}} = \frac{0.1}{\sqrt{3}}(\text{mm})$$

$\bar{l}$ 的合成不确定度为

$$\Delta_{\bar{l}} = \sqrt{(\Delta_A)_{\bar{l}}^2 + (\Delta_B)_{\bar{l}}^2} = 0.66(\text{mm})$$

相对不确定度为

$$U_r = \frac{0.66}{42.1} = 1.6\%$$

根据不确定度传递关系可知$\frac{\Delta_K}{K} = \frac{\Delta_{\bar{l}}}{\bar{l}} = 1.6\%$,因此

$$\Delta_K = K \times 1.6\% = 0.1397 \times 1.6\% \approx 0.003(\text{N/m})$$

由逐差法计算得上述焦利弹簧的劲度系数为

$$K = (0.140 \pm 0.003)\text{N/m}, U_K = 1.6\% \quad (P = 68.3\%)$$ [4]

3.5.4 最小二乘法和线性拟合

把实验的结果画成图表,虽然可以表示出物理规律,并求出相关物理量,但是它是一种粗略的数据处理方法. 因为它不是建立在严格的数理统计理论基础上的数据处理方法,而且,在作图纸上人工拟合直线(或曲线)时有一定的主观随意性,不同的人用同一组测量数据作图,可能得出不同结果,因此人工拟合的直线往往不是最佳的.

由一组实验数据找出一条最佳拟合直线,常用的方法是最小二乘法,所得的变量之间的相关函数关系称为回归方程. 在这里只介绍用最小二乘法进行一元线性拟合问题,有关多元线性拟合与非线性拟合,请参阅相关专著.

假设所研究的两个变量 x 与 y 间存在线性相关关系,由实验得到一组数据 $x_i, y_i (i = 1, 2, \cdots, n)$,则回归方程的函数形式是

$$y = a + bx \tag{3.36}$$

现在要解决的问题是:怎样根据这组数据来确定式(3.36)中的系数 a 和 b.

最小二乘法原理是:若能找到一条最佳拟合直线,那么这条拟合直线上的函数值与各相应点测量值之差的平方和在所有拟合直线中应是最小的.

为使讨论简单,假定每个数据点的测量都是等精度的,而且假定在 x_i, y_i 中 x_i 没有测量误差,只有 y_i 是有测量误差的. 实验中由于测量误差的存在,使得(x_i, y_i)不可能全部落在由式(3.36)所描述的直线上,如图 3.15 所示. 即与 x_i 相对应的 y_i 与直线在 y 方向上总是存在偏差 v_i

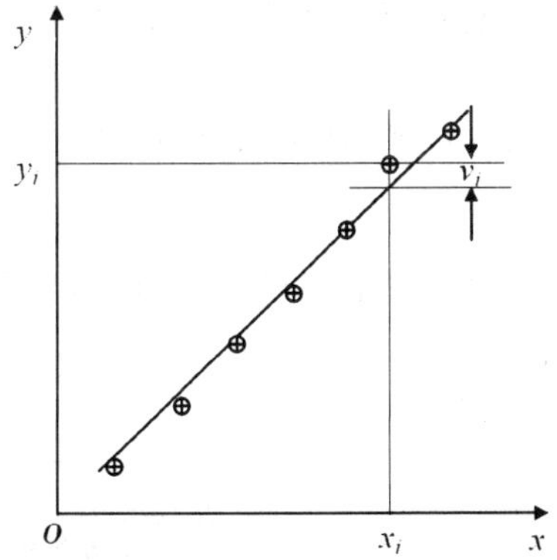

图 3.15 实验点与直线在 y 方向上的偏差

$$v_i = y_i - (a + bx_i) \quad (i = 1,2,\cdots,n) \tag{3.37}$$

我们的目的在于用式(3.37)式来确定 a 和 b. 那么,a 和 b 应该满足什么要求呢? 显然,比较合理的 a 和 b 是使 $v_i(i = 1,2,\cdots,n)$ 在数值上都比较小.

从图线来看,即要求所画直线与每一个实验点都很接近. 但是,每次测量的误差不会一样,反映在 v_i 的大小、正负不同,所以只能要求总的偏差的平方和最小,即 $\sum_{i=1}^{n} v_i^2$ 最小. 由于数据处理的方法要求满足偏差的平方和最小,故称为最小二乘法.

把式(3.37)两边平方后相加得

$$\sum_{i=1}^{n} v_i^2 = \sum_{i=1}^{n} (y_i - a - bx_i)^2 \tag{3.38}$$

为求 $\sum_{i=1}^{n} v_i^2$ 的最小值,把式(3.38)对 a,b 求偏微商(这时 x_i,y_i 是已知量,变量是 a,b)并令一级偏微商为零,即

$$\left.\begin{aligned}\frac{\partial}{\partial a}\left(\sum_{i=1}^{n} v_i^2\right) &= -2\sum_{i=1}^{n}(y_i - a - bx_i) = 0\\ \frac{\partial}{\partial b}\left(\sum_{i=1}^{n} v_i^2\right) &= -2\sum_{i=1}^{n}(y_i - a - bx_i)x_i = 0\end{aligned}\right\} \tag{3.39}$$

以 $\bar{x}$,$\bar{y}$,$\overline{xy}$,$\overline{x^2}$ 分别表示各量的算术平均值,即

$$\bar{x} = \frac{1}{n}\sum_{i=1}^{n} x_i, \quad \bar{y} = \frac{1}{n}\sum_{i=1}^{n} y_i, \quad \overline{x^2} = \frac{1}{n}\sum_{i=1}^{n} x_i^2, \quad \overline{xy} = \frac{1}{n}\sum_{i=1}^{n} x_i y_i$$

整理后可得

$$\left.\begin{aligned}\bar{x}b + a &= \bar{y}\\ \overline{x^2}b + \bar{x}a &= \overline{xy}\end{aligned}\right\} \tag{3.40}$$

式(3.40)的解为

$$\begin{aligned}b &= \frac{\bar{x}\,\bar{y} - \overline{xy}}{\bar{x}^2 - \overline{x^2}}\\ a &= \bar{y} - b\,\bar{x}\end{aligned} \tag{3.41}$$

将式(3.38)对 a,b 求二级偏微商后,可证明 $\frac{\partial^2}{\partial a^2}\left(\sum_{i=1}^{n} v_i^2\right) > 0$,$\frac{\partial^2}{\partial b^2}\left(\sum_{i=1}^{n} v_i^2\right) > 0$. 这样由式(3.41)所给出的 a 和 b 对应的 $\sum_{i=1}^{n} v_i^2$ 就是最小值. 于是,我们得到了该直线的回归方程式(3.36).

在前述假定只有 y_i 有明显测量偏差的条件下,a 和 b 的标准偏差可以用下列两式计算.

定义

$$\begin{aligned}S_a &= \sqrt{\frac{\sum x_i^2}{n\sum x_i^2 - \left(\sum x_i\right)^2}} \times S_y = \sqrt{\frac{\overline{x^2}}{n(\overline{x^2} - \bar{x}^2)}} \times S_y\\ S_b &= \sqrt{\frac{n}{n\sum x_i^2 - \left(\sum x_i\right)^2}} \times S_y = \sqrt{\frac{1}{n(\overline{x^2} - \bar{x}^2)}} \times S_y\end{aligned} \tag{3.42}$$

其中,S_y 为测量值 y_i 的标准偏差,其形式如下

$$S_y = \sqrt{\frac{\sum v_i^2}{n-2}} = \sqrt{\frac{\sum (y_i - a - bx_i)^2}{n-2}} \tag{3.43}$$

式中 $n-2$ 是自由度,其意思是在两个变量情况下有两个方程就可以解出结果了,现在多了 $n-2$ 个方程,所以自由度是 $n-2$[5].

如果实验是在已知线性函数关系下进行的,那么用上述最小二乘法进行线性拟合,可得出最佳直线及其截距(a)和斜率(b),从而得出回归方程. 如果实验是要通过 x、y 的测量值来寻求经验公式,则还应判断由上述一元线性拟合所找出的线性回归方程是否恰当,这可用相关系数 r 的大小来判别. 线性相关系数的计算公式为

$$r = \frac{\sum (x_i - \bar{x})(y_i - \bar{y})}{\sqrt{\sum (x_i - \bar{x})^2 \times \sum (y_i - \bar{y})^2}} = \frac{\overline{xy} - \bar{x}\,\bar{y}}{\sqrt{(\overline{x^2} - \bar{x}^2)(\overline{y^2} - \bar{y}^2)}} \tag{3.44}$$

相关系数 r 的数值大小表示了线性相关程度的好坏. 如图 3.16 所示,若 $r = \pm 1$ 表示变量 x,y 完全线性相关,拟合直线通过全部实验点;若 $|r| < 1$,则实验点之间的线性相关性不好,$|r|$ 越小线性相关性越差,$r = 0$ 表示 x 与 y 线性不相关,说明实验数据对求得的直线很分散,即用线性回归不妥,必须用其他函数重新试探.

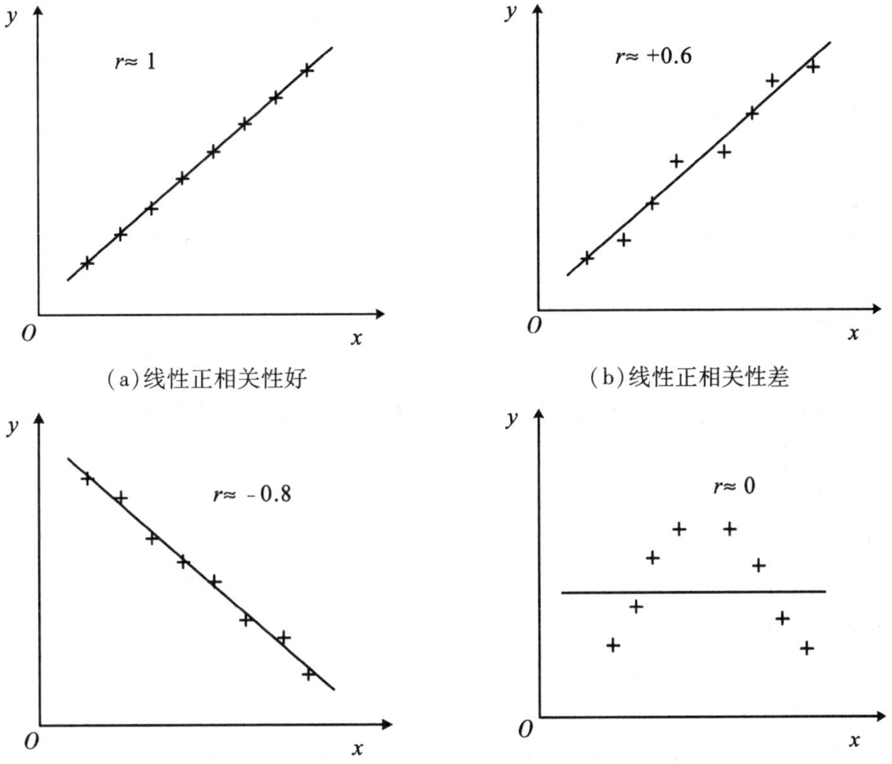

(a)线性正相关性好　(b)线性正相关性差

(c)线性负相关性差　(d)线性不相关

图 3.16　线性相关系数 r 的图形

3.6　用 Excel 软件处理物理实验数据

Excel 是一个功能较强的电子表格处理软件,可以帮助我们快速地进行物理实验数

据的处理，即分析数据、产生图表、计算结果等. Excel 软件操作便捷，容易掌握，因此用 Excel 软件对实验数据进行处理非常方便.

3.6.1　启动 Excel

单击“开始”按钮，选择“程序”选项，在“程序”菜单上单击 Microsoft Excel 选项，启动 Excel 成功后，Excel 的应用窗口界面便出现在屏幕上，如图 3.17 所示.

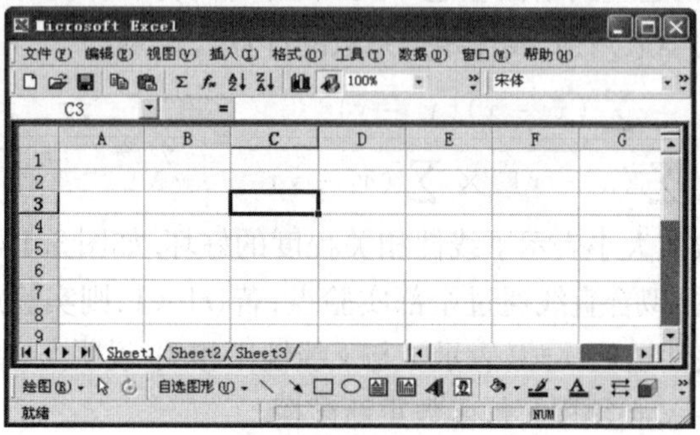

图 3.17　Excel 窗口界面

3.6.2　工作表、工作簿、单元格、区域

1. 工作表

启动 Excel 后，系统将打开一个空白的工作表. 工作表有 256 列，用字母命名；有 65 536 行，用数字命名.

2. 工作簿

一个 Excel 文件称为一个工作簿，一个新工作簿最初有 3 个工作表，标识为 Sheet1、Sheet2、Sheet3. 白色标签即为当前工作表，单击标签即可切换至当前工作表.

3. 单元格

工作表行与列交叉的小方格是单元格. Excel 单元格的地址来自于它所在的行和列的地址，如第 C 列和第 3 行的交叉处是单元格 C3，单元格地址称为单元格引用. 单击一个单元格就使它激活变为活动单元格，是输入及编辑数据、公式的地方.

4. 表格区域

表格区域是指工作表中的若干个矩形块.

指定区域用左上角和右下角的单元格坐标来表示，中间用“:”隔开. 如 A3:E6 为相对区域，$A$3:$E$6 为绝对区域，$A3:$E6 或 A$3:E$6 为混合区域.

3.6.3　工作表中内容的输入

1. 输入文本

文本可以是数字、空格和非数字的组合，如 1234、12ab、四川等，单击需输入文本的单元格，输入后按←、→、↑、↓或【Enter】键来结束.

2. 输入数字

在 Excel 中数字只可以为下列字符：

0123456789 + -( ),/ $ %. E ±;

输入负数：在数字前冠以减号(-),或将其置于括号中；

输入分数：在分数前冠以 0,如键入 01/2；

字符长度超出单元格宽度时,以科学记数(6.28E+08)的形式表示.

3. 输入公式

单击活动的单元格,输入等号(=)表示此时对单元格的输入内容是一条公式,最后在等式后面输入公式的内容即可.例如：

=42+A6+B3 表示 42 和单元格 A6 及单元格 B3 的数值的和；

=4*B4 表示 4 乘单元格 B4 的数值的积；

=B4^2/C2 表示单元格 B4 的数值平方后再除以 C2 单元格的数值的商；

=SUM(A2:A10)表示区域 A2:A10 所有数值的和.

4. 输入函数

Excel 包含许多预定义的(或称内置的)公式,它们被称为函数.在常用工具栏中单击"$\int x$"按钮,在打开的对话框中可选择函数进行简单的计算或将函数组合后进行复杂的运算,还可以在单元格里直接输入函数进行运算.这在实验中用来进行数据处理非常方便,现介绍一部分处理物理实验数据的常用函数以供参考.

1)求和函数 SUM

功能：返回参数表中所有参数的和.

例如,=SUM(B1,B2,B3)或=SUM(B1:B3),求 B1、B2、B3 的和.

2)求平均函数 AVERAGE

功能：返回参数表中所有参数的平均值.

例如,=AVERAGE(B1:B3),求 B1、B2、B3 的平均值.

3)求最大值函数 MAX

功能：返回一组参数中的最大值.

例如,=MAX(B1:B3),求 B1、B2、B3 中的最大值.

4)求最小值函数 MIN

功能：返回一组参数中的最小值.

例如,=MIN(B1:B3),求 B1、B2、B3 中的最小值.

5)求标准偏差 STDEV

功能：估算基于给定样本的标准偏差 $S_x(\sigma_{n-1})$.

例如,=STDEV(C1:C6),求 C1、C2、C3、C4、C5、C6 的标准偏差 S_x.

6)计数函数 COUNT

功能：计算参数表中数字参数和包含数字的单元格的个数.

7) t 分布函数 TINV

功能:返回给定自由度和双尾概率的 t 分布的区间点.

8) 直线方程的斜率函数 SLOPE

功能:返回经过给定数据点的线性回归拟合线方程的斜率.

9) 直线方程的截距函数 INTERCEPT

功能:返回线性回归拟合线方程的截距.

10) 直线方程的相关系数函数 CORREL

功能:返回两组数值的相关系数.

11) 直线方程的预测值函数 FORECAST

功能:通过一条线性回归拟合线返回一个预测值.

12) 近似函数

ROUND:按指定的位数对数值进行四舍五入.

ROUNDDOWN:按指定的位数向下舍去数字.

ROUUNDUP:按指定的位数向上舍入数字.

13) 部分数学函数

在 Excel 中常见的数学函数有 SIN 正弦、COS 余弦、TAN 正切、SQRT 平方根、POWER 乘幂、LN 自然对数、LOG10 常用对数、EXP e 的乘幂、DEGREES 弧度转角度、RASIANS 角度转弧度、PLπ 值、MINVERSE 逆矩阵 $K \to K^{-1}$、MMULT 两矩阵的乘积. 函数的输入方法如下[6]:

(1) 单击将要在其中输入公式的单元格;

(2) 单击工具栏中的"$\int x$"按钮;

(3) 在弹出的"粘贴函数"对话框中选择需要的函数;

(4) 单击"确定"按钮,在弹出的"函数"对话框中按要求输入内容;

(5) 单击"确定"按钮,得到运算结果.

3.6.4　引用

在公式中可以使用引用,引用的意思可理解为在一个单元格的公式中用到了其他单元格的内容. 引用是通过使用单元格的位置或单元格的名称来实现的. 在默认状态下, Excel 工作表中的单元格都是采用列标号和行标号来标识的,如 A1、B3、C4 等都唯一确定了一个单元格. 引用又分为相对引用和绝对引用.

1. 相对引用

相对引用也称为相对地址,它用列标号和行标号直接表示单元格,如 A2、B5、D8 等都是相对引用. 如果某个单元格的公式被复制到另一格单元时,原单元格内公式中的地址在新的单元格中需要发生相应的变化,这种情况就需要使用相对引用. 现仍然列举前面表 3.7 弹簧伸长与受力关系实验数据，用相对引用计算数处理加以说明.

将表 3.7 中的数据输入 Excel 工作表后如图 3.18 所示. 从图中可以看出，“平均位置”一列还没有数据，这列数据应该是 B 列、C 列的对应数据之和再除以 2，即 B 列与 C 列的平均值. 其计算过程如下：

	砝码质量(mg)	增重位置(mm)	增重位置(mm)	平均位置L(mm)
2	0	58.2	61.2	
3	200	72.8	75.2	
4	400	87.2	89.4	
5	600	101	103.8	
6	800	115.7	117.1	
7	1000	129.4	129.4	

图 3.18 数据输入

在 D2 单元格中输入一个公式“=(B2+C2)/2”，如图 3.19 所示. 输完该公式按【Enter】键或激活其他单元格后，D2 单元格中将显示两个单元的平均值：59.7.

AVERAGE =(B2+C2)/2

	砝码质量(mg)	增重位置(mm)	增重位置(mm)	平均位置L(mm)
2	0	58.2	61.2	=(B2+C2)/2
3	200	72.8	75.2	
4	400	87.2	89.4	
5	600	101	103.8	
6	800	115.7	117.1	
7	1000	129.4	129.4	

图 3.19 相对引用

其他相应栏的平均值也是相应的行中数据的平均值，如 D3=(B3+C3)/2，D4=(B4+C4)/2，…这里就可以采用相对引用的方式复制 D2 中的公式到 D3、D4、D5，…如果复制 D2 中的公式到 D3，Excel 就会自动在 D3 中填入公式“D3=(B3+C3)/2”.

也可以采用特殊数据输入方法，即把鼠标移到 D2 右下角的黑色小方块上，直到出现一黑色十字形光标时单击并向下拖动鼠标，直到所需位置时释放鼠标，释放鼠标后平均值就自动计算出来了，如图 3.20 所示.

D2 =(B2+C2)/2

	砝码质量(mg)	增重位置(mm)	增重位置(mm)	平均位置L(mm)
2	0	58.2	61.2	59.7
3	200	72.8	75.2	74
4	400	87.2	89.4	88.3
5	600	101	103.8	102.4
6	800	115.7	117.1	
7	1000	129.4	129.4	

注意这个黑色小方块

图 3.20 特殊数据输入法

2. 绝对引用

在表示单元格的列标号与行号前面加“$”符号就称为绝对引用. 它的最大特点是在操作过程中，公式的单元格地址始终保持不变，而且相对地址与绝对地址还可以混合使用[7].

下面我们用电子衍射实验中电子衍射环半径计算的例子说明绝对引用的意义和用法. 在电子衍射实验中,当我们获得电子在某个加速电压下的衍射环照片后,测得其衍射环直径测量数据如图 3. 21 所示. 由于同一张照片所用比例尺相同,现在要计算各衍射环的半径 R 值,其计算方法如下:

(1)在 D5 单元格中输入计算公式“ = $A$7 * C5/2”. A7 是比例尺,C5 是晶面指数为 111 环的照片直径测量尺寸,这样就把该环半径 R 的实际尺寸计算出来了.

(2)复制 D5 单元格中的公式到 D6、D7、D8、…D12,这样就把各衍射环的半径都计算出来了.

注意:如果在 D5 单元格中输入公式“ = A7 * C5/2”,就不能采用复制公式的方法计算其余半径的实际尺寸. 因为 A7 * C5/2 是相对引用的方法,当把它复制到 D6 单元格时,该公式就变成了“A8 * C6/2”,很显然这是错误的. 而 $A$7 则表示不管公式被复制到了哪个单元格,都引用 A7 单元格进行计算,它的位置不发生移动,这就是绝对引用的意义.

D12　=　=$A$7*C12/2

	A	B	C	D
1		电子衍射实验测量数据表		
2	加速电压	晶面指数	直径测量值(mm)	半径R值(mm)
3	30kV	h k l		
4				
5		111	23.3	9.957264957
6	比例尺	200	27.4	11.70940171
7	0.854701	220	38.5	16.45299145
8		311	44.5	19.01709402
9	晶格常数	222	46.7	19.95726496
10	0.40856	331	58.5	25
11		420	60.3	25.76923077
12		422	66.2	28.29059829
13				
14				

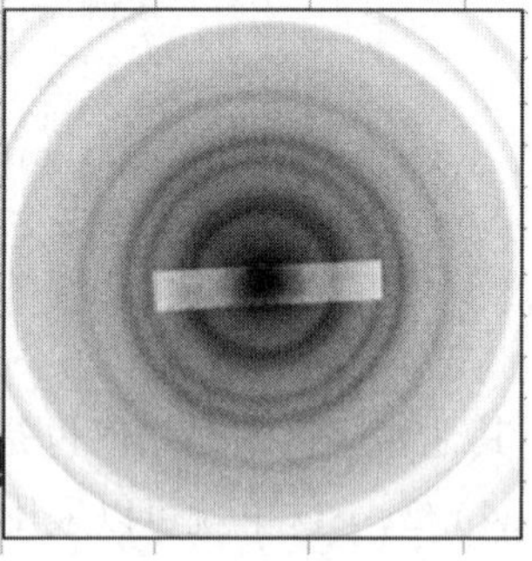

图 3. 21　绝对引用

3. 6. 5　图表功能

Excel 的图表功能为实验数据的作图、拟合直线、拟合曲线、拟合方程和相关系数平方的数值的讨论带来极大的方便.

其操作步骤如下:

(1)先选定数据表中包含所需数据的所有单元格.

(2)单击工具栏中的“图表向导”按钮,弹出“图表向导 - 4 步骤之 1”对话框,如图 3. 22 所示. 从对话框选出希望得到的图表类型,如 XY 散点图,单击“下一步”按钮,按其要求完成对话框内容的输入,最后单击“完成”按钮,便可得到图表.

(3)选中图表并单击“图表”主菜单,选择“添加趋势线”命令.

(4)单击“类型”标签,选择“线性”等类型中的一个.

(5)单击“选项”标签,可选中“显示公式”和“显示 R 平方值”复选框,单击“确定”按钮,便可得到拟合直线或曲线、拟合方程和相关系数的平方值.

3.6.6 利用回归分析工具处理数据

作为一种电子表格及数据分析的实用性工具软件，Excel 还提供了许多分析数据、制作报表、数据运算、工程规划、财政预算等方面的分析工具. 这些分析工具为解决工程计算、金融分析、财政结算及教学辅助等方面提供了许多方便.

同样，利用回归分析工具我们可以非常容易地将实验数据进行线性回归分析，并求出线性相关系数 R、截距 Intercept、斜率 Variable、总标准误差、斜率的标准误差、截距的标准误差、线性拟合公式及线性拟合图等.（注意：在使用数据分析工具前一定要先安装 Excel 的加载宏程序并安装数据分析工具后这一功能才可使用.）

图 3.22 “图表向导 -4 步骤之 1 - 图表类型”对话框

其操作步骤如下：

（1）建立如图 3.23 所示的原始数据表.（注意：数据应按列方式输入，否则不能使用回归分析工具求解.）

（2）选择“工具”菜单中的“数据分析”命令. 从弹出的“数据分析”对话框中选择“回归”列表项. 这时，系统会弹出如图 3.24 所示的“回归”对话框.

	A	B	C
1–2	弹簧振子实验测量数据表		
3	砝码质量(m)	弹簧读数 (x)	振动周期 (T^2)
4	20	5.86	0.3325
5	25	7.71	0.4042
6	30	9.46	0.4747
7	35	11.24	0.5439
8	40	13	0.6166
9	45	14.74	0.6877
10	50	16.53	0.7598

图 3.23 线性回归分析数据表

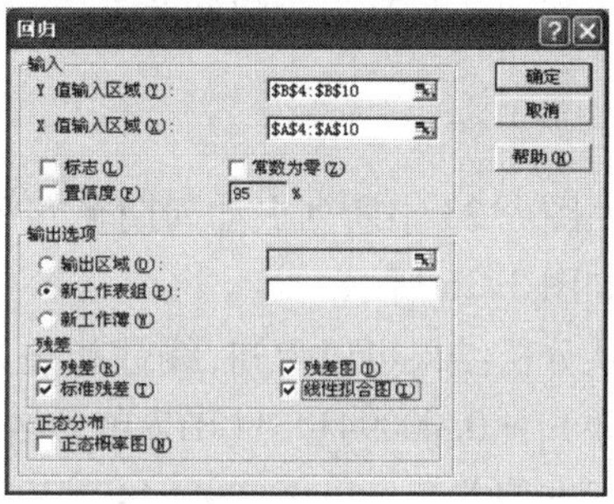

图 3.24 “回归”对话框

（3）在“回归”对话框中的“Y 值输入区域(Y)”编辑框中输入因变量 Y 的样本值所在的数据区域，在“X 值输入区域(X)”的编辑框中输入自变量 X 的所在的数据区域. 本例中，Y 值所在的输入区域是 B4:B10 或 C4:C10；X 值的输入区域是 A4:A10.

如果需要线性拟合的“残差图”、“线性拟合图”等，则选中对话框中的相应选项前面的复选框.

注：在 Excel 中，一元线性回归与多元线性回归都采用如图 3.24 所示的回归模型进行求解，其差别在于上述的第(3)步，对于一元回归，输入的 X 值区域只有一列数据，而对于多元回归则有多列数据.

用图 3.23 中所列弹簧读数(x)与砝码质量(m)实验测量数据进行回归分析的结果如图 3.25 所示.

	A	B	C	D
12				
13	回归统计			
14	Multiple R	0.99997548		
15	R Square	0.99995096		
16	Adjusted R :	0.999941152		
17	标准误差	0.029362269		
18	观测值	7		
19		Coefficients	标准误差	t Stat
20	Intercept	-1.1825	0.040396946	-29.272
21	X Variable :	0.354357143	0.001109789	319.3012
22				
23	观测值	预测 Y	残差	标准残差
24	1	5.904642857	-0.04464286	-1.66553
25	2	7.676428571	0.033571429	1.25248
26	3	9.448214286	0.011785714	0.4397
27	4	11.22	0.02	0.746158
28	5	12.99178571	0.008214286	0.306458
29	6	14.76357143	-0.02357143	-0.8794
30	7	16.53535714	-0.00535714	-0.19986

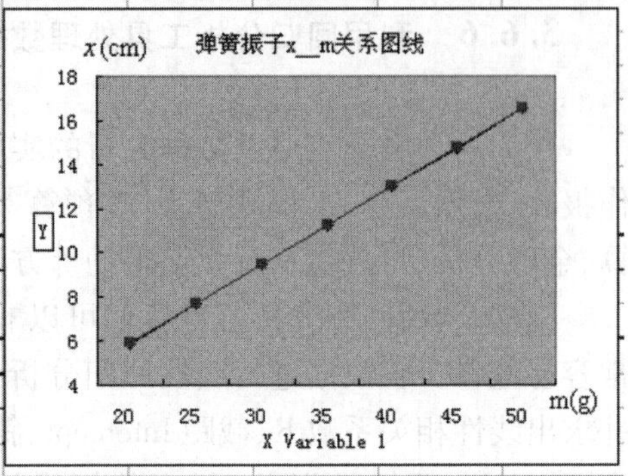

图 3.25　弹簧振子 $x-m$ 回归分析结果

从分析结果可以得知,线性相关系数 Multiple R = 0.99997548(B14 单元格值),总标准偏差 S_y = 0.02936(B17 单元格值);截距 Intercept = −1.1825(B20 单元格值),截距标准偏差 S_a = 0.04464(C20 单元格值);变量系数(斜率)X Variable Cofficient = 0.354357143(B21 单元格值),斜率标准偏差 S_b = 0.0011098(C21 单元格值). 由此可知,求得的线性回归方程为

$$x = 0.3544m - 1.1825$$

弹簧伸长与张力之间的关系原方程为

$$x = \frac{g}{k}m + c$$

用图 3.23 中所列振动周期平方 T^2 与所悬挂质量 m 实验测量数据进行回归分析的结果如图 3.26 所示.

从分析结果可以得知,线性相关系数 Multiple R = 0.999984337(B14 单元格值),标准偏差 S_y = 0.000941731(B17 单元格值);截距 Intercept = 0.047928571(B20 单元格值),截距标准偏差 S_a = 0.001295644(C20 单元格值);变量系数(斜率)X Variable Cofficient = 0.01422(B21 单元格值),斜率标准偏差 $S_b = 3.59941 \times 10^{-5}$(C21 单元格值). 由此可知,求得的线性回归方程为

$$T^2 = 0.01422m + 0.04793$$

弹簧振子振动周期与质量之间关系原方程为

$$T^2 = \frac{4\pi^2}{k}m + \frac{4\pi^2}{k}m_0$$

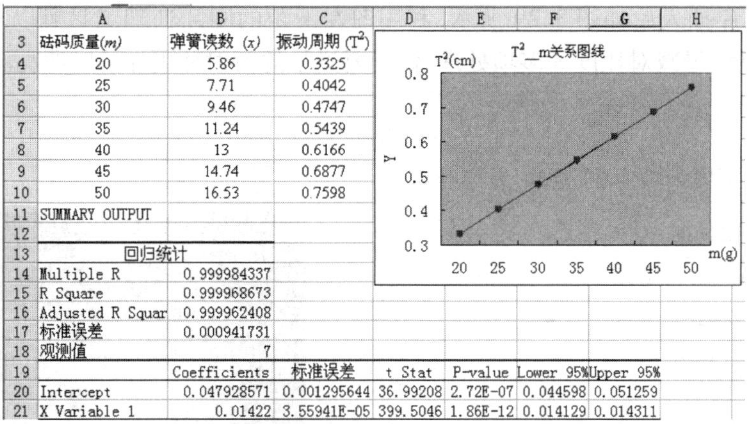

	A	B	C
3	砝码质量(m)	弹簧读数 (x)	振动周期 (T²)
4	20	5.86	0.3325
5	25	7.71	0.4042
6	30	9.46	0.4747
7	35	11.24	0.5439
8	40	13	0.6166
9	45	14.74	0.6877
10	50	16.53	0.7598
11	SUMMARY OUTPUT		
12			
13	回归统计		
14	Multiple R	0.999984337	
15	R Square	0.999968673	
16	Adjusted R Squar	0.999962408	
17	标准误差	0.000941731	
18	观测值	7	

	A	B	C	D	E	F	G
19		Coefficients	标准误差	t Stat	P-value	Lower 95%	Upper 95%
20	Intercept	0.047928571	0.001295644	36.99208	2.72E-07	0.044598	0.051259
21	X Variable 1	0.01422	3.55941E-05	399.5046	1.86E-12	0.014129	0.014311

图 3.26　弹簧振子 T^2-m 回归分析结果

【例 3.4】用 Excel 处理电子衍射实验数据.

(1)首先打开 Excel,并按图 3.27 所示表格项目进行设置.

(2)通过图 3.28 所示路径,即选择“插入”菜单中的“图片 P”子菜单下的“来自文件(F)…”命令. 从 My Documents 文件夹中的 Image Transfer 文件夹中选出所要处理的电子衍射照片插入 Excel.

	A	B	C	D	E	F	G
1-2	电子衍射实验数据处理表格						$\lambda=\frac{aR}{L\sqrt{h^2+k^2+l^2}}$
3	标尺测量值	衍射环直径	衍射环半径R	反射晶面	h^2+k^2+l	$\sqrt{h^2+k^2+l^2}$	
4				hkl			
5	标尺实际值			111	3		
6	68			200	4		
7	比例尺			220	8		
8				311	11		
9	晶格常数a			222	12		
10	0.40856			400	16		
11	衍射距离L			311	19		
12	325			420	20		
13	加速电压			422	24		
14				333 511	27		
15	波长理论值						
16							

图 3.27　电子衍射实验数据处理表格

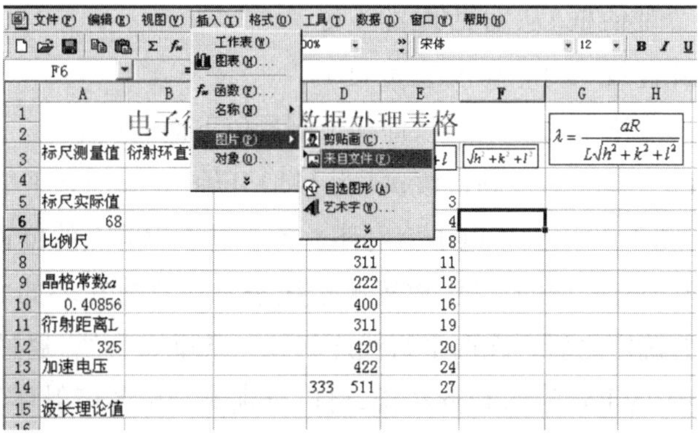

图 3.28　电子衍射实验照片插入路径

(3) 照片插入后如图 3.29 所示. 利用图左下角的图片处理工具可以对照片进行裁剪、增减亮度、增减对比度等多项处理,使需要测量的衍射环更加清晰明亮.

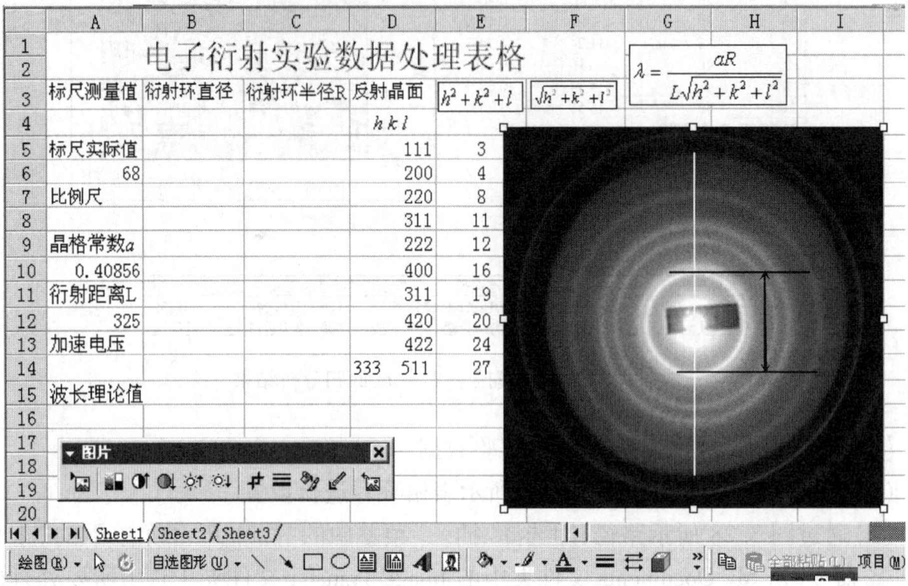

图 3.29　电子衍射实验照片插入后的处理示意图

注:由于电子衍射环由里到外亮度逐渐减弱,所以测量直径时其亮度可根据需要进行调节.

(4) 利用图 3.29 所示 Excel 最下面一栏中的直线绘图工具,在照片中荧光屏(图中竖直线所在区域)直径所在位置的竖直方向画一直线,调节直线长度使其等于荧光屏直径.

(5) 对准(或选中)所画直线双击或单击绘图工具栏中的箭头样式按钮后再单击其下面的其他箭头,将弹出如图 3.30 所示的"设置自选图形格式"对话框. 从对话框的"大小"选项卡中读出直线尺寸(高度或宽度)后,将其填入 Excel 表格中的 A4 位置,即标尺测量值下面的空格.

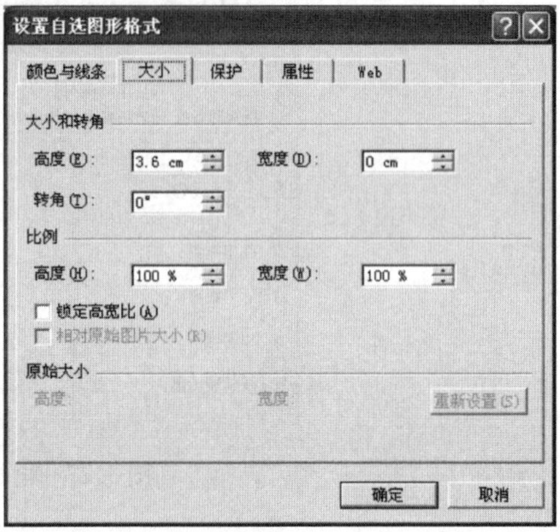

图 3.30　设置对话框

(6) 从最里面的一环(即米勒指数 hkl 为 111)开始,先画两条平行直线使其分别放在衍射环直径位置(图 3.29),由于电子衍射环上各个电子衍射点的位置要概率是按正态分布的,因此,其衍射环有一定的宽度,放置测量线条时注意放在环的中心位置(亮度最大的位置). 直径位置确定之后再在两平行线之间画一条垂直直线,通过前面的方法读出其直径,并填入表格中的 B5 位置. 以此类推,可以分别测量出各衍射环的直径. (注意:米勒指数为 311、222 这两环及 311、420 这两环靠得很近,测量时要注意分清楚,另外米勒指数为 400 这一环太弱,照片中看不到此环.)

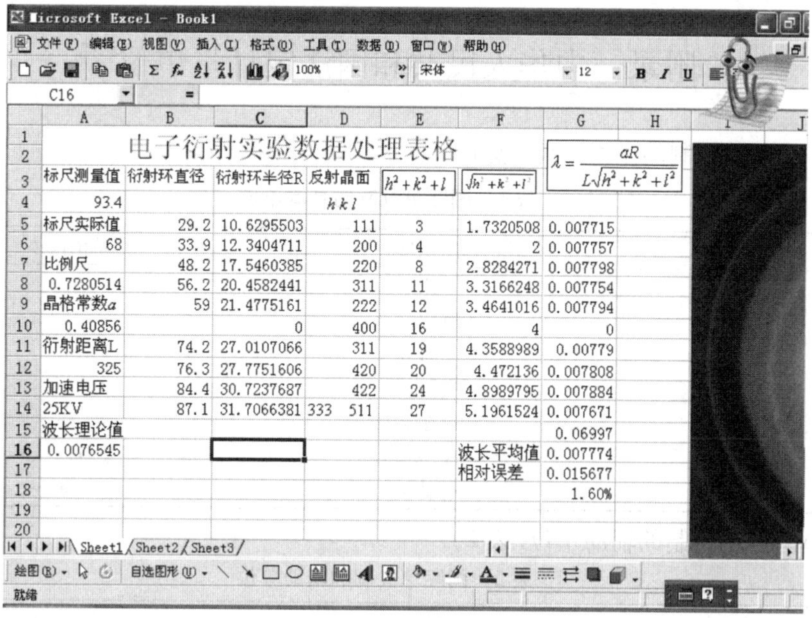

	A	B	C	D	E	F	G
1–2	电子衍射实验数据处理表格						$\lambda = \frac{aR}{L\sqrt{h^2+k^2+l^2}}$
3	标尺测量值	衍射环直径	衍射环半径R	反射晶面	h^2+k^2+l	$\sqrt{h^2+k^2+l^2}$	
4	93.4			hkl			
5	标尺实际值	29.2	10.6295503	111	3	1.7320508	0.007715
6	68	33.9	12.3404711	200	4	2	0.007757
7	比例尺	48.2	17.5460385	220	8	2.8284271	0.007798
8	0.7280514	56.2	20.4582441	311	11	3.3166248	0.007754
9	晶格常数a	59	21.4775161	222	12	3.4641016	0.007794
10	0.40856		0	400	16	4	0
11	衍射距离L	74.2	27.0107066	311	19	4.3588989	0.00779
12	325	76.3	27.7751606	420	20	4.472136	0.007808
13	加速电压	84.4	30.7237687	422	24	4.8989795	0.007884
14	25KV	87.1	31.7066381 333	511	27	5.1961524	0.007671
15	波长理论值						0.06997
16	0.0076545					波长平均值	0.007774
17						相对误差	0.015677
18							1.60%

图 3.31 加速电压为 25kV 的电子衍射实验数据测量处理

(7)由于电子衍射环通过数字照相机及计算机后其尺寸已经变化,要想求得实际尺寸必须通过一定的比例关系进行计算.而荧光屏和电子衍射环是同时被拍摄,而且在同一平面内,即它们的尺寸变化比例相同.为此,我们可根据荧光屏的实际尺寸(68mm)来确定衍射环的实际大小.电子衍射环半径 R 的计算公式为

$$R = \frac{1}{2} \times \frac{D_0}{D} \times D_x \tag{3.45}$$

式中,$D_0 = 68\text{mm}$ 为荧光屏直径实际尺寸值;D 为通过计算机测量的值;D_x 为某一衍射环直径的测量值.

(8)将照片上能看清楚的所有衍射环尺寸都测量完成之后即可按式(3.45)计算出各衍射环的半径 R.计算方法为:选中 C5 单元格后输入" = $A$6 * 5/ $A% $4/2",输完后按【Enter】键,在 C5 单元格中就会显示 10.6295503(图 3.31),这就是该公式的计算结果.算出第一个半径后,由于后面要计算的其他半径值 C6,C7,C8,…所用公式相同,只要改变 B5 为 B6,B7,B8,…即可,由此可以采用复制 C5 中的公式到 C6,C7,C8,…即可.这时 Excel 就会自动在 C6,C7,C8,…中只填入公式 = $A$6 * B6/ $A$4/2, = $A$6 * B7/ $A$4/2, = $A$6 * B8/. $A$4/2,…并计算出相应的半径值.操作方法是:先选中 C5 单元格,把鼠标移到 C5 右下角的黑色小方块上,当出现一个黑色十字形光标时按下鼠标左键并向下拖动鼠标,当把要计算的区域全部覆盖后释放鼠标,这时所有的衍射环半径就计算好了,释放鼠标后立刻就显示计算结果.用类似的方法由 Excel 可以很容易地计算出 $\sqrt{h^2+k^2+l^2}$ 的值,或某个加速电压下的波长理论值 λ_0,不同半径时衍射环的波长测量值 λ 平均值,以及相对误差等.[8]

附录　中华人民共和国法定计量单位[9]

(1)国际单位制的基本单位(表 1).

表 1　国际单位制的基本单位

量的名称	单位名称	单位符号
长度	米	m
质量	千克(公斤)	kg
时间	秒	s
电流	安[培]	A
热力学温度	开[尔文]	K
物质的量	摩[尔]	mol
发光强度	坎[德拉]	cd

(2)国际单位制的辅助单位(表 2).

表 2　国际单位制的辅助单位

量的名称	单位名称	单位符号
平面角	弧度	rad
立体角	球面度	sr

(3)国际单位制中具有专门名称的导出单位(表 3).

表 3　国际单位制中具有专门名称的导出单位

量的名称	单位名称	单位符号	其他表示式例
频率	赫(兹)	Hz	s^{-1}
力;重力	牛[顿]	N	$kg \cdot m/s^2$
压力、压强;应力	帕[斯卡]	Pa	N/m^2
能量;功;热[量]	焦[耳]	J	$N \cdot m$
功率;辐射通量	瓦[特]	W	J/s^2
电荷[量]	库[仑]	C	$A \cdot s$
电位;电压;电动势	伏[特]	V	W/A
电容	法[拉]	F	C/V
电阻	欧[姆]	Ω	V/A
电导	西[门子]	S	A/V
磁通量	韦[伯]	Wb	$V \cdot s$
磁通量密度;磁感应强度	特[斯拉]	T	Wb/m^2
电感	亨[利]	H	Wb/A
摄氏温度	摄氏度	℃	
光通量	流[明]	lm	$cd \cdot sr$
光照度	勒[克斯]	lx	lm/m^2
放射性活度	贝可[勒尔]	Bq	s^{-1}
吸收剂量	戈[瑞]	Gy	J/kg
剂量当量	希[沃特]	Sv	J/kg

(4)国家选定的非国际单位制单位(表4).

表4 国家选定的非国际单位制单位

量的名称	单位名称	单位符号	换算关系和说明
时间	分	min	1min = 60s
	小[时]	h	1h = 60min = 3600s
	天[日]	d	1d = 24h = 86400s
平面角	[角]秒	(″)	1″ = (π/648000) rad (π 为圆周率)
	[角]分	(′)	1′ = 60″ = (π/10800) rad
	度	(°)	1° = 60′ = (π/180) rad
旋转速度	转每分	r/min	1r/min = (1/60) s^{-1}
长度	海里	n mile	1n mile = 1852m (只用于航程)
速度	节	kn	1kn = 1nmile/h = (1854/3600) m/s (只用于航行)
质量	吨	t	1t = 10^3 kg
	原子质量单位	u	1u ≈ 1.6605655 × 10^{-27} kg
体积	升	L, (l)	1L = 1dm^3 = 10^{-3} m^3
能	电子伏	eV	1eV ≈ 1.6021892 × 10^{-19} J
级差	分贝	dB	
线密度	特[克斯]	tex	1tex = 1g/km

(5)由以上单位构成的组合形式的单位.

(6)由词头和以上单位所构成的10进倍数和分数单位(词头见表5).法定单位的定义、使用方法等,由国家计量局另行规定.

表5 用于构成十进倍数和分数单位的词头

所表示的因素	词头名称	词头符号	所表示的因素	词头名称	词头符号
10^{18}	艾[可萨]	E	10^{-1}	分	d
10^{15}	拍[它]	P	10^{-2}	厘	c
10^{12}	太[拉]	T	10^{-3}	毫	m
10^{9}	吉[咖]	G	10^{-6}	微	μ
10^{6}	兆	M	10^{-9}	纳[诺]	n
10^{3}	千	k	10^{-12}	皮[可]	p
10^{2}	百	h	10^{-15}	飞[母托]	f
10^{1}	十	da	10^{-18}	阿[托]	a

注:①周、月、年(年的符号为a)为一般常用时间单位.

②[ ]内的字是在不致混淆的情况下可以省略的字.

③( )内的字为前者的同义语.

④角度单位,度、分、秒的符号,不处于数字后时用括弧.

⑤升的符号中,小写字母l为备用符号.

⑥r为"转"的符号.

⑦人民生活和贸易中,质量习惯称为重量.

⑧公里为千米的俗称,符号为km.

⑨$10^4$ 称为万,10^8 称为亿,10^{12} 称为万亿,这类数词的使用不受词头名称的影响,不应与词头混淆.

参考文献

[1]陆廷济,胡德敬,陈铭南. 实验物理教程. 上海:同济大学出版社,2000:6.
[2]王惠棣,等. 物理实验. 第二版. 天津:天津大学出版社,2000:26.
[3]李平. 大学物理实验教程. 北京:机械工业出版社,2001:13－16.
[4]王惠棣,等. 物理实验. 第二版. 天津:天津大学出版社,2000:46－48.
[5]张兆奎,缪连元,张立. 大学物理实验. 北京:高等教育出版社,2001:28.
[6]李平. 大学物理实验教程. 北京:机械工业出版社,2001:29－32.
[7]杜茂康. Excel 与数据处理. 北京:电子工业出版社,2002:14－15.
[8]潘学军,等. 大学物理实验(基础物理部分). 北京:电子工业出版社,2006:32－37.
[9]陆廷济,胡德敬,陈铭南. 实验物理教程. 上海:同济大学出版社,2000:28－30.

第 4 章　物理实验设计的基本原则和方法

物理实验设计是一项基础性和综合性的工作,在进行任何一项物理实验工作之前,首先需要根据实验任务要求确定实验方案. 包括实验方法和测量方法的选择与设计;测量仪器和测量条件的选择与设计;数据处理方法的选择;综合分析比较和不确定度估算等. 在此项工作完成之后才能根据设计要求组织仪器设备组合成测量装置进行实验;其基本原则是需要选择或设计一种实验上可行、经济上最省,实验条件允许且能保证实验精度的最佳实验方法和测量方法.

4.1　实验方法的选择与设计

实验方法的选择与设计就是从实验题目出发,根据一定的物理原理,建立被测量和可测量之间的关系. 而对于同一研究对象,往往有几种实验方法可以实现. 这就需要选择或设计一种实验上可行、经济上最省,实验室条件允许且能保证实验精度的最佳实验方法.

例如,题目要求测量某一金属材料的电阻率. 根据金属电阻丝材料的电阻 R 与电阻率 ρ,长度 l,截面积 S 之间的关系有

$$\rho = \frac{RS}{l}$$

当被测材料为圆柱型细丝时,$S = \frac{1}{4}\pi d^2$,d 为金属丝的直径,则

$$\rho = R \times \frac{1}{l} \times \frac{1}{4}\pi d^2 = \frac{\pi d^2}{4l}R$$

即要知道 ρ,需要解决 l,d,R 的测量问题. 这时需要考虑选择或设计一种实验上可行、经济上最省,实验条件允许且能保证实验准确度的最佳实验方法.

例如,测 l 可用米尺或游标尺;测 d 可用螺旋测微计(千分尺)或在圆柱上饶多圈测量;测 R 可用伏安法、电桥法、替代法、电位差计等多种方法. 在选择和设计方案时可根据以上原则确定一种实验方法.

4.2　测量方法的选择与设计

选定实验方法后,还需要确定具体的测量方法. 因为测量某一物理量时,往往有好几种测量方法可供选用. 例如,用单摆测定重力加速度的实验中,需要测定单摆的周期值,可以采用累积放大法,用秒表计时,也可以采用光电计时法,用数字毫秒计计时. 这就需要对测量方法进行精确度分析,以确定该方法是否能够满足对测量所提出的要求.

测量方法的准确度分析常采用分项误差分析综合法，即对所设计的测量方法、测量器具的误差来源、各种影响因素及其造成的分项误差进行逐项分析，然后找出其中的主要项目，经过分析，按照误差的类型和规律将其综合成测量的不确定度. 它能反映出各个原始误差的来源及其对测量的影响程度，以及它们在测量不确定度中所占的比重. 通过分项误差的分析，可以为我们减小测量误差，提高测量准确度而采取必要的措施提供依据. 但是，在进行逐项分析时，往往需要简化一些具体条件，或者进行某些假设，使得理论分析与实际情况有些偏离，所以这种方法所能得到的只是大致的不确定度，是一种估算分析.

在测量仪器确定的情况下，对某一量的测量，如果有几种方法可以选择，则应选取测量不确定度最小的那种方法，或者说测量结果误差最小的那种方法，因为在实际计算不确定度时，往往对误差因素考虑得不是很全面.

【例 4.1】如图 4.1 所示，要测量单摆的摆长 l，所用仪器为毫米刻度的米尺和分度值为 0.1mm 的游标尺，试选择测量方法.

解：可以用下面三种方法测量：

(1) $l=\frac{1}{2}(l_1+l_2)$；

(2) $l=l_1+\frac{d}{2}$；

(3) $l=l_2-\frac{d}{2}$.

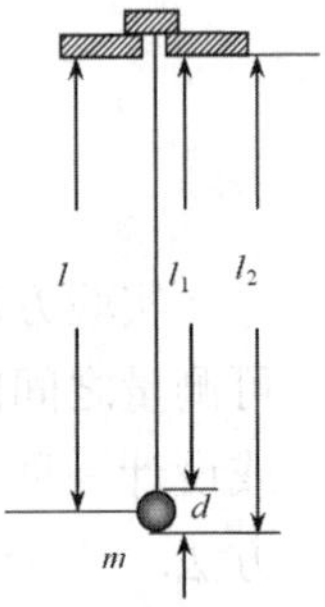

图 4.1　单摆

如果用米尺测得

$$l_1=100.1\pm0.2(\text{cm})\qquad l_2=102.5\pm0.2(\text{cm})$$

用游标尺测得

$$d=2.40\pm0.01(\text{cm})$$

三种方法测量 l 的不确定度 Δ_l 分别为

$$(1)\quad \Delta_l=\sqrt{\left(\frac{\Delta_{l_1}}{2}\right)^2+\left(\frac{\Delta_{l_2}}{2}\right)^2}=\sqrt{\frac{1}{4}\times0.2^2+\frac{1}{4}\times0.2^2}=0.14(\text{cm})$$

$$(2)和(3)\quad \Delta_l=\sqrt{\Delta_{l_1}^2+\left(\frac{\Delta_d}{2}\right)^2}=\sqrt{0.2^2+\frac{1}{4}\times0.01^2}=0.2(\text{cm})$$

可见，采用第(1)种方法准确度较高. 但有时基于对其他误差因素的考虑或教学目的的需要，也采用方法(2)或(3).

4.3　测量仪器的选配

在物理实验中常常遇到两类问题，第一类问题是根据直接测量的误差和不确定度估算间接测量的误差和不确定度，给出实验结果的可靠程度（置信概率）和不确定度范围，这利用前面的式(3.32)和式(3.33)进行计算就可解决；第二类问题是在实际工作中，常常在测量之前，对某物理量的间接测量的准确度提出了一定的要求，即预先要求测量有一定的不确定度限度，然后去确定各个直接测量所允许的最大不确定度，并在实验中予以保证，从而选择和配套合适的仪器进行测量，也就是说要进行不确定度分配，即在总不确定度一定的情况下,各项的不确定度应如何分配.

4.3.1 确定不确定度分配方案

不确定度分配一般有以下两种方案.

1. 按相等影响原则分配

按相等影响原则分配即认为各个分量对总量的影响相同,因此也称为“误差(不确定度)等作用原则”.

由于测量的不确定度 Δ_N 或 E_N 根据任务要求已经确定,若

$$N = f(x_1, x_2, \cdots, x_m) \tag{4.1}$$

则按照 m 个分项对 Δ_N 或 E_N 的影响相同而进行分配,即

$$\Delta_N = \sqrt{\left(\frac{\partial f}{\partial x_1}\right)^2 \Delta_{x_1}^2 + \left(\frac{\partial f}{\partial x_2}\right)^2 \Delta_{x_2}^2 + \cdots + \left(\frac{\partial f}{\partial x_m}\right)^2 \Delta_{x_m}^2} \tag{4.2}$$

$$E_N = \frac{\Delta_N}{N} = \sqrt{\left(\frac{\partial \ln f}{\partial x_1}\right)^2 \Delta_{x_1}^2 + \left(\frac{\partial \ln f}{\partial x_2}\right)^2 \Delta_{x_2}^2 + \cdots + \left(\frac{\partial \ln f}{\partial x_m}\right)^2 \Delta_{x_m}^2} \tag{4.3}$$

因为每个分量对总量的影响相同,即每个分项的不确定度相同,所以选择仪器时只要满足

$$\sqrt{m\left(\frac{\partial f}{\partial x_i}\right)^2 \Delta_{x_i}^2} \leqslant \Delta_N \qquad (i = 1, 2, \cdots, m) \tag{4.4}$$

$$\sqrt{m\left(\frac{\partial \ln f}{\partial x_i}\right)^2 \Delta_{x_i}^2} \leqslant E_N \qquad (i = 1, 2, \cdots, m) \tag{4.5}$$

即可,即满足

$$\left|\frac{\partial f}{\partial x_i}\right| \Delta_{x_i} \leqslant \frac{\Delta_N}{\sqrt{m}} \qquad (i = 1, 2, \cdots, m) \tag{4.6}$$

$$\left|\frac{\partial \ln f}{\partial x_i}\right| \Delta_{x_i} \leqslant \frac{E_N}{\sqrt{m}} \qquad (i = 1, 2, \cdots, m) \tag{4.7}$$

式(4.6)和式(4.7)是实际中常用的公式.[1]

2. 按实际条件进行适当调整

由于测量技术水平和经济条件的限制,按相等影响原则分配到每个分项的份额,有的可以做到,有的难以完成,有的则过于容易,这时需要根据实际情况给予调整,对于难以完成的,应适当放宽些,对于过于容易的,应适当提高要求.

4.3.2 测量器具的选择

进行测量器具选择时,除考虑实用性和器具价格外,一般主要考虑仪器的分辨率和准确度.仪器的分辨率是仪器能够有意义地区分最邻近所示量值的能力的定量表示.仪器的准确度指测量仪器给出接近于被测量真值的示值能力.在本门课程中,我们约定仪器误差用 Δ_1 表征,仪器误差由最大示值误差、等级、量程、极限误差等来确定.

测量器具选择的原则是使所选用的测量器具的误差不大于被测量的要求误差限.

【例 4.2】通过测量获得某圆柱体的质量 m、直径 D 和高 h，则可利用公式 $\rho = \frac{4m}{\pi D^2 h}$ 计算其密度. 问：当 $m \approx 30\text{g}, D \approx 1.5\text{cm}, h \approx 4\text{cm}$ 时，如果要求密度的相对不确定度 $E_\rho = \frac{\Delta_\rho}{\rho} \leqslant 0.6\%$，应选择什么准确度的仪器进行测量？

解：由式(4.3)取对数得

$$\ln\rho = \ln\frac{4}{\pi} + \ln m - 2\ln D - \ln h$$

其中

$$\frac{\partial \ln\rho}{\partial m} = \frac{1}{m}, \frac{\partial \ln\rho}{\partial D} = -2 \times \frac{1}{D}, \frac{\partial \ln\rho}{\partial h} = -\frac{1}{h}$$

则

$$E_\rho = \frac{\Delta_\rho}{\rho} = \sqrt{\left(\frac{1}{m}\right)^2 \Delta_m^2 + \left(\frac{-2}{D}\right)^2 \Delta_D^2 + \left(\frac{-1}{h}\right)^2 \Delta_h^2}$$

$$= \sqrt{\left(\frac{\Delta_m}{m}\right)^2 + \left(\frac{2\Delta_D}{D}\right)^2 + \left(\frac{\Delta_h}{h}\right)^2}$$

按等作用原则有

$$\frac{\Delta_m}{m} \leqslant \frac{E_\rho}{\sqrt{3}}, \frac{2\Delta_D}{D} \leqslant \frac{E_\rho}{\sqrt{3}}, \frac{\Delta_h}{h} \leqslant \frac{E_\rho}{\sqrt{3}}$$

所以

$$\Delta_m \leqslant \frac{E_\rho \times m}{\sqrt{3}} = 0.006 \times \frac{30}{\sqrt{3}} = 0.1(\text{g})$$

$$\Delta_D \leqslant \frac{E_\rho \times D}{2\sqrt{3}} = 0.026(\text{mm})$$

$$\Delta_h \leqslant \frac{E_\rho \times h}{\sqrt{3}} = 0.14(\text{mm})$$

根据以上计算可知，可用感量为 0.05g 或 0.1g 的物理天平测 m，$\Delta_m \leqslant 0.1(\text{g})$；用准确度为 0.01mm 的千分尺测直径 D，$\Delta_D \leqslant 0.026(\text{mm})$；用准确度为 0.1mm 的游标尺测高度 h，$\Delta_h \leqslant 0.14(\text{mm})$即可.

4.3.3　不确定度的绝对值合成法

在实验设计、不确定度的粗略估算及测量仪器和测量条件的选择时，有时采用不确定度绝对值合成的方法，即

$$\Delta_N = \left|\frac{\partial f}{\partial x_1}\right| \Delta_{x_1} + \left|\frac{\partial f}{\partial x_2}\right| \Delta_{x_2} + \cdots + \left|\frac{\partial f}{\partial x_m}\right| \Delta_{x_m} \tag{4.8}$$

$$E_N = \frac{\Delta_N}{N} = \left|\frac{\partial \ln f}{\partial x_1}\right| \Delta_{x_1} + \left|\frac{\partial \ln f}{\partial x_2}\right| \Delta_{x_2} + \cdots + \left|\frac{\partial \ln f}{\partial x_m}\right| \Delta_{x_m} \tag{4.9}$$

用这种方法合成的不确定一般偏大，当对实验的准确度要求一定后，选配测量仪器时对仪器的要求更高，但因方法比较简单，在有些情况下运用比较方便. 根据不确定度等

作用原则，有

$$\left|\frac{\partial f}{\partial x_i}\right|\Delta_{x_i}\leqslant\frac{\Delta_N}{m}\qquad(i=1,2,\cdots,m)\tag{4.10}$$

$$\left|\frac{\partial \ln f}{\partial x_i}\right|\Delta_{x_i}\leqslant\frac{E_N}{m}\qquad(i=1,2,\cdots,m)\tag{4.11}$$

也可根据式(4.10)和式(4.11)的估算值来选配仪器.

如前例 $\rho=\frac{4m}{\pi D^2 h}$ 有三个待测量，即 $\Delta_m,\Delta_D,\Delta_h$，采用等作用原则将总的相对不确定度0.6%三等分，每等分为0.006/3=0.002.

$$\frac{\Delta_m}{m}=\frac{u_N}{m}=\frac{0.006}{3}=0.002\Rightarrow\Delta_m=0.002m=0.002\times30=0.06(\mathrm{g})$$

$$2\frac{\Delta_D}{D}=\frac{u_N}{3}=\frac{0.006}{3}=0.002\Rightarrow\Delta_D=\frac{0.002D}{2}=\frac{0.002\times15}{2}=0.015(\mathrm{mm})$$

$$\frac{\Delta_h}{h}=\frac{u_N}{m}=\frac{0.006}{3}=0.002\Rightarrow\Delta_h=0.002h=0.002\times40=0.08(\mathrm{mm})$$

因此，可用感量为0.05g的物理天平测质量 m，$\Delta_m\leqslant0.06\mathrm{g}$；可用准确度为0.01mm的千分尺测直径，$\Delta_D\leqslant0.015\mathrm{mm}$；可用准确度为0.05mm的游标尺测高度 h，$\Delta_h\leqslant0.08\mathrm{mm}$.

又问：是否可用准确度为0.02mm的游标尺测量直径与高度？

设

$$\frac{\Delta_m}{m}=0.002\Rightarrow\Delta_m=0.0002m=0.06(\mathrm{g})$$

$$2\frac{\Delta_D}{D}=0.003\Rightarrow\Delta_D=\frac{0.003D}{2}=0.022(\mathrm{mm})$$

$$\frac{\Delta_h}{h}=0.001\Rightarrow\Delta_h=0.001h=0.04(\mathrm{mm})$$

三项总不确定度仍未超过0.6%，单项不确定度也未超过，因此可以用0.02mm的游标尺测直径和高度.

【例4.3】用单摆测某地的重力加速度 g，要求 $E_g\leqslant0.5\%$. 已知摆长 $l\approx100\mathrm{cm}$；周期 $T\approx2\mathrm{s}$. 试选配测量周期 T 和摆长 l 的仪器.

解：由不确定度的绝对值合成公式(4.9)有

$$g=\frac{4\pi^2 l}{T^2},\ln g=\ln4\pi^2+\ln l-2\ln T$$

$$E_g=\frac{\Delta_g}{g}=\frac{\Delta_l}{l}+2\frac{\Delta_T}{T}$$

由式(4.11)有

$$\frac{\Delta_l}{l}\leqslant\frac{E_g}{2}$$

$$2\frac{\Delta_T}{T}\leqslant\frac{E_g}{2}$$

代入得

$$\Delta_l\leqslant\frac{E_g l}{2}=0.25(\mathrm{cm})$$

$$\Delta_T \leqslant \frac{E_g T}{4} = 0.0025(\mathrm{s})$$

即摆长和周期的测量,应各挑选一种仪器误差不大于计算结果的仪器. 摆长测量可选择最小分度为毫米的米尺;周期若测一个摆动周期的时间,则应选数字毫秒计,但是可采用累积放大法测量,即连续测量 n 个周期的时间 $t, t = nT, \Delta_t = n\Delta_T, \Delta_T = \Delta_t / n$,这样可以提高测量的精确度,或者说可以降低对仪器的要求. 假如本题中取 $n = 50$,则有 $\Delta_T = \Delta_t/50 \leqslant 0.0025(\mathrm{s})$,即 $\Delta_t \leqslant 0.125(\mathrm{s})$,这用最小分度值为 0.1s 的秒表测量就可以满足要求了.

值得注意的是,在仪器精度满足要求的情况下,应尽量使用精度低的仪器. 因为仪器精度越高,一般在操作、环境条件等方面的要求也越高,如使用不当,反而不一定能得到理想的结果. 另外,精度低的仪器能满足要求而非要用精度高的仪器,也是一种物质和时间的浪费,有时也是条件不允许的.

4.4　测量条件的选择

前面已经讨论过,测量的准确度与许多因素有关,但当测量方法、测量仪器及环境条件等确定后,如何选择测量条件而使结果的准确度最高呢? 这就是测量最有利条件的选择问题. 换句话说,就是在其他条件一定的情况下,如何合理地选择参数而使取得的测量结果最理想.

一般说来,选择测量条件都要从误差分析着手,合理地选择参数. 在有些情况下,确实存在最有利的测量条件,从数学上讲,就是函数存在极值. 这个最有利的测量条件,可以由各自变量对不确定度函数求导数并令其为零而得到. 对于一元函数,只需求一阶和二阶导数,令一阶导数为零,即可解出相应的参数值. 此时,若二阶导数大于零,则说明该条件即为测量的最有利条件. 对于多元函数,则应求偏导数. 一般在分析时,多从不确定度公式着手. 若在测量中变量 x_i 确实存在最有利条件,则

$$\frac{\partial}{\partial x_i}\left(\frac{\Delta_N}{N}\right) = 0 \tag{4.12}$$

由此即可定出最有利的测量条件.

【例 4.4】如图 4.2 所示,用滑线式电桥测电阻时,滑键在什么位置时,能使测量的准确度最高? 其中,R_0 为已知标准电阻,l_1 和 l_2 为滑线两臂长,$L = l_1 + l_2$ 为滑线总长.

解: 当电桥平衡时有

$$R_x = R_0 \frac{l_1}{l_2} = R_0 \frac{l_1}{L - l_1}$$

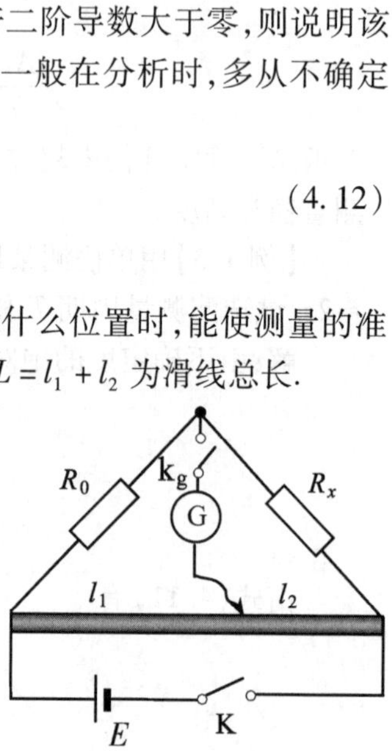

图 4.2　滑线式电桥

由不确定度的绝对值合成公式有

$$\frac{\Delta_{R_x}}{R_x} = \frac{\Delta_{R_0}}{R_0} + \frac{\Delta_{l_1}}{l_1} + \frac{\Delta_{l_2}}{l_2} = \frac{\Delta_{R_0}}{R_0} + \frac{L\Delta_{l_1}}{l_1(L - l_1)}$$

由 $\frac{\partial}{\partial l_1}\left(\frac{\Delta_{R_x}}{R_x}\right) = 0$ 得

$$\frac{L(2l_1-L)}{(L-l_1)^2 l_1^2}\Delta_{l_1}=0$$

故

$$2l_1-L=0$$

$$l_1=\frac{L}{2}$$

又可证$\frac{\partial^2}{\partial l_1^2}\left(\frac{\Delta_{R_x}}{R_x}\right)>0$，所以滑键确实存在一个最有利的位置. $l_1=L/2$ 即为滑线式电桥测量电阻的最有利条件，即滑键在滑线的中点位置时，测量的准确度最高.

4.5 设计实验举例

题目：滑线变阻器的限流特性和分压特性的研究

将滑线变阻器连成限流器和分压器时，希望负载上的电流和电压能随变阻器触头位置的改变而均匀地变化，即所谓调节的线性较好. 作出滑线电阻的限流特性曲线和分压特性曲线便可知滑线电阻与负载怎样匹配.

1）实验目的

测绘滑线电阻的限流特性曲线和分压特性曲线.

2）实验条件

直流稳压电源、滑线变阻器、电阻箱、电压表、毫安表等.

3）实验提示

限流器的电路如图 4.3 所示. 电流的最大值和最小值分别为

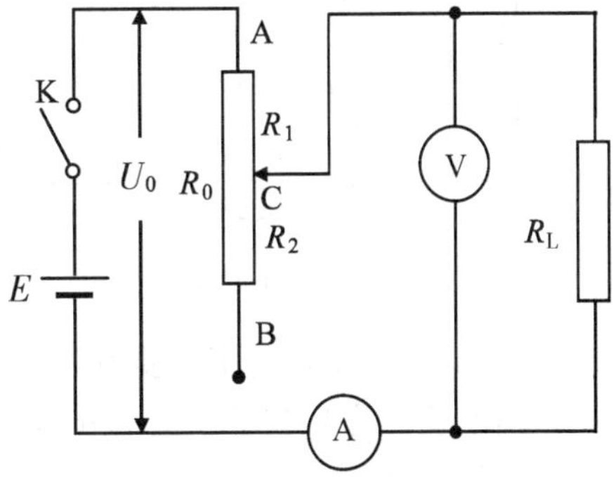

图 4.3 限流电路

$$I_{max}=\frac{U_0}{R_L},I_{min}=\frac{U_0}{R_L+R_0}$$

$[I_{min},I_{max}]$就是电流调节范围，R_0 越大，I_{min}越小，调节范围越大. 另外，还要考虑调节时对电流控制的线性程度.

负载 R_L 上的电流为

$$I=\frac{U_0}{R_L+R_0-R_2}=\frac{R_L I_{max}}{R_L+R_0-R_2}$$

引进参数 $x=R_2/R_0$，$k=R_L/R_0$ 可得

$$\frac{I}{I_{max}}=\frac{k}{k+1-x}$$

对于不同的 k 值，x 与 I/I_{max}的关系如图 4.4 所示. 由限流特性曲线可知，负载 R_L 上的电流不可能为零，且 k 越大，电流可调范围越小，但线性度越好.

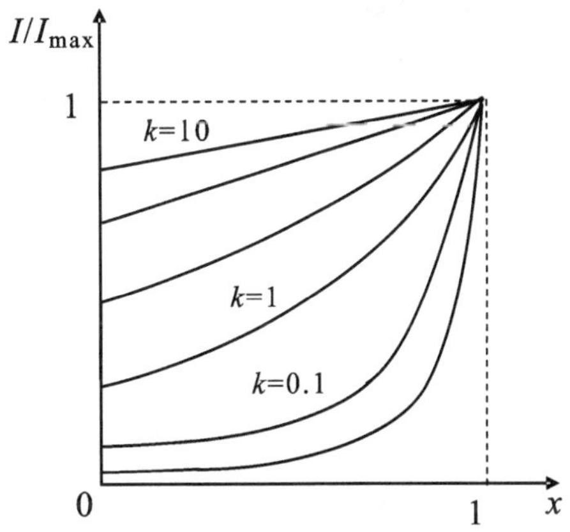

图 4.4 限流特性曲线

分压器的电路如图 4.5 所示. 由图可知，随

滑动触头 C 位置的变动，R_L 上的电压 U 就从 0 变到 U_0，调节范围与变阻器阻值 R_0 无关，触头在任意位置，即任意 R_2 值时，负载 R_L 上的电压为

$$U=\frac{R_2R_L}{R_1(R_2+R_L)+R_2R_L}U_0$$

同样，引入参数 $x=R_2/R_0$，$k=R_L/R_0$ 可得

$$\frac{U}{U_0}=\frac{xk}{x+k-x^2}$$

对于不同的 k 值，x 与 U/U_0 的关系曲线如图 4.6 所示. 由图可以看出

(1) 当 $k>1$ 时，U/U_0 在整个范围内均匀变化，且有足够的调节范围，故通常取 R_0 接近于负载 R_L.

(2) 当 $k<1$ 时，曲线出现突变部分，不易调到某些电压值.[2]

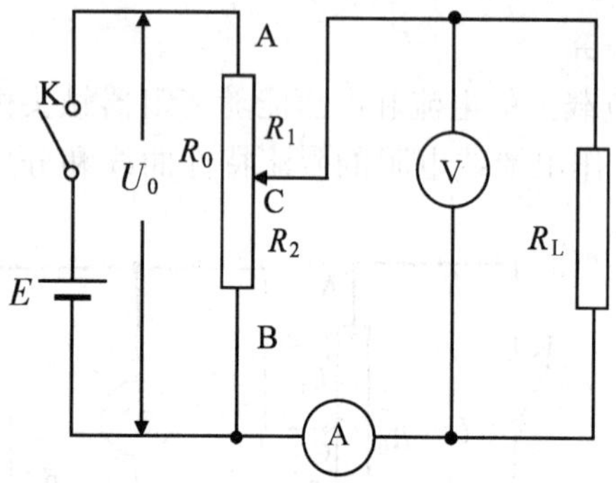

图 4.5　分压电路

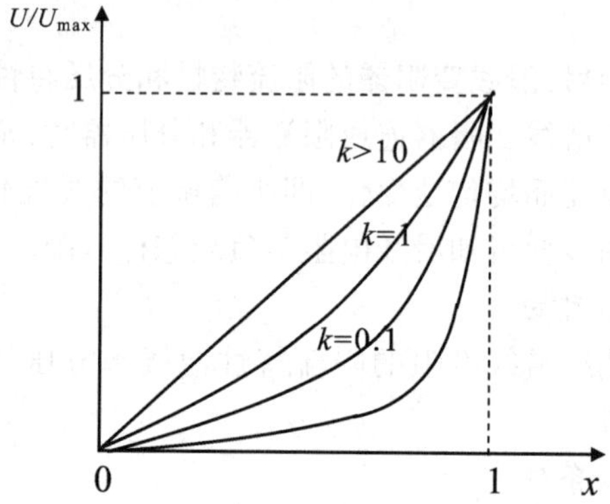

图 4.6　分压特性曲线

本章简要地讨论了实验设计方法和测量过程中的几个问题. 由于物理实验的内容十分广泛，实验方法和手段也十分丰富，同时在实际工作中，还要受到客观条件的制约及各种因素的影响，因此，很难总结出一套完整的、普遍适用的方法. 我们只能原则性地介绍，并通过实例加以讨论，希望对实验者能够有所启发，并激发其探索精神. 要真正掌握这方面的内容，必须通过大量实验，逐步总结和积累经验，不断提高科学实验的能力和素养.

参考文献

[1] 杨俊才，何焰蓝. 大学物理实验. 北京：机械工业出版社，2004：302.
[2] 肖苏. 物理实验教程. 合肥：中国科技大学出版社，1998：217－218.

第 5 章　创新的方法

创新能力是一个民族进步的灵魂，是国家兴旺发达不竭的动力，21 世纪需要大批具有创新精神、创新能力的高素质人才. 在知识经济的社会中，人最重要的素质就是创新能力. 因此，在物理教学中培养学生的创新能力是实施素质教育的重要内容. 为了加强和提高学生的创新意识和能力，特别是通过利用新技术、新方法和新材料改造旧仪器和设计新仪器来提高中学物理教学水平和质量，下面介绍一些有关技术创新的基本思想和方法，希望对以后物理仪器教具设计、制作或改进中的创新有所帮助.

5.1　技术创新的基本过程

在本节及后面各节中，将讨论技术创新（即发明创造）的一般过程，其中的几个关键环节，以及常用的方法、策略等问题.

5.1.1　技术创新过程的线性模型

技术创新是怎样产生的？技术创新要经历怎样的过程？这些问题很难回答. 因为不同的技术创新往往经历很不相同的过程，很难给出一个统一的模式. 但是，由于各种技术创新有一定的相似之处和内在规律，因此有必要分析一下技术创新的典型过程——线性过程，以助于我们理解各种各样的实际技术创新过程.

我们把具有一定技术素养和知识背景并且有一定创造能动性的发明创造人（或集体）作为技术创新的主体. 发明创造人在不断搜集有关信息和情报资料的情况下，将主要经历几个基本步骤完成一项技术创新，包括发现目标，分析目标并确定创新任务，提出新设想，进行实验和试制，评价并确定有价值的设计方案，办理申请专利手续，实施发明（包括试产、投产、开拓市场）等. 这样一个完整的工作序列就构成全过程的线性模型.

发现目标是创新的开端. 例如，自来水钢笔的发明人沃特曼（L. E. Waterman）原来是一个穷得叮当响的保险业务推销员，他四处办理保险业务时，常常带着小墨水瓶和蘸水笔. 有一次，他买了一支刚上市的“自来水钢笔”，供他的顾客签字使用. 没想到，在一位顾客签字时钢笔流出了许多墨水，把单据全都染黑了. 结果，那人一气之下把保险业务转给了沃特曼的竞争对手. 垂头丧气的沃特曼却因此意识到：应该发明一种好用的自来水笔. 这时，他终于发现了发明创造的目标.

发现目标之后，就应进行第二步，也就是分析目标并确定技术创新任务. 分析目标就是分析该项需要或问题，其实质是什么？目前是否有适当的解决办法？为什么目前没有满意的办法？关键在哪里？

弄清楚关键所在，也就确定了技术创新的具体任务或着手点. 例如，沃特曼经过调查和分析，认识到当时的“自来水钢笔”的通病是写字时无法自动控制钢笔的渗水速度，不是水多就是水少. 他就决定发明一种能自动适应写字速度的钢笔。此时,他明确了自己发明创造的具体任务.

第三步是针对技术创新的具体任务或关键问题提出各种各样可能的解决办法.

经过苦思冥想,沃特曼终于有了一个可行的办法:在钢笔尖的里侧加上一个开着许多槽的笔舌头,这样,因温度或气压变化流出的多余墨水就可以被笔舌头吸附,不至于流到纸上. 同时,在写字时笔尖受到的压力将使它与笔舌之间的缝隙加大,下水速度加快;不写字时,缝隙自动缩小,毛细作用将防止墨水淌下.

第四步是进行必要的实验或实验,这也是十分重要的工作. 有人宁愿冥思苦想一个月,也不愿动手一次,或者宁愿费尽唇舌地论证自己的发明多有效,也不愿意做一个简单的论证实验,这是非常不妥的. 真正说明问题的还是实验. 有时说起来满有把握的东西,一实验就不行了,特别是那些违反科学规律的"发明"更是如此. 而有些看起来很难或不大可能的东西,一试就成功了. 面对那些没有把握而又不会造成很大损失的事情,最好的办法就是试一试. 实验不仅能判定原来的设想是否可行,而且能使你获得实实在在的数据,帮助你修改和完善原来的方案.

沃特曼有了一些好想法就回到纽约进行实验,终于成功发明自来水钢笔. 沃特曼对自己的发明的潜在商业价值做出了十分肯定的判断,及时向专利局申请了专利. 1884 年 2 月和 11 月,他有关钢笔的两项专利都得到了批准. 此时,他已走完了发明过程的第六步.

有专利权作保证,沃特曼就大胆集资成立了佳美钢笔公司,试生产这种钢笔,产品投入市场后销路很好. 不久,沃特曼又成立了沃特曼公司,生产的自来水钢笔投向全世界,沃特曼也成了美国家喻户晓的名字.

沃特曼在实施发明的最后一步时比较顺利,这与他长期兜售保险所积累的商业经验分不开. 他十分理解顾客的心理,知道如何投其所好,打开销路. 相比之下,一些熟悉技术但不熟悉商业运作的发明家常常在最后一个阶段步履艰难,甚至功亏一篑. 例如,静电复印机发明出来以后尽管千方百计地加以推广,但在七八年后才有人开始使用. 如果发明人缺乏坚定的信心和韧性,他可能就会因放弃自己的专利而前功尽弃.

5.1.2　技术创新过程的复变模型

我们应该指出,许多技术创新的实际进行过程与上面介绍的典型过程不尽相同,有其各自的特点.

首先,技术创新各步骤的顺序可能有多种变化. 例如,按逻辑来讲,发现目标应是整个发明创造活动的前提,没有目标就无法去发明. 但在实际中,有时可能首先发现了某种物质加工方法,然后再去思考其可能的用途,这种情况在科学研究出现意外发现时特别常见.

又如,一般说来,一种设想在经过实验和评价决策后才申请专利. 但是,也不排除这种可能:一种新颖而又有突出价值的设想,尽管未经实验,为了抢先获取专利权,首先申请专利,然后再进行实验和改进.

其次,在技术创新过程中,并不是等到一个步骤彻底完成之后再去进行下一项工作,各个步骤往往要反复多次. 例如,在提出新设想的过程中,往往回过头来修改目标和任务,甚至完全改变发明创造的目标. 在实验过程中,常常会提出新设想,并产生新的实验活动. 而意外的实验结果,常常也会导致发明创造课题的变动.

例如,爱迪生在改进贝尔发明的电话的过程中,为了测量话筒膜片振动的强度,就在膜片上装了一根触针.结果在一位同事讲话的时候,由于振动,那根针竟刺痛了他的手指.他还感觉到,声音越大,针对手指的刺激就越强.这使他意识到声能可以转换为其他能量而留下印迹.于是他进一步找到了保存声音的办法,而发明了留声机.如果爱迪生不能及时抓住新的发明创造目标,他将丧失多么重要的机会.

人们在撰写专利申请书时,也常常将自己的发明创造同各种检索文献中的已有技术进行对比,以获得新的启发,为自己的发明创造增添新的内容.有时为了保证发明的创造性和优越性,也会设法完善原有的构思或提出新的思想.这样,发明的第三个步骤与第六个步骤就结合在一起了.

事实上,无论技术创新进行到哪一步,都有可能回过头来重新进行前面的步骤,以完善整个发明创造.这样来看,线性模型尽管有简单明了的优点,但与实际情况有较大差距,应该加以修改,因而我们提出了如图5.1所示的技术创新过程的复变模型,在这个模型中,技术创新的各个基本步骤沿纵坐标顺序排列.随着时间(横坐标 t)的进行,创新工作(按折线进行)的重点(小圆圈)不断反复变动,并逐步完善提高,以完成整个技术创新过程.

值得注意的是,在不同的技术创新过程中,各个步骤或环节所占比重也不同,一般都有一两个关键环节.同时,对于不同的技术创新,其关键环节也常常不一样.

一般说来,提出设想及实验试制阶段应该在整个技术创新中占较大比重,其中提出设想更占有核心地位.但是也有许多例外.

例如,美国的派克发明了流线型钢笔,他成功的关键是敏锐地观察到美国人对流线型外形物品的偏爱和需求,以及原有圆柱形钢笔形状呆板的毛病,因此他的关键环节是发现目标和确定任务这两个步骤.这两步解决得好,后面的问题也就迎刃而解了,而此时实验不是那么重要了.

在爱迪生放弃投资电影的例子中,关键的问题出在确定任务和确定设计上,他错误地看低这一方案的商业价值.当时他已经发明了"西洋镜",市场上也有幻灯机出现,因此发明电影并不存在难以克服的技术难点.

关键环节在不同技术创新中经常变化的原因主要是每项技术创新有不同的背景.一般说来,某项技术创新没有出现,并不意味着与它有关的问题都没有解决或很难解决,仅仅意味着这些问题并没有都解决或没有都处于极易解决的状态.因此,在我们进行一项发明创造时,实际上往往面临的困难步骤只有两三步.但是,也只有将这关键几步走完(除非本来就不成问题),一项技术创新才会成功.

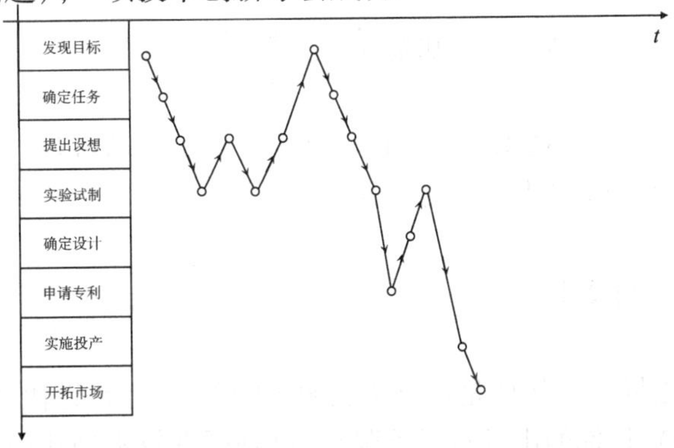

图5.1 技术创新过程的复变模型

5.1.3　技术创新过程与一般工程技术过程

技术创新与工程技术是什么关系呢？一般说来，技术创新也是一种工程技术活动，属于工程技术的范围. 但是，在更多的情况下工程技术活动并不是技术创新，而是一般性的工程技术任务. 因此，我们有必要对技术创新过程与一般工程技术过程的区别进行分析，纠正某些错误的认识，防止用进行一般技术工作的习惯方法来进行发明创造，避免不必要的麻烦.

一项工程技术工作，一般也要经过以下几个阶段：搜集情报、提出课题、确定课题、方案设计、实验、评价、实施. 总的看来，其过程与发明创造过程相似，但实际上明显还是有许多不同之处.

首先，技术创新和一般技术工作的最终目的都是实施，因此都要求其成果有较好的技术性能和经济性能. 但是，成功的技术创新应该争取在获得专利的前提下（也就是在专利制度的保护下）独自实施或转让，以获得更大的经济效益. 因此，发明创造成果的突出标志之一就是取得专利权.

对于一般技术工作来说，不论其成果本身是独创的还是借鉴的，也不论是新技术还是老技术，只要达到了预期的效果或用户的要求，解决了实际问题，就是成功的.

对于发明创造来说，如果在中途发现已有技术可以很好地解决原有问题，又找不到更新颖的技术手段，或新手段并不比旧技术优越，发明创造就失败了.

另一方面，一般技术工作有较明显的确定性和可计划性. 经过选题和课题论证后，技术工作一般都能最后完成. 对于整个工作的进度、经费，多数也能得到比较恰当的规划. 更改计划的事情虽然也比较常见，但其变更的程度一般比较小.

相比之下，技术创新是一件难以规划的工作. 对于一项技术创新课题来说，失败的可能性较大，常常在开始后不久就夭折了.

因此，按照一般技术工作的规律，要求发明创造工作有较大把握成功，或把整个工作放在某项技术创新一定会成功的基础上，不留有余地，都是错误的，甚至有蒙受重大损失的危险.

当然，我们也不能忘记，正是那些占总数比例较低的成功发明创造一次地为我们的技术宝库增加了新的血液和武器，使社会的整个技术水平不断上升.

5.2　创新的目标及其来源

前一节已经提到，寻找技术创新的目标是整个技术创新过程的第一步. 在本节里，将进一步讨论寻找技术创新课题的参考方法.

5.2.1　目标来自需求

“需求是发明之母.”这句话是数百年发明史的总结，也是近代发明家的座右铭. 需求不仅是确定技术创新目标的出发点或着眼点，也是所有技术创新的归宿. 因此，我们只要紧紧抓住“需求”这两个字，就等于拿到了寻找技术创新目标的钥匙.

美国著名的化妆品发明家马尔文·斯莫尔(Marvin Small)曾说:“财政保证的关键,获得自信和心满意足的关键,就在于10个有魔力的字:找到一种需求并满足它.”

爱迪生年轻的时候,因为没有很好地领悟到这个道理,曾跌过大跟头.当时他只有21岁,花了一个夏天的时间和自己的全部积蓄发明了一种供国会开会用的“自动投票机”.但是,由于议员们需要利用投票的机会来拖延时间进行政治交易,没有人赞成使用这种投票机,使爱迪生的全部心血都白费了.这使他意识到:发明应该考虑大众需要的东西,对大众无用的东西以后再也不做了.

事实上,许多成功的发明创造直接来自于对人们重要需求的发现.例如,安全剃刀和电动剃须刀.安全剃刀是一个名叫金·坎普·吉列(King Camp Gillette)的美国瓶塞商人发明的.当时,人们刮胡子时用的刀子和现在理发师用的差不多.一天,吉列站在镜子前刮脸,一不留心,下巴刮破了一个口子.突然,他产生了一个念头:为什么不能利用一种预先磨好的刀片再加上一条护挡,这不就又安全又方便了吗?

在那之前,已经有人想到在普通剃刀上加一条护挡,可是刀片还需要经常磨,很不方便.吉列的想法比较先进,由于刀片是预先磨好的,刀架和刀片是严格匹配的,用起来就更顺手了.他经过不断努力,又解决了大量生产这种刀片的工艺问题,终于使这项发明普及整个世界.

电动剃须刀是雅各布·希克(Jacob Schick)发明的.1910年,他从美军退役后在不列颠哥伦比亚进行勘探.有一次,他扭伤了脚,不得不在帐篷里呆了几个星期.当时天气很冷,为了刮胡子还要天天烧热水,这使他非常厌烦.他想,能不能发明出一种不用热水和肥皂就能刮胡子的东西呢?正好他也没别的事可干,就专心做起设计来.最后,他设计出一种自动剃须刀,但不是电动的,不大受欢迎.一些年后,他设计出电动剃须刀,终于得到广泛应用.

日本的板矢岩雄也是从需求中获得灵感的.板矢岩雄原来仅经营一座小铁工厂.一个严冬的早晨,他的太太套着橡皮手套做饭,由于不小心,手中的瓷盘子滑落在地,摔得粉碎.板矢便忽然想到:如果手套的掌面是粗糙的,就能防滑,也就能避免摔掉瓷盘子了.他很快请人申请了专利,并组织了大量生产.由于生意兴隆,他就关闭了原来的铁工厂,专心从事橡胶手套的生产.

从这几个例子就能看出,发现某种需求对技术创新是多么重要.但是,如果认为找到一种需求就能进行一项技术创新,那就完全错了.

事实上,如果我们寻求人们的需求,就会发现俯首皆是.例如,人们需要能杜绝癌症的药物,希望找到长生不老的方法,需要比钢铁强度还高、成本又低的材料,需要便宜、蓄电能力又异常高的电池,等等.

但是,我们很快会发现,这些需求绝大多数在短期内无望解决.因此,我们很难从中找到有把握取得成功的技术创新课题.

我们必须认识到,技术创新也像一般技术活动那样,依赖于某种特定的技术发展水平.它对于原有技术来说是一个飞跃,飞跃的距离超过显而易见的程度.但又必须是可以实现的,即创新所涉及的方法必须都是切实可行的.

这就是说,我们必须考虑到需要与可能的统一,即我们选择的需要是有办法加以实施的需要.不仅如此,我们还应考虑到该需要不仅在客观上是可以实现的,而且就我们自身的能力、特长和物质力量来说也应该是可以实现的.

例如,如果我们不大熟悉电子技术,那么我们看到人们对立体彩色电视的潜在需要时,对于是否着手进行这方面研究的问题就应采取慎重的态度.

除此之外,还应该考虑到我们在满足某种人们的需求时,该发明所花的代价(成本)应该与需求相称.或者说,我们选择的需求是能够用有商业价值的发明创造来满足的.很难想象,可以穿十来年但成本为数万元的皮鞋会受广大消费者的青睐.

由此可知,一方面,无数的需求并不能在短期内加以满足;另一方面,大量可以通过发明创造来满足的需求却还没有被人们意识到.因此,发现潜在的可能满足的需求,是技术创新的关键,也是大多数发明的难点.人们常说:发现问题就等于问题解决了一半.对于技术创新来说,也确是如此.事实上,发现需求本身就是一项创造性艺术.就拿吉列来说,他找到剃刀这样合适的技术创新题目也绝非易事.那时他已 35 岁,在这之前,他一直极力想做出一些发明来,但苦于没有题目.他为了寻找合适的题目,甚至按照字母表来查询,希望某些词能启发自己想到好题目,但这都无济于事.最后,还是通过在生活中的敏锐观察发现了问题并获得成功.

雅各布·希克也是这样.他是一个天生的发明迷.在他发明自动剃须刀之前曾设计过好几种小发明,其中包括两种削铅笔的装置,使他获得了微不足道的收入,也许连本也没捞回来.原因就在于他没有发现恰当的社会需求.

可以看出,发现恰当的需求的确不是一件容易的事.我们只有通过细心的观察、有目的的调查或者认真分析研究各种信息资料,才可能成功.同时,我们也只有不厌其烦地大量搜集可能的需求,才有可能获得有价值的技术创新课题.

这并不是说,在寻求需求方面根本无章可循,只能胡碰乱撞.在后面几节里,将依次介绍一些可以遵循的线索,主要有幻想与愿望、解决存在的问题、消除缺点、增进功能、降低成本等.

5.2.2　来源之一:幻想与愿望

人们的幻想与美好愿望一直是那些最大胆、最新奇发明创造的课题来源.笼统地说,幻想与愿望也是人们的一种需求,不过这些需求似乎不大“现实”罢了.但是梦想家们可以忽略幻想与现实间的巨大落差,让想象力展翅翱翔,而科学家们却一直埋头苦干,试图填补这一沟壑,在现实世界里为人们的美梦找到坚实的基础.

1. 幻想成真

牛顿就曾幻想制造一种靠燃料带来动力的车辆,不靠马拉就能自动行走.为此他设计了一种后面带喷口的锅炉,把它装在车上点燃后,锅炉里的水或酒精蒸汽就会猛烈向后喷射,其反作用力将会推动车前进.

如果说荷兰的那位眼镜技师发明“千里眼”(望远镜)多少出于偶然的话,那么贝尔发明“顺风耳”(电话)就完全是为了实现自己的美妙愿望.这个愿望起初看起来完全是一种幻想,就和他十几岁时想制造一种能说话的机器的企图一样.当时,不仅支持他进行“多工电报”发明的财政靠山认为那是个空中楼阁,他自己也没有一种切实可行的实施办法.后来意外的发现才使他找到了电话技术的突破口,并获得成功.

能像鸟儿那样在空中飞翔,一直是人们的一种幻想.但是,莱特(Wright)兄弟(图 5.2)怀有这种幻想却是由父亲送给他们的一件玩具引起的.

当时哥哥 11 岁,弟弟仅有 7 岁. 一天晚上,父亲把他们叫到家里简陋的起居室,说:“我有件奇怪的东西给你们.”然后把捂着的手张开. 只见一件小东西飞起来,直到天花板,飞了约一分钟,最后落在地板上.

图 5.2 莱特兄弟和他们的飞机

兄弟俩惊呆了. 原来这是一个简单的橡皮筋动力直升飞机模型. 他们从来没想到,除了小鸟、蝙蝠和一些昆虫,还会有无生命的东西能自己飞起来. 他们模仿着做了好几架类似的模型,都飞行得很好. 从此,他们产生了制造飞行机器的理想. 1903 年 12 月 17 日,莱特兄弟的首架飞机“飞行者 Ⅰ 号”试飞成功,后来他们的“飞行者 Ⅱ 号”、“飞行者 Ⅲ 号”连创佳绩,使从开始只能飞行几十秒、几百米的距离发展到可以连续飞行半小时,飞出 40 千米的距离. 使人类飞行的梦想得以成真.

图 5.3 韦纳·冯·布劳恩

现代火箭技术的最初发展也来自于宇宙航行的幻想. 早在 1903 年,俄国的康斯坦丁·齐奥尔科夫斯基就出版了《火箭进入宇宙空间》的著作,从理论上探讨了人类进行宇航活动的可能途径. 在这种幻想的鼓舞下,美国的罗伯特·戈达德也开始从事火箭研究. 美国现代著名的火箭专家和航天专家韦纳·冯·布劳恩在 13 岁时(1925 年)读到赫尔曼·奥伯特写的《通向星际空间之路》后,毫不犹豫地选定了自己的终身事业:如果去征服宇宙空间,愿挺身以赴,贡献一份力量.

图 5.4 数学家拜比吉
(1791—1871)

正因为许多发明创造题目来自幻想,所以它们有时似乎没有明确的实用目的. 例如,韦纳·冯·布劳恩(图 5.3)曾说:“有人问我们努力想飞到月球和其他行星上去的目的时,我们也可以用麦克斯韦被问及他研究电磁感应的目的时所提出的不朽反问来回答:‘一个新生儿出生的目的是什么?’”

现代科学技术的奇迹之一——计算机也起源于人们的幻想. 早在 19 世纪初,英国一位有名的数学家拜比吉(Charles Babbage)(图 5.4)就想制造一种能自动进行复杂运算的机器,以代替手工来计算各种复杂的数学用表. 1822 年,他制成了一种自动计算多项式数值表的“差分机”. 十几年后,他又提出一种非凡的设想:能按预定计算程序自动完成一系列复杂运算的机械式计算机. 有趣的是,它也用类似于现代电子计算机的穿孔卡片输入运算程序. 它还设有专门的机械式运算器、寄存器和输出设备,与现代计算机有惊人的相似之处. 受限于机械部件运转速度和复杂性,使拜比吉的设想无法实现. 但是他的丰富想象却大大激发了后继者们,最后以电气和电子形式实现了人们自动运算的梦想.

2. 不切实际的愿望

克里斯托弗·科克雷尔比(Sir Christopher Cockrell)在第二次世界大战期间是马可尼公司的雇员,负责研究轰炸机定向雷达系统. 战后,他自己组建了一家制造小艇的公司.

他知道,要提高船的航速,必须减少水的摩擦阻力,他想最好能使船离开水面,中间隔一层空气. 显然,这太不切实际了,因为空气会迅速散去.

但是科克雷尔并没有放弃这一幻想,而是开始绞尽脑汁地去寻找实现的办法. 最好的办法就是大胆实验. 他利用一架老式吸尘器向一条小平底船下面鼓气,发现空气散发太快了,必须设法将空气束缚起来.

一天,他找出两只罐头盒,口朝下放着,大的套着小的. 他通过一个孔向两只罐头盒的夹层充气,结果两只罐头盒在地板上浮了起来,可以自由滑行. 原来,不断充气的夹层形成了一个环状"气幕",大大减慢了空气逸散的速度. 这样,他终于找到了解决问题的关键.

有了这一发现,他就满怀信心地去寻求政府的支持,可是没有人相信这种荒唐的梦想. 于是,他就精心制造了一艘改进的气垫船模型,并到英国专利局的一间地下室里进行演示. 当时担任英国军需部副大臣、负责研究空气动力学的罗纳尔德 · 肖(R. A. Shaw)对这个表演很感兴趣,他帮助科克雷尔得到政府的支持,并在 1959 年将气垫船研制成功.

奇思妙想不仅来自先驱者的设想,也常常出自天真活泼的儿童的想象.

偏振滤光镜的发明人埃德温 · 兰德(EdwinH. Land)(图 5. 5)在 1943 年的夏天带着全家到新墨西哥州的圣菲城去度假. 他像别的父亲那样,为自己 3 岁的女儿詹妮弗拍了许多照片. 詹妮弗很着急要立刻看到拍照的结果,这种情境使兰德想到,应该像女儿希望的那样,有一种立即能拿到照片的相机.

图 5. 5　埃德温 · 兰德展示用宝丽来即显相机拍摄的撕拉片. 摄于 1947 年 2 月 21 日

据兰德回忆,当时,他的思绪都被牢牢地吸引在照相机、胶片和有关化学过程上. 他知道,已经出现了一些快洗的照相摊,但是能不能将这些洗印过程都放在照相机内呢?

一连四年,兰德都在为这一理想得以实现而努力. 据他的一位助手说,兰德在这段时间所做的工作就是 100 位博士用 10 年功夫也重复不出来.

1947 年,兰德首次演示了他的"拍立得"照相机,使所有在场的光学专家大吃一惊. 第二年,批量产品开始在市场上出售.

根据幻想和愿望完成的技术创新还有很多例子. 例如,企图做到"呼风唤雨"的人工降雨技术,像自行车那样不需要外加动力的"人力飞机",等等. 像鱼那样从水中获得氧气一直是人们的幻想. 最近,美国杜克大学海洋生物医学实验室的约瑟夫 · 鲍那温图同他妻子一起发明了一种"血海绵",可以从海水中吸收氧气,供潜水员或潜艇使用.

为了激发和培养儿童的想象能力和创造能力,日本发明协会曾主办了一次名为"未来科学之梦"的儿童画展,得到了日本通商产业省科学技术厅、专利厅和一些新闻单位的支持. 在展出作品中反映出不少儿童的美好梦想,如能翻译出动物叫声的含意的"叫声翻译机"、"空中飞行自行车",等等. 也许有些重大发明就从这里开始. 令人意想不到的是,十几年后,在日本和美国市场上居然开始销售"狗叫翻译机",大受消费者欢迎.

发明创造不仅应留意小说中的幻想和儿童们的梦想,也应该注意培养自己的想象能力.有时,可以不考虑任何现实性和可能性,让自己的思绪不受任何约束,去梦想一些有趣的或令人喜欢的东西.最后,可能会发现,其中有些想法略加修改后并非不能实现,甚至也许能成为新的发明创造课题.

类似的一种做法是,假想出现了一些不同于现实的环境和条件,设想那时会有什么新的需要和变化.例如,假定以后能源价格会上涨3倍,那么我们需要什么样的新型住房和耗能设备?假设汽车上的仪表多得让驾驶员看不过来,需要什么样的新型仪表?假设将来电子元件会像瓷片那样便宜,会出现什么样的新型电子产品?或许,这也会让你产生出许多新颖然而又不是无法实现的想法.比如,你可能想到用声音来操控车辆,甚至使汽车具有人工智能,能自动识别路况选择最佳行驶路线;或者使你想到设计一种电子猫来消除鼠害.

5.2.3 来源之二:解决问题

人们在生产和日常生活中经常会碰到许多需要解决的问题,这些问题本身往往就构成技术创新的课题.有时,一些问题会由领导部门或生产部门明确提出来(如以技术难题招标的形式提出),但是,更多的问题需要人们有意识地征询、调查和细心观察.这方面成功的例子非常多,如前面提到的安全剃刀和电动剃须刀,都属于通过发现需要解决的问题而做出的发明.

1. 搜罗问题

用过冰箱的人如果留意的话,会发现冰箱里不同的食品会串味,这个问题一般厂家不曾留意.

日本有一家叫白元的小公司却注意到这个问题.他们想,如果有能除味的产品,各个家庭一定会踊跃购买.经过反复研究,他们发现活性炭可以吸收各种气味,用椰子壳制成的活性炭又非常便宜.他们就把活性炭放在纸袋里,然后装入一个开有许多小孔的塑料容器内,再把它放在冰箱的角落里.这样一试,各种气味都没有了,也就不再串味.申请专利后,他们大量生产和出售,得到了很可观的收入.

另一个成功的例子是日本川口技术公司纳口经理的发明.他原来主要是研究和经营纱窗,经常听到家庭主妇们的种种意见.其中谈得最多的是推拉门槽不大光滑,开关门都很费力,希望有一种涂了一次就能永远保持光滑的油.纳口注意到这个问题,动脑筋想了许多办法.他发现商店里用的聚丙烯薄膜点心袋既结实又光滑,心想,用它做成带子贴在推拉门的门槽里不是很好吗?但是,粘贴时还需要黏结剂.他与有关厂家商量,厂家认为根本就没有能粘聚丙烯的黏结剂.纳口大失所望,但并不死心,仍和职员们寻找办法.一天,他妻子劝他用两面胶带试试.于是他把聚丙烯背面贴上这种胶带,再贴在门槽上,一实验非常好用.他就将其正式命名为"推拉门助滑带"并申请了专利.后来,这种产品畅销全国,十分成功.

2. 懒惰带来的问题

美国的比尔·斯托特发明钟控锅炉是由懒惰引起的.当时,斯托特正在明尼苏达州读书.他替房东照管烧暖气的锅炉,可以不付房租.照管锅炉可不是件令人愉快的事.清晨4点钟他被闹钟吵醒后,就要冒着寒气飞快地跑到地下室,把锅炉的炉门打开,把风门关上,这样,火就会旺起来,使整座房子变得暖和.一天早晨,斯托特从地下室回来,爬上床后思考起烧锅炉的事来. 应该想个办法,免得自己大清早跑下跑上地睡不好觉. 突然,一个好主意闪过他的脑海:能不能在炉门和风门上各拴一根绳子,然后将绳子从地下室的窗口穿出来,再延伸到他卧室的窗口. 这样,在早上被闹钟唤醒后,他在床上拉拉绳子就能完成打开炉门和关上风门的工作了.

一连几星期,用这个办法都很顺利,可是有一天早上绳子断了,斯托特不得不又跑下地下室. 看来用绳子拉的办法并不令人十分满意,清早还要被吵醒. 经过一天的思考,他又有了新主意. 他在晚上把闹钟安放在地下室里. 闹钟的发条钮支着一根木棍,木棍的一端系着一根联结炉门和风门的绳子. 这样,钟铃响时,由于发条钮的转动,就会使炉门和风门自动开闭. 斯托特把这套装置叫做锅炉自理装置,并在报纸上介绍出去. 后来,这种东西又发展成闹钟调温装置以及恒温调节装置,在美国用得很广泛.

3. 娇气的启示

大约是在 1904 年或 1905 年 8 月的一天,奥利 · 埃文鲁德(Ole Evinrude)同一位名叫贝西 · 卡西的姑娘到风光迷人的密执安湖中的一座小岛上野餐,这座岛距离湖岸约 4 千米. 当时天气很热,爱撒娇的贝西突然对埃文鲁德说,为了一盘冰激凌她宁可付出一切. 埃文鲁德毫不犹豫地跳进一条小划艇,向岸边划去,当他汗漓漓地把船划回来时,冰激凌全都化了. 但是埃文鲁德并没有白费力气. 第一,贝西在一两年后嫁给他了,使他如愿以偿. 第二,在奋力划船时,他产生了一个极有价值的灵感.

当时他年仅二十七八岁,是一个机械技师,自己开了一家生产小型内燃机的小公司. 他一边划船一边想,为什么不能用一台小发动机来代替双桨呢? 汽艇并不理想,太昂贵了,应该有一种能方便地安装在划艇上并能用手提走的小马达. 看来,姑娘的娇气和自己的偷懒想法使他开了窍. 很快,他就制成了一种能挂在船尾后面的马达. 马达的一根传动杆向下伸入水中,杆的端部有一向后的螺旋桨. 由于整个马达是可以左右转动的,因此很容易控制螺旋桨的方向以调整航向.

埃文鲁德把这台机器借给他的一位朋友在星期天玩了一天,第二天这位朋友就带来了一份 10 台这种马达的订单和预付的现金. 其他定单也纷纷送来.

于是,他们俩就成立了专门生产外挂式发动机的公司. 几年后,生产的外挂马达最轻的只有 36 千克,较重的为 63 千克. 他们的广告口号是:“不用划!”“用埃文鲁德的马达把船射出去!”总之,他获得了极大的成功. 有趣的是,由于在炎热的天气里对冷饮的渴求,还触发了另一项发明,这就是速冻冷饮罐.

它的发明人赖依(J. Rey)原来是一位石油勘探工,他说:“过去在油田工作时,有时我口渴得以为要死了,我愿意为一杯冷饮而不惜任何代价.”这话与前面贝西说的太相似了.

从此以后,他就开始考虑便携式冷饮的问题. 绝热的办法肯定是不行的,因为“冷气”早晚都是要跑光的,只好用制冷的办法. 后来他想到,可以把易汽化的液体密封在高压罐里,在罐子打开时,这种液体会迅速挥发,吸收大量的热,达到降温冷冻的目的. 根据这个原理,他终于发明出带高压液体夹层的冷饮罐.

为直接解决出现的问题的发明还有许多. 例如,某些城市的自来水有难闻的气味,于是有人发明了洁水器. 这种洁水器只有汽水瓶那么大,里面有滤水层和活性炭层,可以装在水龙头上,非常方便、实用.

进入工业时代后,穿皮鞋的人越来越多,有时在家里把皮鞋擦得很亮,可是一到街上或在挤车时鞋就会被弄脏,这样在参加宴会和访亲会友时就很尴尬. 日本一个叫西川幸雄的人看到这种情形,就设计了一种可折叠的海绵鞋擦,可以放在衣袋里,随时拿出来使用,非常方便,备受欢迎.

5.2.4 来源之三:消除缺点

寻找技术创新课题的另一个重要方法是在现有产品和生产方法的缺陷上做文章. 发现缺点,用新的产品和方法来克服它,这些新的产品和方法也就是新的发明创造.

1. 发现缺点

爱迪生发明的改良电话就是从发现前人成果的缺点开始的.

1877 年,爱迪生完成了震惊世界的新发明——留声机. 与此同时,他一直在思考怎样才能改进一年前贝尔发明的电话.

当时,贝尔电话的话筒利用的是液体变阻器制作的,使用和维护都十分不方便. 爱迪生决心发明一种利用固态变阻物质的话筒.

关键问题是使用什么物质来做变阻介质,即什么材料在压力变化时电阻会改变. 爱迪生把自己实验室里的所有化学物质(大约有 2000 种)都拿来进行实验,发现没有一种能够使用.

有一天,他的一位助手拿起一只熏得乌黑的破旧煤油灯罩准备擦干净. 爱迪生灵机一动,小心地把灯罩里的烟灰刮下来,填进一个小圆环里. 经过实验,原来这正是他要寻找的物质. 在压力变化时,这些烟灰(主要成分是炭)粒的电阻就会改变. 于是,爱迪生的"炭钮"话筒就发明出来了.

事实上,贝尔对自己发明的那种话筒也不满意. 后来他发现,他根据电磁感应原理制成的听筒也可以当话筒用,有时甚至不用电池也可以通话.

但是,靠声音振动产生的感应电流是很弱的,因此电话的传输距离很受限制. 使用爱迪生的话筒,只要提高电池的电压,就可以大大提高电流强度. 事实上,爱迪生发明的"炭钮"话筒直至 20 世纪 80 年代仍被广泛使用着.

2. "愤怒是发明之母"

图 5.6 匈牙利-美国物理学家彼得·戈德马克

20 世纪六七十年代曾普遍使用的密纹唱片也是在克服旧式唱片缺陷的过程中产生的.

这种唱片的发明人彼得·戈德马克(Peter Goldmark)(图 5.6)曾回忆说:"一次在晚会上,我正在欣赏唱片放出的由伟大的霍罗威茨演奏的勃拉姆斯的曲子,突然发出了'咔哒'一声. 这是在音乐演奏半截时发出的人们有史以来发明的最糟糕的声音."这位有造诣的钢琴手和大提琴手继续说:"有人赶紧跑过去换唱片,但是情绪已经破坏了. 正是在该时该地,我明白必须制止这类事情."

戈德马克常说:恼怒是发明之母,而坚忍是发明之父. 于是,他就着手去发明一种放音时间长的唱片.

当时,戈德马克正在为哥伦比亚广播公司研究彩色电视系统,因此他只能利用业余时间来搞唱片. 不过,按照他的同事、诺贝尔奖获得者丹尼斯·加伯

(Dennis Gabor)的说法,“彼得(戈德马克)发明东西就像吃饭那样平常,他最愉快的事情就是被某个思想纠缠上以后摆弄他的线路直至凌晨 3 点”.

经过反复研究,他发现最好用密纹唱片增加放音时间. 但是,老式唱片所使用的酚醛树脂不适于印制更细密的音槽. 他就考虑使用聚氯乙烯树脂.

后来,他在哥伦比亚公司研究所集中力量研究这种新型唱片,最后又转到哥伦比亚唱片公司研究所研制生产这种唱片的设备,并获得成功.

与每分钟 78 转的老式唱片相比,密纹唱片的转速为每分钟 33 转多,纹道密度增至每英寸(约 2.54 厘米)224 ~ 300 道或更多,因此一面唱片可以放音 1 小时以上. 同时,还改用轻便的拾音器和低速、廉价、无噪声的旋转盘,克服了旧唱机的一系列缺点,大受消费者欢迎.

3. 恼人的毛巾

日本的吉泽台助本来是一位塑料袋推销员. 一天,他的推销业务很不顺利,为了消除苦恼,就钻进了一家酒店,那时还没有出现纸巾,老板娘把毛巾在脸盆里轻轻搓洗了几下就递给他. 他擦了一把脸,一股头油味冲入鼻腔,原来毛巾没洗干净,这使他非常不快.

他忍住气,慢慢喝起酒来. 当时,他已参加了发明讲习所的函授班,想通过小发明来赚钱,但始终没有什么点子. 这时,有个念头在脑中闪过:“在这个臭毛巾上不能想点办法吗? 这也许可以发挥讲习所学生的作用呢.”

他把改良酒店毛巾作为一项发明课题记在本子上,每天都花时间思考. 一天,他忽然想到:“如果把洗干净的湿毛巾装在公司卖的塑料袋里密封起来,用的人就不会觉得臭,塑料袋打开后,别人也就不会再用了……”

吉泽把这个建议向公司提出来,但无人理睬. 的确,毛巾用一次就要费一只塑料袋,值得吗? 但他坚信自己的想法有道理,就向专利厅提出专利申请.

吉泽到银座第一流的大餐厅碰碰运气,会见经理,希望对方能采用自己的方案. 正好当时该店人手紧张,女服务员对拧毛巾也直发牢骚,因此立即决定采用这种会带来高雅气氛的袋装毛巾,并说每晚需要 1 万条. 吉泽喜出望外,就决定买 3 台洗衣机,让妻子清洁用过的毛巾,并放入塑料袋用高频封口机封好,自己再用车送去.

不久,各地大餐厅纷纷仿效,吉泽全力以赴也供不应求,就出卖专利使用权. 用户每加工这样一个袋装毛巾就会给他 1 日元. 后来,他每年的专利收入竟达 7000 万日元.

如果不是事实证明,有谁会相信把湿毛巾封装在塑料袋里会有这么大用处呢? 我们不能不佩服吉泽在体会顾客心理上独具匠心,高人一筹.

4. 挑剔的脚

还有一些公司和个人,抓住小商品的某些小缺点搞技术创新,也获得很大成功.

胶靴是十分常见的商品,有好几个人却发现这种东西的不同缺点,并做出了不同的改进发明.

有一位经营鲜鱼的日本商人,名叫荒井,每天都要穿着长筒胶靴在碎冰块上走. 由于靴子内外温差大,使靴内发潮,就是在冬天,脚上也会生脚气.

怎样才能使靴子里面不会潮湿呢? 他想到,应该让胶靴也像普通鞋那样可以透气. 于是,他在靴子的前后各开一个透气孔,发明了这样一种不易生脚气的胶靴.

另一位名叫西川的日本人在捕鲸船上工作,干活时必须穿过膝的长筒靴. 他发现,弯膝时靴筒会把膝盖拧得很不舒服,就决定搞出一种容易打弯的长筒靴. 他想,把靴筒靠膝盖的部分做成一组螺纹槽的形状(类似蛇皮管),效果一定不错.于是,他就申请了专利.经过试制试销,用户十分满意.

居住在日本神户市的野口文雄发现胶靴的后跟容易磨损,就打算像皮鞋那样在后跟上钉铁片.但是鞋钉钉在胶跟上很容易脱落,这个办法行不通.

野口在研究了胶靴的制造过程后意识到:在将生橡胶注入模型加硫时把带螺丝钉脚的铁片嵌入,就能使铁片牢牢地固定在鞋跟上.这一发明也很成功,销路十分好.

5.节俭之初

打乒乓球的海绵拍子也是在克服缺点的过程中产生的.

这种拍子的发明人叫原田力藏,原来负责经营乒乓球比赛和训练场地.他看到一个乒乓球打上一二十分钟就破了,觉得太浪费了,应该设法改进.他想到球拍太硬,若垫上一层海绵也许会好些.结果,使用新球拍,一个球打上一个钟头也不会破.这样,海绵球拍就在1950年诞生了.

后来人们发现,这种拍子不仅省球,还能改进击球的旋转性.日本选手用这种球拍在国际比赛中获得惊人的成绩.结果,这种球拍很快就风行全世界.

总之,现有产品或技术的缺点是我们进行技术创新的极好线索.事实上,近代和现代的发明中,有相当大的比例属于弥补原有技术不足之处的结果.从某种意义上来看,没有缺点的东西是没有的.因此,真正的发明家大概永远也不会失业.

5.2.5 来源之四:增进功能

对产品或技术的改进有很多是在克服明显的原有缺点的过程中实现的.但是也存在另一种情况,就是原有的产品和技术并没有明显的毛病,而发明家有意识地对它提出新的要求,或给它们添加新的功能,从而做出改进型的技术创新.

如果我们回顾一下一些产品发展的历史,就能很容易地看出增进功能的发明创造所起的重要作用.

例如,最早发明的电风扇并不能摇头,后来人们给它增加了自动摇头的功能.但是人们并不满足,又增设了自动关机的定时装置.不久,自动变换风量的电扇也已出现.

洗衣机也是如此.最初的洗衣机只能代替人们搓洗,后来又增加了甩干的功能.由于安装了喷淋管,又使甩干装置具备漂洗的功能.现代的全自动洗衣机则可以按照自动程序完成全部洗衣过程,甚至将衣物吹干.

近年来,家用电器和IT业的新型号产品层出不穷,增加的各种新功能令人目不暇接.这正是各个厂家进行技术创新、增强竞争力的重要手段.

还有不少小发明和小革新也是靠增加新功能完成的.

例如,有人发明了一种新型运动鞋,鞋上装有一种微型电子计数器,可以自动记录运动员的步数.这对于控制人们的运动量和运动强度很有好处.

还有人发明了一种装有薄型太阳能电池的帽子,帽子内部有一具靠太阳能电池驱动的微型风扇.戴上这种帽子,既能挡住太阳的灼晒,头顶又很凉爽.据发明人说,他本来只打算拿这种玩意儿开开心,没想到还真管用.

当然,对于改进后的创新技术来说,原有产品或技术就显得有缺陷或弱点了.但是,由于人们在做出创新之前并没有意识到这是缺点,因此其创新线索一般不被看做是消除缺点.

日本有一家新库公司,专门制造熨斗罩、熨斗台等产品. 一般熨斗台的表层都是一层衬棉花的布,在熨衣服时,熨斗台表面也会吸收一些热量. 由于能源越来越紧张,他们就开始考虑能不能制造一种节能的熨斗台.

他们试着在熨斗台表面铺了一层反射热量的铝箔,结果发现用这种熨斗台熨衣服的时间可以缩短一半. 经过进一步研究,他们制成了一种在海绵下面粘铝箔的节能熨斗垫,并把它申请为实用新案. 由于这种产品受到报刊、杂志、电视台等各方面的赞扬,当年销路之广令人吃惊.

大家都知道,实用的自行车是在一个世纪前出现的. 有趣的是,自 19 世纪末"安全"自行车的基本设计出现以来,自行车构造几乎没有任何变化. 许多发明家改进自行车的大胆设想都归于失败. 因此,许多人都认为自行车已经没有什么可搞的了.

到了 1956 年,英国一位名叫阿克莱斯 · 莫尔顿的汽车技术专家开始研究人们在改进自行车方面提出的种种设想,他发现这都是关于推进方法的改进. 于是,他自己努力寻找其他可改进之处.

他在 1959 年终于获得成功,制成了 Mark 型自行车,并分别于 1960 年和 1963 年获得了英国和美国的专利权.

莫尔顿式自行车采用了新颖的 F 型车架、直径小的车轮和新式悬挂装置. 它的轮胎截面狭窄,但充气压力高,这可以减少阻力;新的悬挂装置可以保证乘坐的舒适感;整车质量也减轻了.

由于这一系列的优点,到 1965 年就有 7 个国家的大型自行车制造厂家购买了莫尔顿的制造专利权,开始大批生产,使这种车风行世界.

5.2.6　来源之五:降低成本

还有一类技术创新,它们的目的是在保证产品功能的基础上降低产品的制造成本.

1. 最简单的瓶盖

我们大家非常熟悉的"皇冠形瓶盖",也就是用在汽水瓶和酒瓶上的那种牙口瓶盖,就是这样一种发明.

在 19 世纪 80 年代以前,酒瓶用的大多是软木塞和螺旋形瓶盖. 这种瓶盖制作比较麻烦,质量也不易控制,有时会发生封闭不严的问题.

在 1880 年前后,美国马里兰州一位学徒出身的机械师威廉 · 佩因特(William Painter)开始考虑简化瓶盖. 佩因特于 1892 年获得此项专利. 如果我们打开关于这种"瓶子密封装置"的专利说明书(美国专利第 468226 号),就会发现附图上的瓶盖与现在用的几乎一模一样. 这种盖子用的原料非常少,仅仅是一块圆形小铁皮和一薄层软木(后来改用橡胶). 在封口的时候要使用专门的装置,使圆铁片在瓶口上成型,这对大批量生产来说并不麻烦.

这种新瓶盖由于成本低廉,使原有的瓶盖毫无竞争能力,很快就取而代之了. 几年后,佩因特公司所属的工厂已遍及世界各地.

2. 不浪费一滴漆

比较著名的静电喷漆工艺也是出于节约的目的而发明的.

这项工艺的发明人哈罗德·兰斯伯格在他父亲的公司就业时正赶上 1931 年的经济大萧条. 他的任务是给甜饼罐喷漆,每天要干 12 小时. 由于当时使用的是空气喷枪,油漆乱飞,浪费严重,又赶上市场不景气,一年竟亏空 5000 美元.

兰斯伯格望着一堆堆空油漆罐,心想:一定要找出一种节约的喷漆办法. 他常常在家里谈起这种想法,在他哥哥的建议之下,他去请教一位教化学课的朋友格林.

兰斯伯格向格林叙述了自己的打算,格林问:为什么不实验一下静电方法? 兰斯伯格想起了上中学时的静电吸附实验,立刻恍然大悟. 两个人马上制订了一个静电喷漆的方案.

一开始,兰斯伯格的父亲并不支持. 他认为,谁都知道原来的喷漆方法太浪费,可是如果有更好的办法,别人早就会想到了. 但是,经不住兰斯伯格的一再请求,老人答应他们在星期天利用一间小屋搞实验,并给他们 100 美元作经费.

为了节约经费,他们花 35 美元买了一台废 X 光机,把里面的变压器和整流器拆下来作为高压电源,还买了几百磅废汽油和其他器件. 他们打算使从喷枪飞出去的漆雾带上电,而待喷漆的金属物品与地线连通,这样漆粒就会自动飞向目标.

经过 1937 年冬和 1938 年春的研究实验,他们终于发现利用 10 万伏的电压和把喷枪与物件距离控制在 25~50 厘米最合适. 1938 年 3 月 6 日的清晨,兰斯伯格的妻子来到工作间,她惊异地看到:当他们用喷枪从一个方向朝一架震动器喷漆时,经过四根高压金属线的漆雾自动从四面八方附到震动器表面. 只用了几秒钟,漆就喷好了. 这样,最原始的静电喷漆装置就被发明出来了.

几年后,兰斯伯格的公司又发明出一种不用喷枪的静电喷漆装置,95% 以上的漆都可以到达工件表面,比原来的装置又节省了 1/3 的漆,终于使这种工艺推广到全世界.

3. 节约设备或工时

除用低成本的新产品代替原有的产品外,更常见的是用新的生产工艺或装备来降低同一产品的生产费用.

例如,生产流线型金属外壳或抛物面型反射罩,过去一般都使用冲压的办法,需要有大型冲压设备和昂贵的模具. 后来人们发明了“旋压”的工艺,仅需要一个具有所需形状的凸模和一台适当的立式车床就能完成同一工序. 加工时,要把凸模固定在车床的卡盘上,并将板材固定于凸模的顶端,这样,装在刀架上的小滚轮就能在车床转动时逐渐由里向外地将板材压在凸模表面上,使平面板材变成曲面. 这种工艺使加工成本降低了数倍乃至数十倍.

不仅复杂的产品和技术可以通过技术创新降低成本,就连一些十分简单的小产品的成本也有降低的余地.

例如,日本的书店曾流行用聚乙烯薄膜制作的信封状书袋,使用的材料往往是长圆筒形薄膜,一般需要剪裁五刀,再经封底才能制成. 一家名叫宝永堂的店铺的老板反复考虑怎样才可以减少加工工序.

他参观了一家切纸店后,突然想到,如果把筒形薄膜切三下制成台阶形,再向垂直方向展平,也就成为信封状了. 这样工序要少一点儿.

他还不满足,又考虑把切刀刀口制成台阶形,这样一下就可以加工出袋口了. 但是,切底时还需要再切一刀. 最后,他又想到把台阶形刀和另一把平刀组装在一起,这样一下子就能裁出一个书袋,封底后就可以用了. 使用这种方法以后,一台机器每天可以生产 5

万个书袋，总成本下降了一成.

又如，亚洲许多国家都有刻图章的习惯，图章用起来又方便又雅致，就是刻起来很费工，价格也不便宜.

日本有一位姓松泽的青年看到这种状况后，想出一种以透明塑料为图章材料的新颖的加工方法，据说一天能刻 600 颗章，比雕刻木质图章快了二十多倍，使价格大为下降.

以上仅仅对寻找技术创新课题线索的主要方面做了粗略介绍. 实际上，对于其中任一方面都可以提出一系列更为细小的线索. 这些线索的具体内容往往因行业和专业而异，很难一概而论，读者可以大胆补充和修改.

5.3　创新构思的技巧

当找到一个技术创新目标后，接下来的任务就是去实现它. 如果这个问题能够加以解决，或问题的解决方案能够从逻辑上直接推断出来，当然再好不过了. 例如，在发现写字台、大衣柜等家具在室内移动不便之后，给这些家具安装上脚轮，问题就可以得到解决.

但是，我们要考虑，这样直接的解决方法是否为现有技术？是否具有足够的创造性？是否具有突出的实用效果，以保证其商业价值？

因此，就大多数成功的发明创造来说，往往不能由问题直接从逻辑上导出答案. 或多或少会遇到一个或若干个环节，只有进行发散思维或发挥丰富的想象力，才能将问题解决.

这样就给我们提出了一些重要问题，即如何进行创造性的构思，以解决发明创造中的难点？技术创新构思中有哪些可资利用的方法和技巧？这正是本节所要讨论的内容.

5.3.1　创新任务的表述与思路

找到技术创新课题线索之后，还应该恰当地把技术创新目标所涉及的任务以恰当的方式表述出来. 无论是在书面还是在潜意识里，对一项任务表述方式的差别常常对之后的思路有出人意料的重大影响.

例如，国外有的学校多次做过这样的实验：向学生们出示一把旧牙刷，要求他们在 3 分钟内把自己想到的“关于这把旧牙刷的全部用途”写下来. 结果 80% 的学生列了不到 8 种用途，全都不外乎做刷子用. 有 20% 的学生列出了 15 ~ 20 种用途，其中一半以上提出用它做小棍棒用（如支撑窗子等）. 如果改为要求学生在 3 分钟内把他想到的“这种东西的全部用途”写下来，而不提“牙刷”这个名词，则学生们列出的用途几乎多一倍.

对于工程技术问题来说，表述目标方式的影响会更为明显.

例如，要修建一条公路需经过一条河，为了避免这种麻烦，可以把目标定为“修一座跨越河流的桥”.

按照这种提法，工程师将注意思考桥型的问题，是拱桥还是悬索桥，是铁桥还是混凝土桥，等等. 但是，他们将很容易忽略像“可通车的拦河堤坝”之类的选择.

更好的表述方式应该是“寻找一种沟通两岸交通的最佳方式”. 这样思路将会广阔得多，人们将不把思路局限在桥上，可能会提出下面这样一些方案：

使用轮渡,这在交通量较小的情况下有利;

使用气垫船摆渡车辆;

修建穿过河床的隧道;

公路改在水浅处过河;

使用水陆两用汽车;

令河水从公路下面的隧洞流过,等等.

在过去一些发明中也有类似的问题.例如,在发明吉列剃刀之前,那些企图改进剃刀的人只把目光放在"安全"上.而吉列则考虑到"方便",结果他发明的剃刀不仅方便、安全,还很便宜,成为当时唯一商品化的安全剃刀.

但是,吉列发明的目标是一种新式"剃刀",因此他无意中排除了剃刀之外的刮脸工具.而雅各布·希克想的是发明一种不用热肥皂水就能剃须的工具,冲破了"剃刀"的局限,使发明电动剃须刀(根本不像刀)成为可能.

奥利·埃文鲁德在奋力划桨时并没有简单地盼望有一艘汽艇,而是想到应该有一种比划桨更好地推动船的方式.这样,解决问题的可能方式要多得多,使他想出利用外挂式马达的简便办法.

另一方面,我们也不能把目标或任务描述得过于笼统和广泛.例如,提出"增加产量"这样的任务很难产生发明创造.如果改成"卡工件和卸下加工完的工件太费时间了,应设法解决",任务就被限定在一定范围内,也就比较明确.

那么,这样会不会限制思路呢?如果我们表述得当,答案就是否定的.因此,我们在限定或确定目标时,应极力避免对解决问题可能使用的方法有过多的约束.

仍以刮脸作例子.雅各布·希克的任务是在刮脸时不用热肥皂水,这个任务的范围比吉列的看起来要窄一些,因为吉列在确定任务时并不考虑用不用肥皂水.而希克在解决问题时并没有只局限于某种"刀",因此他想到的可能方式更为广泛.实际上,希克最终选择的方式是理发推子的变型,而不是原有剃刀的变型.

因此,我们对目标或任务的限定是针对创新产品的功能或作用,开阔思路、避免限制是针对最终实现的方式及产品的形式.这样,我们既不会陷入狭窄的思考范围,也不会因范围太广而无从下手,使我们能更有效地进行创造性思考.

当然,确切地表述创新目标不仅在技术创新活动开始时存在,在技术创新中途碰到困难环节或关键环节时也会遇到.例如,在制造电动剃须刀时,必须解决如何制造非常薄的多孔金属罩的问题.此时,如果我们把任务表述或理解为"怎样才能冲压出多孔罩",无形中就限制了它的实现方式.更好的任务表述方式是"怎样能够得到极薄的多孔罩",这样,有利于将思路转到冲压以外的加工方式上,如可能会想到电铸法(电解沉积法).

5.3.2 观察、分析与联想

在技术创新的过程中,对有关的事物认真进行观察、了解、分析与联想,常能获得意外的灵感.心里装着发明创造任务的人,应对周围的事物保持一种敏锐的眼光,注意分析其中包含的道理,思考是否有助于解决问题,要善于在各种事物与技术创新之间进行联想.

在近代,通过观察、分析、联想成功获得发明创造的例子很多.

1. 沙漠的思索

有趣的是,注意观察大自然中的现象,有时也能促进技术创新设想的产生.

在 20 世纪 80 年代,北京航空学院的一位教师曾发明了飞机发动机用的"沙丘驻波燃烧器". 利用它,可以使喷气发动机燃烧室内的火焰十分稳定地燃烧,大大提高了发动机工作的可靠性和稳定性. 他是怎样做到这一点的呢?

原来,他曾在大西北工作多年,他发现,无论风多么大,一座座沙丘都能保持十分稳定的形状. 而如果在平地上放上一把沙子,就会立刻被风卷走. 经过思考,他想到,这是因为风流经沙丘表面时,能形成十分稳定的"驻波". 后来,他在研究发动机燃烧室时发现,气体湍流紊乱是燃烧不稳定的根本原因. 他联想到沙丘表面的气流,产生了将燃烧室内表面改为沙丘形状的想法,成功发明新型燃烧室.

2. 抓住意外之事

高质量的平板玻璃——浮法玻璃的制造方法是由于意外的观察和分析、联想而发明出来的.

当时,英国的一家玻璃公司——匹尔金顿兄弟公司打算研制一种表面导电的玻璃. 年轻的 A · 匹尔金顿希望在玻璃表面涂上一薄层锡,然后再氧化成导电的二氧化锡. 为此,他把玻璃放在熔化的锡上,但锡却沾不到玻璃上,这使他大伤脑筋.

一天,他把玻璃放在熔化的锡上后便切断电炉的电源回家了,第二天上班后,他发现玻璃早已冷却,拿起来一看,锡仍未沾上,玻璃却异常平整,这使他联想到可以利用这个原理生产高质量的平板玻璃,而不必像从前那样花费很高的代价进行机械研磨.

经过几年的反复实验,他终于掌握了大规模生产平板玻璃的工艺条件. 这种生产技术已经出售给包括我国在内的许多国家.

3. 事故的价值

一天,苏联一家工厂的车工丘吉诺夫像平时一样干着活儿,他用一把超硬质合金车刀切削一根钢质圆棒,突然工厂停电了,丘吉诺夫没有来得及把车刀退出来,圆棒的转速就迅速降低并停了下来. 他想把车刀退出,却退不动,车刀就像长在圆棒上了. '把刀弄坏了就糟了,这可是昂贵的合金刀,还是告诉组长吧'.

组长看到这个情况,也感到纳闷. 过了片刻,丘吉诺夫和组长几乎同时醒悟过来:原来在圆棒转速降低以后,刀与圆棒之间摩擦产生的热使它们的接触部位熔化而凝结在一起了. 他们进一步联想到:如果使打算焊接的金属件和车床上旋转的金属件相接触,再突然使之停止转动,两个工件就能很好地焊在一起,这就是摩擦焊接法.

如果当时丘吉诺夫不仔细观察分析,而是简单地把刀具敲下来,也就不会产生这一发明了.

这种方法在对头焊接两根轴棒时非常适用,广泛用于焊接发动机曲轴. 基于这一发明还出现了许多专门进行摩擦焊接的机械. 后来,有人又把它用在塑料加工上,也很有效.

意外事故还曾导致过医疗技术的发明.

在俄罗斯,有一位近视患者不小心刺伤了自己的眼睛. 医生检查后,发现他的眼角膜划伤了几处. 经过一些天的敷药治疗,伤口痊愈. 检查视力时,发现其近视程度大为减轻. 医生猜想,也许恰当的划伤可以改变眼睛的屈光度.

经过反复实验,几位眼科专家终于摸索出近视眼的手术疗法,可以使 0.3 左右的视力恢复到1.2左右. 现在,已有成千上万的人受益.

4. 好奇心的报偿

有时,好奇的观察也能导致一些小发明获得成功.

日本一位名叫山下楠太郎的人有一天到海里游泳. 他不小心把一条红布掉到水里,红布在随波漂动,几条小金枪鱼游来咬布边. 山下看到这一情形,突然想到:"鱼爱咬漂动着的东西,这样不用活鱼饵不也可以钓鱼了吗?"

从此,他就开始研究模拟鱼饵,他用塑料做了许多鱼饵. 他想:"鱼对音响敏感,一拍手鲤鱼即来. 鱼还对光敏感,小鱼的鱼鳞闪闪发光,大鱼从远处看见就游来吞食它们."于是,他做了许多在水里能发声发光的鱼饵. 为了能引诱金枪鱼和松鱼,他还制作了小章鱼形状的鱼饵. 一开始朋友们都笑话他,说他大概想开玩具店了. 不久,山下的实验取得成功,越来越多的渔民前来买这种鱼饵. 后来,这种鱼饵发展达到两千多种,还向世界许多国家出口.

5. 厨房与鱼缸的启发

在以上的事例中,所观察的现象都与做出的发明创造有很直接的关系. 而在另外一些事例中,人们观察到的现象似乎与他们想解决的问题本来没有根本的联系,但是由于他们善于联想,也从中获得了启示. 例如,日本一位在特种钢厂工作的技术人员,由于钢质脆,而当时采用的办法是由两只相对的轧辊进行轧制,要求钢材有良好的延展性,他怎么也轧制不出合格的板材. 交货期已经迫近. 有一天,他累得筋疲力尽,回到家里,到厨房喝水时,无意中被妻子在面板上擀荞麦面的方式吸引住了:先向荞麦粉里加水和成面团,然后用擀面杖灵活地来回擀……就在这一瞬间,他想到了用移动的轧辊轧钢的办法.

经过进一步研究,他提出了行星式轧压法. 这种技术要求使用特别的轧机,在轧机上有一系列较细的轧辊像行星一样围绕着粗大的传动辊转动,同时将材料轧薄. 不久,这项技术就被应用于实际生产中,在轧制特殊材料方面十分有效.

另一个例子是含氰废水处理法的发明.

由于电镀厂排出的废水一般都含氰,严重污染了环境,急需有效的处理方法.

日本京都府中小企业综合指导所的科技人员看到养金鱼要将自来水进行晾晒,就联想到处理废水的问题.

由于废水中氰的性质与自来水中的氯很相似,于是他们设计了一种冲击塔,含氰废水在塔内反复地从上向下喷,这样,废水中的氰就逸散到塔内的空气中,再由一通风管道将含氰空气鼓进吸收氰的液体内,空气中的氰又转移到吸收液里,水中的氰就逐渐减少,可由原来的1.5×10^{-5}降至1.05×10^{-6},明显低于国家规定的2×10^{-6}的标准. 后来,这种技术在许多国家都申请了专利权.

6. 惊吓之余的联想

神奇的微波烤箱也是通过联想发明的. 使用这种烤箱,炸猪排只要40秒钟,烤鸡只需4分钟,烤蛋糕只需10秒钟.

有一天,美国雷西恩公司一位名叫珀西·斯潘塞(Percy Le Baron Spencer)的工程师正在全神贯注地做雷达起振的实验,他的研究课题是略长于2.5厘米的电波在空间的分布状况. 忽然,他的同事看到他胸前的衣兜上渗出了暗黑色的血迹,就慌忙地说:"你受伤了,上衣袋那儿渗出血了!"他自己用手一摸,湿乎乎的,脸也变白了. 随后他突然明白,原来是衣袋里的巧克力糖熔化了. 但为什么会熔化呢? 他看了看四周,没有炉子,只有雷达正在发出强大的电波,他想到是微波使巧克力内部分子发生振荡,产生了热量.

根据这一现象,他想到用微波加热食品一定有效,可以使其内外均匀受热,迅速变熟.于是,微波烤炉就诞生了.

7. 留心消息——间接的观察

20 世纪 30 年代末,在美国佛罗里达州一个冬季的早晨,人们看到了一个"奇迹":天未降雪,可是一片橘林的树枝树叶上厚厚地盖上了一层白雪.这个现象引得许多人前来观看,大家都感到莫名其妙.

橘园的主人很快就猜出是怎么一回事.原来,橘园当时已经采用了喷灌技术,前一天收工时,一位工人忘记关上喷管,而在夜里一场寒流袭击了佛罗里达州,喷出的水雾在空中凝结成雪雾,落在树上,形成了这一奇观.

这一消息不胫而走,传到了康涅狄格州.当时那里的莫霍克山有一个滑雪场,管理人员常因为降雪不足而发愁.他们听到这一消息后,联想到滑雪场面临的问题,经过反复分析,他们认为,只要喷出的水滴足够细小,就有可能造出质量较好的雪来.

为了做到这一点,他们使用了特别的"喷雪枪".这种"喷雪枪"的工作原理是,高压水在到达喷口之前先要经过一个混合室,水在混合室中与压缩空气混合,然后从喷嘴的一个小孔中喷出,膨胀的压缩空气把水珠击得粉碎,并把水花带到二十多米高的空中,在冷风中化为白雪.

他们的发明十分成功.后来,在美国各地出现了数百家人工降雪滑雪场.

8. 追溯历史——放开视距

我们的观察,不应该仅仅局限在亲眼所见、亲耳所闻上,还应该扩展到阅读和吸收各种各样的信息上.有时,研究相关历史资料也大有帮助.

1941 年冬天,22 岁的坦克兵卡拉什尼科夫负伤住院.他在病床上陷入沉思,也许可以给红军设计一种新枪,用来对付德国人的冲锋枪.于是,他请求医院的图书管理员将所有有关轻武器方面的书刊借给他阅读.费德洛夫的《轻武器的演进》使他大开眼界,他开始研究自动步枪.1947 年,他试制的样枪参加了最高军事委员会的实验和评审,最后名列第一.这就是大名鼎鼎的 AK－47 自动步枪(图 5.7).后来,他还获得了苏联社会主义劳动英雄称号.

图 5.7　卡拉什尼科夫和他的 AK－47 自动步枪

5.3.3　活用科学技术原理

灵活运用各种科学原理和技术原理,对于完成一项发明创造来说也是非常重要的.美国 20 世纪初出版的《发明的艺术与发明什么》一书曾提到:人们打算发明什么东西时,总要查阅有关教科书,利用其中的原理.

1. 创新的立足点

有时,恰当地利用一些司空见惯的技术原理也能做出新的发明.

例如,逆流换热是化工、冶金、动力工业常用的技术原理. 有人根据该原理设计出一个回收淋浴废水热量的装置,可以节约大约40%的热水. 如果在浴池推广,能获得很明显的效益.

该装置有一个盖盘,人们淋浴时站立在上面. 该盖盘可将淋下的热水收集到中央筛网下面的通道里. 废水在沿通道流出的过程中,由于与铺设在通道里的冷水管相接触,可以将所含热量传递给冷水. 由于废水与冷水流向相反,冷水的温度最后会接近废水最初的温度. 这样,淋浴时仅需要混合较少的热水,达到节能的目的.

由以上例子可以看出,熟悉各种科学技术原理对于一位致力于技术创新的人来说,具有不容忽视的意义.

2. 抓住新原理

事实上,在近代,每种新发现的科学原理和技术原理都会引起发明家和工程师的极大重视.

在贝尔发明电话以后不久,有位科学家发现硒的电阻在光线照射下会发生变化. 贝尔立刻就抓住这一原理,把它应用到自己发明的电话上,完成了一项新发明——光话机.

光话机可以不经导线与远处通话,它的话筒与一反光镜联结,太阳光经反光镜反射到远处受话器的硒电池上,说话时膜片将带动反光镜振动,这样反射光将不断改变硒电池的电阻,使听筒电流发生变化,产生声音.

贝尔后来用弧光灯代替阳光作光源,通话距离可达数英里. 光话机由于使用不够方便,当时并没有为社会所接受. 但是,这种技术却为现代激光通信与光纤通信技术的产生和发展奠定了基础,因此他被称为光波通信的先驱者.

又如,二十多年前,人们发现了镍钛合金的记忆效应,如果把这种合金制成的元件按某种形状进行处理,那么在某种温度范围内我们可以随意将其弯曲成其他形状,但恢复到一定温度,它会立即恢复原有形状.

根据这一原理,产生了许多新颖的发明. 例如,利用记忆合金制造卫星天线,发射卫星时天线卷曲成一团塞在卫星内部,到达轨道后,随着温度的变化,天线会自动恢复为预定形状.

美国一位名叫弗里德里克·王(Fredrick Wang)的人还提出了一项利用记忆合金的有趣发明,其发明的装置可以把热能直接转换为机械能. 该发明的核心是套着一条记忆合金制成的传动带的两个轮子. 其中一个轮子是“热轮”,浸在热液浴槽中;另一个是“冷轮”,处于室温下. 传动带原始形状是平直的,这样,围绕“热轮”的那段金属带就力图挺直,这时,如果在一个方向上推动一下轮子,“热轮”附近的金属带因受热时间不相同而造成弹力的不均衡,会促使轮子沿同一方向继续转下去,并输出动力,一系列记忆合金带组成的发动机就能输出较大的功率,这为利用各种低温热源(地热和太阳能)或废热提供了一种新途径.

近年来,纳米材料原理等新原理的出现成为许多新发明的基础. 现在已发展成一门集基础科学和应用科学于一体的新兴科学,主要包括纳米电子学、纳米材料学和纳米生物学等. 21世纪将是纳米技术的时代,随着纳米材料制备和改性技术的不断发展,其在诸多领域会得到日益广泛的应用,尤其是在机械、电子、光学、磁学、化学和生物学领域有着广泛的应用前景. 纳米科学技术的诞生,将对人类社会产生深远的影响,并有可能从根本上解决人类面临的许多问题,特别是能源、人类健康和环境保护等重大问题.

3. 派生的星族

超临界流体分离技术在化工方面的发展就是对一个新的技术原理进行延伸、派生运用的成功例子.

在 20 世纪 60 年代,人们根据许多实验事实发现,温度或压力处于超临界状态下的液体或气体,对于高沸点、难挥发的及一般溶剂难以溶解的物质,具有惊人的溶解效能. 于是,人们就开始利用这一原理溶解物质,然后再降温、降压,使绝大部分物质从流体中析出,形成了各种类型的派生超临界分离技术.

例如,一种生长在墨西哥的植物,种子中含有 50% 的油脂,可以制成工业润滑油和某些高级化妆品用油. 但是,这种油脂沸点高,用一般的乙烷萃取法,提取率只有 53%. 人们在研究过程中发现,若改用超临界丙烷,在 120℃ 和 200 个大气压的条件下,半小时采油率高达 85%,最终可达 95%.

有人把这一原理应用于提取植物中的抗癌物质,也收到了很好的效果.

4. 多重原理的运用

把不同的科学原理巧妙地结合在一起,常常导致新颖的发明.

例如,在三十多年前,苏联的技术专家列 · 阿 · 尤特金发现,在水里的两个电极进行高压放电时,附近将会产生巨大的冲击压力,甚至能将坚硬的宝石击碎,这就是所谓的"电力液压效应".

根据这一原理,苏联的科学技术工作者完成了一系列发明. 他们利用水闪电破碎矿石,可节约大量金属;他们制造的水下清除器,在船不驶进船坞的情况下就能有效地清除船底附生的海洋浮游生物;他们制造的电力液压清砂装置,每台的经济效益约为 8000 卢布;他们还利用水闪电粉碎和排除膀胱中的结石,也有较好的效果. 德国的科学家也打算利用这种效应来治疗肾结石,但要把电极送入肾脏十分麻烦. 于是,他们又根据在椭球面的一个焦点发出的声波经反射后会在另一个焦点汇集的原理,制作出一种温水槽,患者躺在槽中,使肾结石位于反射面的焦点上,而放电极位于患者旁边的另一个焦点上,经过约一分钟的不断放电,通过人体的冲击波就能将大部分结石击碎.

5.3.4 组合法

从某种意义上讲,新发明创造几乎都是已有技术的组合. 例如,贝尔发明的电话,构成电话的线圈、磁铁、膜片,甚至液体变阻器都不是新的技术概念. 但是,它们以特殊方式搭配在一起,就产生了特殊的效能,成为一种新技术. 因此,组合法在技术创新方法中占有特别重要的地位,需要我们仔细加以分析.

技术创新方法中的组合法可分为元件组合、功能组合、材料组合、方法组合、概念组合、分解组合等.

1. 元件组合——巧妙搭配

元件组合法不是指一般的零配件装配,而是指把本来不是一体的两种物品(或两种以上)的物品以适当的方式组合为一体,使其具有新的功能,或使原来的功能有新的特点.

例如,计数器本来与刮胡刀或运动鞋毫不相干. 但是,日本的风间荣在安全刮胡刀的头部和握把之间加装了一个手动环状计数器,每刮完一次胡须,可以把计数器转动一格.

这样,以后就知道刀片已用过几次,是否该换了.

在运动鞋上装电子计数器的例子已经在前面提到过.这里需要说明一下,该发明之所以能够成立,就是因为自动计算步数既非原来跑鞋的功能,又非普通计数器的功能,计数器在这里起到了一种全新的作用.如果计数器仅像一般计数器那样靠手按做一般计数,该组合就是"凑合",发明就不能成立.

目前,各种各样的组合发明层出不穷.例如,日本有人把妇女的胸针、项链、耳环、戒指等装饰品与发光二极管和微型电源结合在一起,在夜间及昏暗环境里能熠熠生辉,异常美丽.与此相类似,巴西有人把鞋子与微型电光源组合在一起,这样在晚间行路时,只要按一下开关,鞋尖上的灯泡就能发光,照亮脚前的路面.同时,也容易被过往的车辆发现,避免发生碰撞事故.

与此同时,日本又有人把微型电光源与雨伞组合在一起,在伞柄中嵌进一个微型电筒.这样,在大雨滂沱的夜晚,行人就不必一手持伞一手持电筒了.

英国的STC公司也在这方面开动脑筋,他们发明了一种手指尖能发光的手套.手套是由光导纤维和普通纤维混合编织的,光导纤维由手套口延伸到指尖.这样,手套口部的微型电光源发出的光就能输送到指尖,照亮手指附近的地方,有助于司机在夜间查看地图,也可供军用.

除电光源外,前些年人们还常利用微型收音机进行组合发明.

例如,索尼公司发明了一种改进型的手表收音机,把电子手表与微型收音机组装成手表形状,安装了时间显示器、扬声器、磁棒天线、印制电路及所需全部配件,可接收调频广播.

我国台湾省的一家公司则把收音机与帽子组合在一起.帽子顶部是一个太阳能电池,微型蓄电池和收音机装在帽舌内,可以戴在头上收听调幅或调频广播,很受旅游者们喜爱.

据报道,美国的埃尔伍德·诺利斯(Elwood J. Norris)发明了一种超小型调幅收音机,像缝纫用的顶针那么大,可以直接塞入耳朵内收听.由此看来,把它与钢笔或圆珠笔结合起来,制成"收音笔"也是十分可能的.

由于微型音乐集成电路块等微型放音装置的发展,把音乐机构与其他物品结合起来的发明层出不穷.

例如,一位名叫西阿胡(Siahou)的法国医生在1980年发明了一种音乐牙刷,竖着刷时,牙刷内会奏出悦耳的曲子,横着刷时音乐立即停止.这样,提醒小朋友们养成用正确的方法刷牙的习惯.

有人设计了一种音乐门锁,由保险锁和八音盒组成.当客人触动它时,就会向主人欢快地报告:"客人来啦!"同时用美妙动听的乐曲声表示欢迎.

还有人发明了音乐枕头.当你把头靠在上面时,枕内的扬声器就会发出的乐曲声,催你入睡.隔一定时间,乐声将会逐渐减弱,最后自动消失.

日本人还发明了一种音乐茶壶,在斟茶时,它能奏出一连串动听乐声.这是因为壶底装着一个微型音乐盒,壶底一抬起,它就能播放音乐.

还有一种音乐黑板,只要教师用教鞭的尖端触到黑板上的音符,就能自动发出该种音调的声音.

其他还有音乐圆珠笔、音乐照相机、音乐蜡烛等,这里就不一一列举了.

2. 功能组合——一物多用

功能组合与元件组合不同，它不是简单地把不同的独立物品结合在一起，而是将某一种物品加以改变，使它具有几种不同物品的功能.

例如，有人发明了一种遇到意外时应急或在野外旅行时用的多用工具，销路很不错. 它是一块经过适当加工的金属片，一共有 8 种不同用途：①小刀；②开罐头刀；③螺丝刀；④开瓶器；⑤扭转蝶形螺帽的工具；⑥锯；⑦指甲锉；⑧镜子.

又如，美国的罗纳德 · 亚瑟（Ronald E. Asher）设计了一种多用外套，适于在登山、旅行、野营、捕鱼和打猎时使用. 它的主要部分是一块长方形的防水布，上面开有一个可以把头伸出的圆洞，并配有一系列布边、拉锁、按扣和拉线. 适当地进行连接或拉合，就能构成雨披、带风帽的夹克、风雪大衣、睡袋、小帐篷或吊床. 它的质量很轻，携带和使用都很方便，可使外出的人大大减少所带必需物品.

多用沙发和一些万能工具也属于功能组合设计，国外也有很多这方面的创新.

需要指出的是，这些发明一般是在需要减少占地面积或体积，以及需要携带方便的条件下才是适宜的. 对于那些需要经常使用的或损耗较快的物品，过多的用途就不必要了. 这就像大批量生产的机器一般多使用专用机床，而维修部门多使用万能机床或普通机床一样. 那种可以更换多种鞋帮的鞋底并未取得所希望的效果，其原因正在于此.

3. 材料组合——相得益彰

大家都知道，材料对产品的性能有极大的影响. 在实际生产中，往往会出现许多对材料的要求互相矛盾的情况. 这时，进行材料组合发明往往能解决这些矛盾，同时做到顾此不失彼，相得益彰.

例如，在制造输电电缆时需要导电性强的材料，一般使用铜，但是，在架设电缆时又希望它具有较高的抗拉强度，而铜的强度又不高. 为了解决这一问题，人们发明了钢芯铜线. 这种电缆的中心是钢丝，外层由铜制成. 由于交流输电的趋肤效应，电流将主要沿电缆表面流动，这样电缆的导电性能并没有降低，同时又有较高的强度，在电力工业上得到广泛的应用.

又如，在冷轧钢板时，一般要使用淬火的钢制轧辊. 这种轧辊的表面硬度高，耐磨性好，但是它的制造价格非常昂贵. 若使用成本低廉的铸铁轧辊，表面硬度又不够. 为了解决这一矛盾，有人设计了一种复合轧辊，它的外层用钢板制造，而内部由铸铁制成. 为了保证铸铁与钢层之间结合得足够紧密，还采用了特殊的制造工艺. 他们先加工出所需厚度的钢套筒，然后再在两头造好砂型，再向里面注入熔融的铸铁. 为了保证铸铁与钢结合得好，还在浇铸时充入氮气，以防出现氧化层. 这样，得到的新轧辊既便宜又耐用.

另一个例子是磁性材料. 一般的磁铁都具有较强的磁性，但是质地比较脆，耐冲击性不好，同时也不像塑料等材料那样容易加工. 于是，有人把磁性粉末和树脂及有关添加剂混合在一起，制成了磁性塑料颗粒. 用这种颗粒做原料，使用一般塑料用的挤出机或注塑机加工，并在操作时附加一个磁场，就可以制成所需形状的磁性塑料.

还有人将磁性粉末与橡胶混合，制出的"磁铁"富于弹性，不怕折不怕摔，可供特殊场合下使用.

在日常用品中，也有材料组合发明的例子. 一般的牙刷分硬毛与软毛两种. 硬毛刷容易刷净牙齿，但容易擦破牙龈；软毛刷则相反，利于保护牙龈，但不易刷净牙齿.

前些年，国外有人研制出了由两种尼龙毛制成的牙刷，牙刷的中心部分为硬尼龙毛，四周为软尼龙毛. 为了显示其特点,两种刷毛还使用了不同的颜色. 这种牙刷很好地解决了上述问题,是十分成功的发明.

4. 方法组合——多管齐下

在生产工艺和处理技术中,把两种以上独立的方法组合起来,也可能得到有明显效果的创造发明,这就是方法组合.

例如,我国上海的一些科技工作者发现,当单独使用激光或超声波对水中的细菌作用时,都只能杀死其中一部分. 如果先后使用这两种方法处理,仍有少部分细菌活下来. 但是,如果让这两种作用同时进行,全部细菌就都会被杀死,这就是所谓的"声—光效应". 这种方法不仅在灭菌方面有效,而且在化学研究方面也有潜在的价值.

紫外线照射法是一种常见的自来水灭菌技术,但不能保证消灭掉全部细菌. 假如我们同时使用紫外线照射和超声波处理方法,会不会产生意外的效果呢?

大家都知道,有相当一部分自然水源的水属于"硬水". 这种水很容易在锅炉内部或水壶里形成水垢,还会降低洗涤剂的功效,因此常需要进行软化处理. 过去常采用在水中添加化学药剂的方法,不仅成本高,而且使水的用途大受限制.

美国的戴维德·拉比特等人在一项专利(PCT 国际专利 80/0026 号)中,把超声波作用和静电场作用结合在一起,设计出一种新的软水装置.

这种装置包括一个处理室和电源,被处理的水由入水口流进,再从上口流出. 底部是超声波发生器,振动频率在 25 ~ 50kHz 之间. 室内中心是高压电极,它与室壁及水流保持绝缘,水流经这个处理室后,就被充分软化了.

5. 分解组合

当我们研究的对象有较多的组分或包含几种以上的各类因素时,运用分解组合法有助于激发我们的创造力.

这种方法包括两个步骤:分解和交叉组合. 下面以风扇为例来说明这种方法.

分解可以从功能上、形态上或其他角度进行. 例如,从功能上我们可以把风扇分成鼓风、动力、变风向、支撑、调节等部分. 分解可到此为止,也可以向更深的层次进行,也就是说,可以将各部分再分解为一些细节. 比如,控制部分可以再细分为键盘部分、定时部分等.

在分解的基础上,对每一部分功能的可能的实现方式进行设想,并把它们一一罗列出来. 对于风扇来说,可以这样分列:

(1)鼓风部分,轴流扇、离心扇、摆动扇、多叶扇、双叶扇等;

(2)动力部分,交流电机(恒速、变速)、直流电机、振荡电磁铁、气动、手动或脚踏、重锤动力等;

(3)变风向部分,恒向、摇头变向、导流片变向等;

(4)支撑部分,吊式、壁式、台式、落地式、床头式、单柱式、多柱式等;

(5)调节部分,非定时、手按定时、非变速、非自动变速、程控变速、温控、遥控、声控等.

如果列表时我们不是仅仅根据现有产品目录,而是竭力去挖掘所有的可能,说不定此时就能产生新鲜有益的想法. 但是,我们的目的不仅在于此,我们还要让不同部分中的各种具体形式进行自由组合,看看其中有没有特别有意义的东西,这也就是分解组合的第二步:交叉组合.

如果仅就其中某两部分进行交叉组合，那么就会得到一个方阵. 例如，将变向部分的 3 种可能方式同调节部分的 8 种可能方式进行交叉组合，会出现 24 种组合，其中绝大部分并无特殊意义. 但是，我们可能发现个别组合有进一步研究的必要. 例如，声控—导流片的组合也许是一种有实用价值的控制变向途径，它要比声控—摇头更容易实现.

6. 概念组合——自由的火花

如果让各种不同的概念任意碰撞，形成组合，有时也可以获得有意义的新思想. 这里，既可以是方法与物品的组合，也可以是物品与性质的组合，没有任何限制. 也可以称这种方法为概念组合法.

使用这种方法时，人们往往打开技术手册、百科词典、商品目录或其他包括自己感兴趣的词条的书籍，拿自己感兴趣的概念与书中的词条一一进行组合，看是否有所启发.

例如，如果对金属工艺有兴趣，同时又想到了“粉末”这一概念，那么可以将这个概念与各种工艺方法建立联系.

这些工艺方法的词汇是铸造、熔融、锻造、烧结、切削、焊接、冲压、研磨、淬火、热处理、传热，等等. 组合起来的词组有些是有意义的，如粉末—烧结、粉末—焊接（铝粉加某种金属氧化物粉产生高温的铝热剂法）、粉末—研磨等. 有些则比较模糊，需要引伸才可能有明确意义.

例如，粉末—切削使我们考虑到粉末冶金方法可以应用在制造刀具方面；粉末—淬火可能使我们想到利用金属或非金属粉末来代替油或水进行某种淬火或许会有某种优点；而粉末—传热也可能使我们猜想是否能用粉末状态的物质（如石墨粉）作为传送热量的介质，并用压缩气体推动粉末流动，这在温度很高时也许有价值，如果真是这样，或许一项新发明的思想就产生了.

有人对日用商品感兴趣，于是就打开了一本购物手册. 他先看到了“卷帘”（一种遮日光的帘子）这个词，再看它和其他什么东西相联系能产生新思想. 翻来翻去，他看到了“帐篷”这个词，于是想到用几个带中轴的帆布卷帘可以组成一种方形帐篷，住起来要比一般的人字形帐篷舒适得多. 于是，他就把这一想法记录下来，以待日后进一步研究.

前面介绍了不少利用微型电光源、微型收音机及微型音乐装置的组合发明，如果把这些概念与某一商品目录中的各个词条相组合，也许还能发现一些有趣的东西，如发光的扣子、音乐童鞋（小孩穿上后不易走失）等.

香味、磁疗等概念也很时髦，读者有兴趣的话也可以作一番尝试，或许真会有所收获.

还有一类概念组合，它的特点是将选定的课题与尽可能多的一系列有关的动词相组合，以触发新思想.

例如，要设计一种新的活动玩具，那么就应该写下运动类的各种动词（必要时可借助某种同义词词典），如牵、拉、拖、撞、挪、移、搬、转、滚、旋、推，以及走、跑、震颤、波动、飘、散步、舞蹈、跳跃、流动、喷射、飞行、滑翔、飞奔、旋行、掠过，等等，再将自己原来的设想或目标与这些词逐一组合，并仔细琢磨其中是否包含着值得进一步发展的内容，这也许会为你设计的玩具带来一些新颖别致的特点.

7. 组合的误区与“1 + 1 大于 2”

总的来说，前面已介绍过的几种组合方法具有很大的随意性，这是一个极大的误区. 其实，貌似容易的方法很可能是十分辛苦的方法. 正是随意的自由组合太容易了，组合的可能方式的数目可能变得十分巨大. 实际上,绝大部分组合方式没有什么实用价值. 我们必须对大量的组合进行筛选,留下真正的精华,才不致陷入一味空想的迷雾中.

实际上,有不少企业或单位,在技术创新过程中曾陷入过这样的误区,以为新鲜的组合就是成功的发明. 例如,把电冰箱与电视机(或监视器)组合成一体,结果市场反映并不理想.

那么,如何分辨一种组合有无价值呢? 这就需要判断该组合是否属于"1+1大于2",也就是说,在消费者眼里,组合后总的效果是否大于各部分效果之和. 这正是组合法的关键所在.

5.3.5 变化法

从某种意义上来说,技术创新又是对原有技术的变更、改进,因此,"变"也是发明构思方法的主要核心之一.

在进行一项发明创造时,可以从许多不同的角度来"变",如从外形上、构造上,也可以从功能上、材料上或从其他方面来"变". 下面依次进行具体分析.

1. 变形式

形式(包括外形和结构)是产品的一个重要特点,因此变形式是发明中最常见的一种技巧,具体用法又有许多种.

1)扩大

扩大是一种十分简单的方法,但有时也能产生意外的效果. 例如,美国匹兹堡的一家平板玻璃公司原来只生产照面孔的小镜子,有一天公司的老板忽然想到,扩大镜子的面积,挂在墙上会有新的效果,于是就生产出新型的挂壁镜. 不久,该公司又设计了更大的能照全身的穿衣镜,都取得了专利权. 由于有了专营的畅销产品,该公司发展为美国著名的大公司.

这样的例子还有许多,如新型汽车都有很大的车窗,新型的室内照明设备有较大的发光面积,这样可以使光线均匀柔和.

2)加长

美国的保罗·摩尔把通常的纸卷烟的长度增加了1/5,使不少烟瘾大的人抽一根就能提足精神,因此一度非常畅销.

日本一位名叫神谷的老人,根据自己的亲身经验,发现烟嘴越长烟味越好. 但是烟嘴太长就会使用不便,于是他就把烟嘴孔道做成螺旋形的,既加长了孔道长度,又保持了紧凑的外形. 这种烟嘴曾风行一时,效益十分可观.

3)加粗

普通钢笔的笔迹很细,毛笔的笔迹粗,但使用不便. 于是,有人发明了笔芯很粗的"魔术墨水笔",在邮包或行李上书写地址非常方便.

幼儿园孩子的手指不大灵活,握普通铅笔比较吃力,于是有人制造出椭球形的画笔,小孩可以将其握在手心里,画画时得心应手.

4)缩小

缩小是另一种常见的发明类型,主要包括三类:工艺品或礼品、袖珍制品及玩具.

例如,第二次世界大战以后,日本的武士刀成了过时的东西. 这时,有人将其大大缩小,制成仅 10 厘米的袖珍式武士刀,既可以当作小玩艺儿或纪念品,也可以用来裁纸. 一些美国商人发现这种刀后大量购买,运到美国销售,后来甚至编入了美国商品目录.

袖珍制品的发明层出不穷,像微型收音机、录音机、助听器之类的东西已经司空见惯. 另一种趋势是商品的薄型化. 例如,索尼公司前些年制成了薄型袖珍电视,利用它可以在野外收看电视节目,受到很多人的欢迎. 其他像薄型收音机、薄型喇叭、薄型电池也纷纷被发明出来.

将实物缩小为玩具也是一种发明途径. 近年来,一种时髦产品一出现,就会有人考虑制出类似的玩具. 例如,气垫玩具和机器人玩具,都十分畅销.

5) 加倍

由单变双或由单变多的方法在技术创新中有时也很有效.

例如,原来用来刨鱼片的刨鱼器只有一个刨刀,用起来较费时间,于是有人设计了一种双刀的刨鱼器,使刨鱼片的效率增加了一倍.

最近,还有人制成了一种双头牙刷,使用时可以使牙齿内外同时被刷干净. 这一产品在布鲁塞尔发明沙龙中获得了银质奖,据说在加拿大首次出售时曾引起轰动,后来有二十多个国家的商人定购了这种牙刷.

有趣的是,一位名叫卡瑟琳 · 科尔赞的妇女在 1977 年曾发明了一种有两个口而无手指的手套,这是一种可供两个人手挽手散步时共同使用的双人手套. 据说这是到寒冷地区旅行结婚的理想用品.

在电气化的初期,电器使用的是两只分离的单头插销. 后来有人发明了类似现在使用的双头和三头插销.

6) 变外形

随着近代文明的发展,消费者不仅注重实用,也越来越多地重视商品的美感. 因此,物品的外形也变得越发重要. 我国的专利制度也把外观设计作为一种特殊类别加以保护.

1989 年,美国阿拉巴马人马克 · 大卫在一个棒球队里当左边卫,经常紧捏一只旧网球来强化自己的握力. 一天,他打开冰箱拿出一只鸡蛋时,突然想到,鸡蛋的形状更适于握在手里. 于是,他就设计了一种卵形橡胶蛋. 在几个月的时间里,他说服朋友和亲戚筹集了 18 万美元筹备生产,并找了一个有信誉的律师为他申请专利. 后来,连美国前总统克林顿都成了他的顾客. 大卫和他的同伴也获得了相当可观的收益.

又如,目前一般酒杯的口都是平的. 但是,日本的下谷玻璃制品公司在开展小发明活动时,有人提出玻璃酒杯的口是不是可以制成斜的. 结果发现,用这种杯子喝酒干杯时,即使头抬得不太高,另一边沿也不会碰鼻子,这对美国人尤为适用. 他们在获得专利的基础上大量生产和销售这种酒杯,尽管售价比其他杯子高 70% ,仍然畅销.

通过改变外形进行发明,要求发明人具有更高的艺术修养和审美力,德国的路易斯 · 柯拉尼在这方面是比较突出的.

他曾设计出弯曲而又不对称的"滴水形勺"、类似蛋壳的"蛋形茶杯"、"蛋形烟具"、形状自然柔美的"曲线形眼镜"、像要把人包起来的椅子和卧床,都获得了很大的成功. 他还设计出顶部和车底都呈流线型的新型小汽车,受到雪铁龙、菲亚特等著名汽车厂家的欢迎.

有时,外观形状对食品这样的商品也有重大影响. 例如,日本的一个厂家曾生产一种名叫“克丽可”的糖果,形状类似凸镜,很受欢迎.后来不慎将其改为方形,不料销路一落千丈.也许我国的糖果厂家也应该在形状上动动脑筋.

7)变位置

改变位置有时也能产生新产品.

例如,有很多人都有在行路时或乘车时听收音机或录音机的习惯.如果不戴耳机,就没有立体声效果;若戴耳机,则容易因为听不到汽车喇叭声或外界其他声音而产生危险.

英国第2112266号专利提出了一种可以装在左、右两边衣领下面的小型扬声器,这样,行走时只要把收音机或录音机装在衣袋里就可以随时收听立体声音乐,又不至于发生意外.

变形式的发明技巧除以上几种以外,还有加高、简化等,这里就不一一列举了.

2. 变材料

更换原有物品的材料或原料,获得明显的新性能,这也是技术创新中常用的办法.

眼镜的历史已十分悠久,但玻璃镜片并没有多大变化.1971年,美国的一家公司发明了一种“三加”眼镜片,它是用聚碳酯制成的,不但具有无机玻璃的不易划损、耐磨等优点,而且质量轻,质地坚韧.据说,6.25毫米的弹头也不能将其击穿.这一发明对于运动员、好动的儿童、机械工人及士兵都很有用处.在美国对伊拉克的战争中,赴伊拉克作战的美国士兵由于配备了这种材料的眼镜,有效降低了眼部受伤的概率.

再如,随着近代钟表的发展,古典式的砂钟(也称砂漏)几乎绝迹了.日本有一个小店铺——寺田商店曾从事砂钟的生产.该店老板寺田想,砂钟能使人感受到一种思乡恋古之情,同时,有时人们并不需要十分精确地计算时间,如打电话的3分钟计时或者量体温都可以使用这种东西.问题是当时的砂钟使用的是黑色的铁砂,颗粒有大有小,既不美观,又容易发生堵塞,应该加以改进.

他打算换用带颜色的砂.一开始,他把玻璃砂染上颜色以后试用,发现时间长了颜色就把容器弄脏了.于是,他又改用塑料粉末,颜色十分漂亮,可粉末在容器内流动一会儿就粘住了.请教专家后,他才知道这是因为摩擦产生静电的缘故.

一次,他注意到点心盒里的干燥剂颗粒,把它放到嘴里,一下子就粘在舌头上了.原来干燥剂有强烈的吸附作用.他想,这东西肯定容易着色,也许能用.寺田把上色的干燥剂放进砂钟,一试非常好用,终于获得成功,这也使他成为彩色砂钟的专卖商.

不仅像砂钟这样的偏门商品,就连口香糖这样的大销路产品也可以通过更换材料变成新发明.

20世纪50年代初,美国的口香糖在日本开始流行起来.大阪一家食品公司的一位新职员森秋广建议山本经理研制日本式的口香糖.他知道外国的口香糖都是在糖胶树胶里加入砂糖和薄荷制成的,他打算用另一种原料制作.一开始,他们试用了松脂和冬青树胶,都失败了.后来,根据丰泽丰雄的建议,使用乙烯树脂原液,制出了颜色雪白的口香糖,比国外的灰色口香糖好多了.他们将这种口香糖起名为哈里斯口香糖,销量大得惊人.

近年来,一种流行的方式是用纸做其他材料的代用品,如以纸代布、以纸代木,等等.纸口罩、纸工作服、纸桌布、纸手帕层出不穷,纸饭盒、纸盘子早已流行.其他如以塑代钢、以瓷代钢等也有应用.可以看出,材料的不断更替也是技术创新的一个动力.

3. 变功能和用途

改变原有物品的功能或用途,常常能使创新获得成功.

例如,鞋垫的作用是保护鞋底内层或保持清洁,近年来有人用药物对鞋垫进行处理,或在里面添加药物夹层,使其具有治疗脚病的功能,成为一种医疗工具.

牙膏也是这样.原来它的作用是洁牙,现在添加各种药物后,成为治疗牙病的良好制品.

有些刚刚出现的发明创造,并没有达到原来的预想,但在改做他用后却取得巨大成功.

拉链就是这样一种发明.它的发明人是美国芝加哥的惠特科姆 · 贾德森(Whitcomb Judson).他的主要目的是用拉链来代替系起来很麻烦的鞋带,但没有人对这种东西感兴趣.十几年以后,一位名叫刘易斯 · 沃克(Leuis Walker)的人在吉迪恩 · 森德巴克的帮助下,改进了拉链的构造和制造工艺,使其成本大为降低,但仍然处于几乎无人问津的境地.这时,一位服装店老板发现了这种东西.他想,把它当鞋带用未免太可惜了,能不能改为他用呢？他把它用在一种腰带上的钱袋口上,又把它用到海军制服上,获得不少收益.后来,另一家美国公司利用拉链制成夹克,风行各地,才使拉链真正获得成功.

气垫船也是这样.发明人本来的目的是使它成为一种超高速船只,实际上并不适合.但是,由于它可以直接登陆上岸,不用停靠码头,所以变成了一种方便快速的海峡摆渡工具.

4. 变方法

改变方法不仅能制造出新型产品,其本身也是一种创新,因此,方法的改进和变化也是发明创造的一个重要方面.

例如,在飞机制造工业中,过去用金属薄板为机身、机翼安装蒙皮时多采用铆接工艺,工作效率低,成品的抗疲劳强度也差.后来逐步发展了铝合金的焊接技术,提高了工作效率和产品强度.有些厂家还逐渐开始采用黏合技术,取得了更好的效果.

又如,在利用太阳能技术上,吸收辐射的物体表面常需要涂敷一层太阳能选择性吸收涂层,它可以充分获取阳光的能量,又不容易向周围辐射红外线,有利于减少热量损失.为了形成这样的涂层,过去一般使用电化学方法,这种方法成本高,质量不稳定.后来人们发展了真空磁控溅射的新技术,利用这种工艺,可以加工化学成分不同的新涂层,不仅工艺简单、操作方便、成本低廉,而且使涂层的辐射和吸收性能大大提高,质量也十分稳定.

改变产品的使用方式,也能得到出色的发明.

例如,沃特曼发明的钢笔是用靠转动才能“拧上”的笔帽.派克发明了“派克”流线型钢笔后,又乘胜前进,发明了插入式钢笔帽.由于消费者“天性懒惰”,所以插进去就能盖紧的笔帽大受欢迎,沃特曼公司的钢笔备受冷落.由于专利发明受到保护,他们无法利用这种新笔帽,被迫另想办法.

不久,沃特曼公司的人改进了原来的旋转式笔帽,把原来一根螺纹改为三根并行的螺纹,这样,原来转动一圈才能拧上的笔帽,现在仅需拧三分之一圈.经过这一改良,沃特曼公司的钢笔又有了销路.

需要指出,改变方法,包括前面叙述的变形式、变材料等,虽然都是对发明构思十分有用的技巧,但必须明确的是,只有这些变化能带来某种特别的效果时,才具有发明的水平.就拿改变材料来说,如果没有使制品的性能有突出的进步,那么就必须是由于新材料的采用而使新的更高效率(或低成本)的加工方法成为可能,在这种情况下,可以获得专利权的往往是新的加工方法,而不是制品本身.

5.3.6 转换观察问题的角度

对于一位发明家来说,也许最重要的是善于转换观察的角度,也就是善于从多方面来研究有关的事物,这样才能在各种各样的环境中,做出各式各样的创新产品,以满足各方面的需求.

1.换出发点

首先,应该善于改换革新的出发点.技术创新的出发点有很多,有的是为了省钱,有的是为了省事,有的是为了得到新功能,有的是为了美观气派,等等.如果把出发点局限于某一点上,就会使思路闭塞,大大降低成功的可能性.

例如,打火机的最初发明目的据说是为了制造一种能多次使用的"火柴",这样可以更为节省.如果真的只考虑这一点,打火机可能就被放弃了,理由是计算起来并不比火柴省钱.但是,如果考虑到另一点,即使用它可以用一只手点火,结果就不一样了,因为这比火柴用起来方便,同时也显得很气派.

我们常会看到一些厂家或技术人员对某些发明判断失误,其原因就在于往往见其一不见其二,不善于灵活变换看问题的出发点.

2.缺点转为优点

我们常常会看到一些事物的缺点,对于它们,人们常常采取回避或消除的办法.实际上,从另一个角度来看,缺点也反映了事物的某种特点,而被人们了解的特点往往是可以利用的.

吸墨纸的发明就是一个例子.一家造纸厂的操作工弄错了原料配比,生产的一批纸都成了废品,墨水滴在纸上一下子就被吸掉而扩散开来.该厂的一位董事把纸的样品带回家里,研究补救的方法.他突然想到,这种纸可以用来吸附刚写的字迹上的墨水.根据他的提议,厂方决定将这些纸裁成窄条当做"吸墨纸"出售,结果受到了意外的欢迎.

又如,在机械行业,氢脆是一种令人讨厌的现象,它使金属材料非常容易断裂.但是,有人却想到可以利用这种现象来生产铜粉,并申请了专利.他把电器工厂的废铜屑置于氢气流中加热到500~600℃,柔软的铜屑就变得一折就断,再经过球磨机加工,就拟制成极细的铜粉.

3.从正向思考到逆向思考

一般人在遇到问题时总喜欢从正面直接去解决,但是事实证明,从反面解决往往更为有效.

例如,在第二次世界大战期间,为了对付德国空军改进的歼击机,苏联的飞机设计师雅可夫列夫必须大大提高原来雅克型飞机的速度.按照一般做法,这就需要改用更大功率的航空发动机.但是,这样做会增加飞机的总重,又要求增加机翼面积,引起阻力变大,反过来又影响飞行速度.

雅可夫列夫却从反面来考虑这一难题.他首先设法减小飞机质量和机翼面积,由于阻力减小,即使利用原有发动机,飞行速度也有明显增加;而速度提高了,又使机翼升力增加,提高了飞机的载重能力,有利于增强武器火力和增大航程. 这样,他在不使用新型发动机和基本上不改变生产流水线的情况下生产出大批新型战斗机,为战争做出了突出贡献.

另一个例子就是大家十分熟悉的圆珠笔.

早期的圆珠笔有一大缺点,写了 2 万字之后,笔珠就会慢慢变小掉出,笔油就会流出来,把衣服弄脏. 许多厂家都设法解决,甚至试图用耐磨的宝石做笔珠,但是笔头与笔珠接触的部分也会由于磨损变松,使笔珠掉出,因此问题未能解决.

但是,一位名叫中田藤三郎的日本人却从反面来解决这个问题. 他想,如果少装些笔油,使这种笔写过 1.5 万字油就用完,问题不就解决了吗? 于是,圆珠笔芯就变得像现在这么细了.

又如,喜欢打高尔夫球的人常常需要在室内做练习,由于室内没有草坪,就需要铺地毯,但地毯很昂贵,一般人买不起. 如果在地板上练习,效果与在草坪上就大不一样了. 结果有人想到,让地毯上的毛粘在球上,滚动效果不就一样了吗? 于是,他就发明了带毛的高尔夫球,可以在平滑地面上使用,非常畅销.

日本的系川英夫是一位富于开拓和创新精神的科学家,担任过包括美国总统里根在内的十几位国家元首的经济顾问,他曾谈到过这样一件事:他非常讨厌使用表带,因此,他在讲演时就把手表用别针别在讲稿的右端. 他说:"日本人大都是用右手做事的右撇子,因此表把儿全都装在 3 点钟的位置上. 别针的位置与 3 点钟的位置重叠,就不好上弦了. 因此,夹在讲稿、文件上使用的表就需要把表把儿装在 9 点钟的位置上. 这样,我去找手表厂的人,请他们给我造一只表把儿装在 9 点钟位置上的表,工厂却回答说:'造不了'. 其理由是,所有手表的表把儿都装在 3 点钟处,因此,现有的设备和工具只能生产这样的表. 厂方对我说:'如果你定 10 万只货,我们可以重新造一套机器,这样就可以生产表把儿在 9 点钟处的手表了.'真是开玩笑不看对象. 我只是为了有一只这样的表用起来方便,哪有造那么多表的意思. 正在这个时候,我们研究所里的一个人对我说:'算了,我们自己搞吧. 不就是把表把儿放在 9 点钟的位置上吗?'接着,我就从商店买回一只表,卸下了表盘. 一看,表盘只是用两个小卡子固定住的. 所以,就把卡子卸下来,当表盘转了 180°以后,表把儿正好就在 9 点钟的位置上了. 这是多么简单的事啊! 我自制的别针表后来取得了专利权. 那个手表厂得知这个消息后,就跑到我这里来要求转让. 我把他们奚落了一番,我说:'我找你们两次,你们都说不行. 说了不行的地方,恐怕还是不行吧.'"

4. 移情

移情是一种激发想象力的方法. 移情的原意是把某人的个性投入或融入某事物中,这里则是指把发明创造涉及的对象拟人化,或人们在想象中把自己转换为与发明创造有关的对象,以获得更多的灵感.

例如,假设我们打算发明一种大量榨取果汁的新型机器,如果利用移情法的话,就需要把自己设想为一只待榨的果子,甚至是果肉中的液泡,然后再问自己"怎样才能被榨干净",或是问自己"怎样才能从包围你的胞壁中跑出去呢".

这时,你可能会产生许多想法,例如:

(1)增加某个方向的外来压力,把自己挤出去.

(2)设想使自己膨胀,胀坏胞壁,这可以通过外界减压的办法做到.

(3)利用其他方法膨胀,如改用结冰来胀破胞壁.

(4)使自己获得某种向外跑的动力冲出去,通过高速离心旋转就能得到这种动力.

(5)能否通过其他办法如浸水、浸糖液的办法破坏胞壁的阻挡呢?

(6)能否利用加热的办法?

(7)能否利用机械破碎的办法?

这不过是一个用来说明的例子. 实际上,有些发明创造确实利用了类似的方法,“田熊式锅炉”就是其中一个.

这种锅炉中的受热水管有一根比较粗,该管里面有一根细管,这样在水被加热上升时,原来的冷水可自动通过细管下降,增加了水的循环速度,提高了热效率. 这种锅炉的发明人田熊常吉在获得发明奖时曾说:“本人以往一直研究的是使锅炉产生高热,因此一直都未能如愿以偿. 后来,我的心和锅炉结成一体时,才站在锅炉是吸热的相反立场予以考虑……才完成田熊式锅炉.”

5. 异想

异想是一种故意同已有概念、认识和习惯做法背道而驰的思想方法,以此打破那些“成见”. 一般通过“自我欺骗”来运用这种方法,就是把那些公认的和自己很熟悉的东西有意看成是很生疏的值得怀疑的对象. 明明是不可能的,偏偏当做是可能的,并千方百计地寻找实现的办法;明明是优越的,偏偏把它看成是低劣的,挑出种种毛病,并设想比它好的东西.

例如,进行农作物种植时,一般认为犁地和中耕是必不可少的. 但是,有人在不翻耕的农田里直接播种,甚至不中耕,发现在某些条件下产量反而有所增加. 这就是利用了异想法.

又如,一般人都认为舵要放在船体后面,应用异想法就要设想把舵放在前面可能更好,也许能更灵活,缩小转弯半径,等等.

从形式上来看,这种方法与“诡辩”有点类似,但是“诡辩”往往也是有道理的. 异想的目的不一定是让这种“诡辩”最后成立,但是“诡辩”却有助于把问题引向深入,大大激发头脑的想象力,增加思想的深度.

5.3.7　转用法

转用就是指把某一技术领域中技术手段和方法转移到另一技术领域. 巧妙地进行转用往往也能获得有价值的创新,这在技术发展过程中是十分常见的.

一般来说,两个技术领域相距越远,转用发明创造的构思难度就越大,以下就是几个成功的例子.

(1)顶吹转炉可燃气体回收法的发明. 1956 年,日本引进了奥地利阿尔皮公司发明的氧气顶吹转炉炼钢法,使日本的钢铁业迅速发展. 但是,应用这种炼钢法时,炉顶会产生大量一氧化碳,既危害工人的健康,又浪费了部分能源. 对此,八幡制铁所感到很头疼,决定设法解决这一问题. 简单地利用抽气的办法并不理想,因为这会使回收的煤气中掺杂大量空气. 当时,一些百货公司在冬天已经开始采用气幕的办法来保持店内的温度,即从大门的上沿或下沿的缝隙里吹出一股屏幕似的热气流,再从另一方向排走,这样即使开着大门,也可让室内外的温度截然不同. 横山工程公司的技术人员巧妙地把这一原理转用到转炉上,他们提出用氮气流形成的气幕来密封转炉开口与回收罩之间的缝隙. 该公司与八幡制铁所合作,使这项技术获得成功应用,后来又先后出售给美国、英国、德国、奥地利等国的许多家公司.

(2)发泡技术.最早的发泡技术要数发面面包和我国的馒头.由于在烤制或蒸制时面团内部能产生大量气体,使面团的体积膨胀,变得松软可口.美国一位企业家看到发泡的神奇,心想,发泡是否也能用在其他方面?他想到了橡胶,于是把能产生气体的发泡剂掺入生橡胶,在熟化时,橡胶就蓬松得像面包一样,这就是橡胶海绵.日本的铃木信一博士把这一机理转用于水泥,发明了气泡混凝土.这种材料质量轻、质地硬,由于内含大量气泡,具有良好的隔音绝热性能,作为吸音保暖材料,大量用于高层建筑.日本的一家食品厂想得更巧妙,他们把发面面包的道理转用到冰激凌上.由于冰激凌不能用加热膨胀的办法,他们就采用吹入细小气泡同时进行搅拌的方法,使新的"雪糕冰激凌"松软可口,风靡日本.

(3)微波修路机.这也是一个远距离转用的例子.在修补沥青路面时,常需要将原有的沥青烤软,由于烧火或利用红外线辐射只能将表层烤软,若将内部加热,要费很多时间.有人想到微波炉可将食物内部迅速加热,于是就将微波发生器装在筑路机上,用来加热沥青层,效果很好.我们说远距离转用创造性较为明显,并不意味着近距离转用就一定构不成发明创造.成功的近距离转用发明往往不是简单的直接转用,而是对原有技术做了一定程度的变形,因此也有相当的难度.例如,澳大利亚的一位工程师发明了一种梁材,看上去像木材,其强度却接近于钢梁.原来,他在木梁的上下两面各加了一条钢片.这实际上是转用了利用钢筋加强混凝土梁抗弯性能的技术,钢片起着与钢筋同样的作用.但是,这种转用并不像看起来那样简单.第一,钢片不可能埋入木材内部;第二,钢片与木材之间不像钢筋与混凝土之间那样有很强的附着力.不过,这位工程师还是相当巧妙地解决了这个问题.他使用的钢片上面带着一排排直立的小齿,这样,钢片压在木梁表面上以后,小齿就会嵌入木头,使钢片能均匀牢靠地加固木梁,同时又能保持木材的美观.这种新发明的木梁,质量、外形与原有的基本相同,但承载能力却增加了一倍,因此很有发展前途.

又如,索尼公司早在20年前曾研制出一种磁性照相机(数码相机的前身).它的外形几乎和普通的135相机一样,但内部却大不相同.它用来记录图像的不是感光胶片,而是一张小磁盘.实际上,它是转用了磁带录像机的技术,不过摄制的不是动态连续影像,而是上百幅静态图像.但这种转用并不是简单地将"大材小用".为了能将录像系统"微缩"到一个小相机内,它利用了一种最新的元件——电荷耦合器件,镜头形成的图像经过这个半导体器件直接变成电信号,然后记录在比磁带小得多的磁盘上.

随着近代科学技术整体化趋势的日益明显,各个专业技术横向联系逐渐增强,交叉与渗透为科技发展不断提供动力.在这种情况下,转用方法在技术创新活动中就具有更重要的意义.这就要求科技人员(和当代大学毕业生)既要"专",又要"博",要善于从人类的全部科技宝库中吸取营养,作为进行转用的丰富原料,做出更多的技术创新,更迅速、更有效地促进本专业技术的发展.

5.3.8 类比法

以上介绍的仅是几种最主要的技术创新构思基本技巧.除此之外,还有一些方法用得不那么频繁,但有时也很有效,如类比等方法.

类比法是通过对生物及其他对象的观察或研究,获得启发,做出发明构想的方法.采用类比法获得成功发明创造的例子较多.例如,英国剑桥大学的比尔·克莱格近年来一直企图通过模仿珍珠贝的壳体物质结构来开发喷气发动机叶片的材料.许多贝类动物外壳中有95%的物质是白垩(碳酸钙),但其强度却是整块纯白垩的3000倍,即便用脚踩也无法破坏珍珠贝的外壳.如此惊人的强度来自于它内在的复合片状结构.在显微镜下可以看到,一层层大约8微米宽、0.5微米厚的薄片由某种黏性蛋白质基质黏结在一起,这样,它既有很高的硬度,又有很强的韧性.

然而,天然的珍珠贝很不耐热,其蛋白质基质在60℃左右就开始分解而失去强度.克莱格制出了结构相似但十分耐热的材料.他将陶瓷黏土碾成150微米厚的薄片,并一层层叠起来,层间有石墨薄层,经过烧结后可耐1500℃的高温,并且有很高的强度和耐磨性,其硬度甚至比珍珠贝还高3~4倍.

又如,负责建造泰晤士河底隧道的工程师布鲁内尔(M. I. Brunel)曾仔细观察过船蛆蛀食木头的方式,他发现船蛆通过消化道将咬食的木屑排泄在身后,使它能不断前进.于是,他为掘进隧道设计了一种沉箱,挖下的泥土和岩石从沉箱内部输送出来,而沉箱不断向前移动,这种施工方法后来使用得非常广泛.

过去舰船上曾使用的风暴预警器也是一种类比发明.人们在很早以前就曾发现,在风暴来临之前,尽管海岸还没有听到风浪声,在浅水处漂游觅食的水母也会纷纷向深海游去,以免被巨浪击碎.

科学家经过研究分析,发现水母体内有一个小共振腔,腔内有一带小柄的球,是水母的"耳","耳"内有很小的听石.风暴能产生频率为8~13Hz的次声波,这种波能比波浪更快地传到很远的地方,在次声波的作用下,水母"耳"中的听石会振动并刺激"耳"神经,于是它就能感受到尚未来临的风暴.

人们设计的"水母耳"——风暴预警器,相当精确地模拟了水母的次声波感觉器官.这种仪器由喇叭口、次声波共振器、压电变换器及指示器组成.把这套装置摆放在舰船的前甲板上,喇叭口作360°旋转.当仪器收到8~13Hz的次声波时旋转立即停止,这时喇叭口正对风暴中心的方向.这种仪器可在风暴到来之前15小时做出预报.

在几十年前,生物学家就已经发现,蝙蝠是利用超声波来辨别昆虫和障碍物的位置的.它的喉内能发出十几万赫兹的超声波脉冲,根据回波的延迟时间,它可以确定目标的距离,根据回波到达左、右耳时间的微小差别可以确定目标的方位.

后来,有人根据这一原理设计了一种"超声眼镜",可供盲人使用.在眼镜的鼻梁处装有一个超声波发生器,可在一定的立体角内发射出几万赫兹的超声波.被障碍物反射回来的超声信号由眼镜框上左、右两个传感器接收,再分别被转换成人耳可闻的声音信号传入左、右两个耳机,戴这种眼镜的人可以根据立体声效果判断障碍物的方向.在回波延迟时间不同时,耳机的声调高低也能变化,因此可以使盲人了解障碍物的远近.据说,盲人戴上这种眼镜后甚至可以玩"追人"游戏.

大家熟悉的尼龙搭扣也是一种通过类比法做出的创新.大约在1948年,一位名叫乔治·德梅斯特拉尔(Georges de Mestral)的工程师,发现他每次打猎回来后总有一种大蓟花粘在他的衣服上,能紧紧钩住布料的纤维.于是他想到,如果布带表面布满这样的钩子,那么两条布带就能互相粘在一起,可以代替扣子、拉锁或系带之类的东西.大约经过了8年的摸索和实验,他终于制出了定型产品.这种搭扣由两条尼龙带构成,一条表面上布满了小钩,另一条带上布满了小圈圈.两条带子相对一贴,就能牢牢地粘在一起,能经受很大的拉力.需要分开时,把一条带子从边缘轻轻揭起来,非常方便.他在1957年向许多国家申请了专利,都获得批准.

随着人们对生物等客观事物了解的不断深入,类比发明还会不断地涌现出来.值得注意的是,类比并不是一味的模仿.只有取其核心机理,舍去大部分次要特征,才有可能成功,否则,就会像早期发明的扑翼飞机那样,走到死胡同里[1].

在以上两节中,我们讨论了寻找技术创新课题的方法及在进行创新构思时直接使用的一些技巧.若能掌握并灵活运用这些方法和技巧,将有助于我们在今后的物理实验教学中发挥我们的创造性,设计制作出更多经济适用、演示效果明显、使用安全方便的演示仪器.

思考题

1. 为什么说目标来自需求?
2. 创新时可以遵循的线索或来源有哪些?
3. 技术创新中的组合法可分为哪些组合?
4. 为什么变化也是创新常用的手段? 创新设计时可以进行哪些变化?

参考文献

[1]刘二中.创新工程师指南——发明创造与成功之路.合肥:中国科技大学出版社,2005:59－126.

第 6 章　物理实验教具的制作

6.1　自制物理实验教具的意义

物理学是一门实验科学,物理规律的发现、物理理论的建立和物理学的发展,都是以严格的物理实验为基础的.

自制教具仪器是古今历代科学家的优良传统.物理学许多重大成就在许多情况下就是伴随着仪器的成功设计而取得的.物理学家们正是用一些简单明了的演示实验来说明自己的深刻思想.例如,17 世纪末,英国物理学家雷恩(Christopher Wren,1632—1723)就曾用两个小玻璃球在英国皇家学会表演过碰撞实验,探索动量守恒的奥秘.最先证明电是一种电现象的富兰克林(Benjamin Franklin,1706—1790),他曾收到过他的一位朋友尼科尔森(Nicholson,1753—1815,植物学家、英国皇家学会会员)寄来的一个新奇的瓶子.这个瓶子用玻璃制成,内壁与外壳上都粘有金属箔片,经过十年研究,他阐明了这个后来被命名为莱顿瓶的作用,发明了电容器.那以后,又由爱尔兰物理学家威廉·汤姆森(William Thomson,1824—1907,电信工程师,领导铺设了世界上第一条大西洋海底电缆)发现了莱顿瓶的振荡放电理论,推算出了振荡频率,这成为电磁振荡理论的开端.

在中学物理教学课堂上,国外很重视学生自己动手自制仪器.例如,英国 Tom decan 著写过中学物理教材,他在讲述胡克(Hooke Robert,1635—1703)定律时,就要求学生用新的裸铜线自制弹簧秤.他要求每个学生用直径为 1m 左右的铜丝在圆铅笔上绕 25 ~ 30 圈,然后每次用 10 克砝码将弹簧拉长,做出记录,由此总结出胡克定律的基本思想.

我们认为,教师用自己制作的教具与使用厂家生产的教具来讲课,教学效果是不一样的.使用厂家制造的仪器,固然比较规范、精致美观,但是,使用自制的教具,却更能让学生看到仪器的内部构造,了解仪器的工作原理.更重要的是,当学生看到用身边的常见材料来做实验时,他们会觉得物理离自己更近,更容易激发其热爱物理、热爱科学的情感.鉴于我国目前中学物理实验教学现状,自制教具不仅可以培养学生的创造能力和开阔学生的思维,而且是解决当前仪器不足的有效途径.因此,物理教师可以亲自动手制作一些教具,不断改善实验条件.重视自制教具的作用是物理教学中一条重要指导思想.[1]

在普通高中新物理课程标准中明确指出:要突出物理学科特点,发挥实验在物理教学中的重要作用,物理实验是高中物理教学中的重要内容.教师应该积极开发适合教学的实验项目,充分利用实验资源做实验;提倡使用身边随手可得的普通物品做实验;通过观察现象、进行演示和学生实验,能够使学生对物理事实获得具体、明确的认识,这是理解概念和规律的必要基础. 观察和动手对培养学生的实验技能,实事求是的科学态度和学习兴趣,具有不可代替的重要作用. 教师应根据课程标准安排足够的学生实验和演示实验;充分利用实验室现有的器材,开发新的实验;利用日常器具做实验,不但具有简便、直观等优点,而且有利于学生动手,发展学生的实验技能,培养学生的创新意识. 尽快改变实验室的封闭式管理状态,实验室应该尽快向学生开放,鼓励学生主动做课外实验.

第三次全国教育工作会议及《新世纪高等教育教学改革工程》中均提出,从新世纪对高等学校人才培养的要求出发,要建立高等学校基础课实验教学示范中心,开展对高等学校高层次基础课实验室建设方面的研究,重视高校实验室工作,改善实验室条件,推进实验室管理体制改革,创建实验教学改革的机制,改革人才培养的模式.

在物理教育硕士研究生的"物理实验设计与研究"课程教学大纲中也明确提出:通过典型实验的学习研究,使学员会根据中学物理教学的要求,设计和改进实验,能自制和改进教具,并能应用新技术、新材料更新和充实中学物理实验内容.

综上所述,不管是中学、本科还是研究生的教育,在物理教学中对演示实验、分组实验和教具制作都提出了一定的要求. 近年来为了提高培养人才的创新能力、实践能力,适应社会发展需求,很多高校都根据本校的特点和培养目标要求,陆续增开了设计性(创意性)实验、综合性实验、通用技术和简单仪器教具制作一类的课程,通过这些课程的学习提高学生理论联系实际、动手实践和创新的能力. 我们开设"物理实验方法与演示教具制作"课程也是为了达到这个目的.

6.2　制作教具的几个基本问题

6.2.1　教具制作的基本要求

教具制作不仅仅是一种模仿性的工作,也含有较多的创造性和创新性. 教具制作过程中有哪些具体要求呢?

(1)启发性. 制作的教具应该有丰富的物理学思想,能启迪学生的思维,有利于培养学生的创造能力.

(2)经济性. 我们要求自制的教具少花钱或不花钱,这样制作成本低,还能达到演示效果. 因此,应提倡我国著名物理教育家朱正元教授历来主张的"坛坛罐罐当仪器,拼拼凑凑做实验"的勤俭节约精神.

(3)可靠性. 要求自制的教具能坚固耐用、不易损坏、安全可靠、工作稳定. 教具的可靠性和重复性都应该比较好.

(4)可观性. 教具是演示物理现象给学生观察的器具,不是一个人拿在手里的袖珍玩具,所以自制教具的尺寸应该尽可能大一点或者能通过其他方式使学生都看到. 例如,用摄像头摄像直接通过多媒体投影机实时演示实验过程或利用数字式仪表以方便读数.

6.2.2 怎样设计自制教具

一般说来,自制教具之前首先要根据所要演示的物理原理进行方案设计,绘出草图后方能动手制作. 对于比较复杂的教学仪器、教具的设计和制作则是一项复杂的工作,它涉及仪器设计原理、机械结构、电路原理、外观形式、用途及准确度等. 要完成仪器设计制作还需作一些中间实验,综合实验后才能确定最终方案,最后绘制出零配件图、结构图、外观图、装配图等,并完成总装、调试(定标)等多项工作后整个仪器才能最终完成. 当然对于简单的教具就不需要这些考虑,只要画出结构草图,能用尽可能简单的方法做出来并且能达到演示要求就可以了. 设计时应注意以下 3 点.

(1)不要脱离教材. 脱离了教材,任何物理仪器都会在课堂上失去意义.

(2)不要放弃一点一滴地改进. 前人在这方面已经有了许多的研究,各种资料都有一些介绍,但是只要我们抓住某一点或某一个方面进行改进,也可以得到相应的收获. 例如,从趣味性方面着手,可以增加学生的学习兴趣,刺激学生的兴奋神经,产生深刻印象,提高学生学习物理科学的积极性. 又如,在制作材料上下工夫,选用学生容易获得的材料,显然具有推广意义. 再如,从启发性方面着手,可以展示物理过程,使学生能了解物理现象发生的步骤.

(3)不要超出自己制作能力的范围. 一切从实际出发,量力而行,否则一旦动手之后,难以为继,虎头蛇尾.[1]

6.2.3 教具制作材料来源

自制教具需要材料,怎样解决这个问题呢? 我们提倡:制作教具的材料应该是日常生活常见物品或废弃物品. 除非不容易得到的材料和重要部件,才购买或用实验室其他仪器充当. 归纳起来,有五个字:找、拣、拆、要、买.

(1)找——生活中时时留神,处处寻找. 例如,找来旧包装盒做物体稳度实验;找来废牙刷柄、废签字笔杆等做摩擦起电、电荷间相互作用实验或支撑杆;找来泡沫塑料、铝箔制作静电相互作用小球,等等. 平时注意将自己生活中使用后留下的一些废品,如废笔杆、饮料瓶、易拉罐、吸管、充电器等,收集存放起来,以备不时之需.

(2)拣——在垃圾箱拣废品,拣废料. 从垃圾箱里拣来旧罐头盒、废塑料盒、废饮料瓶、易拉罐、废蜡烛头等做空气对流实验、物体沉浮演示实验、反冲实验;拣来钢筋、铁钉、铁丝等加工连接或支承等部件.

(3)拆——拆卸用坏的仪器或日常用品. 将一些已经用坏的仪器或日用品,如节能灯座、充电器等将其中的有用零件(如变压器、二极管、电容、电感等)拆下来备用.

(4)要——向有关部门要一些少量报废的物品. 有时也可向学校内的相关部门要一点报废物品,如向水电工要点废旧 PVC 管;向医务室要废针头、废药瓶;向办公室工作人员要废包装盒、包装板、废电器等.

(5)买——购买.能不买的尽量不买,找不到又不宜制作的物品才花少量的钱去购买,如磁铁、电阻、电容、激光笔等.

6.3　金属加工技术

在仪器制作中,经常要跟金属、塑料、有机玻璃、木材等材料等打交道,将材料制作成仪器教具所需的零部件.下面简单介绍一下对这些材料进行加工的基本技术.

6.3.1　锯削

1. 锯削基础知识

用手锯将材料或工件切断或切槽的加工方法称为锯削.锯削是钳工的一项基本操作,也是零件加工、仪器制作中不可缺少的一种手段.锯削主要用于锯断各种原材料或半成品、锯掉工件上多余部分或在工件上开槽等.锯削的工作范围如图 6.1 所示.

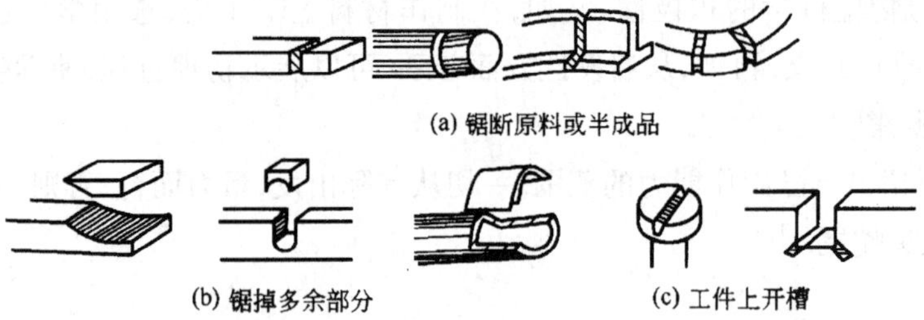

图 6.1　锯削

1)手锯

手锯是锯削的主要工具,由锯弓和锯条两部分组成.

(1) 锯弓.锯弓的作用是用来安装和张紧锯条.根据其构造的不同,锯弓分为固定式和可调节式两种,如图 6.2 所示.固定式锯弓只能安装一种长度规格的锯条;可调节式锯弓的安装距离可以调节,适用于安装几种长度规格的锯条.

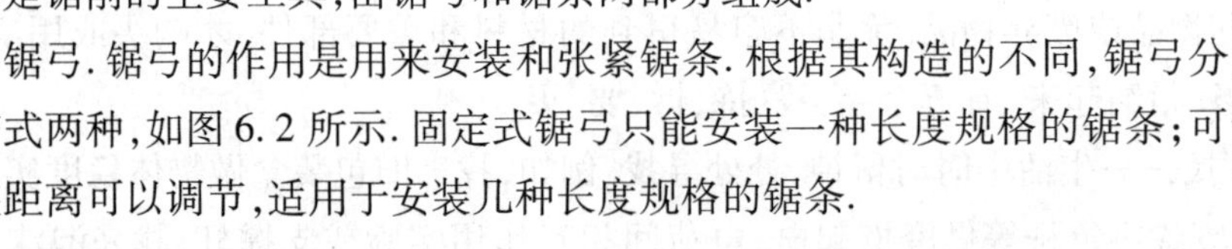

图 6.2　锯弓

(2) 锯条.锯条是手锯的切削部分,一般用低碳钢冷轧渗碳而成,经热处理淬硬,也有用碳素工具钢或合金钢制造的.锯条的规格是以两端安装孔的中心距来表示的,钳工常用的是 300mm(12in)规格,其宽度为 10 ~ 25mm,厚度为 0.6 ~ 1.25mm.

①锯齿的切削角度.锯条单面有齿,是锯条的切削部分.锯齿相当于一排同样形状的錾子,每个齿都有切削作用,工作效率特别高.锯齿的切削角度为:前角 $\gamma=0°$,后角 $\alpha=$

40°，楔角 $\beta=50°$，如图 6.3 所示.

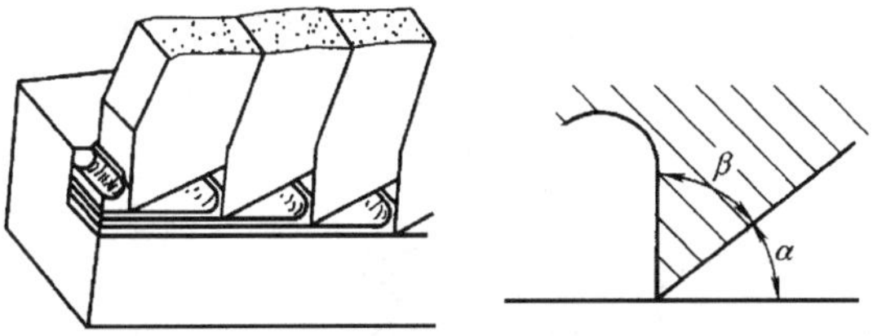

图 6.3　锯齿

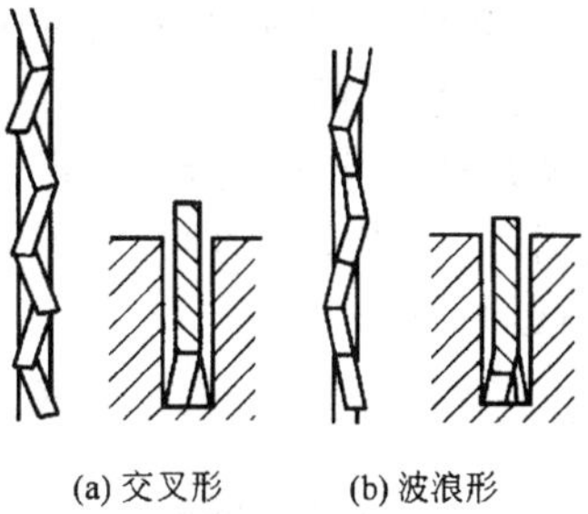

图 6.4　锯路

②锯路. 制造锯条时，锯齿按一定的规律左右错开，排成一定的形状，称为锯路. 锯路分交叉形和波浪形两种，如图 6.4 所示.

锯路的作用是使工件的锯缝宽度大于锯条的厚度，防止锯削时锯条卡住；减少锯条与锯缝间的摩擦，便于排屑，同时减少锯条发热和磨损，延长锯条使用寿命.

③锯条的选择. 选择锯条的依据是锯齿的粗细。锯齿的粗细用每 25mm 长度内齿的个数来表示，可分为粗齿（14～18 齿）、中齿（22～24 齿）和细齿（32 齿）三种. 选择锯条时应根据被加工材料的硬度和尺寸来确定.

a）粗齿锯条：适宜锯削软材料和厚材料，因在这些情况下锯屑较多，为防产生堵塞现象，要求锯条有较大的容屑空间. 例如，铜、铝、铸铁和低碳钢等的锯削.

b）细齿锯条：适宜加工硬材料、管子或薄材料. 对于硬材料，一方面锯齿不易切入，切屑少；另一方面，细齿锯条齿数多，同时参加切削的齿数多，可提高锯削效率. 对于管子或薄板，主要是防止锯齿被钩住，甚至使锯条折断. 例如，高碳钢、合金钢、管材和薄板材等的锯削.

④锯条的安装. 锯弓两端都装有夹头，将锯条装在两端夹头的销子上，安装时锯齿的齿尖方向朝前，切不可装反. 调节翼形螺母装紧锯条，松紧程度要适当，一般以大拇指和食指的扭力检查，有结实感而又不致过硬. 锯条应与锯弓在同一中心平面内，如图 6.5 所示.

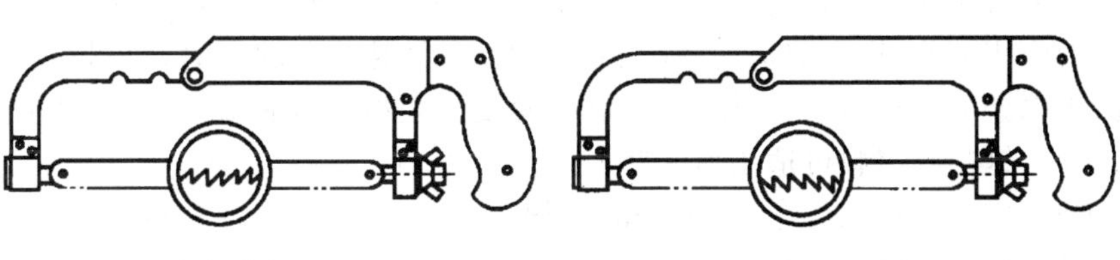

图 6.5　锯条的安装

2）锯削操作

①握锯法. 右手自然握稳锯弓手柄，左手轻扶在锯弓前端，压力不可过大，推力和压力由右手控制，左手协助右手扶正锯弓，如图 6.6 所示.

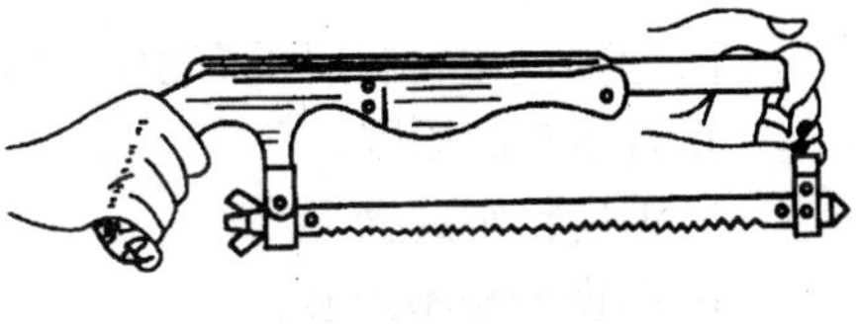

图 6.6　握锯

②锯削姿势. 锯削时,站立位置及姿势如图 6.7 所示. 自然站立,身体放松,重心放在左脚上,右膝伸直,左膝随锯削时往复运动而相应地屈伸. 锯弓的运动由身体和手臂的协调运动配合完成. 锯削开始,锯弓向前推进时,身体稍向前倾,与竖直方向约成 10°,随着行程加大,身体逐渐向前倾;行程达 2/3 时,身体倾斜约 18°;锯削最后 1/3 行程时,用手腕推进锯弓,身体反向退回到 15°角位置;回程时,左手扶持锯弓不加力,锯弓稍提起一些,身体退回原位.

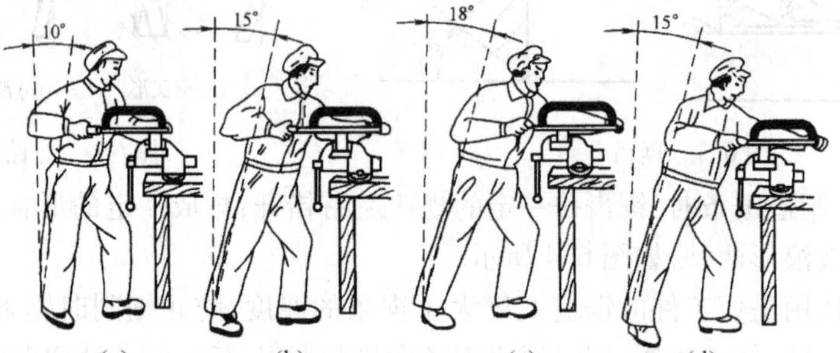

(a)　(b)　(c)　(d)

图 6.7　锯削动作

③起锯法. 起锯质量的好坏直接影响到锯削的质量. 起锯时,压力要轻,同时用拇指挡住锯条,将锯齿控制在加工线上,锯缝深达 3mm 以上时,将大拇指移开. 常用的起锯法有远起锯和近起锯两种,如图 6.8 所示. 实际操作中较多采用远起锯. 不管采用哪种起锯方法,起锯时,起锯角度都要小,一般不大于 15°,若起锯角过大,锯齿易被工件的棱边卡住,造成锯齿崩断;而起锯角太小,锯条不易切入,造成锯齿滑出,锯伤工件表面.

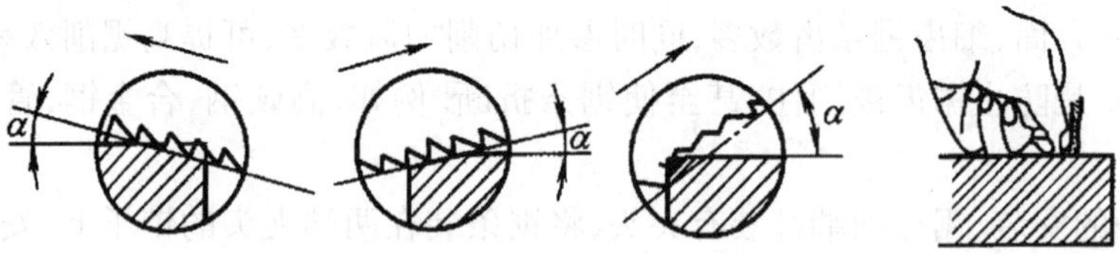

(a)远起锯　(b)近起锯　(c)起锯角太大　(d)拇指挡锯条起锯

图 6.8　起锯的方法

④锯削时的压力、速度和往复长度. 锯削时压力和速度的控制主要依据所加工材料的性质. 压力大小应与材料硬度相适应,加工较硬的材料时,压力应大一些,加工较软材料时,压力应小一些. 锯削前进时,压力逐渐加大;后退时不加压力,锯弓应提起,轻轻带过,以减少锯条的磨损,延长使用寿命. 锯削速度一般以每分钟 20 ~ 40 次为宜. 锯削软材料可快一些,锯削硬材料可适当慢一些.

锯削时,应使用锯条的全长,锯条的行程应不小于全长的 2/3,这样既可提高锯削效率,又可延长锯条的使用寿命.

⑤锯条损坏原因分析.

锯条过早磨损的原因:

a)锯削速度过快而造成锯条过热,使锯齿磨损加快;

b)锯削过硬材料时没有使用冷却润滑液.

锯齿崩断的原因:

a)锯齿粗细选择不当;

b)起锯方法不正确;

c)锯削时突然碰到砂眼、杂质或突然加大压力.

锯条折断的原因：

a)锯条安装不当,过松或过紧；

b)工件装夹不正确,夹持不稳或工件从钳口外伸过长,锯削时发生颤动；

c)起锯时,锯缝偏离加工线,强行借正,使锯条扭断；

d)起锯时,用力太大或突然加力；

e)工件未锯断而更换锯条,新锯条在旧锯缝中卡住而折断；

f)工件将锯断时,没有减小压力,锯条碰在台虎钳或其他物件上而折断.[2]

2. 常用的锯削方法

1)棒料和轴类零件的锯削

(1)锯削前,根据工件材料性质、工件形状大小选择适合的锯条(粗细问题)及锯削方法.

(2)把工件夹持在台虎钳上,工件夹持必须平稳,尽量保持水平位置,使锯条与它保持垂直,以防锯缝歪斜.

(3)根据工件加工质量要求,选择相应的锯削方法.当工件锯后的断面要求比较平整、光洁时,锯削时应从一个方向连续锯削到结束;当锯削后工件的断面要求不太高时,锯削每到一定深度(不超过中心)可不断改变锯削方向,最后一次锯断,这样可减少锯削阻力,容易锯入,因此可提高工作效率.

锯削毛坯料,当断面质量要求不高时,为了节省时间,可以分几个方向锯削(都不超过中心),然后将毛坯折断,如图6.9所示.

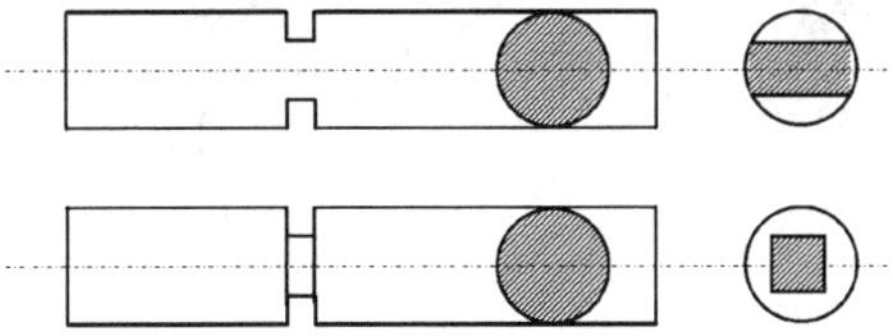

图6.9　毛坯料的锯削

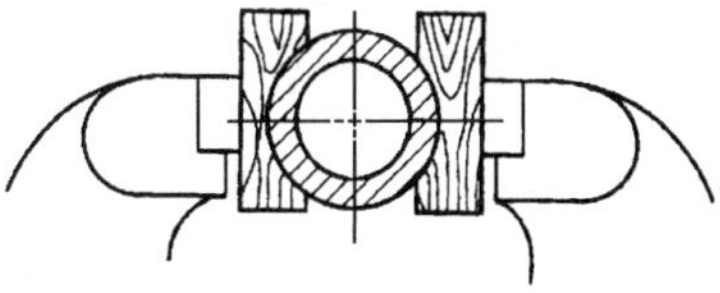

图6.10　管子的夹持

2)管子的锯削

锯削前把管子水平夹持在台虎钳上,不能夹得太紧,以免管子变形,对于薄壁管子或精加工过的管子都应夹在木垫内,如图6.10所示.

管子的锯削如图6.11(a)所示.管子锯削时,不可从一个方向锯削到结束(图6.11(b)),这样锯削锯齿容易被钩住而崩齿,锯出的锯缝因为锯条跳动也不平整,所以当锯条锯到近管子内壁处时,应将管子向推锯方向转过一个角度,使锯条再依原有的锯缝继续锯削,不断转动,不断锯削,直至锯削结束.

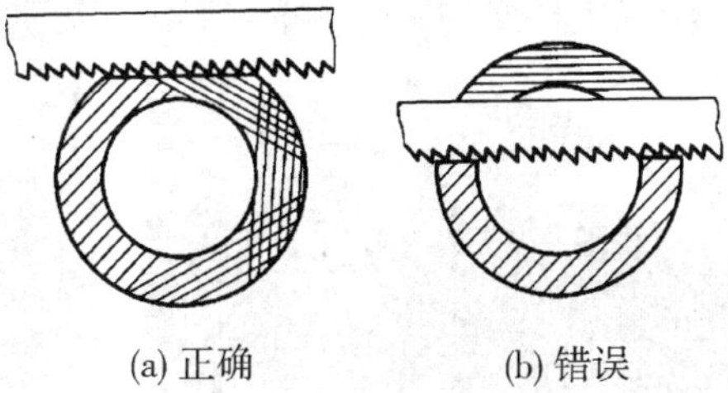

(a) 正确　　(b) 错误

图6.11　管子的锯削

3）扁钢、条料、薄板的锯削

锯削扁钢、条料时，可采用远起锯，从宽的面上锯下去. 如一定要从窄的面锯下去，特别是踞薄板料时，可将薄板夹持在两块木块之间，连同木块一起锯削. 这样锯削可增加同时参与锯削的齿数，而且刚度也好，便于锯削，如图 6. 12(a)所示. 也可按图 6. 12(b)所示的方法锯削.

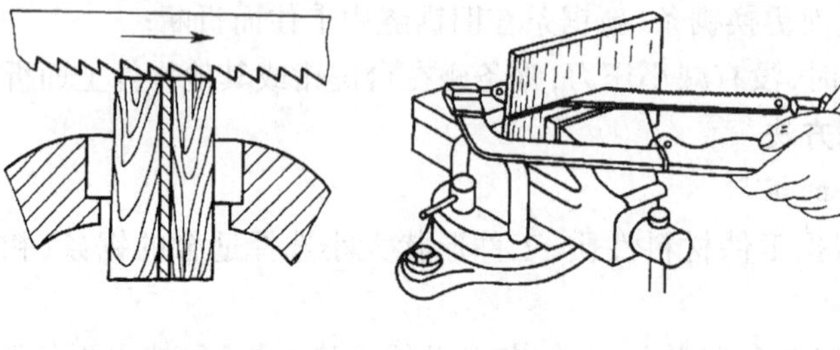

(a)用木块夹持　　　　(b)从宽面方向起锯

图 6. 12　薄板的锯削

4）深缝的锯削

当工件锯缝深度超过锯弓的高度时，可将锯条转过 90°安装后再锯，如图 6. 13 所示. 同时要调整工件夹持位置时，使锯削部分处于钳口附近，避免工件的跳动.[3]

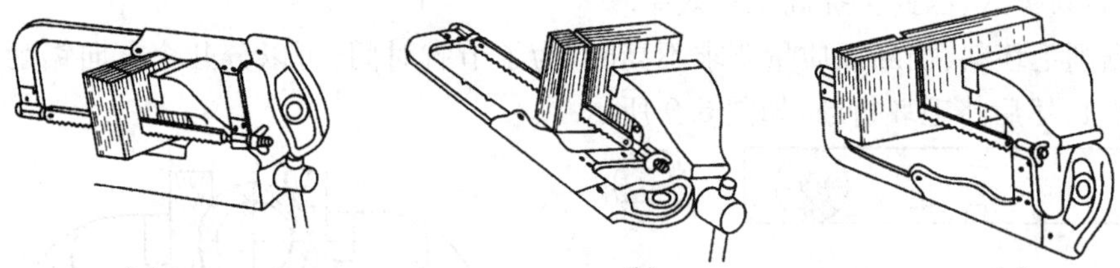

(a)　　　　(b)　　　　(c)

图 6. 13　深缝的锯削

5）台式电动线锯床及微型带锯床

在制作教具的过程中，对较软的金属、有机玻璃和木材等材料进行加工时，特别是需要加工曲线形状零件时，为了提高加工效率，也可以使用如图 6. 14 和图 6. 15 所示的电动线锯床和微型带锯床进行切割加工，但在使用时必须遵守操作规则，注意安全.

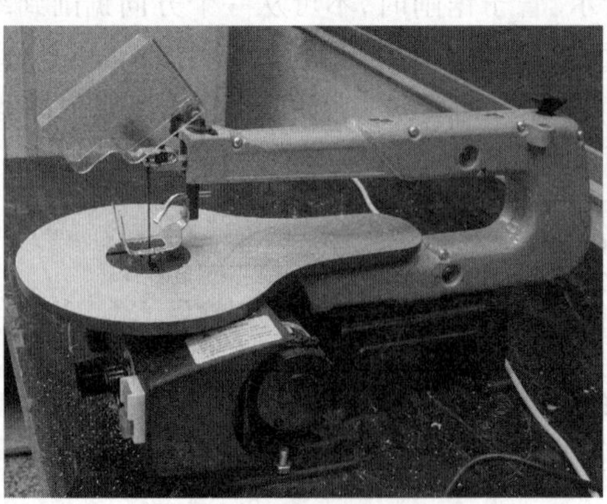

图 6. 14　台式电动线锯床

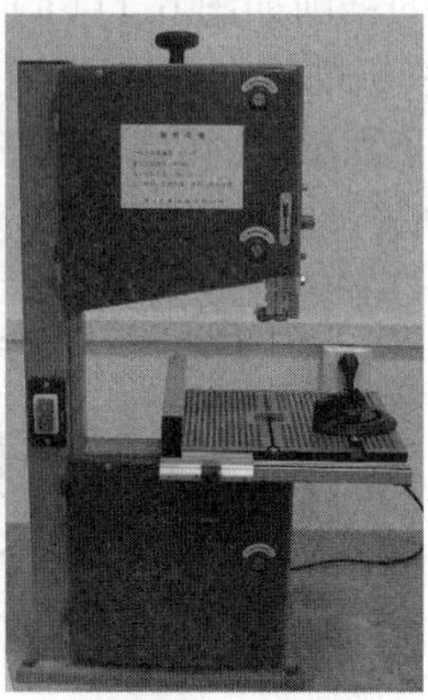

图 6. 15　微型带锯床

6.3.2 锉削

锉削是用锉刀对工件表面进行切削加工，使工件达到所要求的形状、尺寸和表面粗糙度的一种钳工加工方法. 锉削加工是仪器制作中最常用的操作方法之一.

锉削的范围很广，可以加工平面、曲面、外表面、内孔、沟槽及各种形状复杂的表面. 其加工精度可达0.01mm左右. 此外，还可以在设备装配、维修时进行零件修整. 在现代化生产条件下，一些不便于机械加工的场合也常采用锉削加工来完成.

1. 锉刀的种类

锉刀的种类很多，按其用途不同可分为普通锉刀、特种锉刀和整形锉刀三种.

1）普通锉刀

普通锉刀如图6.16所示. 按其断面形状分为平锉、方锉、圆锉、三角锉和半圆锉五种. 平锉也叫扁锉或板锉，用于锉削平面、外圆面、凸弧面和球面等，如图6.16(a)所示；方锉用于锉削平面、窄平面、方孔和深槽等，如图6.16(b)所示；圆锉用于锉削曲面和圆孔等，如图6.16(c)所示；三角锉用于锉削平面、窄面、三角槽、内圆弧和大圆孔等，如图6.16(d)所示；半圆锉用于锉削曲面和圆孔等，如图6.16(e)所示.

2）特种锉

特种锉用于加工零件上形状特殊的表面，其断面形状如图6.17所示.

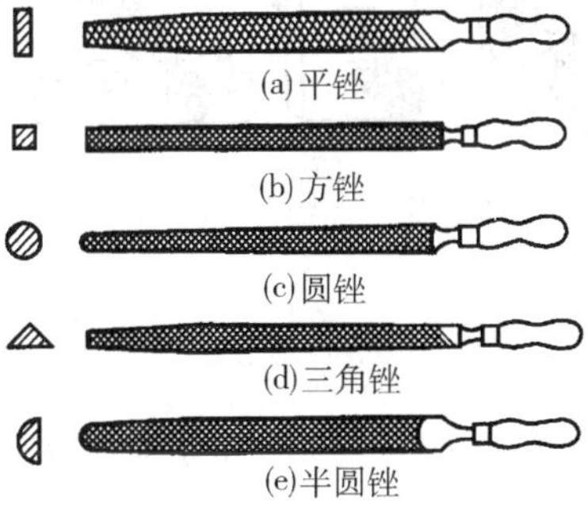

图6.16 普通锉刀

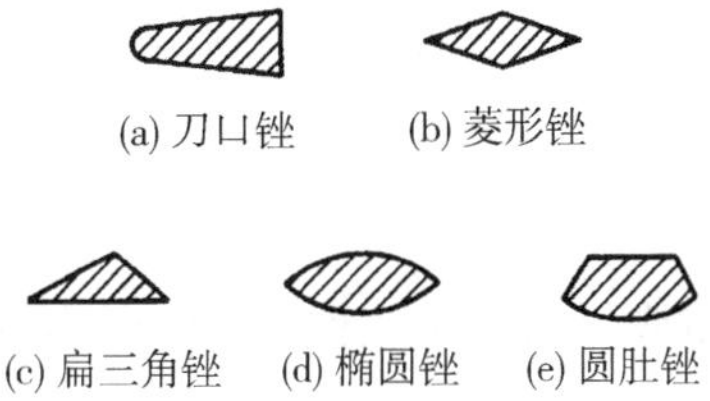

图6.17 特种锉

3）整形锉

整形锉用于修整精细模具，锉削小型工件或工件上其他锉刀难以加工的部位，因几支为一组，故又称组锉或什锦锉，常以5支、6支(图6.18)、8支、12支为一组.

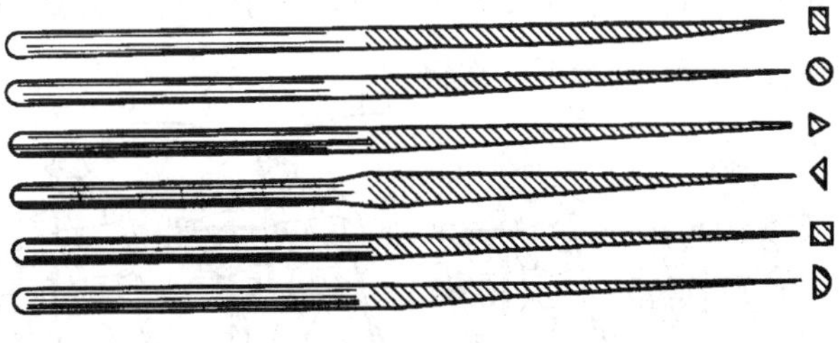

图6.18 整形锉

2. 锉刀的选择

锉刀尺寸有长短、齿纹有粗细、断面有不同形状，各种锉刀都有一定的适用范围，如果选择不当，就不能充分发挥其效能，甚至会过早地丧失切削能力. 因此，锉削之前必须正确地选择锉刀.

1) 锉刀齿纹粗细的选择

锉刀齿纹粗细的选择取决于工件的材质、加工余量的大小、加工精度和表面粗糙度要求的高低. 一般粗锉刀用于加工余量大、公差等级低或表面粗糙度较大的工件;细锉刀用于加工余量小、公差等级高或表面粗糙度较小的工件.

2) 锉刀断面形状的选择

锉刀断面形状的选择主要取决于工件加工表面的形状. 锉刀的形状需适应于不同形状工件表面的加工,如图 6.19 所示.

3) 锉刀长度的选择

锉刀长度的选择取决于工件加工面的大小和加工余量的大小. 对于尺寸较大和加工余量较大的工件,应选择较长的锉刀;对于尺寸较小和加工余量较小的工件,应选择较短的锉刀.

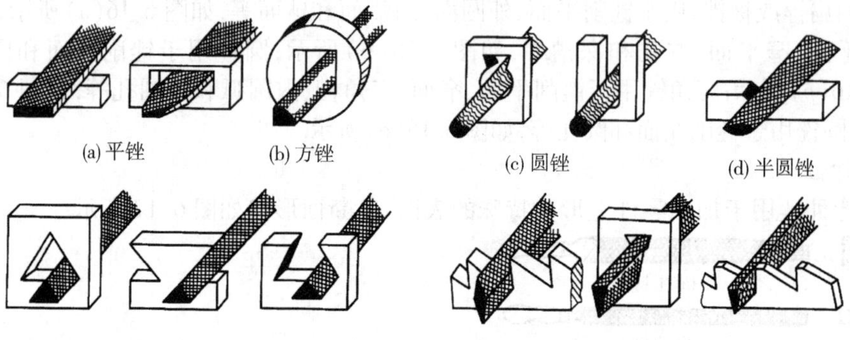

图 6.19　不同锉刀适宜加工的工件示意图

3. 锉削操作

1) 锉削姿势

锉削时的姿势与锯削时相似,如图 6.20 所示. 锉削时应自然站立,身体放松,重心放在左脚上,右膝伸直,左膝随锉削时往复运动而相应的屈伸. 锉刀的运动由身体和手臂的协调运动配合完成. 锉削开始,身体向前倾斜 10°左右,右肘尽量向后收缩,如图 6.20(a)所示;前 1/3 行程,身体前倾斜 15°左右,左膝稍弯曲,如图 6.20(b)所示;中间 1/3 行程,右肘向前推进,身体逐渐到 18°左右,如图 6.20(c)所示;后 1/3 行程,用右手腕力推进锉刀,身体反向退回到 15°左右,如图 6.20(d)所示;锉削全行程完成. 把锉刀略提起一些,手和身体都退回到初始位置,进行下一次锉削.

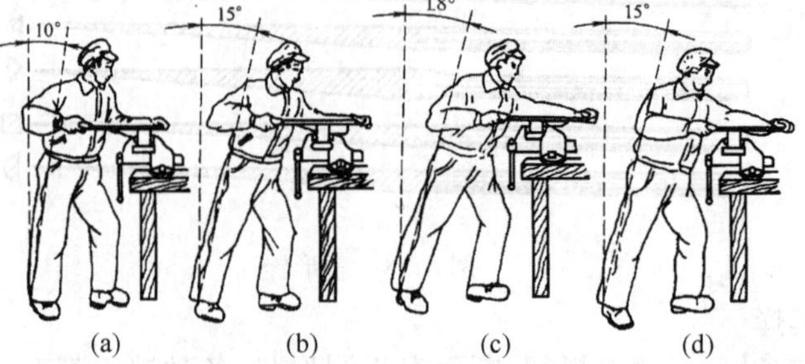

图 6.20　锉削动作

2）锉刀的握法

锉刀的种类很多，加工的表面形状和位置也各不相同，所以锉刀使用时的握法也不一样.

（1）大型锉刀的握法. 大型锉刀（10in以上）的握法如图6.21所示. 右手紧握锉刀柄，柄端抵在拇指根部的手掌上，大拇指放在锉刀柄上面，其余手指由下向上紧握，如图6.21（a）所示. 左手的握法有三种：第一种是左手掌放在锉刀面的前端，拇指根轻压在头上，其余四指自然弯曲，用食指和中指勾压住锉刀前端右角，如图6.21（b）所示；第二种是左手掌斜放在锉刀面的前端，拇指斜放在锉刀面上，其余各指自然弯曲，如图6.21（c）所示；第三种握法也是左手掌放在锉刀面前端，各指都自然放平，如图6.21（d）所示. 无论左手采用哪种握法，锉削时，左手肘部都要适当抬起，不要下垂.

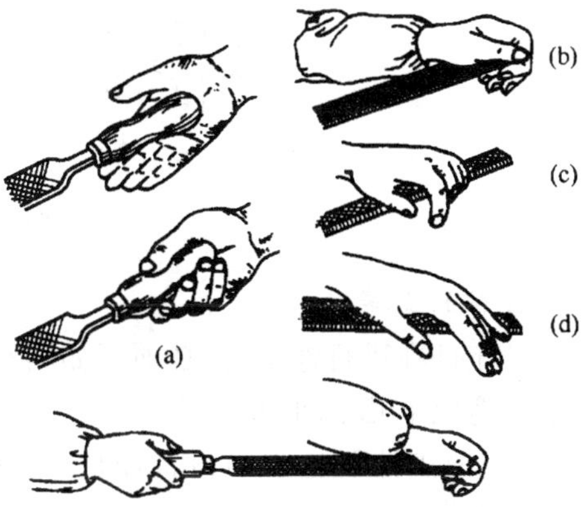

图6.21　大型锉刀的握法

（2）中型锉刀的握法. 右手同大锉刀握法，左手用拇指、食指和中指轻轻夹持锉刀的前端，不用施加大的压力，如图6.22（a）所示.

（3）小型锉刀的握法. 小型锉刀的握法同大、中型锉刀的握法不同，只需用左手指压在锉刀中部即可控制锉削时的压力，如图6.22（b）所示. 而组锉只需用右手握持住，食指轻压在锉刀上面即可，如图6.22（c）所示.

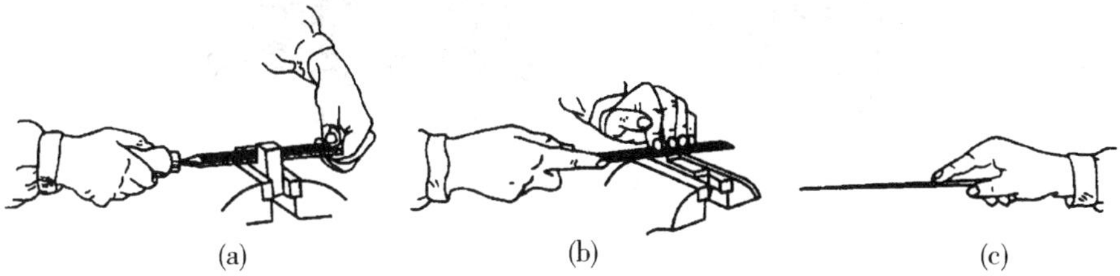

图6.22　小型锉刀的握法

3）锉削操作要领

锉削时，必须使锉刀保持直线的锉削运动；两手作用在锉刀上的力，应使锉刀在运行中平衡；推力的大小由右手控制，压力大小由左手控制. 锉削中，两手所用的力要不断地变化，右手的压力要随锉刀的推进而逐渐增加，左手的压力要随锉刀的推进而逐渐减小，使锉刀在工件任何位置上两端所受的力矩都保持相等，以保持锉刀的平直运动. 锉刀回程时不加压力，将锉刀略提起些，以减少锉齿的磨损，如图6.23所示. 锉削的速度一般应控制在30～60次/分钟之间，推出时稍慢，回程时稍快.[4]

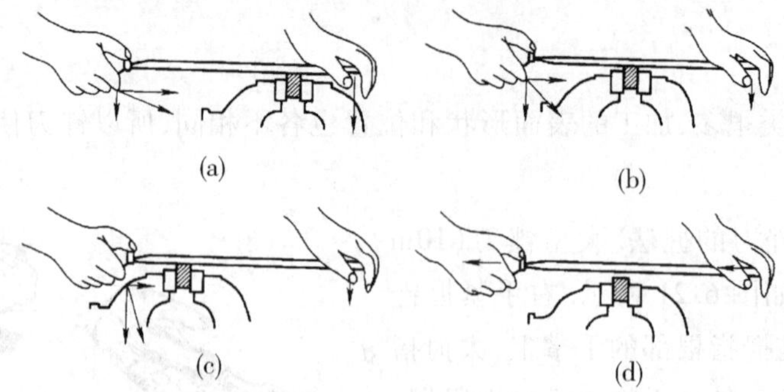

图 6.23　锉削操作要领

4) 工件的夹持

工件在进行锉削时,必须用如图 6.24 所示的台虎钳夹持牢固,且方法要正确,同时要注意以下几个问题.

(1)工件须夹在台虎钳口的中央. 此时不仅夹紧力最大,且台虎钳口的受力均匀,不易造成损坏.

(2)要注意控制台虎钳夹紧力的大小,既要紧固,又不能使工件变形.

(3)工件伸出钳口的长度应尽量小,以免锉削时发生振动,影响加工质量.

(4)夹持已加工过的表面时,应加软金属衬垫. 薄板件可先钉在木板上,再将木板夹持在台虎钳上进行锉削;圆形工件夹持时,应加衬 V 形铁或弧形木块;夹持长薄板件时,应用两块较厚铁板将其夹持紧固,然后连同铁板一起夹在台虎钳上进行锉削.

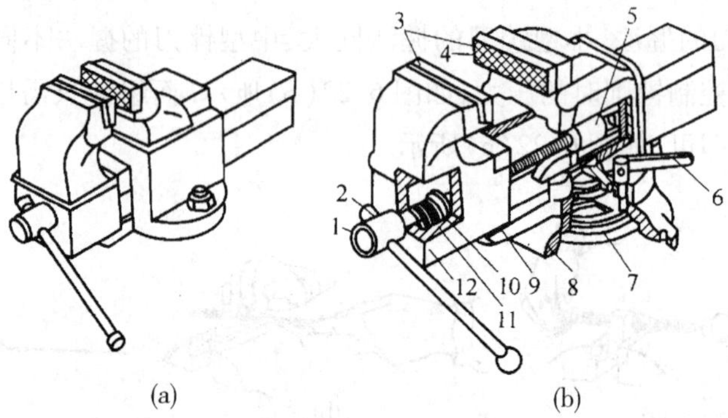

图 6.24　台虎钳

1—螺杆;2、6—手柄;3—钢制钳口;4—螺钉;5—螺母;7—夹紧盘
8—转盘底座;9—固定钳身;10—挡圈;11—弹簧;12—活动钳身

5) 锉削方法

(1)平面锉削方法. 锉削平面是锉削加工最基本的操作之一. 平面锉削的方法一般有三种.

①顺锉法. 如图 6.25 所示,顺锉法是最基本的锉削方法,它可使加工表面锉纹平直,整齐美观. 一般用于锉削不大的平面和锉削后的抛光,技术操作难度较大,必须通过认真刻苦的反复训练,才能掌握.

②交叉锉法. 如图 6.26 所示,用锉刀斜着锉削工件,锉刀与工件接触面大,锉刀容易控制平稳,且能从交叉的刀痕上判断出锉削面的凹凸情况,适于锉削余量大的加工面. 一

般可在锉削的前阶段用交叉锉法,以提高工作效率.当用交叉锉法把工件锉平后,再改用顺锉法,使锉纹方向一致,得到较光滑的表面.

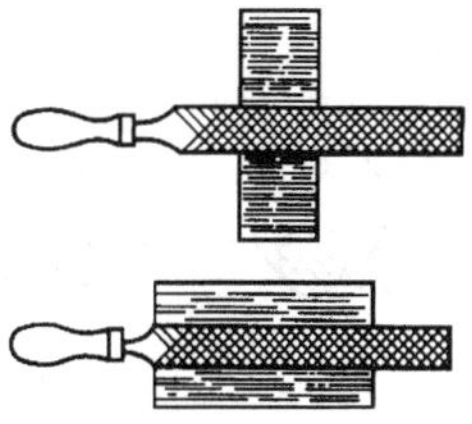

图6.25 顺锉法

③推锉法.推锉法如图6.27所示.当加工余量已基本锉去时,为修正尺寸和达到要求的表面粗糙度,可采用推锉法.此法加工余量较小,适用于加工窄长的加工表面,或者用其他方法无法除掉的表面凸起部分.

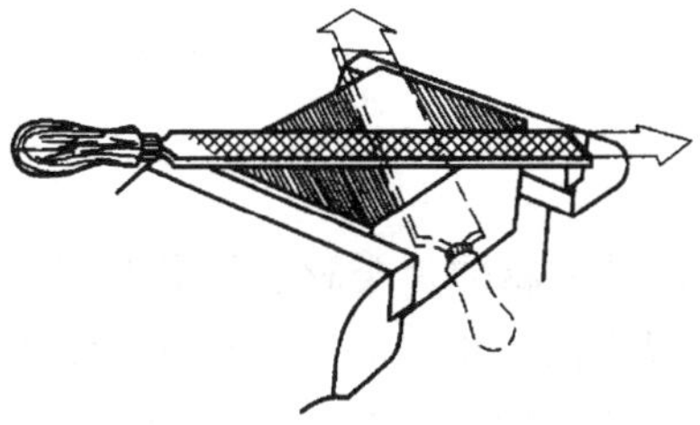

图6.26 交叉锉法

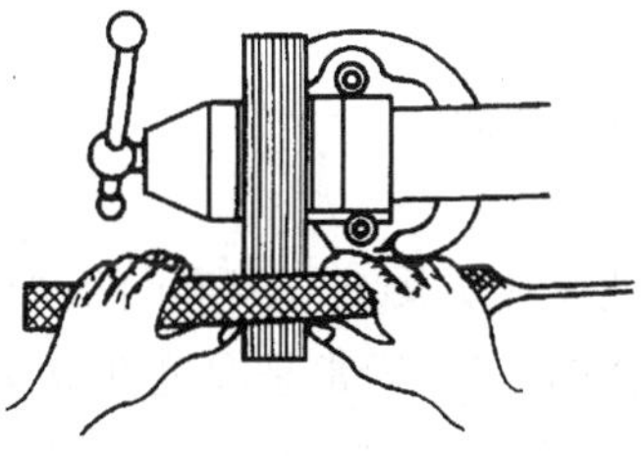

图6.27 推锉法

(2)曲面锉削.曲面由各种不同的曲线形面所组成.基本的曲面是单一的外圆弧面和内圆弧面.掌握内、外圆弧面的锉削方法和技能,是掌握各种曲面锉削的基础.

①外圆弧面的锉削.外圆弧面使用平锉刀进行锉削.锉削时,锉刀在外圆弧面上同时完成两个运动:锉刀前进和锉刀绕工件圆弧中心的转动,如图6.28所示.锉削方法有以下两种:

a)顺向滚锉法.如图6.28(a)所示,锉削时,锉刀头向下紧靠工件,右手抬高,左手压低,向前推锉,使锉刀头逐渐由下向前上方作弧形运动;左右两手要动作协调,压力均匀,速度适当.顺向滚锉法的锉纹都是顺着曲面的,美观整齐,故一般用于精锉圆弧表面.

b)横向滚锉法.如图6.28(b)所示,锉刀的主要运动是沿圆弧的轴线方向作直线运动,同时锉刀不断沿着圆弧面摆动.此法锉削量大,效率高,但只能锉成近似圆弧面的多菱形面,多用于圆弧面的粗锉.

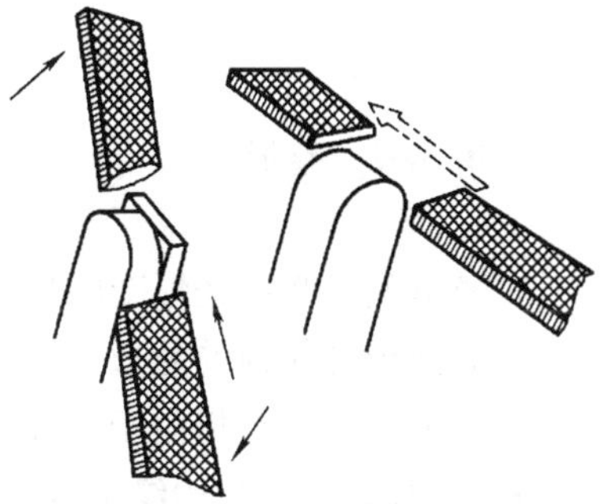

(a) (b)

图6.28 锉削外圆弧面

②内圆弧面的锉削.锉削内圆弧面的锉刀可选用圆锉、组锉(圆弧半径较小时选用)、半圆锉、方锉(圆弧半径较大时选用)等.如图6.29所示,锉削时,锉刀同时完成以下三个运动:

a)沿轴向作前进运动,以保证沿轴向全程切削.

b)向左或向右移动半个或一个锉刀直径,以避免加工表面出现棱角.

c)绕锉刀轴线转动(约90°).

只有同时具备这三种运动,才能锉出光滑准确的内圆弧面.

③球面的锉削.球面的锉削方法如图6.30所示.锉刀在沿外圆弧面作顺向滚锉的同时,还要绕球面的球心作周向摆动.[5]

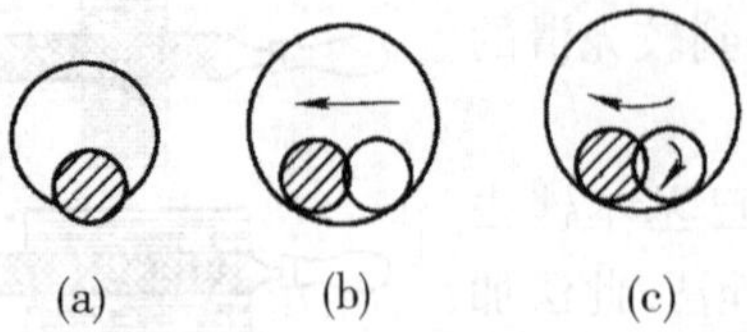

图 6.29　锉削内圆弧面

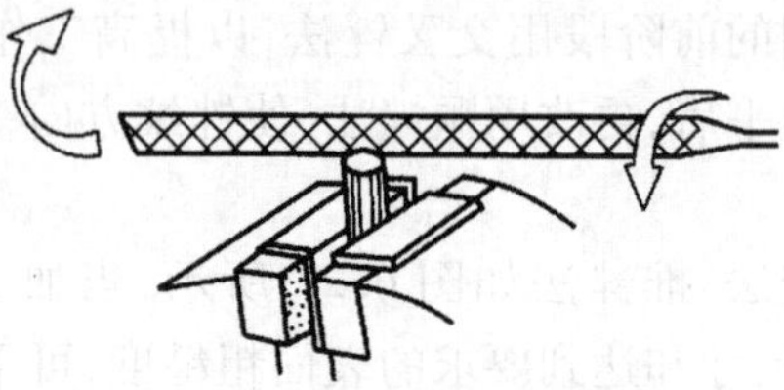

图 6.30　球面锉削方法

6.3.3 剪切

剪切就是用如图 6.31 所示的铁皮剪刀对金属薄片类材料进行加工的方法. 能用手工剪切的金属板材,通常是厚度在 0.7mm 以下的铁板、1mm 以下的铜板或铝板. 剪切时,右手持剪,左手持料,眼睛要能看见板材上画的剪切线;剪切时要尽量使用剪刀的靠近支点的剪腰,减少使用剪头,这样既省力,又可以不使剪料变形.

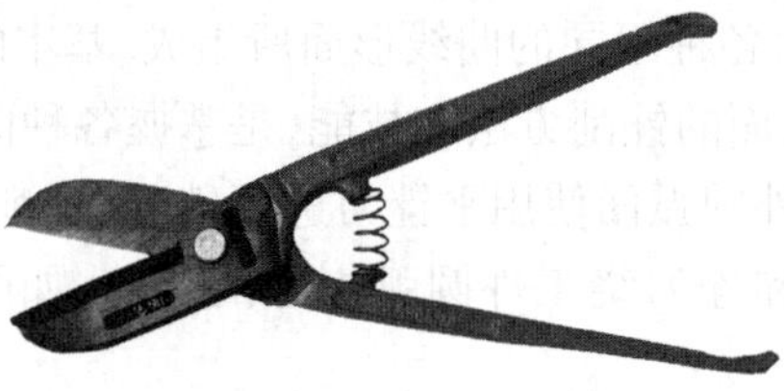

图 6.31　铁皮剪刀

6.3.4 整形

整形就是将已经形变的板、轴、杆条用手工方法恢复原状.

1. 变形金属板的整形

变形金属板是指由于各种原因造成的金属板凹凸不平,整形的目的就是使其平展. 当板料中部有凸起,边缘呈波浪形等多种形状的变形,对板料的矫正是一种难度较大的操作.

薄板料中间凸起时,说明中间的金属纤维比四周长,矫正时如果直接锤击凸处,那么凸处的纤维进一步伸长,其结果则适得其反,凸起的现象将更严重,所以对薄板料切忌直接锤击凸起处. 整形时以平台面为基准,将板料放在平台上,左手扶板料,右手挥锤,从板料边缘开始逐渐向凸起部位锤击;锤击逐渐由重到轻,由密到稀,如图 6.32(a)所示. 使板料四周纤维伸长,中间凸起的部分逐渐消除.

若板料表面有几个凸起,则应先在凸起的交界处轻轻锤击,使几个凸起处合并成一个,然后再按上述方法锤击,使中间凸起部分消除.

若薄板四周呈波浪形,说明薄板中间部分的纤维比四周短,此时应按图6.32(b)中箭头方向由角上向中间锤击,使得板料逐渐平整.

此外,还要注意对板料进行翻来倒去地观察,避免出现这边刚整形,另一边却变形的现象.

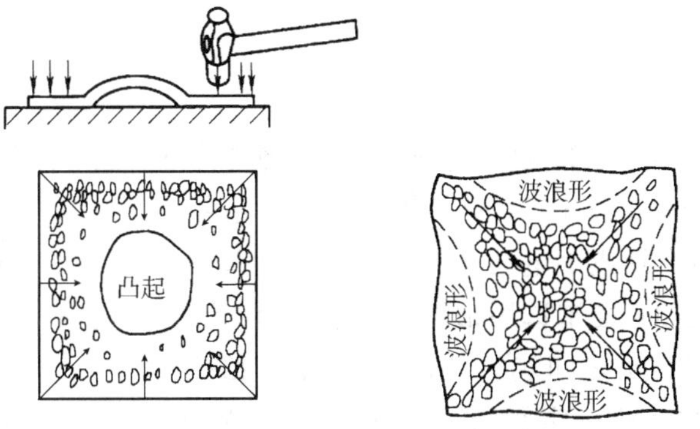

(a)中凸板料的整形　　(b)波浪形板料的整形

图 6.32　金属薄板的整形

2. 变形条材、轴的整形

对变形的金属条材、轴进行整形，可将待整形物置于平板上，用手锤或木锤直接击打，要注意击打时不断变换方向，边击打边观察.

矫正棒料、轴类工件和条料的弯曲变形时，当棒料直径较小或厚度较薄的条料在厚度方向上弯曲时，可用弯曲法在台虎钳上矫正，如图 6.33(a)所示，把条料靠近弯曲的地方夹入台虎钳，在末端用扳手扳动，使条料回直，也可把条料弯曲的地方放在台虎钳两钳口内，先初步矫直(图 6.33(b))，然后放在平台上用锤子将其矫正至达到要求，如图 6.33(c)所示.

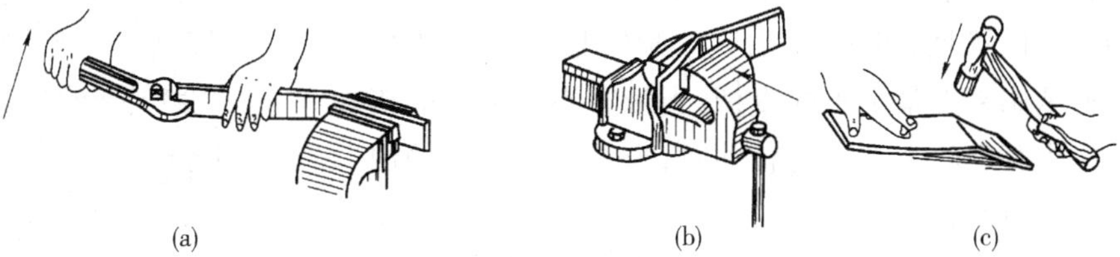

(a)　(b)　(c)

图 6.33　扁钢的弯曲矫正

6.3.5 弯曲

将板材弯曲成直角时，可将板材置于直角规铁上，使板材折线与规铁棱角基本对齐，用木锤击打板材外露部分的根部，如图 6.34(a)所示；还可以将板材夹持在台虎钳上，用木锤或手锤击打板材外露部分的根部，如图 6.34(b)所示.

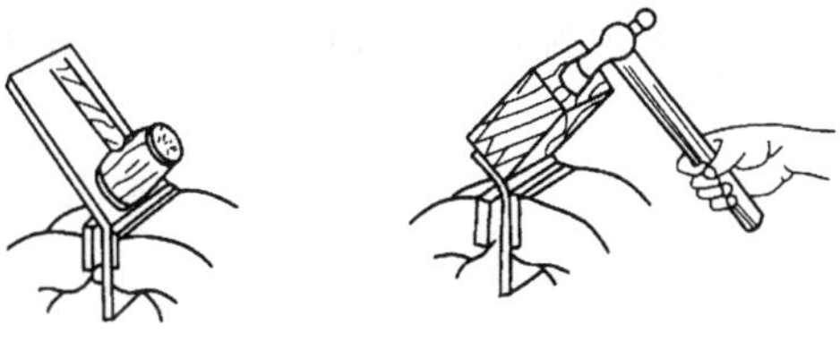

(a) 直接弯曲　(b) 间接弯曲

图 6.34　板材的弯曲

6.3.6　钻孔

钻孔是指在材料上打眼,这里材料既可以是金属材料,也可以是非金属材料.小型钻孔加工一般使用的是如图 6.35 所示的台钻或手电钻.钻孔前首先要了解台钻或手电钻安装钻头大小的范围;其次根据所要钻孔的直径来选用钻头,如果所要钻孔的直径介于两种直径钻头之间,应选用较小的钻头钻孔;再用锉刀扩孔.待钻工件一定要夹紧,不宜用手夹持.为了保护钻头和工作台面,钻头应对准工作台的中心孔,或在待钻工件下方垫一块废木板,以防钻穿时钻头损坏工作台或损坏钻头.待工件快钻穿时,进钻要轻、要缓.在塑料或有机玻璃上钻孔时钻速不得过快,否则摩擦生热使钻屑溶化而阻碍进钻.在金属板上钻孔,钻头在金属表面上滑来滑去,往往不容易进钻,为了便于进钻,可在钻孔的中心位置冲定位孔,即用样冲、钢钉等在孔中心敲一个凹坑,这样,钻头就不会打滑了.

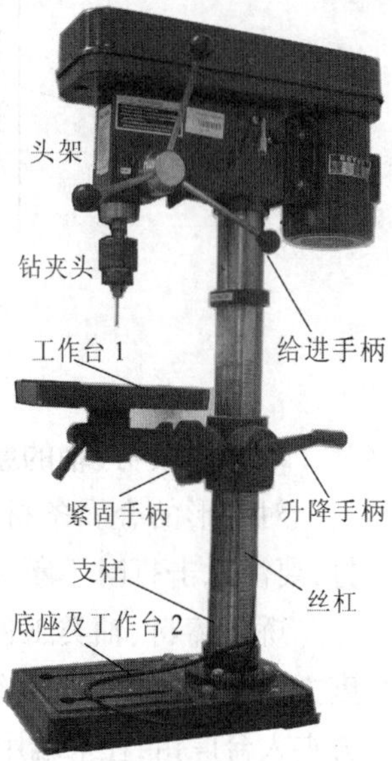

图 6.35　台钻

要使用钻床钻孔离不开钻夹头,钻夹头能装夹直径在 13mm 以内的直柄钻头,其结构如图 6.36 所示.钻夹头的夹头体上端有一锥孔,用于紧配入夹头柄,夹头柄另一端为莫氏锥柄,可装入钻床主轴锥孔内;钻夹头中的三个夹爪用来夹紧钻头的直柄,当带有小锥齿轮的钥匙带动夹头套上的大锥齿轮转动时,与夹头套紧配的内螺纹圈也同时旋转.因螺纹圈与三个夹爪上的外螺纹相配,于是三个爪便可伸出或缩进,使钻柄被夹紧或松开.

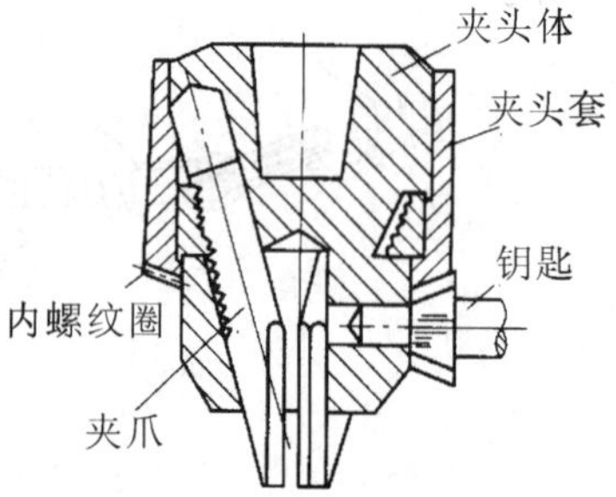

图 6.36　钻夹头结构

1. 钻削加工的操作要点及操作规程

1)钻削加工的操作要点

(1)每次钻削前,首先把钻床的外表滑动部位擦拭干净,注入润滑油,然后开慢车,经过几分钟的试运转,待确定机械传动和润滑系统正常后,再开始工作.如发现钻床有故障,应会同有关人员加以检查和调整.

(2)采用正确的工件安装方案,在钻床工作台面或垫铁与工件的安装基准面之间,需保持清洁,使接触平稳.压紧螺钉的分布要对称,夹紧力要均匀牢靠.严禁用金属物体敲击工件,以防止工件变形.一般工件的装夹可采用图 6.37 所示的平口钳、V 形块和压板等方法.

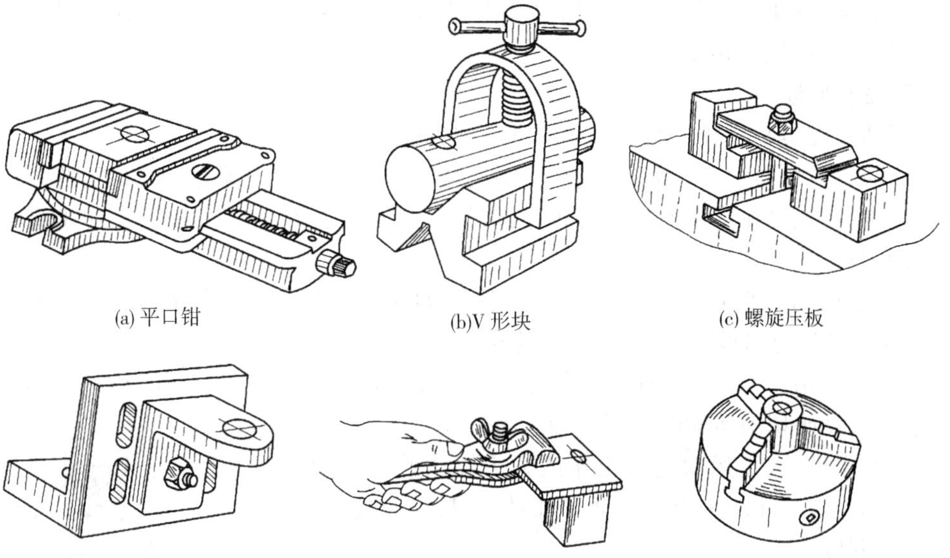

(a) 平口钳 (b)V 形块 (c) 螺旋压板

(d) 角铁 (e) 手虎钳 (f) 三爪卡盘

图 6.37 工件的安装方案

(3)工件装夹过程中,应仔细校正,保证钻孔中心线与钻床的工作台面垂直. 当所钻孔的位置精度要求比较高时,应在每个孔缘划参考线以检查钻孔是否偏斜. 对刀时要从不同的方向,观察钻头横刃对正样冲眼的情况. 钻孔前先锪出一个浅窝,确定无误之后,再正式钻孔.

(4) 钻头在装夹前,应将其柄部和钻床主轴锥孔擦拭干净. 钻头装好以后,可缓慢转动钻床主轴,检查钻头是否正直,如有摆动时,可调换不同方向装夹,将摆动调整到最小值. 直柄钻头的装夹长度一般不小于 15mm.

(5)开始钻孔时,钻头要慢慢地接触工件,不能用钻头撞击工件,以免碰伤钻尖.

(6)在钻削过程中,工件对钻头有很大的抵抗力,要使钻头下钻,可通过进给手柄对工件施加压力. 但在钻通孔时,当钻头横刀穿透工件以后,工件的抵抗力会迅速下降,此时应减小对工件的压力,否则会使进给量突然增加,导致扎刀,这时钻头很容易被扭断,特别是在钻大孔时,这种现象更为严重. 因此,当钻孔即将穿透时,要减小压力、缓慢进钻.

(7)在钻床工作台、导轨等滑动表面上,不要乱放物件或撞击,以免影响钻床精度.

(8)操作者在离开钻床或更换工具、工件,以及总电源突然断电时,都要关闭钻床开关.

2)安全操作规程

(1) 工作前要检查并排除钻床周围的障碍物.

(2) 工作中严禁戴手套,长发女同学一定要戴工作帽或将头发盘卷起来.

(3) 严禁开机后用手去拧紧钻夹头和用棉纱、油布擦主轴. 变速应先停机.

(4) 严禁直接用手、棉纱勾切屑,或用嘴吹切屑.

(5) 工作应装夹牢靠,禁止直接用手拿零件来钻孔,小零件钻小孔时,也要用手虎钳等工具夹牢零件.

（6）钻通孔时，钻孔部位应对准台面中心或将工件垫起，防止钻伤工作台面.

（7）注意安全用电.

2. 钻孔概述

用钻头在实心材料上加工出孔的方法称为钻孔.

任何一种机器没有孔都不能装配：要把两个以上的零件用螺钉、铆钉、销等不同方法连接起来，首先要在零件上钻出各种不同的孔，因此钻孔在生产及仪器制作中是一项很重要的工作.

钻孔可以达到的标准公差等级一般为 IT10 ~ IT11 级，表面粗糙度一般为 50 ~ 12. 5μm，所以钻孔只能加工要求不高的孔或作为孔的粗加工.

钻孔时，钻头装夹在钻床（或其他机械）上，依靠钻头与工件之间的相对运动来完成切削加工. 钻头切削运动由以下两种运动合成：

（1）主运动. 主运动是由机床或人力提供的主运动，它使刀具和工件之间产生相对运动，从而使刀具前面接近工件并切除切削层.

（2）进给运动. 进给运动是由机床或人力使刀具与工件之间产生附加的相对运动，加上主运动，可不断地或连续地切除切削层，并得出具有所需几何特性的加工表面.

钻孔时钻头的运动如图 6. 38 所示. 钻头绕本身轴线的旋转运动为主运动；钻头沿轴线方向的直线移动为进给运动. 钻孔时这两种运动是同时连续进行的，所以钻头是按照螺旋运动来钻孔的.

图 6. 38　钻孔时钻头的运动

3. 一般工件的钻孔方法

钻孔前应在工件上划出所要钻孔的十字中心线和直径.
在孔的圆周上（90°位置）打四只样冲眼，作钻孔后的检查用. 孔中心的样冲眼作为钻头定心用，应大而深，使钻头在钻孔时不易偏离中心.

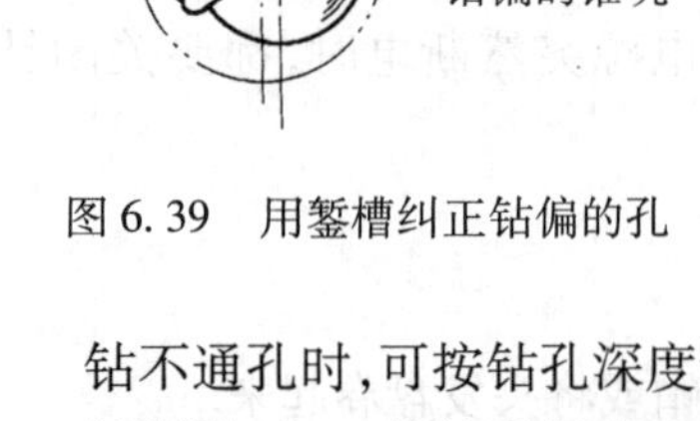

图 6. 39　用錾槽纠正钻偏的孔

钻孔开始时，先调正钻头或工件的位置，使钻尖对准钻孔中心，然后试钻一浅坑. 如钻出的浅坑与所划的钻孔圆周线不同心，可移动工件或钻床主轴予以借正. 若钻头较大，或浅坑偏得太多，用移动工件或钻头很难取得效果，这时可在需多钻去一些的部位用样冲或油槽錾錾几条沟槽（图 6. 39）以减少此处的切削阻力使钻头偏移过来，达到借正的目的. 当试钻达到同心要求后方能继续钻孔. 孔将要钻穿时，必须减小进给量，以减少孔口的毛刺，并防止发生钻头折断或钻孔质量降低等现象.

钻不通孔时，可按钻孔深度调正挡块，并通过测量实际尺寸来控制钻孔深度.

钻深孔时，一般钻进深度达到直径的 3 倍时钻头要退出排屑，以后每钻进一定深度，钻头即退出排屑一次，以免切屑阻塞而扭断钻头.

钻直径超过 30mm 的孔可分两次钻削，先用 0. 5 ~0. 7 倍的钻头钻孔，然后再用所需孔径的钻头扩孔. 这样可以减小转矩和轴向阻力，既保护了机床，又可提高钻孔质量.

4. 其他钻孔方法

1)在圆柱工件上钻孔

在轴类或套类等圆柱形工件上钻与轴心线垂直相交的孔,特别是当孔的中心线和工件中心线对称度要求较高时,可采用定心工具,如图 6.40(a)所示.

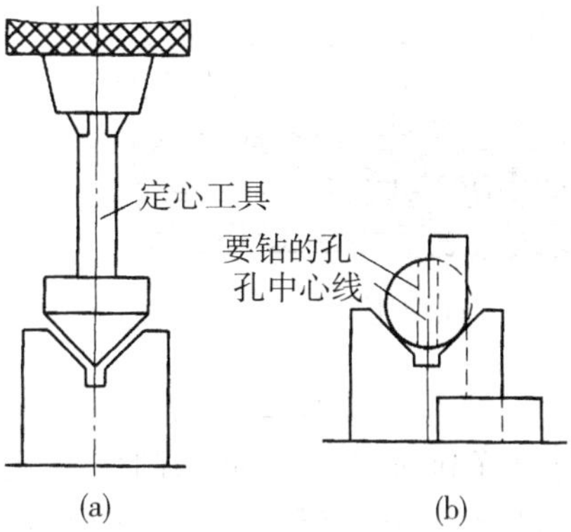

图 6.40 在圆柱形工件上钻孔

(1) 钻孔前利用百分表校正定心工具,使其圆锥部分与钻床主轴保持较高的同轴度,使其振摆在 0.01 ~0.02mm 之内,然后移动 V 形块使定心工具圆锥部分与 V 形块贴合,用压板把 V 形块位置固定.

(2)在钻孔工件的端面划出所需的中心线,用 90°角尺找正端面中心线使其保持垂直,如图 6.40(b)所示.

(3)换上钻头将钻尖对准钻孔中心后,再把工件压紧,然后试钻一个浅坑,检查中心位置是否正确,如有偏差,可调整工件后再试钻,直至位置正确后钻孔.

对称度要求不高时,不必用定心工具,而用钻头的顶尖来找正 V 形块的中心位置,然后用 90°角尺找正工件端面的中心线,并使钻尖对准钻孔中心,压紧工件,进行试钻和钻孔.

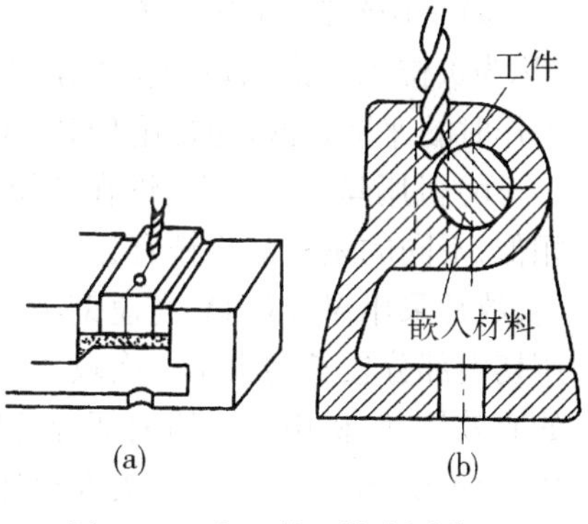

图 6.41 在工件上钻半圆孔

2)钻半圆孔

对所钻半圆孔的工件,若孔在工件的边缘,可把两工件合起来夹持在机用平口虎钳内钻孔(图 6.41(a)),若只需一件,可取一块相同材料与工件拼合夹持在机用平口虎钳内钻孔.若要在如图 6.41(b)所示的工件上钻半圆孔,则可先用同样的材料嵌入工件内,与工件合钻一个圆孔,然后去掉嵌入材料,工件上即留下半圆孔.[6]

6.3.7 攻螺纹与套螺纹

1. 攻螺纹

用丝锥在工件孔中加工出内螺纹的操作称为攻螺纹.

1) 攻螺纹工具

(1) 丝锥.

①丝锥的构造. 丝锥是加工内螺纹的工具, 由碳素工具钢或高速钢经热处理淬硬而制成. 丝锥由切削部分、定径(修光)部分和柄部组成, 如图 6. 42 所示.

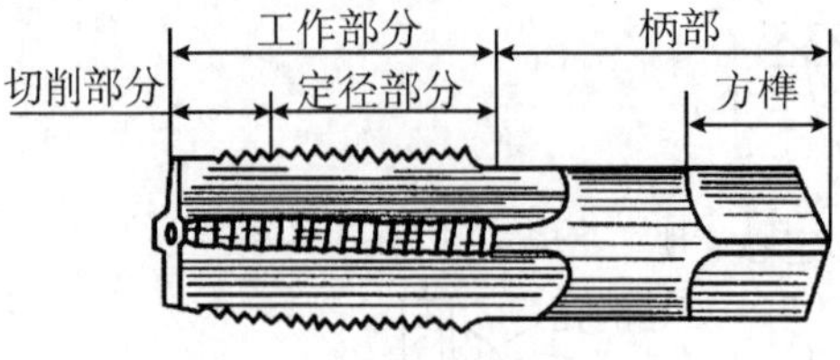

(a) 外形

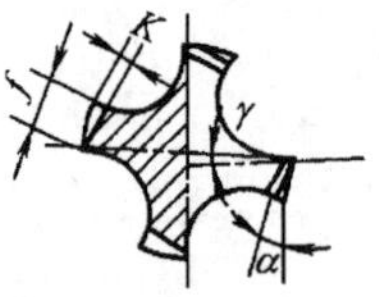

(b) 切削部分及角度

图 6. 42　丝锥

a) 切削部分. 切削部分有锋利的切削刃, 起切削作用. 丝锥前端磨出锥角, 切削时起引导作用. 切削部分和定径部分沿轴向有几条直槽, 称容屑槽, 起排屑和注入冷却润滑液的作用. 丝锥切削部分前角 $\gamma=8°\sim10°$, 后角 $\alpha=4°\sim6°$, 如图 6. 42(b) 所示.

b) 定径部分. 定径部分也称校准部分, 用来确定螺孔的直径及修光螺纹, 是丝锥的备磨部分, 其后角 $\alpha=0°$. 为了减少定径部分与螺孔的摩擦, 也为了减少所攻螺纹的扩张量, 定径部分的大径、中径、小径均有 (0. 05 ~ 0. 12)/100 的倒锥. c) 柄部. 柄部为方榫结构, 用以夹持和传递扭矩. 丝锥的规格标志也刻印在柄部.

②丝锥的种类. 丝锥的种类很多, 钳工常用的丝锥有手用丝锥、机用丝锥和管子丝锥等.

a) 手用丝锥. 手用丝锥是修理钳工常用的切削内螺纹的工具, 一般每两支组成一套 (称为头锥和二锥), 以分担切削量; 也有一套三支的. 手用丝锥制造时一般都不经磨削, 工作时的速度较低, 通常用 9SiCr、GCr9 钢制造.

b) 机用丝锥. 机用丝锥在使用时将丝锥装夹在机床上进行加工. 其形状与手用丝锥相似, 不同的是柄部除铣有方榫外, 还割有一条环槽. 因机用丝锥攻螺纹时的切削速度较高, 故常采用 W18Cr4V 高速钢制造. 机用丝锥一套也有两支, 但在攻通孔螺纹时, 一般都用切削部分较长的头锥一次攻出, 只有攻不通孔螺纹时才用二锥再攻一次, 以增加螺纹的有效长度. 机用丝锥切削部分的后角大, $\alpha=10°\sim12°$, 而且定径部分也有后角, 切削轻快. 丝锥柄部较长, 便于装夹在机床上.

c) 管子丝锥. 管子丝锥是攻制管螺纹的工具, 有圆柱管螺纹丝锥和圆锥管螺纹丝锥两种, 如图 6. 43 所示. 圆柱管螺纹丝锥工作部分较短, 两支一套. 圆锥管螺纹丝锥直径从头到尾逐渐增大, 而螺纹牙形始终与丝锥轴线垂直, 保证内外螺纹牙形两边保持良好的接触. 通常圆锥管螺纹丝锥一般是两支一套, 但也有一支一套的.

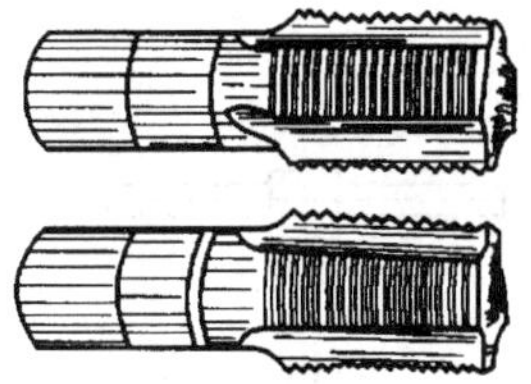

(a) 圆柱管螺纹丝锥

(b) 圆锥管螺纹丝锥

图 6.43　管子丝锥

(a) 锥形分配

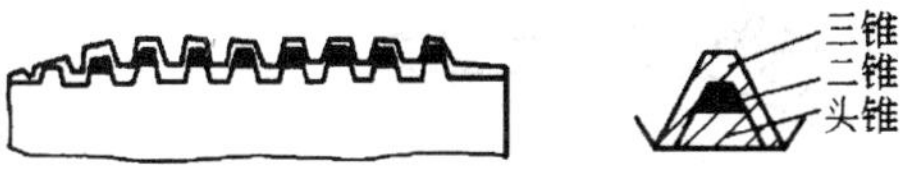

(b) 柱形分配

图 6.44　成套丝锥切削量的分配

③成套丝锥切削用量的分配. 为了减小丝锥在攻螺纹时的切削力,提高丝链的耐用度和所加工螺纹的质量,一般将整个切削工作量分配给几支丝锥来承担,这就是所谓的成套丝锥. 通常 M6 ~ M24 的丝锥一套有两支;M6 以下及 M24 以上的丝锥一套有三支;细牙螺纹丝锥为一套两支. 成套丝锥对每支丝锥切削用量的分配方式有两种,即锥形分配和柱形分配,如图 6.44 所示.

a)锥形分配. 在一组丝锥中,每支丝锥的大径、中径和小径都相等,只是切削部分的长度和锥角不同,如图 6.44(a)所示. 头锥切削部分的长度为 5 ~7 个螺距;二锥切削部分的长度为 2.5 ~4 个螺距;三锥切削部分的长度为 1.5 ~2 个螺距. 因此,当攻通孔螺纹时,只用头锥即可一次完成螺纹的攻削. 锥形分配的丝锥又叫等径丝锥.

b)柱形分配. 在一组丝锥中,每支丝锥的大径、中径和小径都不相等. 头锥、二锥的大径、中径和小径都比三锥小,而头锥、二锥的中径相等,但大径不一样,头锥小、二锥大,如图 6.44(b)所示. 这种丝锥的切削量分配比较合理,三支一套的丝锥按 6∶3∶1 分担切削量,两支一套的丝锥按 7.5∶2.5 来分担切削量. 这样的分配,可使各支丝锥磨损均匀,因而丝锥寿命较长,攻螺纹时也较省力. 同时,因最后一锥的两侧刃也参加切削,所以加工的螺纹表面粗糙度较好. 柱形分配的丝锥也叫不等径丝锥. 这种丝锥的制造成本比较高,且攻通孔螺纹时要攻两次或三次,一组丝锥的顺序也不能搞错,所以对于 M12 以上的丝锥才采用柱形分配,而 M12 以下的丝锥则采用锥形分配. 因此,在攻 M12 及以上的螺纹时,一定要用最末一支丝锥攻过,才能得到正确的螺纹直径.

④丝锥的标记. 每一种丝锥都有相应的标记,熟悉标记对正确使用和选择丝锥是很重要的. 一般在丝锥柄部上标有以下内容:制造厂商标,螺纹代号,丝锥公差带代号(H4 允许不标),材料代号(高速钢标 HSS,碳素工具钢或合金工具钢可不标),以及不等径成组丝锥粗细代号(头锥一条圆环,二锥两条圆环或顺序号Ⅰ、Ⅱ).

(2)铰手. 铰手也叫铰杠,是手工攻螺纹时用来夹持丝锥的工具. 铰手有普通铰手(图 6.45)和丁字铰手(图 6.46)两种.

普通铰手有固定式铰手和活络式铰手两种. 固定式铰手的方孔尺寸和柄长符合一定的规格,使丝锥的受力不会过大,丝锥不易被折断,一般用于攻 M5 以下的螺纹孔;活络式铰手可以调整尺寸,应用范围较广. 活络式铰手有 150 ~300mm 六种规格,其适用范围见表 6.1.

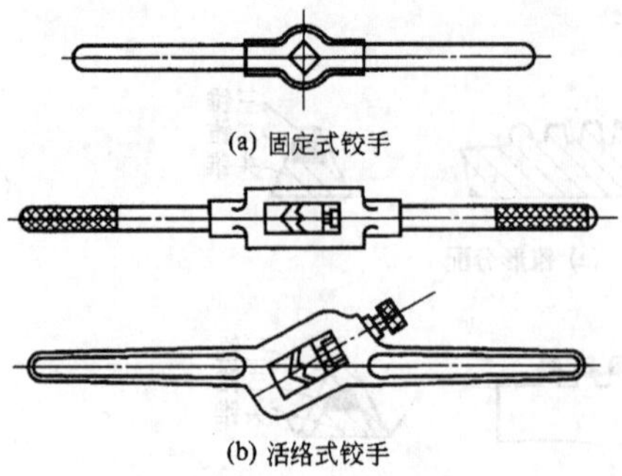

图 6.45　普通铰手

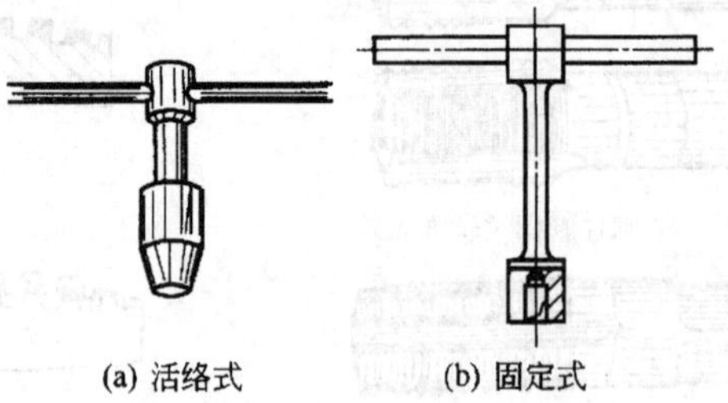

图 6.46　丁字铰手

表 6.1　活络式铰手适用范围

活络式铰手规格/mm	150	230	280	380	580	600
适用的丝锥范围	M5 ~ M8	M8 ~ M12	M12 ~ M14	M14 ~ M16	M16 ~ M22	M24 及以上

当攻制带有台阶工件侧边的螺纹孔或攻制机体内部的螺纹时,必须采用丁字铰手. 小型丁字铰手也分为固定式和活络式. 活络式丁字铰手是一个可调节的四爪弹簧夹头,一般用以装 M6 以下的丝锥. 大尺寸的丁字铰手一般都是固定式的,它通常按实际需要而制成.

2）螺纹底孔的加工

(1) 攻螺纹时材料的塑性变形. 丝锥切削内螺纹时,会对材料产生挤压作用,从而使材料发生塑性变形,螺纹牙顶会凸起一部分. 塑性材料攻螺纹前的底孔直径必须大于螺纹标准规定的螺纹小径,这样攻螺纹时挤压出的金属就能填满螺纹槽,形成完整的螺纹;脆性材料攻螺纹时,金属不会被挤出,底孔直径就可以比塑性大的材料小一些,以得到完整的螺纹.

(2) 螺纹底孔直径的确定. 攻螺纹前底孔直径的大小要根据工件材料的塑性大小及钻孔扩张量来考虑,按经验公式计算得出.

①在加工钢和塑性较大的材料及扩张量中等的条件下:

$$D_{钻} = d - P$$

②在加工铸铁和塑性较小的材料及扩张量较小的条件下:

$$D_{钻} = d - (1.05 \sim 1.1)P$$

式中,$D_{钻}$ 为攻螺纹钻螺纹底孔用钻头直径,mm;d 为螺纹直径(大径),mm;P 为螺距,mm.

常用的粗、细牙普通螺纹攻螺纹前钻底孔用钻头直径可从表 6.2 中查得. 常用英制螺纹、圆柱管螺纹和圆锥管螺纹攻螺纹前钻底孔用钻头直径可从相关资料中查得.

表 6.2 普通螺纹攻螺纹前钻底孔用钻头直径

螺纹直径 d	螺距 P	钻头直径 D		螺纹直径 d	螺距 P	钻头直径 D	
		铸铁、青铜、黄铜	钢、可锻铸铁、紫铜、层压板			铸铁、青铜、黄铜	钢、可锻铸铁、紫铜、层压板
2	0.4 0.25	1.6 1.75	1.6 1.75	2.5	0.45 0.35	2.05 2.15	2.05 2.15
3	0.5 0.35	2.5 2.65	2.5 2.65	4	0.7 0.5	3.3 3.5	3.3 3.5
5	0.8 0.5	4.1 4.5	4.2 4.5	6	1 0.75	4.9 5.2	5 5.2
8	1.25 1 0.75	6.6 6.9 7.1	6.7 7 7.2	10	1.5 1.25 1 0.75	8.4 8.6 8.9 9.1	8.5 8.7 9 9.2
12	1.75 1.5 1.25 1	10.1 10.4 10.6 10.9	10.2 10.5 10.7 11	14	2 1.5 1	11.8 12.4 12.9	12 12.5 13
16	2 1.5 1	13.8 14.4 14.9	14 14.5 15	18	2.5 2 1.5 1	15.3 15.8 16.4 16.9	15.5 16 16.5 17
20	2.5 2 1.5 1	17.3 17.8 18.4 18.9	17.5 18 18.5 19	22	2.5 2 1.5 1	19.3 19.8 20.4 20.9	19.5 20 20.5 21

(3)不通孔螺纹的钻孔深度. 攻不通孔螺纹时,由于丝锥切削部分有锥角,端部不能切出完整的牙型,故钻孔深度要大于螺纹的有效深度. 一般取

$$钻孔深度 = 所需螺纹深度 + 0.7d$$

式中,d 为螺纹大径.

3)攻螺纹操作

攻螺纹的基本操作步骤如下:

(1)依图样划线,打定心冲眼.

(2)选择钻头钻底孔,孔口倒角.

(3)沿丝锥中心线加压力并顺时针转动铰手起削. 当切入 1 ~2 圈时,从两个相互垂直的方向检测并校正丝锥的位置.

(4)攻螺纹过程中,切削刃旋进后,不再加压力,两手均匀转动铰手. 每旋进1/2 ~1圈时,反转 1/4 ~1/2 圈,使切屑碎断后排出.

(5)攻螺纹时,使用成套丝锥,应以头锥、二锥、三锥的顺序攻制.

(6)在钢材上攻制螺纹时,要注意加冷却润滑液,以减小切削阻力,以便减小所加工

螺纹的表面粗糙度和延长丝锥的使用寿命.

4）丝锥的修磨

当丝锥的切削部分磨损后，可在砂轮上修磨其后刀面. 修磨方法是将丝锥竖着磨削后刀面，这样可以避免因摆动丝锥而将其他切削刃碰坏. 修磨时，应注意保持切削部分各刀齿的半锥角及长度的准确性和一致性.

当定径部分的刃口磨损时，则应修磨丝锥的前刀面. 如果磨损少，可用油石涂一些润滑油进行研磨；如果磨损严重，应在工具磨床上用棱角修圆的片状砂轮修磨，修磨时应注意控制丝锥的前角. 修磨时应进行冷却，避免丝锥切削刃退火变软.

5）从螺孔中取出断丝锥的方法

在攻螺纹过程中，由于丝锥位置不正、用力不均匀或用力过猛，铰手掌握不稳等原因造成丝锥折断在孔中，必须将断丝锥从孔中取出，才能继续进行加工. 在取断丝锥时，应先将螺孔中的切屑和丝锥碎屑清理干净，分辨清楚丝锥的旋向，然后采取以下方法将断丝锥从螺孔中取出.

(1) 用振动法取出尚露出孔口或接近孔口的断丝锥. 方法是用尖錾或样冲抵住丝锥容屑槽，顺着退转的切线方向轻轻敲击，使断丝锥发生松动，然后就可容易地退出断丝锥.

(2) 用弹簧钢丝旋出断丝锥. 在带方榫的断丝锥上拧上两个螺母，用几条钢丝（根数与容屑槽数相等）插入断丝锥的容屑槽和螺母的空槽中，用铰手扳动方榫，按退出丝锥的方向慢慢旋转退出断丝锥.

(3) 用将断丝锥退火后钻出的方法取出断丝锥. 用乙炔火焰或喷灯使断丝锥退火，然后用直径略小于底孔直径的钻头对正断丝锥中心钻孔，钻出孔后，用扁钻头或方头冲打入孔中，然后用扳手旋出断丝锥.

(4) 用腐蚀法取出断丝锥. 在不锈钢工件上的断丝锥可采取酸蚀，松动后即可取出.

(5) 采用电火花设备将断丝锥电蚀掉.

2. 套螺纹

用板牙在圆杆或管子上切削加工外螺纹的操作称为套螺纹.

1）套螺纹工具

套螺纹的工具是板牙，铰手用来夹持板牙进行螺纹加工.

(1) 板牙. 板牙又叫圆板牙，是加工外螺纹的工具. 其外形像一个圆螺母，只是在它上面钻有几个排屑孔并形成刀刃. 它是由碳素工具钢或高速钢制作并经淬火处理而成的. 圆板牙由切削部分、定径（修光）部分和排屑孔等组成，如图 6.47 所示.

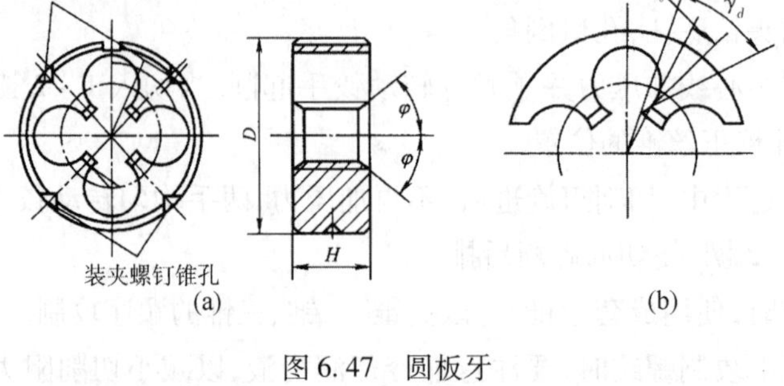

图 6.47　圆板牙

切削部分是板牙两端有锥角(2φ)的部分. 它不是圆锥面,而是经过铲磨而成的阿基米德螺旋面,能形成后角 $\alpha=7°\sim9°$;锥角的大小一般是 $2\varphi=40°\sim50°$,如图 6.47(a)所示. 圆板牙前刀面就是排屑孔,前角数值沿切削刃变化,小径处的前角 γ_d 最大,大径处的前角 γ_{d_0}最小,如图 6.47(b)所示. 一般 $\gamma_d=8°\sim12°$,粗牙$\gamma_d=30°\sim35°$,细牙 $\gamma_d=25°\sim30°$. 板牙两端面都有切削部分,一端磨损后,可换另一端使用.

定径部分起修光和导向作用. 定径部分会因为磨损使螺纹尺寸变大,超出尺寸公差范围. 因此,M3.5 以上的圆板牙外圆上有一条 V 形槽(图 6.47 所示上部外圆处)和四个紧定螺钉锥孔(图 6.47). 其中,下面两个紧定螺钉锥孔的轴线通过板牙的轴线,是将圆板牙固定在板牙架中用来传递扭矩的;上面两个紧定螺钉锥孔的轴线不通过板牙的轴线,有一定的向下偏移,是起调节作用的. 当板牙定径部分由于磨损而尺寸变大时,可将板牙沿 V 形槽用锯片砂轮切割出一条通槽,用板牙架上的两个调整螺钉顶入板牙上面的两个偏心的锥坑内(注意:板牙架上这两个调整螺钉的轴线是通过板牙的轴线的) 即可使圆板牙的尺寸缩小. 而如果将板牙架上正对 V 形槽的调整螺钉拧紧,则又可使板牙的尺寸增大. 板牙尺寸的调节范围为 0.1 ~0.25mm.

(2) 板牙架. 板牙架是装夹板牙的工具,如图6.48 所示. 板牙架的外圆上旋有四只互成 90°的紧定螺钉,其轴线通过板牙架圆孔的轴线. 板牙放入后,用紧定螺钉紧固,即可带动板牙旋转进行套螺纹.

2)套螺纹前圆杆直径的确定

套螺纹过程与丝锥攻螺纹一样,板牙对螺纹部分材料产生挤压作用,因此螺杆直径应比螺纹直径小一些. 一般圆杆直径用下列经验公式计算:

$$D=d-0.13P$$

式中,D 为圆杆直径,mm;d 为螺纹直径,mm;P 为螺距,mm.

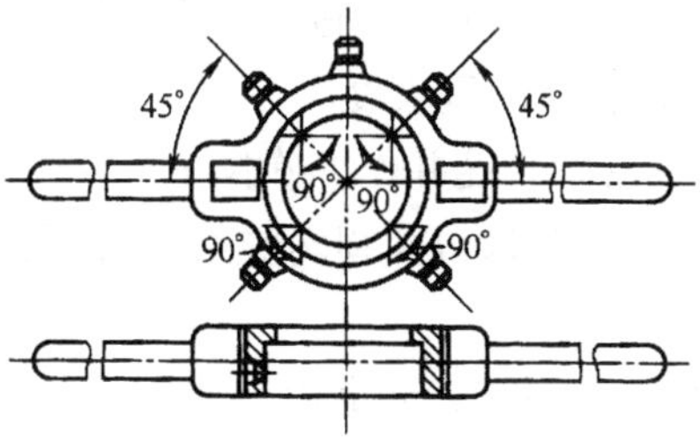

图 6.48 板牙架

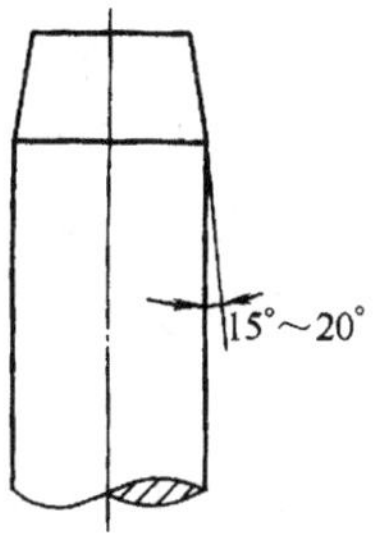

图 6.49 圆杆倒角

为使板牙起套时容易切入工件并作正确的引导,圆杆端部要倒圆,倒出的斜角为 15°~20°,如图 6.49 所示. 倒圆的最小直径可略小于螺纹小径,以使切出的螺纹端部避免出现斜口和发生卷边.

套螺纹前圆杆的直径也可由表 6.3 中查得.

表6.3　板牙套螺纹前圆杆的直径

粗牙普通螺纹				英制螺纹			圆柱管螺纹		
螺纹直径	螺距	螺杆直径		螺纹直径/in	螺杆直径		螺纹直径/in	螺杆直径	
		最小直径	最大直径		最小直径	最大直径		最小直径	最大直径
M6	1	5.8	5.9	1/4	5.9	6	1/8	9.4	9.5
M8	1.25	7.8	7.9	5/16	7.4	7.6	1/4	12.7	13
M10	1.5	9.75	9.85	3/8	9	9.3	3/8	16.2	16.5
M12	1.75	11.75	11.9	1/2	12	12.2	1/2	20.5	20.8
M14	2	13.7	13.85	—	—	—	5/8	22.5	22.8
M16	2	15.7	15.85	5/8	15.2	15.4	3/4	26	26.3
M18	2.5	17.7	17.85	—	—	—	7/8	29.8	30.1
M20	2.5	19.7	19.85	3/4	18.3	18.5	1	32.8	33.1
M22	2.5	21.7	21.85	7/8	21.4	21.6	1~1/8	37.4	37.7
M24	3	23.65	23.8	1	24.5	24.8	1~1/4	41.4	41.7
M27	3	26.65	26.8	1~1/4	30.7	31	1~3/8	43.8	44.1
M30	3.5	29.6	29.8	—	—	—	1~1/2	47.3	47.6
M36	4	35.6	35.8	1~1/2	37	37.3			
M42	4.5	41.55	41.75						
M48	5	47.5	47.7						
M52	5	51.5	52.7						
M60	5.5	59.45	59.7						
M64	6	63.4	63.7						
M68	6	67.4	67.7						

3)套螺纹操作

(1)为防止圆杆夹持出现偏斜和夹伤圆杆,圆杆应装夹在用硬木制成的V形夹块或软金属制成的衬垫中,并保证可靠夹紧.

(2)起套时,一手用手掌按住板牙架中部,沿圆杆轴向施加压力,另一手作顺向切进,转动要慢,压力要大,并保证板牙端面与圆杆轴线的垂直度.

(3)在板牙切入2~3牙时,应及时检查其垂直度并作准确校正.

(4)正常套螺纹时,不要加压,让板牙自然引进,以免损坏螺纹和板牙,且应经常倒转以断屑.

(5)在钢件上套螺纹时要加切削液,以延长板牙使用寿命,减小螺纹的表面粗糙度.[7]

6.4　焊接技术

这里焊接是指用加热的方法使熔化的焊锡将金属部件连接起来.

6.4.1　常用焊接工具及焊料

1.电烙铁

电烙铁靠电致热,按其致热方式分为内热式和外热式.内热式电烙铁一般功率较小,有20W、25W、30W等;外热式电烙铁则功率较大,有75W、100W等.此外,还有一种吸锡电烙铁,它能吸去焊点上的锡,以便于取下电子元件.电烙铁的烙铁头按形状可分为直头和弯头,但现在直头电烙铁较弯头电烙铁多.图6.50所示的就是常见的几种电烙铁.电烙铁的握持方法与手拿钢笔一样.需要注意的是暂时不用的电烙铁要放在烙铁架上,以免随处乱放会烫坏桌子或其他物品.

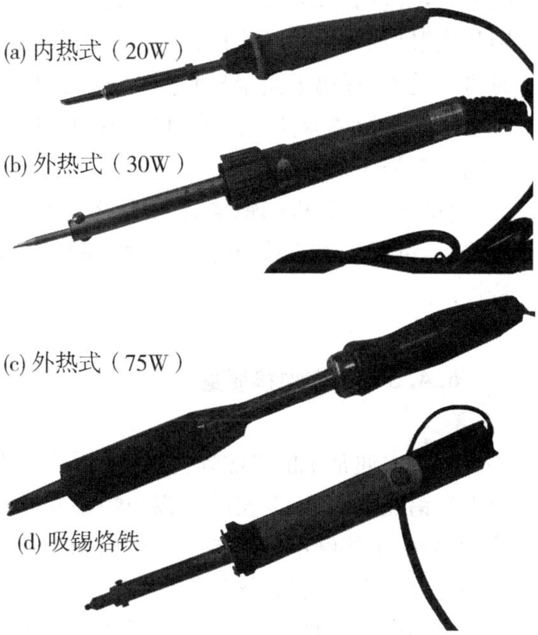

图6.50 电烙铁

2. 焊锡

焊锡是由锡、铅等低熔点金属合成的.例如,通用6337型焊锡丝组成比例为63%的锡(锡的熔点是231.89℃),37%的铅(铅的熔点是327℃).由锡、铅组成的标准焊锡熔点在183℃左右.现在的焊锡丝内芯一般都储有松香,使用很方便.

3. 助焊剂

助焊剂的作用是去除所焊工件表面的氧化层、油污等,同时具有助焊作用.使锡与被焊工件表面形成锡合金,使焊接牢固.以前常使用盐酸、氯化铵、氯化锌、焊锡膏等作为助焊剂,这些助焊剂对烙铁头和焊点的元件有腐蚀作用,不宜多用.应多采用呈中性的松香作为助焊剂.松香对元器件没有腐蚀作用,又能清除金属表面轻度氧化物.因此,对电器电路、仪表工件的焊接,只允许使用松香助焊剂.松香助焊剂可直接使用,也可以将松香制成膏状.其方法是将松香碾成粉状,放入浓度为95%的酒精溶液中,搅拌成糊状,为防止酒精挥发,可加入少许松节油存放待用.

6.4.2 预上锡与焊接

1. 预上锡

预上锡(也称搪锡)就是焊件焊接前,先用焊锡对焊接部位进行处理的操作过程.

预上锡之前应先对焊件表面进行处理.一般是用刮、磨、锉等方法将焊件表面氧化层或锈迹及污物清除掉.这样会在焊件表面留下划痕和沟,增大锡与焊件表面的接触面积,使焊接处连接牢固.

焊件表面处理完毕之后,应对各焊件预上锡.预上锡是让焊件表面形成锡合金,使锡附着在焊件表面,这样既可以防止虚焊与假焊,也使正式焊接容易,快速.晶体管(二极管、三极管)、集成块、集成块插座的引脚大都镀金或镀锡焊合金,一般不必进行表面处理即可沾上助焊剂直接进行焊接.

2. 焊接

元器件经过预上锡后方可进行焊接,焊接,烙铁头应同时紧贴引脚或引线头及印制板上的焊盘铜箔，当焊点温度升至焊锡熔点时，焊锡熔化并自动流到引线与铜箔间，形成锥状光滑焊点，之后迅速移开烙铁. 焊锡可事前熔在烙铁头上，亦可在烙铁贴在焊点加热时将其送入. 焊锡未完全凝固前，不能移动或摇动被焊元器件.

对于半导体器件只能采用小功率的电烙铁焊接，焊接时应掌握好温度及时间，焊接时间一般为3~5s. 若焊接时间过短，焊锡未与焊件充分浸熔，则易产生虚焊、假焊；时间过长，则将烫坏印制板的铜箔或元件. 若电烙铁温度过低，焊点表面粗糙、无光泽、呈豆腐渣状. 要尽量减少电烙铁与焊件接触时间，否则半导体类元件易受热烧坏或改变原有工作特性.

6.4.3　检查焊接质量

焊接中通常说的“虚焊”多数是因为没有进行预上锡而造成的. 这种虚焊与假焊，看起来有锡在焊点上，但实际上锡与焊件并未良好接触形成锡合金，日久氧化严重或受振动，就会由于接触不良而导致信号时有时无，时断时续. 虚焊与假焊若只凭观察，一般不容易检查出来，可轻轻摇动焊件，看焊件在焊点上是否焊牢；有时可以用万用表测量（用低电阻挡），一边摇动焊件，一边看万用表指针是否稳定在某一读数，若不稳定就可能是虚焊或假焊. 防止虚焊与假焊的最好方法就是在焊接前进行表面处理并预上锡.

6.4.4　使用电烙铁注意事项

（1）为防止损坏内部发热元件，电烙铁不能敲击. 新电烙铁使用前，应先将烙铁头斜面打磨光，沾一点松香，再搪一层锡.

（2）要经常保持烙铁头清洁，当积垢过多而发黑或凹陷时，重新打磨光搪锡，亦可趁热将烙铁头浸在松香中来回摩擦，待氧化层脱落后搪上锡.

（3）用电烙铁焊集成电路时，应接地或拔下电源插头焊接，以防静电将集成电路烧坏.

（4）使用时应注意安全，烙铁应放在专用架上，以防烫坏导线、元器件或烫伤他人.

6.5　玻璃材料加工

玻璃材料加工是指将玻璃板材或管材加工制作成所需形状和尺寸. 对于板材，这里仅介绍裁割与粘接；对于管材，主要介绍裁割.

6.5.1　玻璃板的裁割

裁割玻璃的主要工具是玻璃刀. 玻璃刀也称金刚钻，常用玻璃刀由刀头和刀柄组成，如图6.51所示. 玻璃刀头上装有比玻璃硬度高的钻石材料，玻璃刀有多种规格型号，如可旋转刀头、固定刀头、裁割厚玻璃板刀头、裁割薄玻璃板刀头等.

图 6.51 玻璃刀

裁割平板玻璃时,应先在玻璃上划好标记,若裁割直线可用直尺对齐划线. 因为玻璃刀的刀尖与边缘的距离约 2mm,故下刀时应将直尺向外退出 2mm. 裁割时应右手持刀(与右手持钢笔相同),左手压尺,使玻璃刀侧面靠在木尺上划割. 玻璃刀在玻璃上留下的只是刻痕,并没有将玻璃割穿,因此裁割玻璃时只要在玻璃上留下刻痕即可. 应尽量避免在同一处划数刀,否则会留下不重合的刻痕,在掰断时会使裁割线不整齐. 划好刻痕后,先沿桌边对齐划痕,然后用力沿刻痕处掰断玻璃板,若刻痕太浅,不易掰断玻璃板,可以沿刻痕在玻璃板边缘和中间,用玻璃刀刀柄或钢丝钳头部,从玻璃板反面向上轻击,直至击出裂纹后再用力掰断玻璃板.

6.5.2 细玻璃管的裁割

这里所说的细玻璃管,是指口径在 30mm 以下的玻璃管. 裁割时,先用玻璃刀或三角锉(或医用小砂轮)在需要切割处刻痕. 对于口径在 13mm 以下的玻璃管,用两只手的大拇指抵住刻痕的对面,快速用力折断;对于口径为 13 ~ 30mm 的细玻璃管,刻痕最好深一点,然后两手虎口相对握住玻璃管上划痕的两边,用力来回折几下,直至折断. 初学者,可以用废布垫在手持玻璃管处,以防玻璃划破手.

6.5.3 粗玻璃管的裁割

对于口径在 30mm 以上的粗玻璃管及玻璃瓶,采用电切割的方法最为可靠. 取一个带 V 形槽的固定支座,在槽口中部锯一条细槽,以备电炉丝穿绕玻璃管之用. 裁割前先划出刻痕,然后用一段约 20cm 长的 300 ~ 500W 的电炉丝绕瓶一圈并拉紧,要求电炉丝准确地接触刻痕. 为了防止电炉丝在接口处碰线短路,可在电炉丝两端接口处穿一小瓷柱. 用一调压变压器,降压至 15V 以下,通电后可看到,凡未与玻璃管接触的电炉丝已烧红,而与玻璃管接触的电炉丝则不见发红(或暗红). 有时能听到玻璃管裂开的声音,如果未裂开,可在裁割处浇些冷水,玻璃管就会沿刻痕裂开. 如果没有调压变压器,也可使用额定电流在 5A 以内的低压电源.

6.6 有机玻璃加工

6.6.1 有机玻璃材料的种类

有机玻璃分板材、管材和棒材三种. 从颜色上来讲,除无色透明之外,还有红、橙、黄、绿、蓝、紫、黑、灰等颜色.

1. 板材

板材就是平板材料，其厚度为 2 ~ 10mm，整块板材的规格一般是 1200mm × 1800mm，可以根据需要选择.

2. 管材

根据管的横截面的形状分为圆管、方管和梅花管；圆管的内直径为 5 ~ 100mm，管壁厚度为 1 ~ 4mm. 方管和梅花管也有不同的规格. 管材的长度一般为 1m 左右.

3. 棒材

棒材的直径为 10 ~ 50mm，长度为 1m 左右.

6.6.2　有机玻璃的特性

有机玻璃属于高分子聚合物，由聚甲基丙烯酸甲酯聚合而成，英释名叫“亚克力”，代号是 PMA，其密度是 1.19~1.20 g/cm^3，硬度相当于铝，没有固定熔点，在 90℃ 开始软化，在 104℃ 下呈熔融状态，透明度高，为 92%，透过的紫外线多达 73%. 与普通玻璃相比，有机玻璃的机械强度、韧性是其 10 倍以上，质量仅为其 1/2. 抗碎裂性是其 12~18 倍，有突出的耐候性、耐老化性，溶于三氯甲烷（氯仿），用油性记号笔在上面画线不易脱落. 另外，有机玻璃的绝缘性能也非常好，可用于静电实验中防止电荷泄漏，静电计、验电器、感应起电机中常有应用.

6.6.3　有机玻璃的加工方法

1. 划折

划折是有机玻璃的一种直线截料方法，做法是：将直尺放在欲切割的板材上，尺的边缘与切割线重合，固定好直尺，用如图 6.52 所示的钩刀（专门用来划割的刀具，工具店有售）沿着尺的边缘拖划，就会在板材欲切割处划出细槽，当细槽深度约有一半厚度时，就可以折了. 折的时候要移动板材使钩划出的细槽与桌子边缘重合，一只手按着在桌内的板材，另一只手拿着在桌外的板材，手掌使劲快速下压，有机玻璃就会从钩划的位置整齐

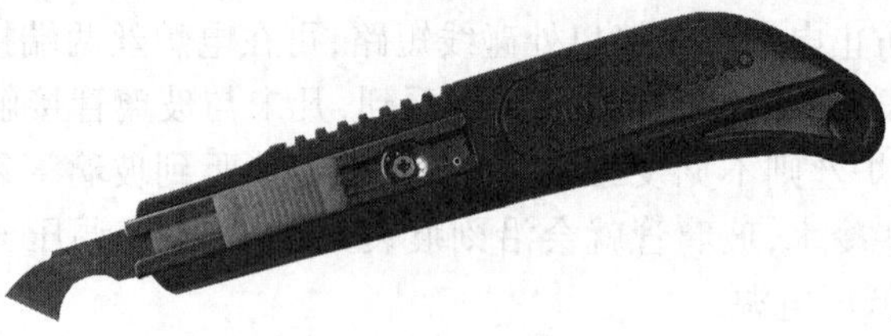

图 6.52　钩刀

地折断.

2. 锯

有机玻璃材料可用专门的振动锯、微型带锯床、台式电动线锯床进行切割，也可用手锯、钢丝锯进行切割，切割的路线可直可曲. 用锯加工有机玻璃时，应使锯末掉下来，因为锯末会在摩擦发热的锯片上熔化后粘在锯齿上，使锯齿失去作用. 锯时速度可慢些，避免

锯条过热粘住锯末或者方便用毛刷扫去锯末.

3. 锉

用锉刀锉削. 有三种情况需要锉削:

(1)被锯削过的材料边缘.

(2)做成的工件粗胚略微偏大但又不便用锯切割时,用锉刀锉削可使其与所要求的尺寸相符.

(3)对于材料上存在的棱角,经过锉削后可使其圆滑,手感好.

4. 热割

如果切割的路线弯曲复杂,又没有专用振动锯或电动线锯床时,可用热割锯切割,即可以把一段电炉丝拉直并固定在弯弓上,用调压变压器调节输出电压到10V以下,使电炉丝微红,使电炉丝沿预先划好的待加工线移动,即可加工出所需要的形状来. 但要注意用热割锯割过的有机玻璃边缘增厚且不平整,所以热割成型的只能是粗胚,应该在成品标准线之外热割,给细加工留有余地,否则经过细加工出来后比要求的尺寸偏小.

5. 热弯

如果要想把板材折弯成某个角度时,可将材料要折弯的部位放在热弯器上烤软,然后折弯成所需的形状,待冷却后就固定了,也可放入冷水中快速成型.

6. 切削

有机玻璃也可以像铜、铝等金属那样用车床切割. 例如,要求比较准确的截取一段有机玻璃或有机玻璃管,用车床切削就能保证横截面与轴线垂直,且尺寸较准确. 又如,用棒材加工成小皮带轮、圆锥形、圆台形等工件都用车床. 必须注意的是,在加工过程中要随时将切割出来的碎屑用毛刷刷去,以免它们在刀具与材料之间摩擦粘在刀具上,影响加工的速度和质量.

7. 钻

由于有机玻璃不耐高温,在有机玻璃或塑料上钻孔时要注意以下问题:

(1)钻头与有机玻璃摩擦产生的热容易使钻屑熔化黏附在钻头上,包裹钻头,使孔偏大或损坏,因此,钻孔速度不能太快.

(2)在孔将要钻通时,由于阻力减小,钻头容易卡住材料一起旋转,特别是直径在4mm以上的钻头在板材上钻孔时容易发生这种情况,稍不小心,就碰伤手. 为此在操作时应注意如下几点.

①左手最好将材料压紧,以防材料转动伤手.

②先用小钻头(如直径为2~3mm的钻头)钻出小孔,以保证孔的位置准确.

③采用间歇进钻,即操作进给手柄使钻头钻一下又马上让钻头抬起降温,这样可以避免钻头过热熔化钻屑.

④孔将要钻通时,要减小进给力,放慢进钻速度,以防钻头带动材料一起旋转.

⑤选择合适的钻头. 若要把金属杆压入有机玻璃的孔中,而且要求稳固,孔的直径应比金属杆的直径小0.1~0.2mm. 如果要让金属杆在孔中灵活转动,孔的直径应比金属杆的直径大0.1~0.2mm.

8. 攻螺纹

由于连接固定需要也可在有机玻璃上攻螺纹. 攻螺纹前先钻底孔(所钻底孔的大小可参考表6.2),再用相应的丝锥攻出螺纹.

9. 粘接

由于有机玻璃溶于三氯甲烷(或二氯乙烷),所以有机玻璃之间的相互粘接不需要别的黏合剂,只要用移液管或小注射器(一般用 5mL)吸取少量三氯甲烷液体,轻轻均匀地将三氯甲烷挤压到欲粘接的有机玻璃表面上,马上把粘接处压紧,待液体挥发后,有机玻璃就粘接好了. 但要注意三氯甲烷要适量,如果太少,粘接的面积太小,不牢固;如果太多,流到其他表面,会留下印渍,影响美观,而且会把材料泡变形,影响质量. 另外,三氯甲烷属于有毒化学药品,手上有伤口不能操作,以免从伤口浸入人体.

10. 有机玻璃板表面的抛光

可用绒布沾少许抛光膏反复研磨,也可用牙膏加水调和后代替抛光膏使用. 抛光后可以使有机玻璃被加工表面光洁,透明度提高.

6.7　粘接技术

在加工制作过程中,若能掌握好粘接技术,使用胶黏剂可以使工作提高效率,提高加工质量. 什么是胶黏剂呢? 胶黏剂就是可以把各种材料紧密黏合在一起的物质. 因此,采用胶黏剂来进行连接的技术就是粘接技术. 粘接技术是一项新工艺,新技术,它能部分代替焊接、铆接和螺栓联接,将各种金属和非金属构件牢固地连接在一起,且可达到较高的强度要求,并具有工艺设备简单、操作方便、成本低廉、适用范围广、密封防腐性能好、耐疲劳强度高等优点. 它的不足之处是,粘接层的抗剥离强度较低,耐热性不高(一般为 150℃,最高为 300℃).

6.7.1　正确选择胶黏剂

根据粘接的具体情况,要正确选择胶黏剂. 胶黏剂选择得好,一次粘接就可以成功,若选择的胶黏剂不适当,很可能需要多次粘接才能成功,有时甚至会毁坏工件. 通常按以下四点来选择胶黏剂.

1. 根据被粘材料的化学性质选择胶黏剂

粘接钢、铝、陶瓷等极性材料时,应选用极性强的胶黏剂,如环氧树脂胶黏剂、聚氨酯胶黏剂、丙烯酸酯胶黏剂、无机胶黏剂等;粘接聚乙烯、聚丙烯、聚苯乙烯等弱极性或非极性材料时,应选择丙烯酸酯胶黏剂或能溶解被粘材料的溶剂,如三氯甲烷、二氯乙烷等.

2. 根据被粘材料的物理性质选择胶黏剂

粘接陶瓷、水泥等脆性或刚性材料时,应选用强度高、硬度大且不易变形的热固性树脂胶黏剂,如环氧树脂胶黏剂、酚醛树脂胶黏剂;粘接橡胶、皮革、塑料薄膜等弹性或塑性材料时,应选择弹性好、有一定韧性的胶黏剂,如氯丁胶黏剂、聚氨酯胶黏剂;粘接泡沫塑料、海绵、织物等多孔材料时,应选择黏度较大的胶黏剂,如环氧树脂胶黏剂、聚氨酯胶黏剂、聚醋酸乙烯酯胶黏剂、橡胶型胶黏剂.

3. 根据被粘件使用条件选择胶黏剂

被粘件受剥离力与不均匀扯离力作用时,可选用韧性好的胶黏剂,如橡胶型胶黏剂、聚氨酯胶黏剂等;在受均匀扯离力、切力作用时,可选用比较硬、脆的胶黏剂,如环氧树脂胶黏剂、丙烯酸酯胶黏剂等;被粘件要求耐水性好时,可选用环氧树脂胶黏剂、聚氨酯胶黏剂等;被粘件要求耐油性较好时,可选用酚醛—丁腈胶黏剂、环氧树脂胶黏剂等.

4. 根据被粘件的使用温度选择胶黏剂

不同的胶黏剂,使用环境的温度有差异. 例如,环氧树脂胶黏剂适宜在 120℃以下使用;橡胶型胶黏剂适宜在 80℃以下使用;有机硅胶黏剂适宜在 200℃以下使用;无机胶黏剂适宜在 500℃以下或 1000℃以上使用.

6.7.2 影响粘接质量的因素

影响粘接质量的因素较多,在粘接前应该从下面几个因素进行考虑.

1. 粘接件表面要粗糙

表面粗糙比表面光滑粘接效果要好,因为表面粗糙实际上是增大了粘接面积,胶黏剂较易保留在表面细孔中,提高了粘接强度. 表面粗糙的工件经粘接后,能承受的剥离力比表面光滑的粘接工件要大得多. 但要注意,粘接件不允许有太大的凸凹不平.

2. 粘接件表面不应该有较多水分

粘结件表面水分较多时会导致在粘接过程中凝集于粘接表面,使粘接强度降低.

3. 胶粘层的厚度要适当

胶粘层过厚与太薄都会使粘接强度下降,不同类型的胶黏剂,要求胶层厚度不同. 大多数合成胶黏剂以 0.05~0.10mm 为宜,无机胶黏剂以 0.1~0.2mm 为宜.

4. 适当的固化温度

固化温度会影响粘接质量. 对于一般室温下固化的胶黏剂,适当升高温度可以加速粘接反应,有利于提高粘接强度. 但是高于固化温度太多,会使胶层变得过薄甚至缺胶,导致粘接强度下降.

5. 增大粘接时的压力

压力大小对粘接质量影响较大,通常在一定范围内,压力不足或者加压不均匀,会使胶层出现疏松孔洞,从而影响粘接强度. 对于固态胶黏剂,增大粘接压力有利于提高粘接强度.

6.7.3 粘接工序及表面处理

1. 粘接工序

(1)制订粘接方案;

(2)设计和加工粘接接头;

(3)清洗被粘材料;

(4)选择胶黏剂;

(5)表面处理;

(6)被粘面的漂洗和干燥;

(7)配胶黏剂和涂胶黏剂;

(8)黏合装配;

(9)固化;

(10)检验粘接质量.

2. 表面处理

由于要求被粘件有最佳表面状态，使胶黏剂形成的粘接力超过胶层的内聚力，所以必须重视被粘件的表面处理. 常用黏结材料的表面处理方式如下：

(1) 对玻璃、陶瓷可先用水和金刚砂磨蚀，再用乙醇溶剂清洗.

(2) 普通橡胶，则应先用砂布打磨，以木锉粗化，刷去砂粒，用溶剂涂抹.

(3) 对于有机玻璃、聚苯乙烯等，可先用 100 号砂布打磨，再用甲醇或异丙醇等溶剂清洗.

(4) 对铜、铁等金属，用 1.00 ~ 1.50g/mL 的硫酸，在 20 ~ 30℃ 下浸泡 0.5 ~ 1 分钟 (用盐酸亦可).

(5) 对于铝合金，先在 10% 氢氧化钠溶液中浸泡 1 分钟，再在硝酸中浸蚀 0.1 ~ 0.2 分钟.

6.7.4 几种常用胶黏剂的使用

1. 环氧树脂胶黏剂

可以用来粘接不易被有机溶剂溶解的材料，如金属、玻璃、胶木等，通常称它为“万能胶”. 环氧树脂胶具有粘接强度高，耐化学介质性好，耐温性能好，胶层收缩率小，可在室温下固化，施工工艺简单等优点.

环氧树脂的品种有多种，使用时请参看产品说明书. 下面介绍一种自然干燥的配方.

(1) 粘接料：环氧树脂 100 份；

(2) 填充料：与粘件性质相近的粉料 100 份；

(3) 增塑剂：磷苯二甲酸二丁酯 20 份；

(4) 硬化剂：乙二胺 8 份.

配制时先将环氧树脂加热到 70 ~ 80℃，放入填充料和增塑剂调匀，待冷却到 50℃ 左右放入硬化剂，不停地搅拌(用一根小棒沿一个方向)并驱赶气泡，放置约 20 小时后即可硬化粘牢.

2. 有机玻璃制品胶黏剂

配方一：

(1) 有机玻璃粉末 10 ~ 15 份；

(2) 二氯乙烷 70 份；

(3) 四氯化碳 15 ~ 20 份.

配方二：

(1) 有机玻璃碎片 5 份；

(2) 氯仿(三氯甲烷) 95 份.

两种配方在粘接时的工艺如下：

(1) 清洗. 用无水乙醇清洗被粘接面，晾干.

(2) 配胶. 按配方规定量混合调匀.

(3) 涂胶. 将配好的胶黏剂涂于有机玻璃制品双面粘接面，然后装配施以接触压力.

(4) 固化. 70℃ 下放置 6 ~ 10 小时或室温下放置 24 小时.

3. 通用双管胶(也称 AB 胶)

双管胶适用于粘接金属、塑料、胶木、木材、玻璃、陶瓷等制件本身或相互间的粘接. 该粘接工作温度为 20 ~ 130℃,它耐油、水及其他介质.

使用方法:

(1)首先将涂胶面上擦净,用丙酮或无水乙醇清除去表面油脂.

(2)把双管胶盖打开,挤出等量胶黏剂,混合均匀.

(3)胶涂在粘接面上,室温下加压固化.

4. 单组分室温硫化硅橡胶 1(HC704 密封胶)

这是一种现在市场上常见的密封胶,该种胶耐老化、耐酸碱、耐高低温(-60 ~ 250℃),无腐蚀性,绝缘,防水、抗震性能良好,特别适用于电热电器的绝缘灌注密封.

使用方法:

先将待粘工件作一般清洁处理,涂胶黏合,室温下固化 12 ~ 24 小时,本胶使用后需立即盖紧,可保存一年.

5. 单组分室温硫化硅橡胶 2(HC705 胶黏剂)

这也是一种现在市场上常见的透明黏合剂,能黏合常见金属和非金属. 适合用于可控硅. 硅整流二极管的台面保护及晶体管的封装,也可用在其他电子元件的灌注密封及需透光的光学材料上.

使用方法:

先将待粘工件作一般清洁处理,然后涂胶,让其在室温下固化. 若黏合面积大,则固化时间长.

6. "502"胶

"502"胶是一种有机胶黏剂. 用它涂于待粘接面上时,遇空气中微量水或弱碱的催化作用,在室温下立即发生催化反应,把物体粘牢. 此胶适合于黏合铝、铜、钢铁、铬镁合金等金属,以及橡胶、硬塑料、聚苯乙烯、酚醛塑料、玻璃、陶瓷、骨骼、尼龙丝、有机玻璃等非金属材料,但不适用于黏合多孔性材料(如纸、皮革、软木料)和未经表面活化处理的聚乙烯、聚丙烯、聚四氟化乙烯塑料.

在使用前必须对待粘接件表面进行处理. 金属材料先用砂布除掉锈污,再用乙醇、丙酮或醋酸乙酯洗擦去油污;非金属材料需将表面脱膜剂层打磨掉,再用三氟乙烯或其他溶剂擦洗干净.

经过表面处理之后,再将胶液涂在表面上,立即定准位置,稍施压,几秒钟或几分钟内即可粘牢.

使用注意事项:

(1)用胶不宜过多,胶层厚度若大于 0.1mm ,强度反而下降.

(2)用此胶黏合的物体不宜放在水中或碱液中使用,温度也不能超过 150℃.

(3)不要用手直接接触胶液. 若不慎将胶液滴到手上,切不可强行撕裂;应以大量的水冲洗,再用丙酮擦洗. 若因不慎将胶液溅入眼中,应先用水冲洗,再涂油脂眼药膏,可使其加速脆落.

7. 尼龙胶黏剂

配方:

(1)环氧树脂 100 份;

(2) 聚酰胺树脂胶 60 ~ 80 份;

(3) 环氧氯丙烷 5 ~ 10 份.

用途:适用于尼龙与尼龙、尼龙与铁粉芯、聚乙烯与聚乙烯、聚乙烯与金属间的粘接.

8. 橡胶制品胶黏剂

配方:

(1) 纯苯 93 份;

(2) 丙酮 0.53 份;

(3) 四氯化碳 1.22 份;

(4) 松香 0.36 份;

(5) 酒精 0.53 份;

(6) 虫胶 0.28 份;

(7) 生橡胶(或生胶) 3.5 份.

用途:适用于雨鞋、胶鞋、自行车内胎等各种橡胶制品的粘接.

6.8　仪器设计中的电子制作

6.8.1　印制电路板设计方法

1. 印制电路板的布线形式

印制电路板依据电路的复杂程度分,有单面板、双面板及多层板三种,其中单面板因适用于较为简单的电路,价格低廉,而被广泛采用.

印制电路板的布线型式,一般有以下几种.

1) 弧线细条形

这种布线型式,除地线面积较大外,其余均为任意形细弧线,适于直接在敷铜板上用油漆、胶片漆等绘制走线,如图 6.53 所示.

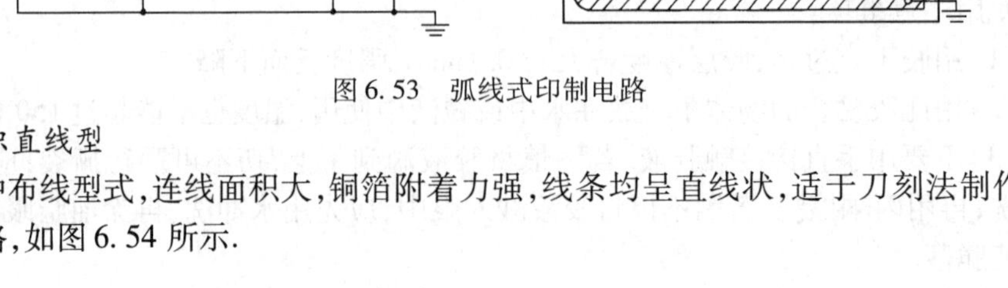

图 6.53　弧线式印制电路

2) 大面积直线型

这种布线型式,连线面积大,铜箔附着力强,线条均呈直线状,适于刀刻法制作,用于简单电路,如图 6.54 所示.

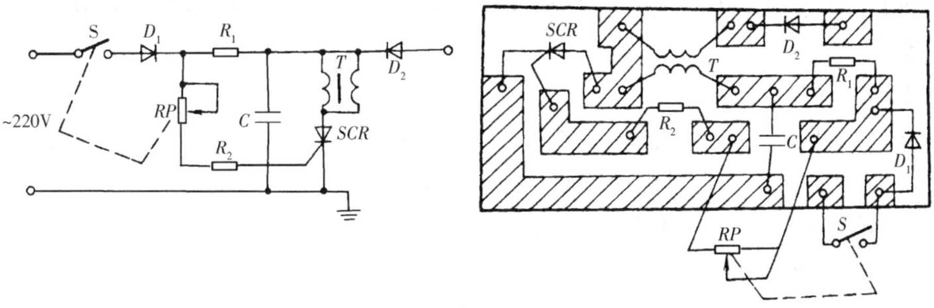

图 6.54 直线式印制电路

3) 大面积接地型

这种布线型式,地线面积占整个印制板面积 80% 以上,使接地铜箔真正起到地线的作用. 由于信号连接线异常短,可减小分布电容、分布电感及介质损耗,而且铜箔附着力亦强,尤为适合高频状态下工作的电路,如图 6.55 所示.

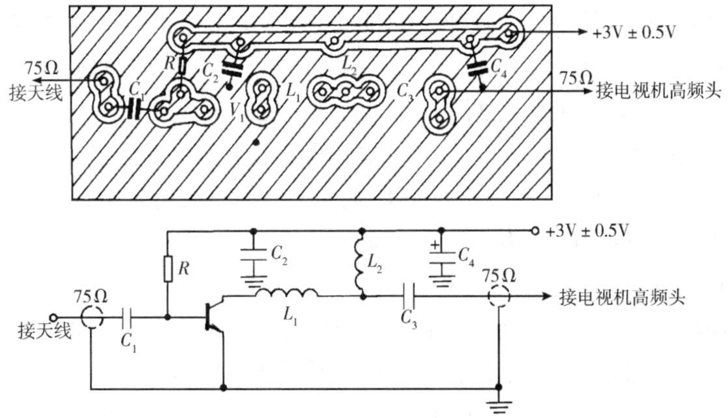

图 6.55 大面积接地式印制电路

4) 直线细条型

这种布线型式,其连线为横平竖直,横线与纵线垂直,线条转角处可用弧线,亦可用 45°斜线连接,线条宽度则依据连线密度与电流之大小而定,是目前印制电路板普遍采用的一种形式,非常整洁、美观,如图 6.56 所示.

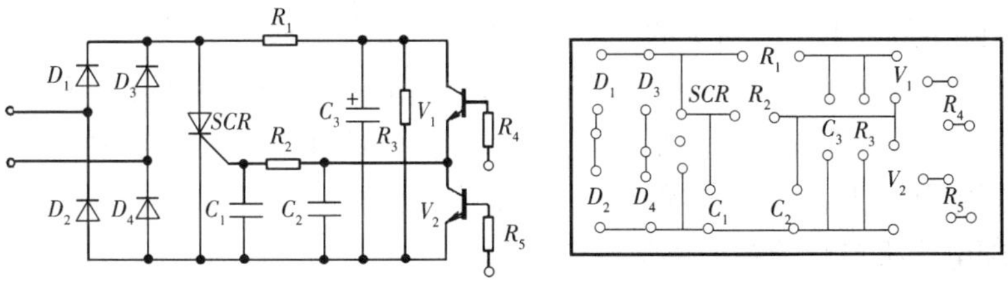

图 6.56 直线式印制电路

2. 制作印制电路板的基本原则

1) 印制电路板面积的确定方法

确定印制电路板面积大小时,首先应依据电路原理图中的单元电路的个数、元器件的多少、体积大小、分体机还是整机等诸因素进行综合考虑,在保证元器件装得下、紧凑的原则下，来决定印制电路板的面积与形状. 对于较复杂的电路，尚应考虑留有标注字符的位置.

2）电子元器件的位置排列

（1）根据电路的原理，电路元器件的总体排列顺序，一般首端为输入端，末端为输出端，或者从高频电路向低频电路的顺序进行位置排列.

（2）排列元器件位置时，应充分考虑每个单元电路彼此间的关系，所占地方之大小、上下、左右要予以兼顾，防止松紧不一.

（3）单元电路占地位置与面积应合理分布，相互之间连线要短捷. 包括以晶体管、集成电路为核心组成的单元电路，外围元件应尽量顺序井然地安排在一起.

（4）根据前后、上下位置大小，或立或卧式安放，确定元器件位置排列. 为防止元器件相互碰靠，其间要留有一定间距，尤其是发热元器件更该注意.

（5）对于接地公共端，应尽量就近接地于边框上. 若公共地端在面板中间，可分别接于一条公共地线上，最后归总于边框形成一个子边框，将单元电路包围其中. 这种布线方式不仅能起一定的屏蔽作用，而且便于元件安装，对于工作频率高的电路，尤显重要.

（6）为保证电路工作稳定可靠，高频元器件的外引脚应被宽面积的接地线所环绕.

（7）不能在一个焊盘上装有两个元件的引脚，更不能重叠排列.

（8）对于线圈、变压器等感性元器件的排列，为防止相互间耦合及分布电容对电路工作的影响，应尽量作垂直排列，或彼此间距离远些，尤其在高频电路中更该注意. 通常焊盘大小为1.2～2.5 mm，间距不小于0.8mm.

3）印制线路的连接

当单元电路、元器件位置确定之后，元器件外引脚焊盘的位置亦随之定位，则焊盘之间即可用印制线连接起来；对于进行数据信号传送的逻辑电路，印制线可细些，但宽度不能小于0.3mm，而对于放大、振荡电路等，印制线可略宽些，一般线宽为0.5～1mm，线距不小于0.5mm. 地线通常宽些，某些地方尚应大面积布设；对于三个以上焊盘之间的会接，应采用三角形或方块或多边形印制线联合会接；若遇到连线必须交叉设置时，少量的可采用导线（间距大时）或裸线（邻近时）的跳线跨接至另一位置，在复杂电路用的双面金属线印制板孔中，便由印制线代替.

4）元器件字符的标注

对于电路简单、单元电路少的印制电路板（单面板），通常不进行字符标注，而对于复杂电路或多单元电路组成的电路，其印制电路板（包括双面）都要进行字符标注，这样不仅安装时能“对号入座”，还为以后的调试、故障排除或他人组装带来很大方便. 一般厂家生产的印制电路板上，都有元器件型号、序号及大小的标注.

3. 印制电路板草图绘制时注意事项

在绘制印制电路板草图时，应注意以下事项.

（1）熟悉电路原理. 所谓熟悉电路原理，是了解电路的组成及工作原理，如信号的来龙去脉、工作电流流向及元件之间、单元电路之间的关系等，以确保布线时的电气性能.

（2）收集元器件资料. 为确保元器件位置大小与正确排列，对电路中元器件、配件的外形尺寸和安装尺寸、引脚排列等情况，尽量收集全面，以供实施布线时参阅.

（3）确定固定件位置. 固定件是指印制电路板与机壳相对位置、电路中的电位器、可变电容器、电池极片、拉线滑轮及印制电路板固定孔等不能随意改变的位置,以防布线后将其印制线损坏或需重新布线. 对于固定件位置,除标出其外形或轮廓、定位其尺寸外,还应标出焊点;部分"地盘"被固定件"占据"时,应适量留出一定宽度的边缘备用.

(4)布线. 当印制电路板的外形孔位及固定件画好后,即可开始布线.

①按原理图把需布线的电路分成若干个单元,估算各单元所占的面积,依据元器件间连接情况分别布线.

②对于单元电路,优先考虑大尺寸元件位置,而小型元件则"见缝插针";先画圆盘(即焊接点),后绘其间连线.

③在布线过程中,要根据元件的排列松紧、连线密度及与其他单元的衔接等情况,进行反复调整,直至基本合理.

④绘制出的印制电路板草图,应依照电路原理图进行核对,以防出差错或遗漏.

⑤当单面印制电路板遇有连接线交叉时,应采用跨线、零欧电阻或元件替代法来实现. 为不影响美观,同一印制电路板中的跨线长度应尽量与电阻小型元件一致;绝缘跨线设在印制线一面,裸线则成"∩"形置于元件面的两跨接点之间.

安装零欧电阻跨接,既简洁又不易被人察觉跨线的存在. 而元件替代法,是将一个元件的数值由两只元件总值代替,其中一只元件安装在跨接处. 设计绘制电路板时可依据实际情况及身边材料,选其跨接方法.

⑥对于地线布置,为降低因趋肤效应产生的地线阻抗,高频电路接地面积应大;对于高增益、高灵敏度电路,各单元的接地应集中在同一点,即"一点接地法";为防止输出电流在地线中的压降反馈到输入端而导致自激,前级接地点应为低电位地,后级接地点应为高电位地,偏置电流应从高电位地流向低电位地,否则将引入极大的噪声或自激. 对于大电流流过的印制电路板地线,可用浸锡来减小电阻或用金属导线替代. 地线面积大有利于功率元件的散热.[8]

4. 印制电路板制版方法

印制电路板传统制版方法之一是墨画法,即先根据电路板实际所需尺寸,放大 1 倍或 5 倍后用绘图工具蘸上墨汁在绘图纸上根据草图绘制画稿,然后通过拍照、复印缩成 1∶1 的比例,制成印制电路板的图样;另一种方法则是先利用具有良好遮光特性、带滤色片的黑胶布制作成与印制电路板草图尺寸相同的贴盘(贴焊点与孔位)、贴带(贴走线及边框)等切符;用透明的涤纶薄膜钉将切符逐一粘贴在印制电路板草图上制成画稿,然后拍照制作图样.

用手工制作印制电路板图与绘制电路原理图,既费工、费时,又很难做到规范、均匀及美观. 由于计算机的广泛使用及各种计算机软件的出现,现在利用计算机绘制电路图和电路板已经非常普遍,手工方式制作电路板已很少有人用.

若在计算机上装有新编的 Protel 99SE EDA(Electronic Design Automation,电子设计自动化技术)类版本软件,则可以将电路设计中的很多工作交由计算机来完成. Protel 99SE EDA 软件是一个功能非常强大、非常复杂的软件,在电子技术专业专门开设有"Protel PCB 99 SE 电路板设计"类课程,要学会它的使用方法需要花费大量的时间,如果不是电路的专业设计人员,就没有必要花太多的时间去学习它,因此这部分内容此处不作介绍.

6.8.2 用计算机绘制印制电路板与电路图

1. 用 Windows 绘制电路图

Protel 是用来编辑印制电路板及绘制电路图的专用软件，但这种软件使用方法较麻烦，不易掌握，而且均不能直接向图中输入汉字；用 Office 办公软件下的 Microsoft PowerPoint 或 Microsoft Word，以及中文 Windows 98 版及以后的软件的画笔功能，可直接绘制电路图与印制电路板. 作图功能除没有专用软件的统计元器件、打编号及一些自动功能等外，绘制电路图与印制电路板电路图还是非常方便的，并能在任何时间输入任意大小与字体的汉字，随时绘制任何新器件的图符且立即调用. 绘制电路图的方法如下：

（1）按常规方法进入 Windows 之后，直接在 Microsoft PowerPoint 或 Microsoft Word 状态下，利用其作图工具进行绘制.

（2）在 Microsoft PowerPoint 状态下，屏幕会出现一个空白画框，此时可用鼠标点选屏幕下边的自选图形、直线、矩形、实心圆、空心圆、文本框等绘图工具，准备绘图.

（3）为发挥计算机绘图的优越性，应先将绘图所需的电阻、电容、晶体管、二极管、开关、变压器及集成电路等，一一单独画出来，而且每种元器件用方框选定后进行组合，对于需要横放或竖放的元件可采用旋转的方式确定.

（4）调用元器件与安排布局.

①调用核心器件. 在电路图中，大部分元器件是围绕某个主要器件布局的，故应先将这些核心器件调出来，摆放在图纸的适当位置.

②调用那些用量较多的电阻、电容等元件.

a）用鼠标将要调用的元件选中，采用“复制”与“粘贴”的方式多次使用. 复制一次可反复粘贴使用，如绘制一个电阻，即可当多个电阻使用.

b）将选定的元件复制与粘贴后可用鼠标将其拖至图框中大致合适的位置，最后单击鼠标将其安放到适宜位置上. 也可用鼠标选中某元件后利用键盘上的【Ctrl + C】和【Ctrl + V】组合键直接将元件拖放到所需位置. 当需要仔细调节元件位置时可使用键盘上的【Ctrl + 箭头】组合键进行仔细调节. 反复使用这种方法，直至所需的元件均对号入座.

c）按上述方法调用电路图中全部元器件到所需位置.

为提高调用速度，应先调用方向一致（如竖放或横放）的元件，之后再调用方向不同的元件，这样能保证调用顺序井然，且无遗漏.

（5）调整布局. 当电路图中所有元器件已调至图纸中相关位置后，为使所有元器件排列得合理、匀称及美观，可用鼠标将元器件调整（拉）到最适宜的位置.

（6）连线. 将各元器件按电路图进行连线，连线时可直接用鼠标单击直线或曲线图标后从连接的起点拖至终点即可，若图线偏长或偏短时可双击，在弹出的“自选图形”对话框中从“尺寸大小”列表中选取所需准确尺寸，如果是画印制电路板连接导线，则还可根据通过电流大小需要选定粗细不同的线条. 按上述方法将所有连线全部连完即可.

（7）注入汉字与英文字符. 当各元器件之间的连线绘制好后，进一步便是按电路图之的要求，注入汉字与英文字符，如图名、引脚序号、集成电路或三极管、二极管编号、型号、U_{DD}、U_{SS}、R_1、R_2…，C_1、C_2…，T_1、T_2…等. 这时，可单击工具栏中的“*ABC*”或文本框编辑文字.

文字输入后若位置不恰当时,可用鼠标单击激活欲移动的文字或文本框,将其拖到正确的位置.

(8)调整、精修.经上述步骤,一张电路图已基本绘制完毕,余下的工作便是调整精修,即将图中元件疏密不均处进行最后调整使其分布均匀美观,再将过长的线缩短,长度不够的线增长,把有错误或遗漏的文字或符号改正过来或补上.

(9)组合.电路绘制、调整完成后,为便于今后转移到其他文件或制成印制电路板电路,需用鼠标选中所需组合的电路后单击鼠标右键,从弹出的快捷菜单中选择"组合"命令即可.

(10)翻转.我们绘制印制电路时,为了方便和不易出错,通常都是从左到右,从正面往下看(即从元件方向往下看)进行绘制的,而印制电路是在电路板元件的另一面,即所画出的是电路的水平镜像,因此必须作水平翻转后才能绘制出正确的电路板.因此需将组合后的电路先复制、粘贴,拖到图纸空白处后水平翻转再取消组合,删去元件符号仅留下图中连接导线再行组合即得到所需印制电路制版图.

(11)选择"文件"菜单中的"保存"命令,将所绘制的电路图存储起来,电路图的绘制工作全部完成.

(12)打印电路图.选择"文件"菜单中的"打印"命令,按弹出的对话框中的提示进行操作,即可打印出适宜保存或使用的规格图纸.所打印出图纸的尺寸就是绘制图线时的实际尺寸.

2. 描绘印制电路板的方法

描绘印制电路板的方法越来越多,亦越简易实用,现归集如下,供读者自制印制电路板时参考选用.

1)涂漆法

选好适宜的敷铜板后,用碱水除去铜箔表面的油污,亦可用细砂布将其打光,之后用复写纸将1∶1的印制板电路复印到铜箔面上,再把耐腐蚀涂料(清漆、磁化漆、煤油稀释的沥青、打字蜡纸改正液、记号笔或指甲油等)涂覆在铜箔所复印的痕迹上.经修整检查正确无误且描绘电路板干燥后,放入三氯化铁溶液中进行腐蚀.三氯化铁与水按1∶3的比例予以混合,放入非金属器皿中,适宜温度为30~50℃,腐蚀过程中应不时地搅动腐蚀液.温度过高虽腐蚀时间短,但漆皮易脱落;温度过低,则速度过慢,因此应注意腐蚀液的温度.

腐蚀好的印制电路板,从腐蚀液中取出应用清水冲净,打样冲眼,用手电钻或台钻在焊盘中心钻孔,之后用细砂布去除油漆,最后将其清洗干净,并涂上一层松香酒精层.

2)用纯松香溶液描绘印制电路板

将纯松香研磨成粉末,装入容器中,之后按1∶3的比例将松香粉末与纯酒精混合,搅拌至松香全部溶解,再放入几滴蓝、黑或红色的圆珠笔油,搅拌均匀;取一只4号注射针,在针长1cm处剪断,用细磨石将其端部磨光滑,使针眼不堵或不变形;描绘时,用15mL注射器抽入带颜色的松香液,安上针头,即可沿着复写的痕迹描绘.在走线较宽的地方可更换粗针头,亦可先描出一个外轮廓,再在其内涂满松香液.描绘焊盘处时,只需针头围绕已被样冲头冲出的小窝画一圈,即成为一个十分圆的小圈.在描绘中,若松香液大量地从针头流出,表明液体过稀,应再加些松香末;若不流出或断续,表明液体过浓应再加些酒精.

描画好的印制电路板待晾干后,即可放入三氯化铁溶液中进行腐蚀.腐蚀后的印制电路板取出后,用水冲洗干净,再用酒精擦去涂层,用橡皮蹭亮铜箔,之后即可钻焊盘中元器件的孔眼,最后涂上一层松香液予以保护.

3)用修正液描绘印制电路板

具体做法是:用描图纸描出1∶1的印制电板电路底图,并将敷铜板经三氯化铁腐蚀液浸泡半分钟取出用水冲洗干净并晾干;之后把描绘出的印制电路板电路底图覆在铜箔面上,其上压块干净玻璃,在强光下晒15分钟;取下玻璃与底图,用直尺尺面向下斜靠在晒出的线条上,把修正液摇匀后尖嘴向下,靠尺轻轻挤压液瓶并移动,白漆流出即覆盖在晒出的线条上,这样便获得了整洁的保护膜.若线条上有粘连的毛刺,可用利刀修正.整块印制电路板电路描绘完毕,晾干后即可进行腐蚀.

本描绘方法快捷省力,但不宜绘制细密线条的印制电路板.

4)用夹克油描绘印制电路板

先在坐标纸上设计出1∶1的印制电路板图,之后在印制电路板图上覆一张蜡纸,用无油墨的圆珠笔在蜡纸上刻印出印制电路板电路轮廓.

将刻好线的蜡纸覆在已洗净磨光的敷铜板上,用刷子蘸油墨在蜡纸上刷几遍,直至在敷铜板上留有明显的一层凸起的线迹.

取下蜡纸,用毛刷蘸夹克油把已有轮廓的印制电路描实.只要耐心,细心,便可描出异常整洁的印制电路图.

描绘好的印制电路,待夹克油晾干即可对电路板进行腐蚀.

5)用胶片漆描绘印制电路板

在计算机上设计出的1∶1的印制电路板图经打印机打出后,覆盖在已洗净磨光的敷铜板上,用样冲打冲眼以确定出焊盘及集成电路焊接点的位置,随后用鸭嘴笔蘸上经酒精溶化并放有少量龙胆紫晶的胶片漆,按印制电路板图的图样描绘出印制电路;描绘电路时可根据焊盘的大小或电路连线的宽度适当调节鸭嘴笔的开口,鸭嘴笔用毕后一定要用酒精清洗干净以待下次使用.

描绘好的印制电路板,待胶片漆晾干(放在通风地方,夏天一般需4~6小时,冬天需10~12小时),即可对电路板进行腐蚀.如果在绘制电路的过程中出现差错或不满意的地方,可等胶片漆晾干后用小刀和鸭嘴笔进行修整或补漆,待晾干后即可腐蚀.

电路板腐蚀后先用清水冲洗、晾干,再用酒精擦洗电路铜箔上的胶片漆,最后再抹上一层松香液,待晾干后用台钻或手电钻在冲眼处钻出元件安装孔,电路板就制作完成了.

3.引脚直连式电路板制作方法

引脚直连式电路板是利用电路中的电阻、电容、三极管等元器件的引脚与绝缘单股硬导线,在绝缘板上替代铜箔线连接而成的,亦可使元器件排列整齐、固定牢靠,电路工作稳定.制作步骤如下:

1)安排元器件位置

根据电路图准备好所有元器件与电路板,之后依据电路绝缘板的大小,安排各元器件、各安装固定孔与过线孔等的位置,之后按其电路单元数,分割各单元电路面积,使各部分元器件分布尽量匀称,之后按电路信号顺序一个单元一个单元地安排单元中的元器件位置.

安排元器件时,接线要短捷,前后有序,尽量不交叉,排列整齐.电阻平放时依据所选用实体,其孔距在 9 ~ 10mm 之间,立式在 4 ~ 5mm 之间,两电阻之间的距离在 4 ~ 6mm 之间. 其他元器件仿此匀称安排.

2) 引线连接

当元器件位置排列好后,在绝缘板(即元器件)的反面画出各元器件引脚间的连线图. 画引脚间连线时,要按实物大小画出各元器件与引脚孔的位置,之后再按电路图画出其间连线. 连线要短捷,尽可能利用元件的引脚,对于不能利用两元件引脚进行直连处,采用单股硬质绝缘细导线连接或弯曲走线连接. 当引线必须交叉时,可采用有套管的导线跨接. 各引线之间应留有不少于 1.5mm 的间距.

3) 钻孔

当画完引线连接图并检查无遗漏及正确无误后,可按元器件引脚位置、过线孔位置冲眼、钻孔. 孔之直径不能过大,以防松动,一般孔的直径略比引脚、引线直径大 0.1 ~ 0.15mm.

钻孔前为保证孔的位置准确,要用冲头或细钢钉在绝缘板上轻轻打出凹痕,以利于钻头的导入. 钻孔时可用手捻或使用小型手电钻. 钻头不要留得过长,以钻透绝缘板为准,以防钻头折断或将孔径扩大.

4) 安装与焊接

安装时,先将各元器件插入相应孔中,并应注意带有极性的元件引脚不能插错;引脚插至合适位置时按引线连接图将其引脚折弯,并用偏口钳剪去多余长度,之后用镊子夹持对准焊接位置进行焊接.

安装与焊接时,引脚及引线必须紧贴绝缘板,不能悬空. 为防止引脚与引线松动,可用"502"胶或硫化硅橡胶将其与绝缘板粘牢.

对于继电器、变压器等较大器件,应放在最后安装与焊接. 继电器焊接前,用"502"胶把它与绝缘板粘牢,变压器应先用螺钉与绝缘板固定后再焊接.

安装集成电路或其插座,应把插脚向外折弯再焊.

焊装后,经检查无遗漏与错误,用酒精棉球清洗焊点,使其整洁. 为使各元器件安装牢固,在引脚插孔时亦可适当地放入黏结剂,使其牢固.

4. 印制电路板焊接要领

对于电子制作,焊接工作是必不可少的工作,而往往因焊接要领掌握不当,尤其是初学制作的人,其焊接质量便很难保证.

为得到高的焊接质量,焊接件表面应除去氧化膜与污物,随后涂松香等助焊剂,对于引脚表面已搪锡的,去污时不要刮去镀层. 助焊剂不应使用有腐蚀性的焊锡膏等,以确保焊锡表面均匀光亮. 引脚整形弯曲时,不应在根部打弯,以防折断. 引线去皮不能过长,一般为 3 ~ 5mm,避免其裸露在外部分与其他部分相碰. 对于铜箔已氧化的部分,应先除去氧化膜,打光后涂上松香液再焊接,以防虚焊.

具体焊接时,尚应注意以下事项:

(1) 掌握好焊接时间. 为防止焊接时间长元件过热而损坏,一般焊接时间以 3 秒为宜,最长不能超过 5 秒,待焊锡全部熔化即移开烙铁,方能使焊点光亮美观.

(2) 掌握好焊接温度. 烙铁温度过低,焊锡不能充分熔化,流动性差,焊点无光泽,易虚焊. 烙铁温度过高,易烫坏元件或使印制电路板上的铜箔剥离. 焊接温度与烙铁功率大小及焊接时间有关,通常印制元件焊接使用 25W 烙铁,最大不宜超过 30W.

(3) 掌握好焊锡的多少. 焊锡过少,连接强度不够;焊锡过多,不但浪费焊锡、焊点过大,也易与它处相连接,且不美观.焊锡的多少应以能将元件引线头全包住,并呈一薄层为宜.

(4)焊接时,烙铁应贴紧焊盘与引线,送入焊丝即进行实时焊接,不应先熔化焊丝再焊接,那样易形成虚、假焊,焊点不牢.

(5)为了便于散热,小功率电阻可贴近印制电路板焊接,大功率电阻则距印制电路板一定高度焊接.其他不发热元件,可贴近印制电路板焊接.

(6)在焊锡未凝固前不能移动被焊件.为加速焊点的凝固,可向焊点用嘴吹送冷风.

(7)为防止被焊元件因焊接温度高而损坏,可用镊子、尖嘴钳子夹住被焊引脚,协助元件散热.

(8)焊接完毕,要用扁口钳将焊点处多余脚引线剪断,不宜用力过大,以防焊点剥离于焊盘或焊盘断离印制电路板的铜箔.

(9)检查有无虚、假焊.造成虚、假焊的原因有安装孔过大、焊前处理马虎、焊锡质量差、未用助焊剂、烙铁温度过低及操作方法不当等,检查时可借助放大镜,并轻轻摇动引线焊脚,观察是否松动.对于虚、假焊点,应重新焊接,使其牢固.

(10)焊点检查完毕,用酒精清洗干净,之后可涂一层薄松香液予以保护,防止焊点氧化,有碍美观.[9]

思考题

1. 在物理教学中提倡自制教具有何意义?
2. 对自制教具的基本要求有哪些?
3. 什么叫锯路?它有什么作用?
4. 如何按加工对象正确选择锯条?
5. 试述管子和薄板料的锯削方法.
6. 什么叫锉削?锉削能达到哪些精度要求?
7. 平面锉削有哪几种方法?各有什么特点?分别在什么场合采用?
8. 试述丝锥各组成部分的名称、结构特点及作用.
9. 试述攻螺纹的操作要点和方法.
10. 丝锥断在螺孔中,取出的方法有哪些?
11. 怎样选择胶黏剂?
12. 有哪些因素影响粘接强度?
13. 电子元件焊接时要注意哪些问题?
14. 将可调直流稳压电源电路(图 6.57)或文氏振荡电桥电路(图 6.58)原理图转换为印制电路图.

(1)要求印制电路板尺寸不能大于 5cm×8cm.

(2)电路板上不含变压器位置.

附原件尺寸:①电解电容直径为 1.2cm;② 集成三端稳压器 7805、7905、LM317、RW1 等尺寸为 1.2cm×0.6cm;③ 其他电容尺寸为 0.3cm×0.6cm,电阻尺寸为 1.5cm×0.4cm.

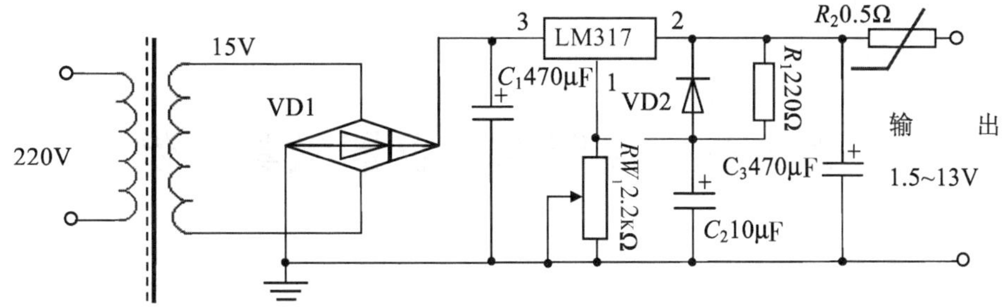

图 6.57 直流稳压电源原理图

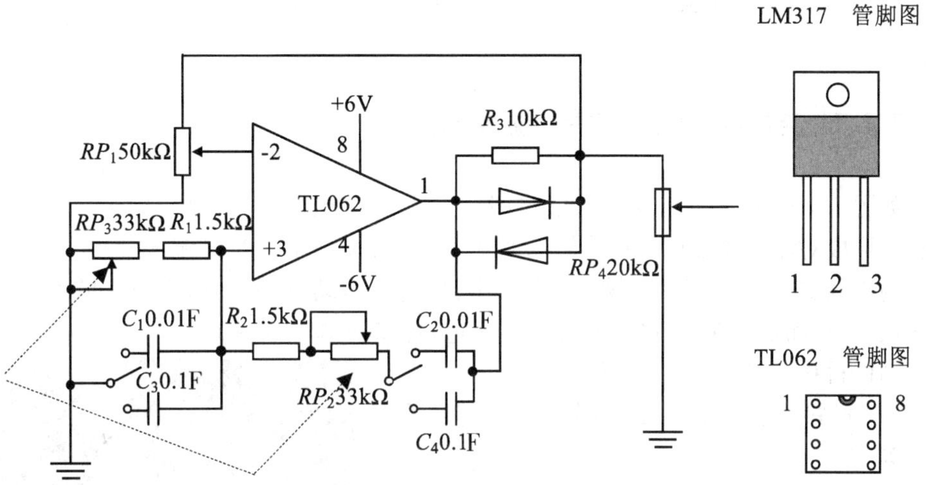

图 6.58 文氏振荡电桥电路原理及管脚图

参考文献

[1]王志敏,等. 物理实验教学与教具制作. 武汉:湖北教育出版社,1998:87-88.

[2]门佃明. 钳工操作技术. 北京:化学工业出版社,2006:53-55.

[3]黄涛勋. 钳工(初级). 北京:机械工业出版社,2007:107-108.

[4]门佃明. 钳工操作技术. 北京:化学工业出版社,2006:42-43.

[5]门佃明. 钳工操作技术. 北京:化学工业出版社,2006:45,48.

[6]黄涛勋. 钳工(初级). 北京:机械工业出版社,2007:184,195-196.

[7]门佃明. 钳工操作技术. 北京:化学工业出版社,2006:83-90.

[8]杨国治,等. 电子器具制作148例. 北京:人民邮电出版社,1999:254-257.

[9]杨国治,等. 电子器具制作148例. 北京:人民邮电出版社,1999:266-269.

第7章　自制演示仪器教具示例

7.1　用废旧材料及日常用品制作的演示实验装置

7.1.1　用废易拉罐制作空气对流演示器

如图7.1所示,利用废易拉罐、废铁丝、蜡烛头和螺钉等可以制成用于演示空气受热膨胀后形成对流气体推动叶轮旋转的对流演示器,加强学生对对流的理解.当蜡烛点燃后筒内空气受热膨胀,体积增大,密度减小,将向上运动,而周围密度较大的冷空气将移过来填补,从而形成对流现象.通过观察叶轮的转动理解对流原理.

图7.1　空气对流演示器

制作材料、工具及方法如下.

(1)材料:废易拉罐、废铁(铜)丝、蜡烛、小螺钉等.

(2)工具:划针、直尺、铁圆规、手锯、锉刀、铁皮剪刀、台钻、虎钳等.

(3)制作方法及过程.

① 在台虎钳上用手锯切割并用铁皮剪刀裁剪废易拉罐,使其变为所需材料.

② 用直尺、铁圆规、划针等在材料上划出所需叶轮图形,并剪切、修整叶轮形状.

③ 用台钻加工叶轮中心孔、支架固定孔及用小螺钉加工用于降低重心的支撑螺钉孔.

④ 用锉刀将废铁丝加工成支撑轴尖并将铁丝固定于底座上.

⑤ 将叶轮放于轴尖上并检查转动灵活与否.

⑥ 放上蜡烛点燃进行演示.

(4)制作时的注意事项.

① 由于易拉罐皮很薄,锯割时用力要小而且要边锯边转动以免锯条被钩住.

② 划线可用几何作图法将圆周等分为12份、16份或其他数目.

③ 加工轴尖支撑孔时由于钻头较细,钻孔时注意用力不要太大且用力要均匀以免钻头折断.

④ 用锉刀打磨轴尖时,注意角度对称光滑以减少摩擦阻力.

⑤ 注意叶轮与火焰的间距不要太近，否则对流效果不好叶轮不会转动.

7.1.2 喷泉实验

在讲大气压强时，为了让学生直观认识到大气压的存在和利用大气压的现象，我们可以做一些既能说明问题又能激发学生学习兴趣的小实验. 其中喷泉实验就是一例.

1. 实验装置

实验装置的结构如图 7.2 所示，主要由以下部分组成：

(1) 外壳比较厚实的透明饮料瓶.

(2) 喷水管. 用废签字笔芯去掉其笔尖金属部分并清洗干净.

(3) 出水管. 废签字笔外笔杆，下端可用橡胶管或吸管.

(4) 储水槽. 用废饮料瓶装水，用来提供持续的水源.

(5) 接水槽. 用空废饮料瓶，接盛出水管流出的水，也可直接使出水口与下水道相通.

图 7.2 喷泉实验

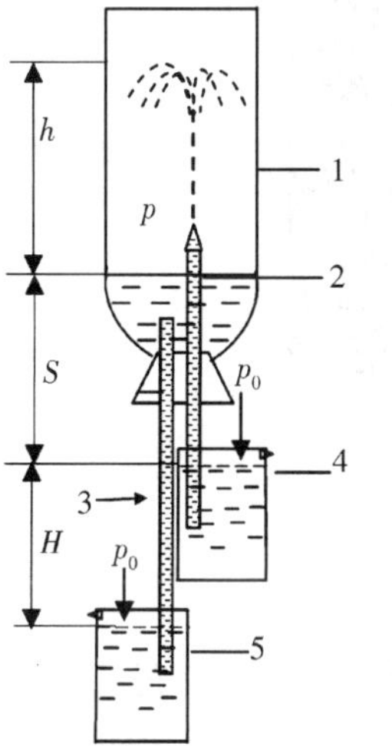

图 7.3 工作原理
1—饮料瓶；2—喷嘴；
3—出水槽；4—储水管；
5—接水槽

2. 制作方法

将饮料瓶盖取下用钻头（或电烙铁），钻出与笔杆和笔芯大小相同的孔，用 AB 胶或环氧树脂粘牢即可，但要注意不能漏气.

3. 工作原理

如图 7.3 所示，当水沿出水管流出时，封闭的饮料瓶中空气的体积增大，压强减小，使管外大气压强大于瓶中空气的压强，所以水能从喷嘴喷出. 喷射的水柱高度由储水槽与接水槽水平面间的高度差来决定.

水柱喷射高度的计算方法如下：设大气压强为 p_0，签字笔喷管口的空气压强为 p，接水槽到储水槽的高度差为 H，储水槽液面到饮料瓶中液面的高度差为 s，喷射水柱高度为 h，则储水槽液面的压强应满足

$$p_0 = \rho gs + \rho gh + p$$

接水槽液面的压强也应满足

$$p_0 = \rho gH + \rho gs + p$$

由以上两式可得 $H = h$，即水柱高度等于出水口到进水口的高度差，但是由于水与管之间有黏滞阻力，因而实际上 $h < H$. 该实验不仅说明了大气压的存在，同时也是利用大气压的一个很有趣的实验.

思考题

1. 为什么要用比较结实的饮料瓶而不用较软的瓶？

2. 如果瓶口、接头等出现漏气，实验能否成功？为什么？

7.1.3　气垫盘实验

和历史上"运动需要力来维持"的观念形成的原因一样,学生在早期的日常生活中大量观察到的是停止施力物体就不再运动的现象,这些现象是在他们头脑中形成前概念的感性基础. 要解构这种具有长期个体经验基础的前概念,就必须让人们观察到平时在日常生活中容易忽视的物理现象,由此引发对个人以往体验的反思,并重构个人思维. 从这个角度考虑,摩擦力的影响是关键,设计实验演示物体在尽可能小的摩擦力作用下的运动行为,让学生自己发现原有的观念错误,是很有必要的. [1]

速率不高的物体在空气中运动所受的阻力比在物体表面运动时小得多,因此,用气垫盘可以近似地演示物体不受阻力时的运动状态. 如图 7.4 所示的简易气垫盘值得推荐,每个学生都可以自己做一个去体验.

(a)　(b)

图 7.4　简易气垫盘 1

气垫盘的制作方法如下:

方法 1　如图 7.4(a)所示,取一只橡皮塞或软木塞,在其中心上端钻一个直径约为 1 ~ 2mm 的圆孔,下端钻一个直径约为 5mm 的圆孔,两孔相通,大孔洞对准废光盘中央的孔,将它们胶合在一起(胶合处用蜡或 AB 胶密封,不能使缝隙处漏气). 将充气的气球套在橡皮塞上,然后把光盘放在水平玻璃板上或很平整的桌面上,松开气球颈部的扎线或夹子,由小孔喷出的空气在光盘和玻璃间形成气垫,如图 7.4(b)所示. 这个气垫能使光盘游离在玻璃或光滑的桌面之上,摩擦极小,它在玻璃板上运动时很接近匀速直线运动.

方法 2　用废签字笔和废光盘制作. 先用一小片厚 2 ~ 3mm 的塑料板(有机玻璃板、废光盘也可)切割成直径为20 ~ 30mm的小圆块或小方块,并在其中心钻 2mm 左右的圆孔,用三氯甲烷、二氯乙烷或其他胶黏剂,粘贴在废光盘中心(注意一定要粘贴在有凸起的那面,即有记录信号的那面);用手锯将签字笔笔套(笔帽)顶端将笔挂锯下,并用锉刀打磨平整后也用胶黏剂将其对准小圆块中心粘贴,注意粘贴时使笔套垂直于光盘;将笔杆前端锁紧笔尖处卸掉,将笔杆(即捉笔处)锯下 40mm 左右一段,打磨平整将气球套上后用线拴牢,如图 7.5 所示. 演示时可先将气球充气后用手捏住,待插入光盘上的笔套后放到清洁平整的桌面或地面即形成气垫盘.

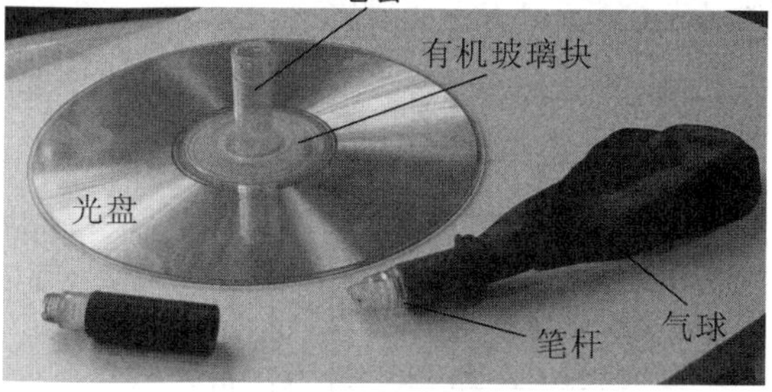

图 7.5 简易气垫盘 2

思考题

1. 盘上的小孔为什么要在中心位置,偏了会怎样?
2. 盘上的孔为何不能钻得太小又不能太大?
3. 如果要让气垫盘放在光滑水平面上后能自动滑行,可采用什么方法实现?

7.1.4 虹吸及反冲演示

1. 实验原理

1)虹吸管原理

如图 7.6 所示装置,设进水端的水平面为 A,水面比参考面高 h_A,出水端的水平面为 B,水面比参考面高 h_B. 由伯努利方程有

$$p_A + \frac{1}{2}\rho v_A^2 + \rho g h_A = p_B + \frac{1}{2}\rho v_B^2 + \rho g h_B$$

当管内充满水而 B 端口水未流出时,即管内水未流动时, $v_A = v_B = 0$,即当用手堵住 B 点时有

$$p_A + \rho g h_A = p_B + \rho g h_B$$
$$p_B = p_A + \rho g(h_A - h_B) = p_A + \rho g h$$

此时左管内 A 点与管外同一水平面上的压强值均是大气压 p_0,所以

$$p_B = p_0 + \rho g h$$

因此

$$p_B > p_0$$

即 B 点压强大于大气压强,一旦将手松开就会引起管中水柱向右管流动,最终由 B 端流出. 由于流体的连续性原理会引起左管中水柱不断向右管流动,这种由于连通器两端液位的高度差产生的压强差,引起液体自行流动的现象称为虹吸现象. 当液体流动后 A 处和 B 处都是大气压,此时 $p_A = p_B = p_0$,由于左边容器较大,液面高度随时间变化小,此时可将左边的水面看作是不动的,所以 $v_A = 0$,利用伯努利方程有

$$\frac{1}{2}\rho v_A^2 + \rho g h_A = \frac{1}{2}\rho v_B^2 + \rho g h_B$$

$$v_B = \sqrt{2g(h_A - h_B)} = \sqrt{2gh}$$

即 B 端出水口的流速大小与两液面的高度差有关,高度差越大流速也越大,随着高度差

减小流速会变慢,高度差 h 为 0 时,水不再流出.

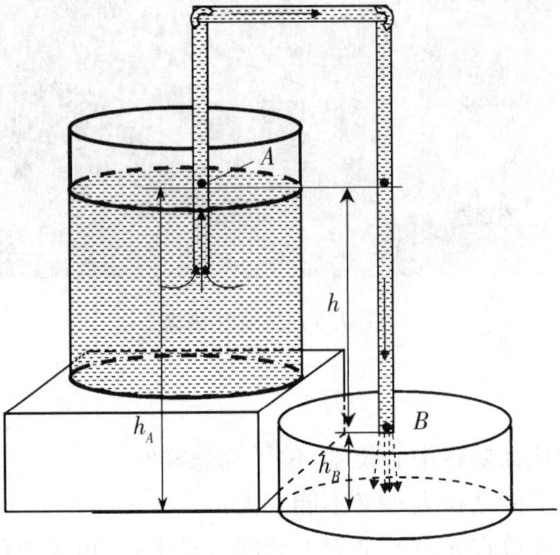

图 7.6　虹吸管原理

2) 反冲运动原理

根据动量守恒定律,若一系统所受合外力等于零,则有

$$\sum (mv) = \sum (mv)_0$$ ①

即当系统所受的合外力等于零时,质点系在任何时刻的总动量都等于原来的总动量. 动量守恒定律表明,一个物体系在整个系统不受外力作用的情况下,系统的总动量保持不变,内力不能改变系统的总动量,但是系统中各部分之间的内力,可以改变各部分的动量. 例如,大炮发射炮弹,炮身会向后运动,炮身的这种运动通常称为反冲运动,这是因为大炮发射前,整个系统处于静止状态,总动量为零,发射炮弹时,火药在炮筒中爆发,气体膨胀推动炮弹向前运动,同时膨胀的气体也推动了炮身. 由于系统没有受到外力的作用,在量值上,炮弹获得向前的动量与炮身获得向后的动量相等. 设反冲演示仪转动系统初始状态时静止,系统总动量 $Mv_0=0$,总角动量 $L=I\omega=0$(I 是系统的转动惯量,ω 是转动角速度). 当系统内质量为 Δm,速度为 v 的水柱从转动体上沿半径为 r 处沿切线方向飞出时,对转动轴线的角动量为 $l=\Delta mrv$,当系统不受外力(即所受外力矩等于零)时,根据角动量守恒定律,系统的总角动量保持不变,应有

$$l+L=0 \Rightarrow \quad L=I\omega=-\Delta mrv \quad \Rightarrow \quad \omega=-\frac{\Delta mrv}{I}$$

上式说明系统也将获得同等量值的反向角动量,将使系统沿水柱喷出的反方向以 ω 的角速度旋转. ω 的大小与喷出水柱的质量 Δm、速度 v 及与转轴的距离 r 成正比,与系统的转动惯量 I 成反比. 由于系统轴承和轴尖之间还存在摩擦阻力产生的阻尼力矩,会阻碍系统的转动,因此,要使系统能转动起来还必须尽量减小摩擦阻尼力矩,使喷出水柱产生的动量矩大于系统的摩擦阻尼力矩的阻碍作用,系统才能开始加速转动形成反冲现象.

2. 设计制作方法

1) 仪器外观及组成

根据以上的虹吸和反冲原理设计制作的虹吸式反冲演示仪如图 7.7 所示. 由底座支

---

① 赵景员,王淑贤. 力学. 北京:人民教育出版社,1980:210.

承架、盛水转动体、喷水管、虹吸管、转轴及轴承座等组成.

图 7.7 虹吸式反冲演示仪
1—底座支承架;2—盛水转动体;
3—喷水管;4—虹吸管;5—转轴;
6—轴承座

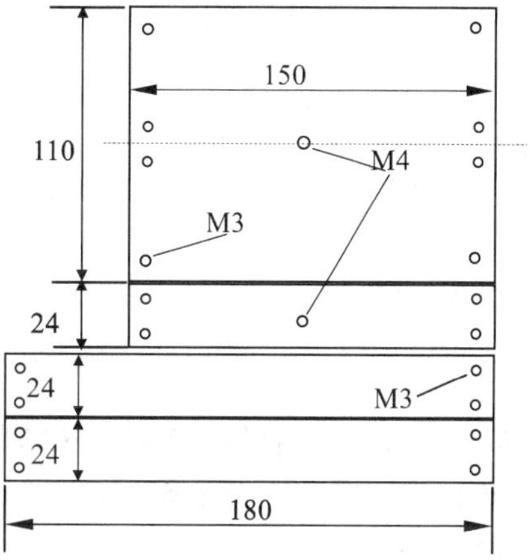

图 7.8 基板规格

2)制作材料

塑料板、废八宝粥罐、饮料吸管、铁丝、螺钉、橡胶管、泡沫塑料等.

3)制作方法

(1)找一块 200mm × 200mm,4 ~ 5mm 厚的塑料板或木板其他板料,将其按如图 7.8 所示尺寸进行切割,并将切割好的材料用锉刀打磨平整,作为底座和支架材料.

(2)在底座板及支架顶板中心钻出直径为 3.2mm 孔,用 ϕ4mm 丝锥攻出 M4 螺纹;在图中其他位置(具体位置可根据连接材料及方式确定)钻出直径为 2.6mm 的孔,用 ϕ3mm 丝锥攻出 M3 螺纹. 将加工后的底座、支架材料用角铝和螺钉将其连接成如图 7.7 所示的底座支撑架. 也可采用其他方式进行连接.

(3)取一节长约 170mm,直径约为 3mm 的 11 号铁丝,两端用锉刀打磨出圆锥尖端后用 M3 板牙套出约 30mm 长的螺纹备用.

(4)如图 7.9 所示,用两枚 M4 × 12 的圆头螺钉在其圆头中心端钻出 ϕ3mm. 深 3 ~ 4mm 的尖孔作轴承座用.

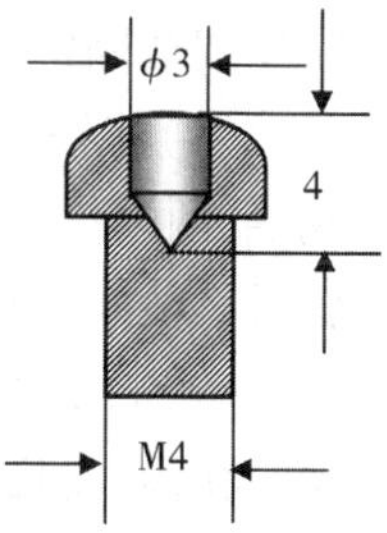

图 7.9 轴承座

(5)在八宝粥罐塑料盖中心钻一 ϕ3mm 孔,并将月牙部分材料用刀划掉,作为加水口;在铁罐底部中心也钻一 ϕ3mm 孔,并在罐边沿、与中心孔对称位置钻两个 ϕ4mm 左右的孔,如图 7.10(a)所示. 用镀锌铁皮或铁质易拉罐外壳按图 7.10(b)所示形状和尺寸剪出喷水管支架,弯成直角后将其用电烙铁焊接在八宝粥罐底,这样可以增大喷水口喷水的速度和轴线距离,从而增大喷出水柱的角动量.

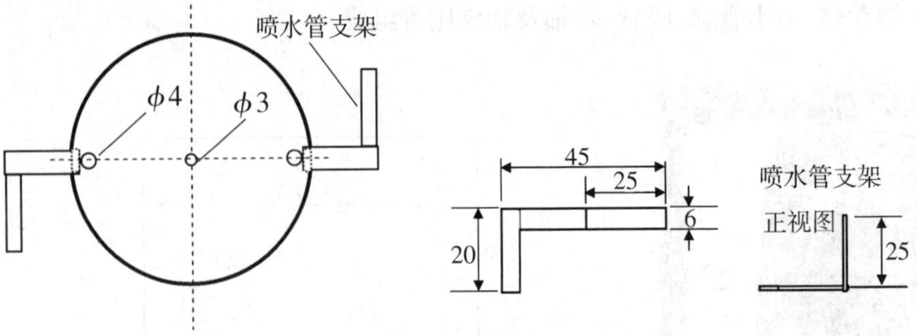

(a)罐底俯视图　　(b)喷水管支架尺寸图

图 7.10　喷水管支架示意图

(6)将厚度为 40mm 左右的白色废泡沫塑料块切成直径为 65mm 左右的圆柱体，然后从八宝粥罐罐口端强行压入至底部，如图 7.11 所示. 由于水具有黏滞阻力，当喷水管很小、水位差 h 较小时，喷水管喷出的水流速度很小、反冲作用很弱，经过多次实验发现，当水位降到筒高的约 1/3 时转动体就停下了，此时筒内喷出的水对反冲现象效果已不明显. 因此，这样做既可以减少转体内水总质量的 1/3，从而减小转动阻尼力矩及转动惯量，使演示可靠性增加，又能使其反冲现象更加明显.

(7)用 ϕ4mm 左右的钻头分别从罐底钻孔处垂直穿透泡沫塑料后分别将有蛇形纹，直径约为 4mm 的饮料吸管较长部分从底部钻孔处插入罐中，较短部分根据需要在离蛇形纹 5 ~ 6mm 处剪断，通过一节直径略大于 4mm 的吸管接入另一段相同直径且具有蛇形纹的吸管，两段管连接成两个相互垂直的 L 形状后固定在支架上并剪出斜向喷水口. 罐内部分用同样的方法将吸管或橡胶管连接后在顶端附近弯成倒 U 字形状构成虹吸管，如图 7.11 所示. 左右两边做成相同形状，并注意两根虹吸管顶部一定要等高(可用限位螺钉和铁皮调节固定).

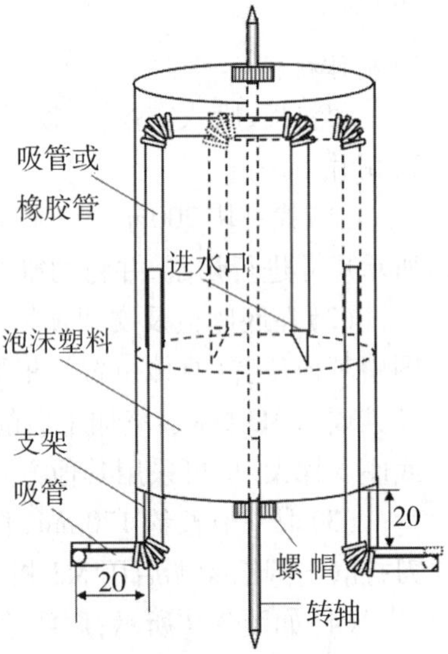

图 7.11　罐内结构示意图

(8)将铁丝制成的转轴从中心孔穿入后盖上塑料端盖，两端均用 M3 螺帽锁住，并在底部钻孔处用 AB 胶或其他胶封牢以免漏水.

(9)将加工后的圆头螺钉轴承座旋入支撑架中心螺纹孔内，将橡胶做成的脚用 M3 螺钉固定在底座四周，再将带喷水管的盛水转动体装入支承架，调节轴承座使转动体可灵活转动后用螺帽将轴承座锁定. 为提高可靠性减少摩擦，可在螺钉做成的轴承座内滴上一滴润滑油，或在轴尖上抹一点润滑油，整个演示仪即制作安装完成.

4)演示

由于本演示仪器设计制作时充分考虑到摩擦阻尼力矩的影响，尽可能增大动量矩而减小阻尼力矩，所以演示可靠性高且趣味性强，既能看到虹吸现象又能看到反冲现象. 演示时可将仪器放在平整桌面的盘或盆内，用矿泉水瓶先在转动体内倒入一些清洁的水，注意水面不要超过虹吸管顶部,此时水一滴也不会流出,整个转动体处于静止状态. 当继续往转动体内加水并且水面超过虹吸管顶部时,管内的水将以比较快的速度从喷水口喷出,从而使转动体沿反方向转动直至罐内水喷完为止. 由于喷水管比较细,其直径小于等于4mm,水又具有表面张力和黏滞阻力,所以当进行再次演示时应注意将喷水管内残余的水滴排除干净,不然可能会造成某一管不喷水使演示效果变差.[2]

思考题

1. 为什么要在罐底用泡沫塑料填充,这样做有什么好处?
2. 为什么要将喷口向下、向外延伸,有什么效果?

7.1.5 液体内部压强演示器

在初中物理的"液体内部压强"教学中,液体压强原理表述为:"液体内部向各个方向都有压强,压强随液体深度的增加而增大,同种液体在同一深度的各处,各个方向的压强大小相等;不同的液体,在同一深度产生的压强大小与液体的密度有关,密度越大,液体的压强越大."要使学生掌握理解这部分教学内容,使用液体内部压强演示器做好演示实验,对引入液体内部压强的概念,揭示液体内部压强与液体深度的关系,进而导出液体内部压强的规律(液体内部压强公式),起着重要作用. 但目前尚在使用的液体内部压强演示器存在以下不足.

(1)由于测压盒没有固定装置,因此整体性差.

(2)很难或不能同时观察测压盒潜入液体内的深度和与之相对应的压强值,即操作与读数不便.

针对该液体内部压强演示器的上述不足,我们可利用饮料瓶、瓶盖、吸管、废气球、玻璃纤维板、橡皮管等设计制作液体压强演示器,现介绍如下,供制作时参考.

1. U 型压强计式液体内部压强演示器的制作

如图 7.12 所示,U 型压强计式液体内部压强演示器由盛水杯、测压盒、升降调节及固定装置、U 型压强计、橡皮管等组成.

盛水杯可用 1.6L,直径为 90mm 左右的饮用纯净水瓶,从高度 180 ~ 190mm 处划线,剪去上面部分即成,加上用玻璃纤维板(或塑料板、木板)等制作的杯座后可增加稳定性防止倾倒.

测压盒可直接用纯净水瓶盖或其他瓶盖将盖边沿毛刺用细锉刀打磨后,在盖底中心或边沿钻一个 $\phi3.2$mm 左右的孔,用 M4 的丝锥攻丝后待用. 将一枚 M4 × 12 左右的螺钉中心钻一个 $\phi2$mm 的通孔,再用一块 0.6mm 厚、8mm 宽、45mm 左右长的白铁皮两端钻 $\phi4$mm 孔后弯成直角作为测压盒可旋转调节架. 将钻孔螺钉从瓶盖螺纹孔旋转穿过,然后用废气球橡皮膜剪出两个垫圈套入螺钉将调

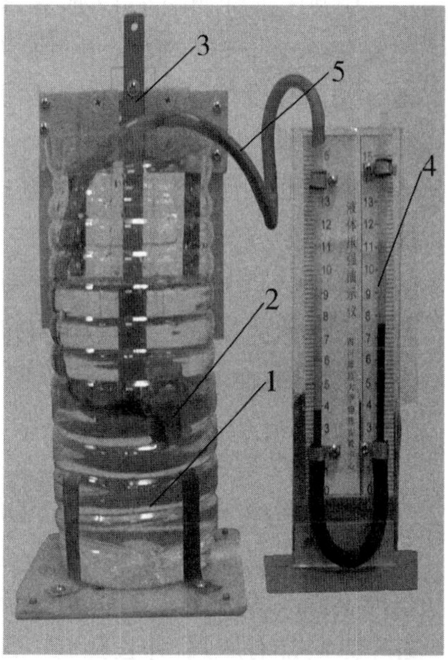

图 7.12 U 型压强计式液体内部压强演示器
1—盛水杯;2—测压盒;3—升降调节及固定装置;4—U 型压强计;5—橡皮管

节架放上后再用螺帽锁定以防漏水漏气；在螺钉露出部分(5 ~ 6mm 长)也用少量橡皮膜缠绕后用一小段吸管套入，再在吸管外套上橡胶管以防止漏气；瓶盖端面覆上气球橡皮膜后用橡皮筋固定即可，整个装置如图 7.13 所示.

升降调节及固定装置如图 7.14 所示. 由固定支架、凸台式滑槽和升降调节杆等组成. 其中固定支架用长 105mm、宽 35mm、厚 4mm 的玻璃纤维板废料制作，在两边相距 80mm 处用锯割出宽 2 ~ 3mm、深 15mm 左右的卡口并在两侧固定两根宽 10mm、长 100mm 左右的限位条以便使用时很方便地将其固定在盛水杯上. 升降调节杆用 180mm × 12mm × 4mm 的塑料块和 110mm × 25mm × 4mm 的有机玻璃废料经螺钉连接成凸台式调节杆；凸台式滑槽则用两对 20mm × 30mm × 4mm 和 15mm × 30mm × 4mm 的玻璃纤维板废料，根据凸台式调节杆的尺寸用螺钉固定在支架上即成；在支架的滑槽位置背面设置紧固螺钉，可调节和固定升降杆在支架的位置，以调节测压盒在水中的深度.

图 7.13　测压装置

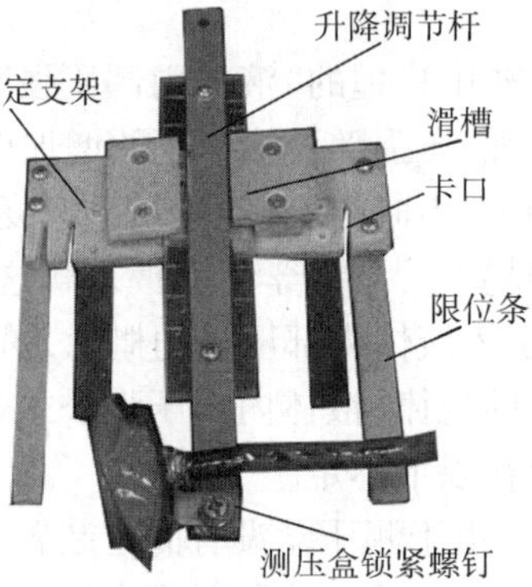

图 7.14　升降调节及固定装置

U 型压强计如图 7.12 所示. U 型压强计用两根直径为 4mm，长 165mm 的饮料吸管，一段 120mm 长的橡胶管，一块 200mm × 65mm × 4mm 有机玻璃，一块 90mm × 65mm × 4mm 塑料板及少量角铝、铁皮和螺钉连接好以后，再用移液管向饮料管中滴入适量的带颜色的水即组成 U 型压强计.

将以上几部分按图 7.12 方式连接成一体，并在盛水杯中盛上适当的水后即可进行演示.

若演示液体内部压强随着深度的增加而增大，将测压盒朝下、朝上或向侧面放置，用测压盒锁紧螺钉紧固后，通过升降调节杆调节测压盒在水中的深度，可以看到测压盒浸入液体越深，压强计两支管液面的高度差也越大，这表明随着液体深度增加，压强也增大.

若演示液体内部向任何方向都有压强，将测压盒向侧面方向锁紧后放入盛水杯内，可看到在同一深度里各个方向的压强相等，即把测压盒浸入液体后，锁紧升降调节杆在滑槽上的位置，可使测压盒保持在液体里一定的深度，然后转动盛水杯，使测压盒上的橡皮薄膜依次转向各个方向，可以看出压强计两支管面液体高度差不变，这说明液体内部各个方向都有压强，并且在同一深度内各方面压强都相等.

注意：橡胶管与测压盒和 U 型压强计连接处不能漏气.

2. 指针式液体内部压强演示器制作

如图 7.15 所示的装置是利用饮料瓶、瓶盖、吸管、废气球、玻璃纤维板、易拉罐、铁丝等设计制作成的指针式液体压强演示器. 本仪器通过指针偏转角的大小直接演示液体内部压强大小,不再使用 U 型压强计,整体性更好,使用更加方便.

指针式液体内部压强演示器的盛水杯、测压盒、升降调节装置与 U 型压强计式液体内部压强演示器基本相同,不同之处是压强的表现方式,即 U 型压强计通过两管内液面高度差显示压强大小,而指针式压强计通过刻度盘上指针的偏转角度大小显示压强大小.

下面介绍指针显示装置的制作方法.

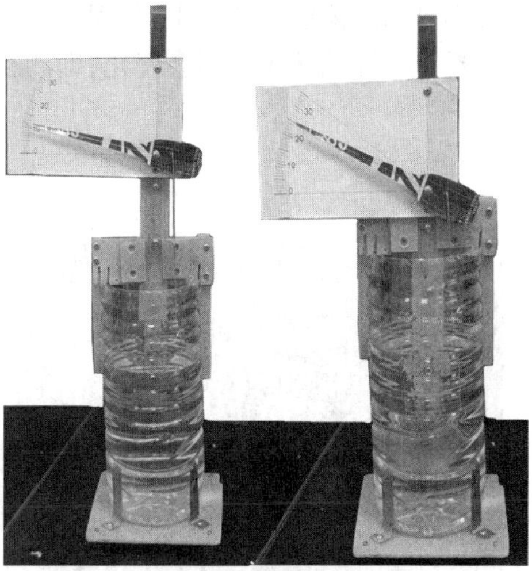

图 7.15 指针式液体压强演示器

如图 7.16 所示,指针可用废易拉罐的中间部分铁皮或铝皮剪开,展平后画出指针形状用剪刀剪成. 设计划线时注意尽可能使指针质心接近转轴,指针总长约 155mm,指针尖距转动轴长度为 115mm 左右. 为使指针转动时保持平稳可先在指针转轴位置钻一个 ϕ3mm 的孔,用一枚 M3 × 6 的螺钉在其中心钻出 ϕ1.2mm 左右的通孔后用螺帽固定在指针上作为转动轴套. 在指针另一侧距转动轴约 15mm,距指针对称中心线偏上约 3mm 处也钻一个 ϕ1.2mm 的孔作连杆连接孔. 利用计算机绘制半径为 115mm,可读角度为 35°左右的刻度盘,由打印机打印后贴在厚 1mm 左右同等大小的塑料板或硬纸壳上再用螺钉固定在升降调节杆上端,用 1.2mm 的钻头在刻度盘圆心处垂直钻一小孔,用一小段同样直径的废铜丝(铁丝或铁钉)插入其中作为转轴,将指针插进转轴即组成指针式显示板.

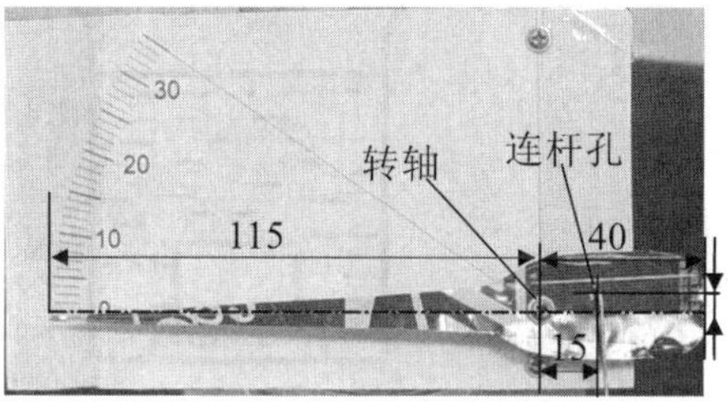

图 7.16 指针显示装置

升降调节杆用有机玻璃制作,其下端的测压盒连杆机构按图 7.17 所示方式制作. 测压盒用直径为 40mm,厚 13mm 左右的瓶盖、气球橡皮膜和吸管做成;转向杠杆用直径为 0.9mm 左右的废铁丝做成,其作用是将测压盒受到压强时弹性膜产生的横向凹陷的左右位移转换成竖直方向连杆的上下位移,从而带动指针偏转;转向轴用直径为 1.5mm 的铁钉制作;转向装置和测压盒固定盒用两块 20mm × 20mm,一块 20mm × 6mm,厚度均为 4mm 左右的有机玻璃废料用二氯乙烷粘接而成;测压盒排气管用饮料吸管做成,通过测压盒底钻出的孔与测压盒粘接成一体.

将指针刻度盘、升降杆、测压盒、转向装置、连杆等和固定支架等装在一起即组成如图 7.18 所示的指针式液体内部压强演示器. 为防止连杆在使用过程中发生摆动而不稳定,在连杆中间还设有一限位套.

在装配时通过调节连杆的长短或角度,在测压盒弹性膜的支撑下使指针指向零刻度处. 若将指针式压强演示器放在装有水的盛水杯上(图 7.15),当调节升降杆使测压盒放入水中时,由于水的压强作用将使测压盒弹性膜产生凹陷形变,此时由于连杆的重力作用将使转向装置产生转动,从而带动指针也偏转一定的角度,偏转的角度将随测压盒弹性膜形变的增加而增加,即随压强的增加而增加,所以调节升降杆通过观察指针偏角的大小可知液体压强的大小. 若固定升降杆的位置，转动水杯使测压盒对准水杯不同方向，可看见指针偏转角度不会变化，即测压盒在同一深度各处压强相同[3].

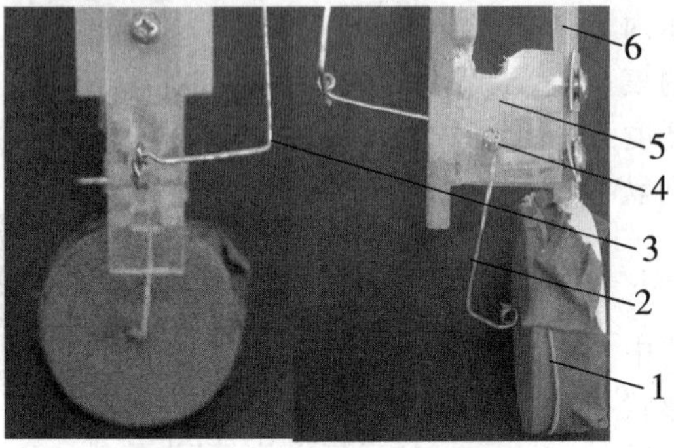

(a) 正视图　　　　(b) 侧视图

图 7.17　测压盒连杆机构

1—测压盒；2—转向杠杆；3—竖直方向连杆；
4—转向轴；5—转向装置和测压盒固定盒；
6—测压盒排气管

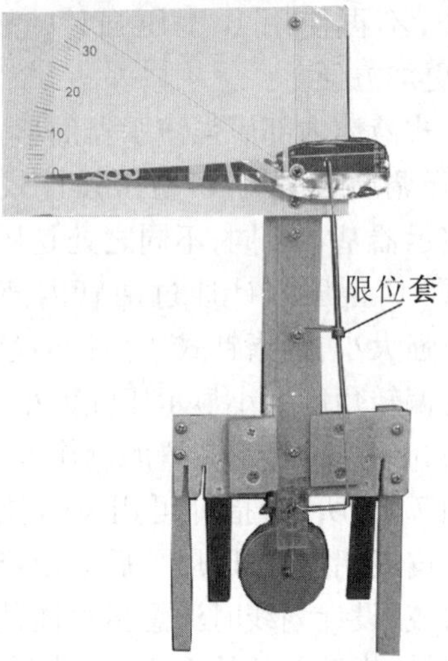

图 7.18　指针式液体内部压强演示器

注意事项：

仪器每次使用后要将测压盒上的气球橡皮膜取下，以防橡皮膜变质将测压盒弄脏.

7.1.6　液体浮力演示器

水对物体向上和向下的压力差就是水对物体的浮力，这是中学物理课本上关于浮力的定义. 但是学生对此不易理解，我们希望通过实验来解决这一问题. 最容易想到的实验方法，就是将一个原本可以浮在水面的底面平滑的物块放入盛水的杯底，这样由于只有液体对物块上表面的压强，物块将不会浮起.

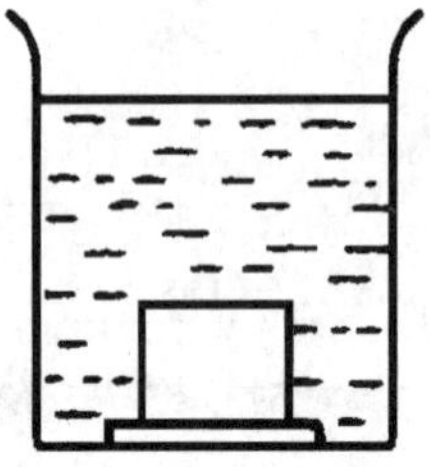

图 7.19　演示浮力的传统方法

但是这实际上很难做到，因为用一般材料很难保证物块下表面与杯底的接触紧密到不被水挤进的程度. 因此，人们就采用石蜡块并将蜡块底面磨平，同时在盛水的杯底加放一块平玻璃片(图 7.19)，这样就提高了实验的成功率. 但是，学生的疑问却又产生了，由于蜡块的特性，学生怀疑它是不是粘在了玻璃片上，特别是实验时一般需要向下压一压蜡块才可保证它不浮上来，这就更使学生生疑了.

为了演示水对物体向上、向下压力差产生的浮力，我们用废弃酒瓶外包装透明塑料盒、废签字笔杆、废饮料瓶、塑料尺等制作成如图 7.20 所示的液体浮力演示器. 此演示器可以较好地演示浮力产生的原因和物体上浮的条件. 该装置内有一块用透明有机玻璃制成的隔板，由隔板将塑料盒容器分为上下两部分，在隔板中心钻有一个直径为 ϕ15mm 左右的连通孔，使上、下两部分又可连通；在容器下面靠近底部位置用一废饮料瓶口、瓶盖

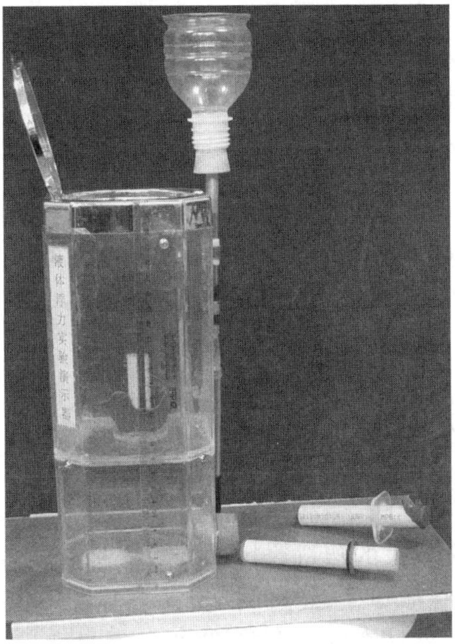

图 7.20　液体浮力演示器

及签字笔杆等设置了泄放水口、进水口和进水管，在进水管上端设置了加水杯；在容器外壁固定一刻度尺，通过刻度尺可以定量读出上下部分的水位；在容器内通过隔板边沿用饮料管设置了一放气口，以便在加水的过程中排出容器内的空气. 浮子用废 PVC 管、薄塑料板、螺钉和胶黏剂等做成.

用上述方法制成的液体浮力演示器可以进行以下演示：

（1）演示上下压力差产生浮力. 演示时先将本可以在水中浮起的浮子放到容器的隔板上，这时浮子的底面将盖住连通孔，浮子将容器隔成两部分，若将水直接从上部倒入容器中时可看到浮子不会上浮，因此时浮子的上面是水下面是空气，下面的压力小于上面的压力所以浮子不会上浮. 这时通过加水杯给容器下面部分加水可以看到水位随着水量的增加逐渐上升，但在水未接触到浮子下底面之前浮子仍然不会上浮，只有水位上升到浮子下底面后浮子才会向上浮起，即这时由于水连通后浮子下面的压力大于上面的压力和其自身重力之和，所以才能上浮.

（2）演示物体上浮的条件. 换成较长且质量更小的浮子. 同样先使浮子中部环形盘盖住连通孔，下面无水，先在上部倒入一定的水量使水位与浮子顶部高度相同，与前面相同的原因，这时浮子不会上浮. 当通过加水杯缓慢给容器下半部加水后，通过外面的标尺可观察水位，当水位达到一定数值时即可看到浮子上浮，即这时虽然容器中上下部分的水并没有连通，但由于浮子下半部分受到的压力（浮力）已经大于浮子的重力和上面部分的压力之和，所以会上浮.

若将上面的水位加高一些，则上面部分受的压力就更大一些，要想让浮子上浮，下半部分的水位同样要加得更高，只有浮子下面部分受到的压力大于上面部分的压力和其自身重力之和时才能上浮. 当下面部分产生的浮力不足以使浮子上浮时，则只有当容器内的水连通时浮子才能上浮，即下面的水位达到浮子中部环形盘上时才能上浮.

原理如图 7.21 所示. 因为液体内部深度为 h 处的压强 $p=\rho gh$，式中 ρ 表示液体的密度，g 是重力加速度. 当浮子上面部分高度为 h_0，液体深度为 h_1，下面部分液体深度为 h_2 时，上面部分受到的压力为

$$\begin{aligned} f_1 &= p_1 s_1 + p_2 s_2 \\ &= \frac{\rho g \pi}{4}\left[(h_1-h_0)d_1^2 + h_1(d_2^2-d_1^2)\right] \\ &= \frac{\rho g \pi}{4}(h_1 d_2^2 - h_0 d_1^2) \end{aligned}$$

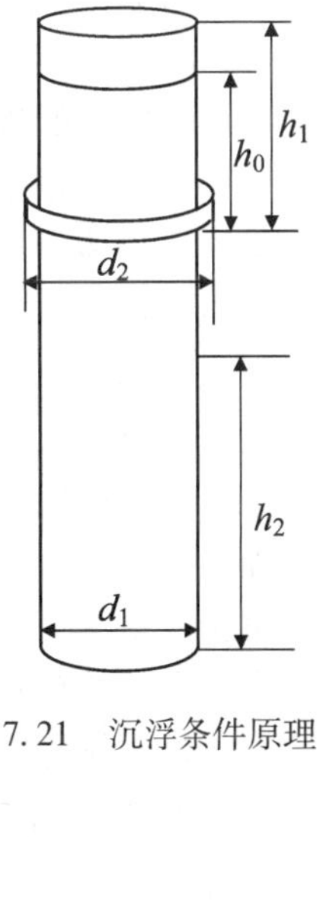

7.21　沉浮条件原理

下面部分受到的浮力为

$$f_2 = \rho g h_2 \times \frac{1}{4}\pi d_1^2$$

设浮子的重力为 mg,则浮子上浮的条件是浮力大于压力与重力之和,即

$$f_2 > f_1 + mg$$

$$\frac{\rho g \pi}{4} h_2 d_1^2 > \frac{\rho g \pi}{4}(h_1 d_2^2 - h_0 d_1^2) + mg$$

$$\frac{\rho g \pi}{4}(h_2 + h_0) d_1^2 > \frac{\rho g \pi}{4} h_1 d_2^2 + mg$$

从上式可以看出,下面的水位越高(即 h_2 越大),h_1 越小,则上浮力越大,浮子越容易上浮.上面的水位 h_1 越大,h_2 越小,则压力越大,浮子越不容易上浮.

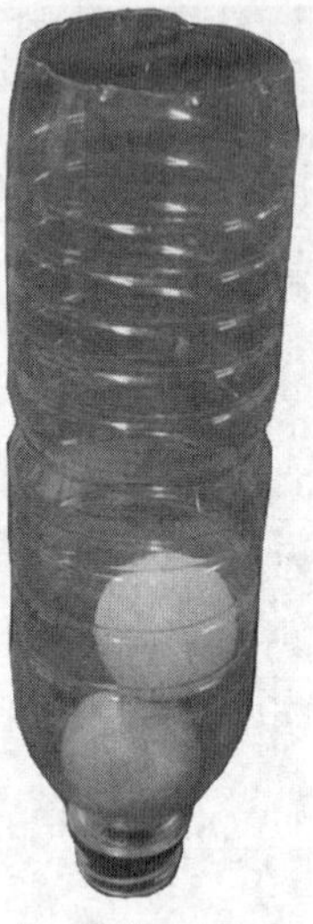

图7.22　液体浮力简易演示装置

除前面介绍的实验装置外,这个实验用一个乒乓球、一截塑料瓶也可以生动可靠地演示.如图7.22所示,找一个较大的塑料饮料瓶,切掉底部成为一个漏斗,将一个乒乓球放入堵在瓶口上,然后倒满水(注意倒水动作不能过慢),则可看到乒乓球仍然堵在瓶口上并不上浮,只见细细的水流从瓶口漏出,而用瓶盖或手心堵住瓶口,稍后即可见到乒乓球上浮.这也可生动有力地说明在物体下表面没有受到液体的压力时,就没有浮力,而在用瓶盖盖住瓶口或用手心堵住瓶口时,从瓶口漏出的水积于乒乓球下表面和瓶盖或手心之间的空间后,也就是当物体下表面所受到的压力大于上表面的压力时,就会有浮力,这时乒乓球就会浮上来.

思考题

1. 书中介绍的两种演示方式各有何特点?
2. 实验装置还可以从哪些方面进行改进?

7.1.7　浮沉子

1. 实验原理

实验是根据物体在液体中的浮沉条件进行的,即物体的浮沉取决于物体所受重力与浮力的共同作用.如图7.23所示,浮沉子可以浮在液体表面上,是因为此时它所受浮力大于其自身重力.如果我们用手捏这个塑料的瓶子,液面上气体体积减小,压强增大.根据帕斯卡定律,这个增大的压强传递给液体,液体将压缩浮沉子内的空气柱,浮沉子排开液体的体积将减小.当浮沉子所受浮力小于其自身重力时,浮沉子将下沉到液体中.如果我们使浮沉子所受浮力等于其自身重力,浮沉子将悬浮在液体内.而且浮力的方向始终垂直向上.

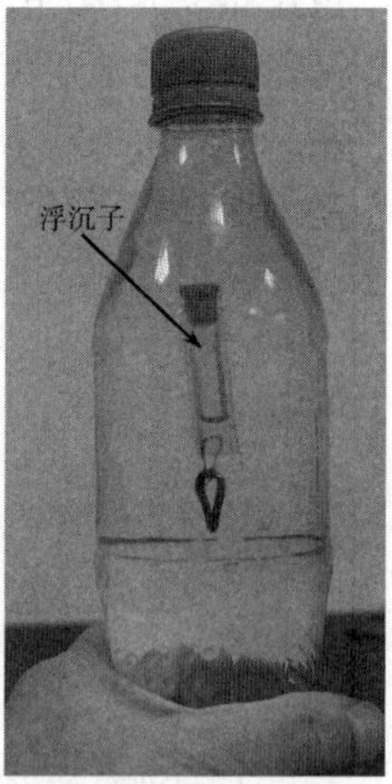

图7.23　浮沉子

2. 制作材料及方法

可密封的空饮料瓶一个、废塑料笔杆一支、废铜丝或铁丝少许.

注意:空饮料瓶必须有盖,并且盖严之后密封良好,不得漏气.

先将不漏气的废塑料笔杆尾端截取长为3～5cm的一段,将切割端面打磨平整后在靠近端面约3mm位置,对准中心钻一直径为2mm左右的小孔,用废铁丝或铜丝作配重以降低其重心,这样制成的浮沉子能在竖直方向自由运动.将饮料瓶灌满清水待用.另准备一只杯子,装半杯清水,然后把浮沉子配重端向下放入杯中.如果浮子尾端露出水面太多,则增加配重,如果浮子下沉,则减少配重,使浮沉子尾端露出水面1～2mm.这时将浮沉子浸没在饮料瓶的水中,再将饮料瓶微微倾斜,倒出少量的水,把瓶盖拧紧,浮沉子就做成了.

3.演示方法

浮沉子平时浮在水面上,如果用手捏瓶壁,稍加用力,浮沉子将下沉,如果用力适当,浮沉子就会悬浮在水中.浮沉子做成之后,可以随意地操纵浮沉子,使它上升、下沉或悬浮,非常有趣.

注意事项:

制作浮沉子时一定要注意使其重心在浮子下方,即当放入水中时,浮子能立在水中而不能倒伏,否则浮沉子实验不能成功.

思考题

1.还可用哪些方法和材料制作浮沉子?

2.如果瓶盖不盖严或漏气会怎样?

7.1.8　空气质量和空气浮力的实验

如果要估计房间里的空气有多重,你很可能会想那肯定是一个很小的数字.实际上,在0℃、一个标准大气压下,1m^3空气的质量为1.29kg,这样,一间30m^3的房间内空气的质量有30kg多.而认识空气的质量是了解大气压产生原因的基础,有必要通过实验使学生了解.此外,由于我们每天生活在空气中,感受不到空气对我们所施加的浮力,因此也有必要用实验使我们认识到空气浮力.[4]

然而,就一般实验来说,由于涉及的空气体积相对都很小,因此空气质量和所产生的浮力相应地也都很小,不容易测量出来.为了演示成功,我们用一较大(1.6L左右)的塑料饮料瓶、自行车或摩托车气门嘴、废塑料笔杆等制作演示装置.

制作方法:先在饮料瓶盖中心按气门嘴直径尺寸钻一大小合适的通孔,将连接气门嘴的橡皮按瓶口尺寸剪成圆形垫片,将瓶盖穿过气门嘴盖在瓶上旋紧即可.由于饮料瓶密闭性很好,实验过程中不会漏气.如果气门嘴上的橡皮已经坏掉,则利用紧固螺钉将其固紧在瓶盖上使它不漏气.另用一节长25mm左右的废塑料笔杆和M3的螺杆,将其制成可以套在气门嘴上的放气螺钉.实验前,将一个气球和整个装置一起放在托盘天平或较灵敏的杆秤上称出未打气前的质量,然后向瓶中打气,打气量不用太多,用手压瓶子感觉较硬即可.将充气的装置再次称量,就会发现其质量明显增大,由此说明空气确有质量.此时再将气门嘴套上放气螺钉和气球并用线拴紧,隔着气球将气门嘴的放气螺钉旋松,使瓶中的高压气体通过气门嘴进入气球使之胀大.随着气球胀大,整个装置的视重将明显减小,由于整个装置的真重未变,那么就只能是空气浮力作用于气球的结果.用以上的装置演示空气有质量和浮力,简便易行且效果明显.

如果没有托盘天平我们也可以用废木板、PVC 穿线管、饮料瓶、易拉罐、铁丝、自行车气门嘴、气枪等,制作成如图 7.24 所示的装置进行实验演示. 图 7.24 是实验装置的演示过程与演示效果.

注意事项:

由于充入瓶中的空气质量仅有 1~2g,制作天平杠杆时要注意转动灵活. 另外,实验过程中不能漏气,否则会导致失败.

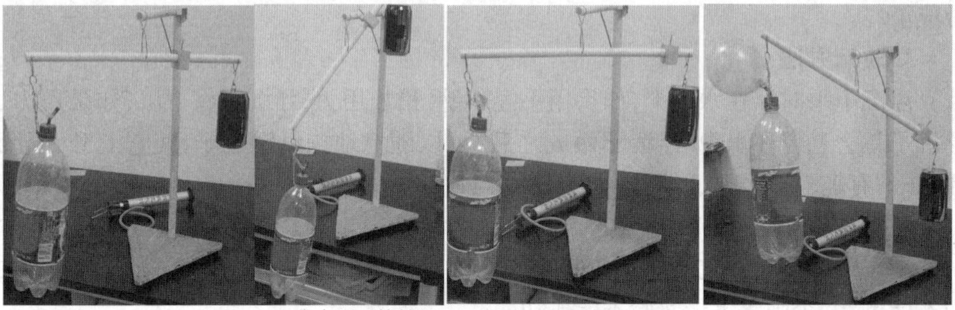

(a) 打气之前将两端配平衡　(b) 打气以后饮料瓶质量明显增加　(c) 加上气球和放气阀后重新调到平衡　(d) 瓶内空气放入气球后总体积增大浮力增大

图 7.24　空气有质量和浮力的演示

7.1.9　大气压的实验演示

要演示大气压的存在并不难,生活中能说明大气压存在的现象不胜枚举,但中学课堂里最经典的还是模拟马德堡半球实验. 中学实验室一般用的是铁制的马德堡半球,但要做到两半球密封良好不太容易,而且要使用抽气机抽气,实验操作比较麻烦. 很多学校还配有由两个橡皮吸盘组成的装置,用于模拟马德堡半球的实验演示,虽然省去了抽气的麻烦,但密封不易仍然是个问题,实验成功率也不高. 现在市场上已有一种吸盘式的毛巾架出现,这种产品所用的吸盘上有可以压紧吸盘与被吸面接触的螺旋压榨装置,用两个这样的吸盘中间夹一块玻璃板来模拟马德堡半球的实验效果很好.

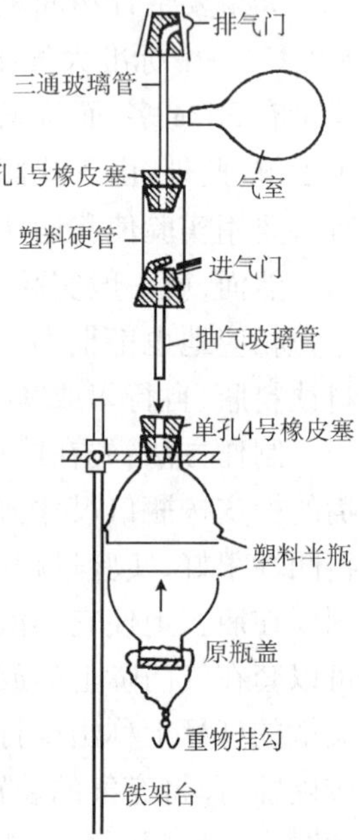

图 7.25　饮料瓶式的演示装置

广西合浦廉州镇中的凌国松老师曾经创制了一个很有特色的模拟马德堡半球实验装置,其中自带的抽气装置很巧妙. 如图 7.25 所示,其两个关键部件是进气门和排气门. 进气门包括一个 1 号橡皮塞从小的一端横切至 3/4处的一薄片作阀门,再拉开薄片由小的一端向大的一端竖直打孔,然后把抽气玻璃管从大的一端插入橡皮塞的2/3处. 排气门包括一个 4 号橡皮塞从大的一端竖直打孔至2/3处,再从侧边钻通,最后将胶手指套封闭的一端截去并套在橡皮塞上即可. 演示时,安装好用饮料瓶做成的模拟马德堡半球的上半球,再把抽气装置的抽气玻璃管插进上半球的单孔橡皮塞中,将下半球(瓶盖旋紧)与上半球接合上,最后用手捏一下作为气室的鼓气皮囊,进气门将自动关闭,气室内的空气推开排气门排出;松手后气室恢复原状,排气门在大气压的作用下将自动关闭,而两半球内的空气便推开进气门进入气室内,两半球则在大气压的作用下被压紧,重复捏几次鼓气皮囊,就可见到它不再复原,此时就可放心地在下半球的挂钩上挂上 40 ~ 50N 的重物. 由于从鼓气皮囊是否复原就可知两半球中的空气抽空的程度,因此实验的成功率几乎可达到 100%.[5]

为了操作更加简单、携带更加方便、使用安全可靠性更高,我们利用有机玻璃(也可用塑料)、密封橡胶圈、螺钉、不锈钢管、乳胶管、签字笔套等,经过粘接、切削、钻孔、攻丝等工序,制作成如图 7.26 所示的可改变面积的模拟马德堡半球实验演示装置. 本实验装置除能演示大气压强外,还可定性演示实验装置内外压差情况基本相同时,把半球分开的拉离力(分离力)与受力面积的关系,即内外压强差一定时压力与受力面积的关系. 在碟状圆盘上设有两道与橡胶圈尺寸相关的同心圆环,用以保证橡胶圈放上后与圆盘同心.

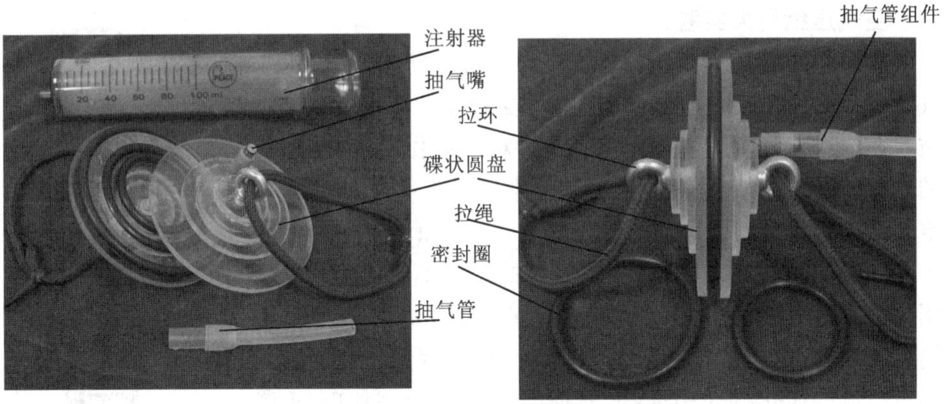

图 7.26 模拟马德堡半球实验演示装置

装置尺寸:直径为 10cm,厚约 8cm,总质量小于 200g,实验时只要用注射器先抽出密封胶圈夹层内的空气后取下注射器就可以进行演示.

根据演示需要,装置内可以分别放置直径为 4.5cm、6.5cm 和 9.0cm 的密封橡胶圈. 经计算可知,直径为 4.5cm 的密封橡胶圈,其圆环面积 S 约为 $1.59\times10^{-3}\text{m}^2$;直径为 6.5cm 的密封橡胶圈,其圆环面积 S 约为 $3.32\times10^{-3}\text{m}^2$;直径为 9.0cm 的密封橡胶圈,其圆环面积 S 约 $6.50\times10^{-3}\text{m}^2$,近似成 1∶2∶4 的关系.

根据 $P=F/S$,若演示装置内外之间的压强差为 1 个标准大气压($1.01325\times10^5\text{Pa}$)时,用标称直径为 4.5cm 的密封橡胶圈做实验,此时演示装置表面受到的压力将有 160N 左右. 若用 6.5cm 的密封橡胶圈,装置表面受到的压力将有 330N 左右,若用 9.0cm 的密封橡胶圈,装置表面受到的压力将有 650N 左右. 根据实验测试,当放置 4.5cm 的密封橡胶圈时,如果用注射器抽取半球内的空气,若抽气时稍加用力,则抽气后可以提起 80N(8kg)左右的砝码;保持同样的抽气力度,当放置 6.5cm 密封橡胶圈时可以提起 160N(16kg)左右的砝码;当放置 9.0cm 密封橡胶圈时可以提起 320N(32kg)左右的砝码. 所以用注射器抽取半球内的空气时,可以使演示装置内外压强差达 0.5 个大气压左右. 由上可知，通过用注射器抽取演示装置内的空气使其形成局部真空后很容易提起 6kg、12kg、24kg 以上的重物. 通过面积不同承受的拉力不同的实验，可以说明压力与受力面积的关系.

注意事项：

实验演示时要将半球体，特别是与密封橡胶圈接触的部分及密封橡胶圈擦拭干净，并让边沿对齐后靠在一起不要有缝隙，抽气时稍用点劲，抽气后先用手捏住胶管口，待注射器取下后突然松开胶管口让大气压自动压紧阀门后再挂重物，注意脚不要放在重物下面. 实验完毕后若要放气，可先取下抽气管用手稍拔松一下单向阀螺钉即可.

思考题

还可以用其他方法演示大气压强吗？请举例说明.

7.1.10　做功与物体内能变化的实验演示

1. 空气压缩引火实验

气体绝热压缩过程中温度会升高，因此若将一定体积的空气和引火物密闭在一容器中，当空气受到突然压缩时，引火物被点燃，就可以非常生动地演示外界对系统做功使内能增加的现象. 在中学物理实验室，配有如图 7.27 所示的 J2253 型空气压缩引火仪，用于这个实验的演示. 然而，用早期的仪器产品很难演示成功，原因之一是气筒的内径不够小，使得一般用力很难达到较大的压缩比；二是活塞采用类似自行车打气筒用的皮碗，密封性能不够好且容易老化. 因此，一般要使用燃点较低的硝化棉作引火物. 然而硝化棉存放一段时间就会失效，实验前自制又比较麻烦且不安全.

图 7.27　空气压缩引火仪

按新标准生产的 J2253 型空气压缩引火仪，气筒用直径为 10mm 的有机玻璃制成，活塞采用多层橡胶圈做成，压缩比和密封的问题都得到了较大的改善. 只要注意实验前在活塞处涂抹适量的凡士林或黄油加强密封，下压活塞时用力够大、够快，就可以不必用硝化棉作引火物，用普通脱脂棉甚至有些纸片也可引火. 但是，为了降低操作上的难度，提高在课堂上演示的一次成功率，有必要寻找燃点更低且取材容易的引火物.

美国加州桑塔 · 克拉拉大学的海恩等人对一些取材很方便的材料的燃点进行了测定. 结果表明火柴头很适合用作引火物. 他们一共测试了 8 种不同牌号的火柴，燃点最低的一种在 483K 的温度下即可点燃（比所测得的棉花燃点 680K 低了近 200℃），即使燃点最高的一种在 526K 的温度下也可点燃. 因此，用燃点低又随手可得的火柴头作空气压缩引火实验的引火物是很合适的.[6]

2. 气体膨胀对外做功使内能减少的实验演示

在做功与物体内能变化的实验演示中，空气压缩引火实验说明的是外界对气体做功使气体内能增加. 而气体膨胀对外做功会使内能减少，这也需要用实验演示，否则做功与内能的变化阐述就不完整.

气体膨胀对外做功使内能减少的一个在生活中最常见的例子，就是对自行车车胎放气时气嘴处温度的明显降低，这一般很少为人所注意. 此外，用如图 7.28 所示的由饮料瓶、热敏电阻、铜管和橡胶球阀等组成的成雾装置演示器也很能说明问题. 在天气干燥时，实验前要往烧瓶中加一点水以加大瓶中空气的湿度，同时最好灌少量烟进烧瓶中，实验时将先用手捏压橡胶球阀给瓶内加气，加气过程中通过数字电表可观察到瓶内的热敏电阻阻值减小，由此可判断瓶内温度增加，这说明由于空气压缩，外界对气体做功使气体内能增加. 待稍加稳定后突然松开瓶盖，可看到烧瓶中立即出现整瓶的白雾. 由于雾的产生是空气中的水汽（气态水，无色透明）遇冷凝结在空气中的尘埃上所致，瓶中出现白雾的背后必定有气体温度的降低，与此同时，通过热敏电阻阻值增大也可判断瓶内温度降低. 因此，实验说明了气体膨胀对外做功使内能减少.

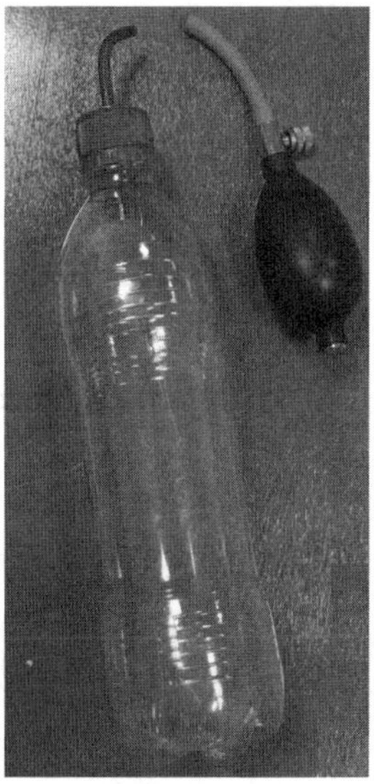

图 7.28　成雾装置演示器

注意事项：放气时速度要快.

如果没有橡胶球阀，用自行车气门嘴安装在瓶盖上用打气筒向瓶中打气，待瓶中气体稳定后突然松开瓶盖，成雾的效果也很好. 但要注意，气不要打得太多，否则瓶盖容易飞出，产生危险.

7.1.11　内燃机爆发原理的演示

用一次性使用的纸杯、圆柱形饮料瓶、废打火机（或家用的电子煤气点火器）、PVC 塑料管等，可做成如图 7.29 所示的演示装置.

其制作方法如下：

（1）取出废打火机的压电陶瓷点火装置.

（2）取一截直径约为 19mm、长 150mm 的 PVC 塑料穿线管，在管端距管口 40mm 左右处根据打火机点火装置尺寸垂直于管中心钻一直径约为 5mm 直径的通孔，在孔的一边用小方锉锉出打火机压电陶瓷点火装置恰好可以插入的方孔.

（3）取一块厚约 5mm 的小废塑料或有机玻璃块，将其锉成可以塞进 PVC 塑料穿线管的带锥状的圆柱体，并在其中部相距 5 ~ 6mm 的位置钻出直径为 1mm 左右的线孔.

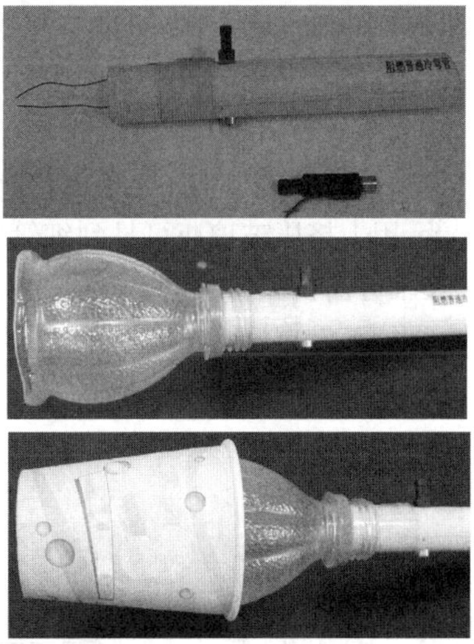

图 7.29　内燃机爆发原理演示装置

（4）用两段废漆包线或单芯绝缘细线，其一端去除绝缘层后一根与打火机点火装置的高压引线相接，另一根与打火机点火装置露出的圆柱状金属部分相接. 用绝缘胶带固定好后，另外一端穿过带锥状的圆柱体小孔，将圆柱体塞入穿线管使其端面与线管端面平行，引线伸出 40mm 左右后剪断，使两剪口相距 3 ~ 4mm 即制成点火装置.

(5)将饮料瓶剪去下面部分并使剪口整齐,将点火装置插入瓶口并固定,再用一个大小合适的纸杯套在饮料瓶点火装置上,整个实验装置即全部完成.

实验前在杯中滴少许(5 ~ 8 滴)易燃、易挥发的液体,如酒精、丙酮、汽油等,然后将点火器罩上用手纵向按压杯子与点火器接触处,一方面使之密封良好,另一方面通过手给杯子传热,使其中的液体全部挥发,使可燃气体更易被点燃. 当可燃性液体全部挥发变成气体后,用手快速按下打火机按键就会看到一团火光并听到“膨”的一声,杯子冲上空中,可达几米高.

如果不用废打火机而用煤气电子点火装置制作本实验装置则更简单.

通过本实验演示,除可说明内燃机爆发原理外,还可说明可燃性液体、气体安全使用的重要性,即凡是存有可燃和易燃易爆液体、气体的地方绝对不能有火花或使用电气开关,否则极易引起爆炸危及生命财产安全.

注意事项:

滴入杯中的汽油、酒精等可燃性液体一定要适量,根据燃烧条件要注意可燃性气体中燃料与空气的混合比例要恰当,若空气太少氧气不足则不可能燃烧爆炸. 同样,燃料太少无法形成可燃性气体也不能燃烧爆炸. 在前面描述的条件下一般可在滴入燃料液体后等数秒再盖点火器罩,再等数秒并将其来回倒转几次,使空气与燃料充分混合后即可演示.

7.1.12　微小形变的演示

我们知道,弹力与物体的弹性形变总是联系在一起的. 对于形变明显的情况,学生没有疑问. 但是,当讲到书对桌子的压力(弹力)使桌子发生了微小的形变时,要学生确信就会有些困难. 因此,要通过实验,将这类微小的形变加以放大,使学生能清楚地观察到形变的发生. 在中学物理课本中,原来采用如图 7.30 所示的装置来放大桌子的微小形变,后改为如图 7.31(a)所示的插有细玻璃管的盛满水的玻璃瓶来演示,简化了实验装置. 而且由于玻璃是很难发生形变的材料,能演示出它的形变更加令人信服. 如图 7.31 (b)所示,用力挤压玻璃瓶可见到细管中的墨水明显上升. 而若如图 7.31 (c) 所示, 沿瓶截面长轴方向挤压时,细管中的墨水却会下降,这就更有力地说明确实是施力使玻璃瓶发生了形变. 没有这一步的演示,学生完全可能会坚持认为所见到的现象是由于手的传热使瓶中水膨胀所致.

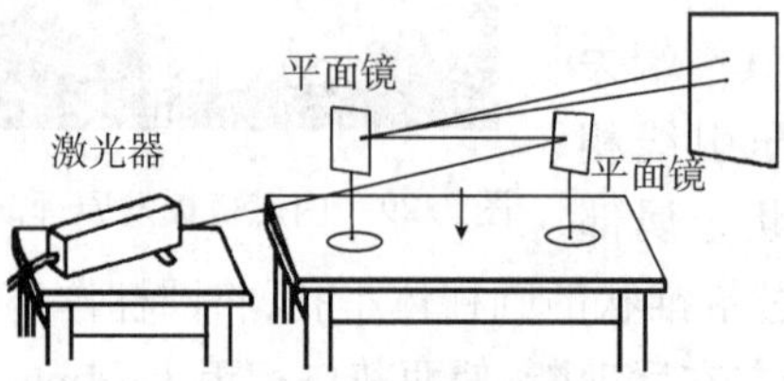

图 7.30　桌子的微小形变

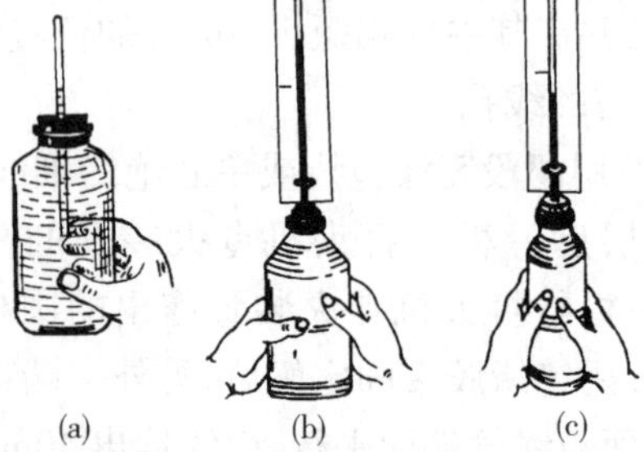

图 7.31　玻璃瓶的微小形变

现在要找到这种玻璃已经很困难了. 但现在激光器的使用却很普遍,尤其是固体笔形激光器价格便宜,使用安全、方便,完全可以用来制作微小形变演示装置. 如图 7.32 所示,用废旧有机玻璃块或木块、铁皮、螺钉等制成支架、将小镜片和激光器分别装在支架上,并注意使镜面和激光器均可以转动调节角度,同时可以通过螺钉制成控制按钮能方便开关激光器就可以了.

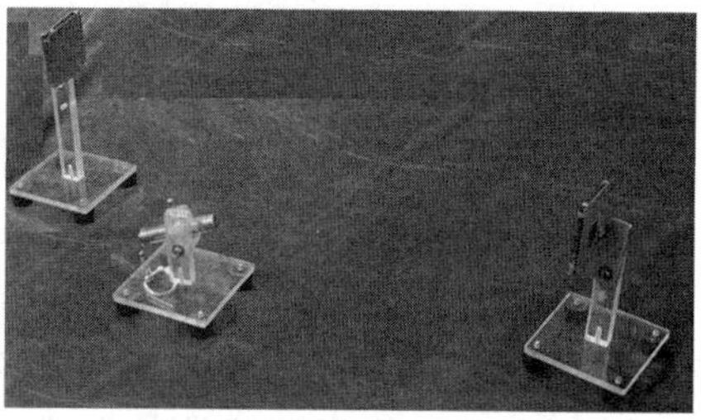

图 7.32 笔形激光微器小形变演示器

7.1.13 声音振动演示器

在教学中演示"声音的传播"这部分内容时,
教师经常会遇到以下三个问题:①声音在空气中的振动是无形的,肉眼难以直接观察;②中小学很难有这方面的演示器材;③学生由于生活阅历较浅,理解掌握这部分知识有困难.

根据以上情况四川省阆中市北城小学的席筠梅和陈玉梅两位老师利用激光器、小反射镜、圆筒、振动膜等设计制作了声音振动演示器(四川省第 24 届青少年科技创新大赛参赛项目),该仪器取材方便,制作简单,值得推广.

根据相关介绍我们设计成如图 7.33 所示的演示装置. 其原理是声音振动通过空气将推动圆筒上的振动膜振动,而与振动膜粘在一起的反光镜同样随膜一起振动,从而使照射在反光镜上的光线产生明显晃动,由此可说明声音是通过振动而进行传播的.

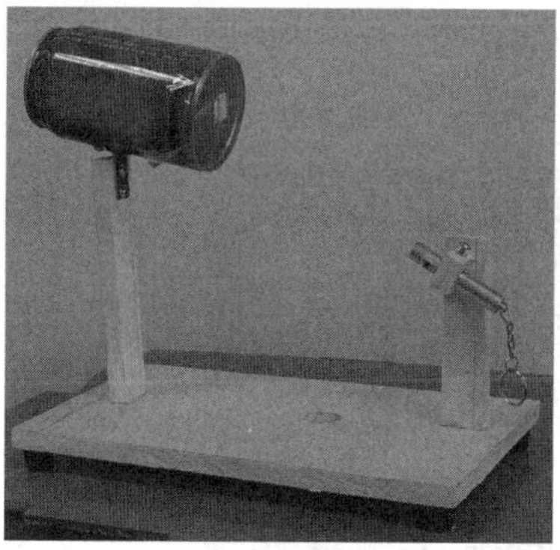

(a) 演示器

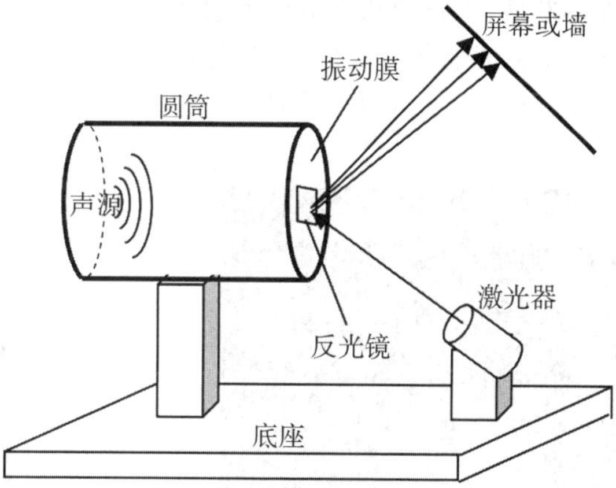

(b) 工作原理示意图

图 7.33 声音振动演示器

7.1.14 楞次定律演示

法拉第电磁感应定律公式在 SI 制中有以下形式:

$$\varepsilon = -\frac{d\Phi}{dt}$$

其中,Φ 为磁通量,它的正方向与 ε 的正方向成右手螺旋关系,其中的负号是根据楞次定律确定的. 这一负号确定了闭合回路中感应电动势的方向,即感应电流总是取抵抗磁通变化的方向,使引起磁通量变化的运动受到阻力. 这实质上是能量守恒定律的必然结果. 感应电流在闭合回路中流动时释放出焦耳热. 由能量守恒定律可知,能量只能从一种形式转化为另一种形式,故闭合回路中感应电流产生的焦耳热也必然是其他形式的能量转换而来的. 向闭合线圈插入磁棒或从其中拔出磁棒时都受到阻力,克服阻力就要做功(根据楞次定律),正是这部分功变成了焦耳热. 设想若感应电流的方向与楞次定律预期的相反,则将磁棒插入或拔出过程中磁场必不但对磁棒做功,又能产生感应电流释放焦耳热,这显然是违反能量守恒定律的.[7]

1. 用磁铁插入、拔出方式改变磁通量演示愣次定律

如图 7. 34 所示,本装置可用废铝板、废笔杆、废塑料块和螺钉等制作.

本实验装置中,两铝环由刚性杆连接,平衡放置,可绕竖直轴转动,一个铝环完好,一个有小缺口.

当将磁棒插入完好铝环,根据楞次定律,铝环中因插入磁棒出现电磁感应,感应电流的方向使自身磁场抵抗磁通量的变化,这一相互作用力使此系统绕轴转动;而用磁棒向有缺口的铝环插入或拔出时,只有感应电动势,而没有感应电流,因此无相互作用力,无法使该系统转动. 如果没有铝板也可用较粗的铜线绕制成铜环取代铝环.

2. 线圈通断电方式改变磁通量演示愣次定律

同样,也可用如图 7. 35 所示的装置演示楞次定律. 该装置是用铁丝(铁丝代替软铁棒)穿满直径为 15mm,长约 12cm 有机玻璃管制作的线圈架,用直径约为 0. 7mm 的漆包线密绕 600 匝. 根据有机玻璃管的直径,用厚 0. 1mm 左右的磷铜皮剪成 3 块宽约 10mm、长约 50mm 的带状铜片,经弯曲后焊接成可以在管上滑动的铜环. 其中两个封闭,一个开口. 也可以用日光灯镇流器铝质外壳或直径为 0. 3mm 左右的漆包线制作封闭环和开口环.

图 7. 34　永久磁铁演示楞次定律

图 7. 35　通、断电演示楞次定律

演示时,线圈接 8 ~ 12V 直流稳压电源或蓄电池,接通电源瞬间,套在铁芯两端的闭合铜环(铝环)会分别向外移动甚至从端部跳出,而开口铜环(铝环)却原位不动. 保持线圈中通过恒定的电流,再将闭合铜环(铝环)套在铁芯上,释放后都停在原位不动. 这表明恒定的磁通量不能在闭合铝环中产生感应电流,因而环不受磁场力. 若再迅速切断电源,在断开的瞬间,开口铜环(铝环)仍然不动,而闭合铜环(铝环)却在铁芯上向内移动.

注意:实验时,线圈持续通电时间不宜太长,以防线圈过热或损坏电源.

7.1.15 电磁驱动演示

电磁驱动实验装置如图 7.36 所示. 用铁丝弯成一个摇手柄,在柄端部用螺钉固定一块用绝缘玻纤板制作的刚性矩形板,在矩形板两端再放两块铷铁硼材料制成的磁性较强的永久磁铁. 磁铁对面固定一片可以灵活转动的铝或铜圆盘,再将两者固定在一底座上即做成整个演示装置.

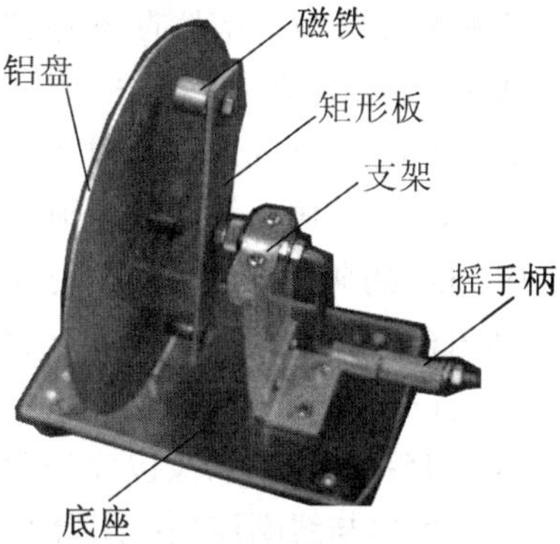

图 7.36 电磁驱动实验装置

当磁铁旋转时,在竖直平面上与磁铁产生相对转动的铝(铜)盘中将产生涡流,其涡流将阻碍铝(铜)盘与磁铁的相对运动,因而使铝(铜)盘跟随磁铁转动,这种现象称为电磁驱动,即当磁铁旋转时,在竖直平面内产生旋转磁场. 由于涡流的机械效应,铝(铜)盘也跟着转动起来,两者的转动方向相同,但铝(铜)盘的旋转速度始终小于永磁体的转速.

7.1.16 异步电动机原理演示

实验装置如图 7.37 所示. 由可绕一个定轴转动的导体(废铝质易拉罐)和在它附近设置可以绕轴转动的永磁体(铷铁硼磁钢)组成.

当导体与磁场间有相对运动时,根据电磁感应定律,在导体中将产生感应电流(涡流),感应电流的方向总是力图阻碍它们的相对运动. 若磁场是运动(转动)的,它附近导体中的感应电流在磁场中受到的安培力总是力图推动导体运动以减弱这种相对运动,异步电动就是基于此原理而制成的. 之所以称为"异步",是因为要使导体的运动能被利用来对外做功,必须使导体内有一定的感应电流,这个电流只有在磁场中受力而使导体运动才能对外做功. 这个一定的感应电流是靠导体与磁场之间有相对运动出现感应而产生的,故不能实现导体与磁场的同步运动(它们之间无相对运动). 用图 7.37 所示的装置演示时,当用手捻动装置顶部螺钉转动永磁体时,导体(铝质易拉罐)也会跟着转动. 通过观察导体在旋转磁场中的运动,可以演示异步电动机的工作原理.[8]

图 7.37 异步电动机原理演示

7.1.17 涡流的阻力与感应电流

实验装置如图 7.38 所示,由磁体管、磁钢、演示支架、圆环及线圈等组成.

制作方法:磁体管用一节长 0.8m,外径为 16mm,内径 12mm 的 PVC 管,从距端口

60mm 处开始,每间隔 55mm 用手锯和划刀切割出宽 8mm、长 20mm 的磁铁观察窗,在每个观察窗处放入两粒直径为 12mm、高为 10mm 的铷铁硼磁钢,磁钢之间用长 55mm、直径为 12mm 的木棍、竹棍或泡沫塑料切成小条将其隔开并固定在管内即成. 演示支架用一段长 0. 8m、外径为 20mm、内径大于 16mm 的有机玻璃管或 PVC 管将其垂直固定在 150mm × 150mm × 10mm 的塑料板上做成(也可用其他板材制作). 用长 70mm、宽 10mm、厚 0. 3mm 的薄铜皮制作两个可在支架上自由滑动的铜环,其中一个开口,一个利用锡焊使其闭合. 线圈用高为 30mm、内径为 21~22mm 的管材(或用瓶口内径为 21~22mm 的饮料瓶瓶口、瓶颈部分)及厚 4mm,长 × 宽为 45mm × 45mm 的有机玻璃制作绕线骨架,用直径为 0. 15~0. 2mm 的漆包线绕 1500 圈制作. 在骨架端部用红、绿两只发光二极管通过反向并联后再与线圈连接成闭合回路.

本演示装置用于演示由于电磁感应而出现的有趣现象. 当闭合铜环或线圈在磁体管外自由下落时,在铜环或线圈中会因与磁铁之间的相对运动而产生感应电流. 对于铜环来讲,由于其电阻较小,感应电流可能会比较大,这个电流会产生阻碍铜环下落的电磁阻力,即铜环除受重力之外还要受到电磁阻力的作用,因此铜环下落一定的高度所需的时间就会变长. 而用开口铜环代替闭合铜环实验时,由于开口铜环电阻很大不能形成闭合回路,不会出现感应电流,没有电磁阻力,因此,开口铜环下落同样高度的时间仅是自由落体时间,较闭合铜环下落所需的时间要短得多. 同样,对于具有很多匝数的线圈来讲,线圈在磁体上下落时,线圈与磁体之间也会由于相对运动而产生电磁感应,虽然线圈匝数很多,电阻较大,但感应电动势也比较大,由于是闭合回路,线圈中也会产生感应电流,因此可以将发光二极管点亮. 而且,根据楞次定律,线圈在磁体上运动时会交替出现磁通量增加、减少过程,线圈内的感应电势和感应电流的方向也会交替变化,所以当线圈在磁体上运动时可以看见两支反向并联的二极管交替发光,说明线圈回路中存在感应电流.

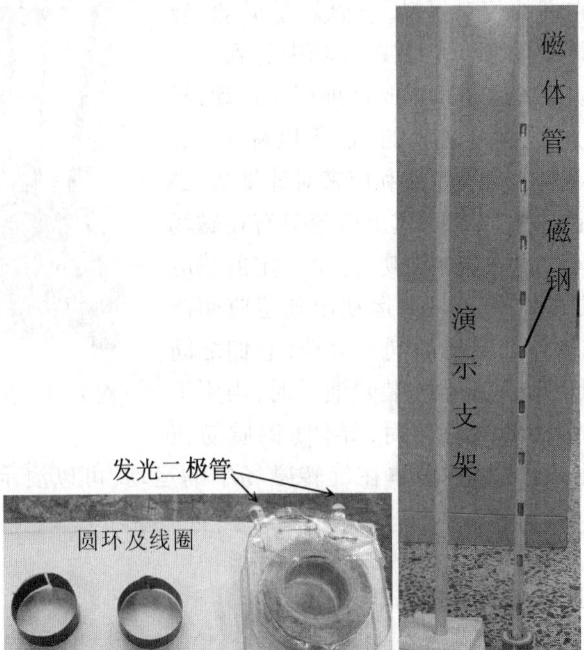

图 7. 38　涡流阻力演示装置

7.1.18　自制离心式小水泵

离心式水泵通常叫做离心泵,图 7.39(a)所示为离心式水泵的示意图.其结构的主要部分是泵壳和装在泵壳里面的叶轮.水泵启动前,先往泵壳里灌满水.启动后叶轮在电动机的带动下旋转,泵壳里的水也跟着旋转,同时被叶轮甩入出水管中,水被甩出时,叶轮附近的压强减小,比大气压小得多,因此进水管外面的水就在大气压的作用下推开底阀,通过进水管进入泵壳里,进来的水在随叶轮旋转时又被甩入出水管中,叶轮不停地旋转,就把水不断地从低处抽到高处.利用玩具电机、饮料瓶口、废铁皮等可以制作离心式水泵模型.通过离心式水泵模型的制作,可使学生了解和掌握离心式水泵的基本结构和工作原理.图 7.39(b)所示为利用塑料瓶口等研制的离心式水泵模型.

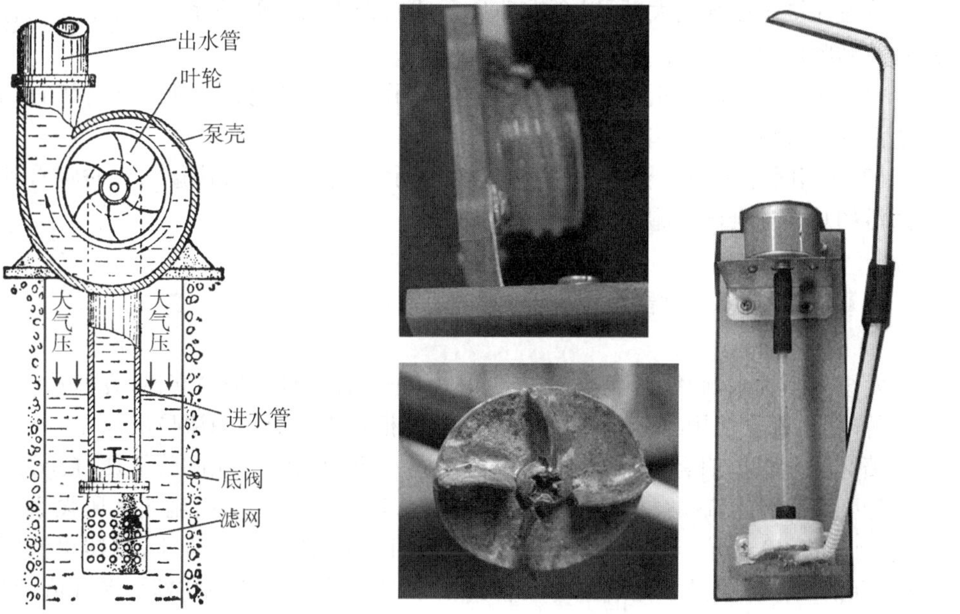

(a)　　(b)

图 7.39　离心式水泵

7.1.19　气体流速与压强的关系

根据伯努利方程可知,在同一流管中有

$$\rho gh+\frac{1}{2}\rho v^2+p=常数1$$

则等高的两点处有

$$\frac{1}{2}\rho v^2+p=常数2$$

故 v 大的地方压强 p 就小,反之亦然.在一段流管中,若有一股快速气流通过,由于气流速度 v 大的地方压强 p 小,处于侧面或下面的压强较大处的气体就会压向流速快的区域,在与流速相垂直的平面内,形成由气压高的区域(流速小)指向气压低的区域(流速大)的气压梯度,它等于气体动能密度的梯度,方向指向动能密度减小的方向.

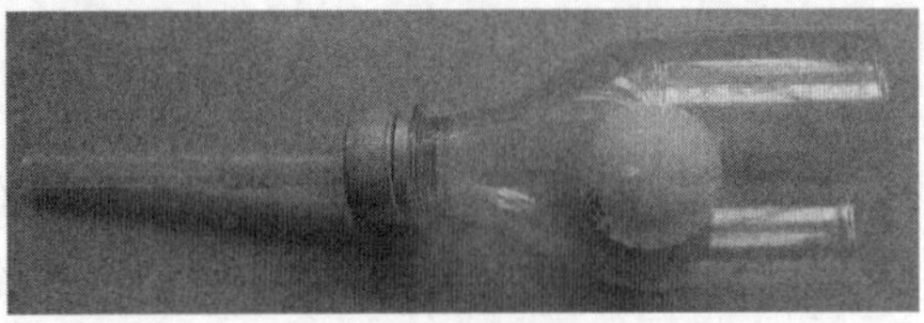

图 7.40　横向演示

图 7.41　纵向演示

要演示这一原理,即流体内流速大的位置压强小的现象,可用废笔杆、饮料瓶、乒乓球等制作成如图 7.40 所示的实验装置.

当对准吹气管快速吹气时,吹气管与饮料瓶口处气流速度最大,气压最小,随着瓶颈向外逐渐的扩张流速减小压强增大,接近出口部分流速更小压强更大,所以会推动乒乓球向处于吹气管的瓶口运动并贴紧瓶口.

(1)若用本装置横向演示,即按图 7.40 所示方式对准笔管快速吹气时将看到处在瓶子边沿的乒乓球会向左跑向瓶口处贴紧瓶口.

(2)若用本装置纵向演示,即按图 7.41 所示方式对准笔管快速吹气时将看到处在瓶子边沿的乒乓球会向上跑向瓶口处贴紧瓶口.

7.1.20　简易喷雾器

女士们喷香水、画家们喷画、浇花时作叶面施肥用的都是喷雾器,在熨烫衣服、制作广告等时,也都会使用喷雾器. 为什么喷雾器能把香水、原料、油漆喷出来呢?

喷雾器是根据伯努利原理制作的,即在同一流管里流速大的位置压强小,流速小的位置压强大, 因此流体会自动从高压流向低压. 喷雾器就是利用流速大压强小的原理制成的. 如图 7.42 所示,当空气从小孔迅速流出时,小孔附近的压强小,容器里液面上方的空气压强大,液体就沿小孔下边的细管升上来,从细管的上口流出后,受气流的冲击,被喷成雾状. 另外,汽油发动机的汽化器与喷雾器的原理也是相同的,都是快速流体产生的空吸作用. 为此我们可利用废笔杆和笔芯加少量易拉罐铁皮等,做成如图 7.43 所示的简易喷雾器演示装置. 演示时只要将笔芯插入水中,用嘴对准笔杆用力吹气即可看到水雾从喷口射出.

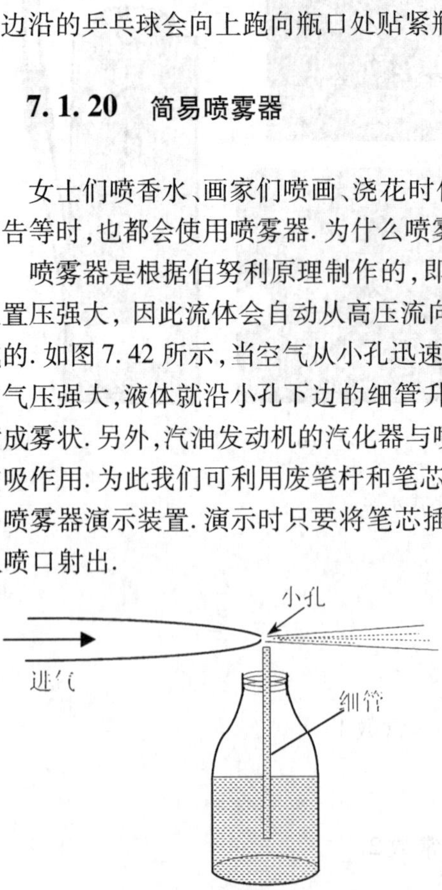

图 7.42　喷雾器原理

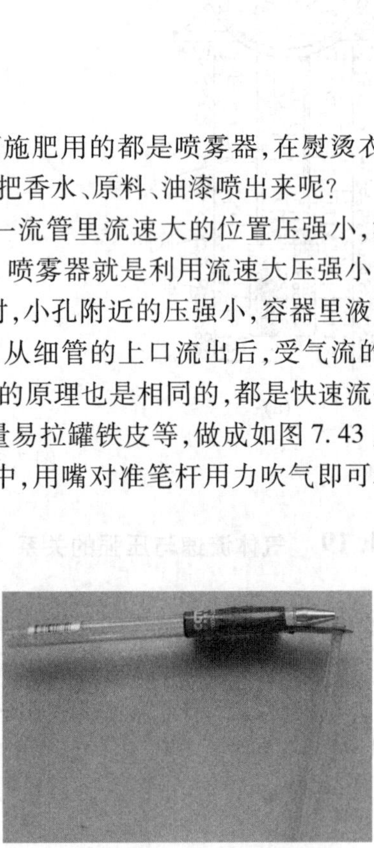

图 7.43　自制喷雾器

思考题

1. 自制喷雾器时,进水管上口与喷气口为什么要靠在一起?
2. 为什么喷口气流速度越快,演示效果越好?

7.1.21 固体热胀冷缩的实验演示

我们知道许多物体都具有热胀冷缩特性,称为物体的热膨胀现象. 这是由于温度升高,原子间的平均距离增加,其体积增大所致. 对于金属材料来讲,因其热胀系数比较小,通常只有 10^{-5} 数量级,如在 20~200℃ 范围内,铜的热胀系数约为 1.64×10^{-5} m/(m · K),铁的热胀系数约为 1.2×10^{-5} m/(m · K),钢的热胀系数约为 1.1×10^{-5} m/(m · K),铝的热胀系数约为 2.35×10^{-5} m/(m · K),因此要想直接观察该现象比较困难. 在中学物理教学中通常使用 J2258 型固体线胀演示器作为教学演示. J2258 型固体线胀演示器如图 7.44 所示. 实验时需用火烧和冷水浇铜棒,使受热膨胀和遇冷收缩的铜棒推动压于其下的指针转动,这样显示固体的热胀冷缩现象. 虽然该仪器的演示效果还不错,但演示时需用比较大的热源才能使铜棒加热. 为了使实验效果明显,该仪器所用金属棒通常直径为 5 ~ 6mm、长为 500 ~ 600mm,再加上一个强度较大的底座,该仪器体积较大也比较笨重,教学时热源和仪器携带都不太方便.

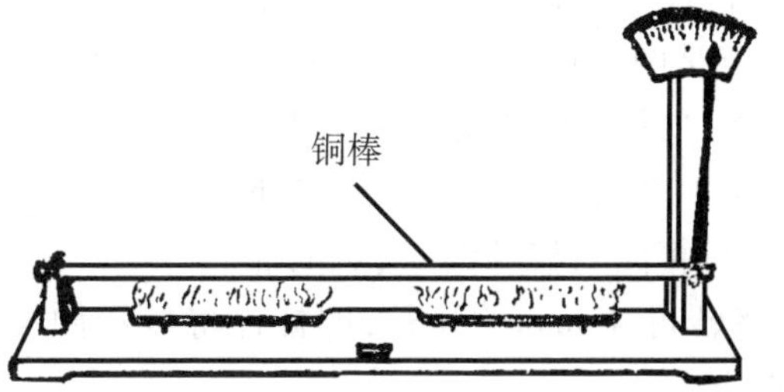

图 7.44 固体线胀演示器

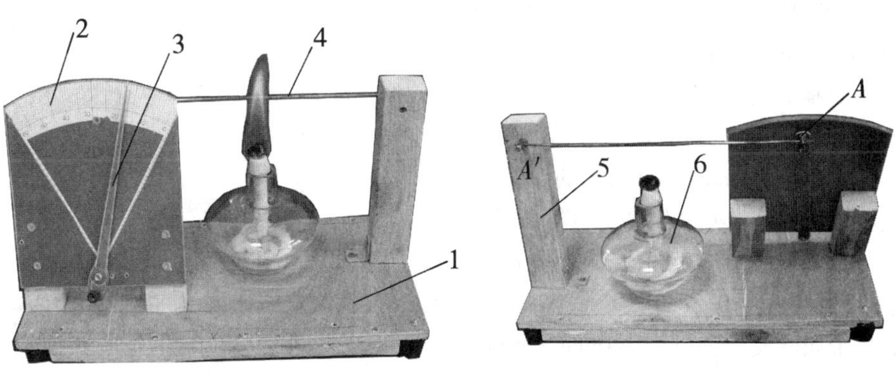

(a) 正面 (b) 背面

图 7.45 热胀冷缩演示器

1—平板底座;2—刻度盘;3—复式杠杆及指针;4—待测金属丝;
5—金属丝支撑柱及金属丝连接接线柱;6—酒精灯

1. 复式杠杆热胀冷缩演示器

为了减少实验时所需热源和仪器体积、质量，还能比较明显反映出金属丝热胀冷缩的性质，我们根据杠杆和复射式检流计的原理设计制作了一种复式杠杆式热胀冷缩演示器，即利用杠杆原理，使阻力臂通过两次放大，将金属丝受热或遇冷产生的微小长度变化，通过指针转过的较大弧长明显地反映出来. 同时为了不因指针过长使仪器体积过大，采用了复射式检流计原理(即用两个支点将指针分为两段)，这样既不增大演示实验装置的体积，又增加了指针总长度，在同样的微小变形下使指针转过的弧长增大而使演示效果更明显.

1) 装置组成及原理

复式杠杆式热胀冷缩演示器如图 7.45 所示. 主要由平板底座、刻度盘、复式杠杆及指针、金属丝支撑柱及金属丝连接接线柱、酒精灯、待测金属丝等组成. 整个装置长约 300mm、宽 150mm、高 160mm，重约 0.35kg.

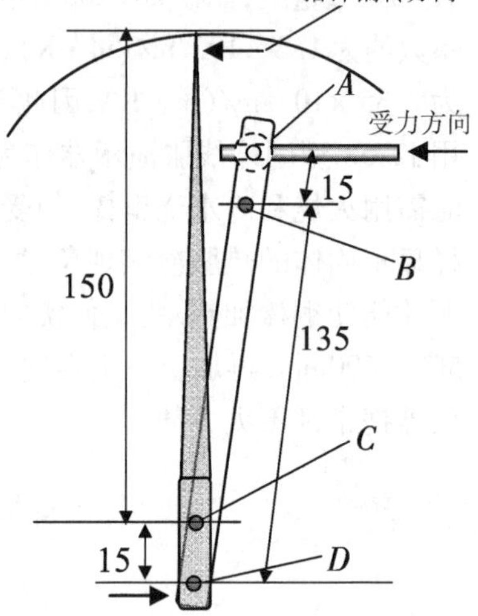

图 7.46　复式杠杆原理图

复式杠杆原理如图 7.46 所示. 图中 A 为待测金属丝与杠杆力臂连接处紧固接线柱(接线柱可转动)，也是杠杆受力点，B 点是第一杠杆支点，C 点是指针转动支点，即第二杠杆支点，B、C 两点均固定在刻度盘相应位置上. D 点是两杠杆连接点. 其中，第一杠杆在刻度盘下方，指针在刻度盘上方. 根据图中所标注设计制作尺寸，假如当金属丝受热向左伸长 0.5mm 时，第一杠杆 D 点将向右移动约 4.5mm，而此时指针尖在刻度盘上将转过 45mm 的弧长，即杠杆将显示伸长量放大到原伸长量的 90 倍，因此演示效果非常明显.

2) 制作方法

从图 7.45 可以看出，本实验装置结构非常简单，平板底座可用尺寸为 300mm × 150mm，厚 5mm 以上的木板、层板或其他板材制作，当板料太薄时可在其下面加防变形加强筋以增加其强度. 刻度盘可用厚度为 3 ~ 5mm，高、宽为 165mm × 150mm 的塑料板制作. 刻度可用 Office 办公软件下的绘图功能绘制(半径为 150mm、张角约为 60°)，用打印机打出剪下贴在塑料板上即可. 如图 7.47 所示，复式杠杆及指针用 0.5mm 的废铁皮、较厚的废饮料罐铁皮或 1mm 厚的玻纤板或覆铜板制作均可. 金属丝支撑柱可用 160mm × 30mm × 20mm 左右的废包装箱木条或其他强度较好、不易变形的材料制作均可. 金属丝连接接线柱可用有穿线孔的电学实验用接线柱代替. 待测金属丝可选用长 250mm，直径为 2mm 左右的自行车钢丝、单芯导线中的铜丝或铝丝.

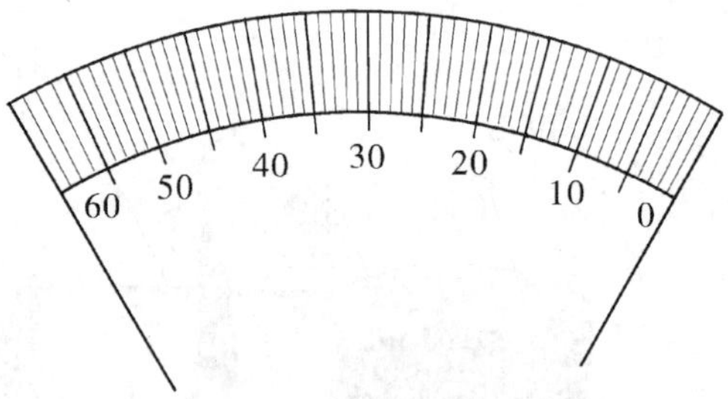

图 7.47　刻度

将各零部件做好后按图 7.45 所示方式连接固定即可. 装配时先将杠杆及指针用 3mm 左右的螺钉装在刻度盘上并使其转动灵活. 为便于观看，可使刻度盘与竖直方向的偏角在 20°左右，用木条锯出斜口或 1mm 厚铁皮剪成 100mm × 20mm 条状后，经过钻孔、弯折成80°左右,后用螺钉连接固定.固定高度时要注意,使杠杆受力点 A 的位置高度应在150mm左右,即待测金属丝离酒精灯燃烧口(灯芯)的高度约为40mm,这样可使受热范围更宽一点.将金属丝连接接线柱 A' 固定在支撑柱上,注意使线孔高度与刻度盘后面杠杆 A 点处接线柱线孔高度相同,固定支撑柱时注意使线孔连线方向与刻度盘方向平行,两点相距约200mm.

3)演示方法及效果

演示方法很简单,只要将待演示金属丝穿入连接接线柱 A、A' 的孔中并用锁紧螺钉锁紧,注意指针在零刻度附近即可.当把点燃的酒精灯放在金属丝下面对金属丝加热后随即可看见指针读数会逐渐增大,即金属丝受热伸长后推动指针向左移动.由于待测金属丝较细,当酒精灯移去后会很快降温,随着温度降低金属丝又会收缩,指针又会反向偏转演示遇冷缩短现象.

使用单芯导线铜丝时可产生25°左右比较明显的偏转角,使用自行车钢丝时可产生15°左右比较明显的偏转角.[9]

2. 电加热热胀冷缩演示器

给细导线通以大电流的方法也可以演示热胀冷缩现象,效果很好且简便易行.制作一个长25cm、宽10cm左右的底板,在板上固定两个电极和接线插孔,再用一根直径为0.10~0.15mm的漆包线刮去两端外面绝缘漆后将两端拉直压接在接线柱上,即做成电加热式热胀冷缩演示器,如图7.48所示.当用一个低压电源(3V左右)对导线供电时,立刻就可看到原来绷紧的漆包线明显变松下垂,断开电源开关,导线马上重新被拉紧.而通电后再将导线拉紧固定,然后断电,就可看到导线很快被拉断,两个实验一气呵成,整个实验时间不到1分钟.为加强可视性可以在细铜线中间挂一小纸片或废气球等或用摄像头将实验过程用投影机放出,则实验现象将更加生动形象.

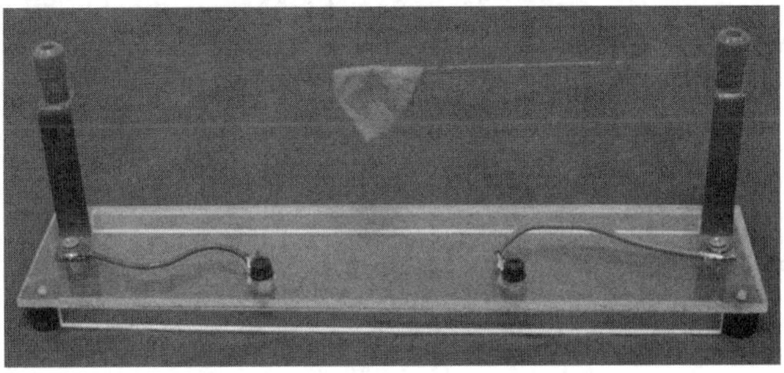

图7.48 电加热热胀冷缩演示器

7.1.22 超重与失重演示

物理规律的理解很多需要建立在感性材料的基础上.超重与失重是高中一年级的课程内容,此时学生刚开始动力学的学习,在这部分内容的教学中,老师常采用推导公式得出结论的方法,也有老师用装有水的罐子自由下落来让学生观察失重现象.很多学生观察失重现象后仍很难理解,超(失)重时,物体对支持物的压力或对悬挂物的拉力与物体所受重力的关系.我们制作的超重与失重演示教具可以解决以上问题.

1. 实验原理

当物体具有向上的加速度时,物体对支持物的压力(或对悬挂物的拉力)大于物体所受重力,这种现象为超重现象;当物体具有向下的加速度时,物体对支持物的压力(或对悬挂物的拉力)小于物体所受重力,这种现象为失重现象.

用一弹簧或弹性较好的橡皮筋悬挂一重物,图 7.49(a)所示为弹簧原长.悬挂重物后处于平衡状态时重物对弹簧的拉力等于物体的重力,弹簧将伸长 Δx,如图 7.49(b)所示.由胡克定律知,在弹簧的弹性限度内,重物对弹簧的拉力 F 与弹簧的伸长量 Δx 之间满足如下关系:

$$F = k\Delta x = mg$$

式中,k 为弹簧的劲度系数.

当我们让重物加速向上升时,重物处于超重状态,重物对弹簧的拉力大于其重力,即 $F > mg$,由胡克定律可知 Δx 将增大,如图 7.49(c)所示;反之,当让重物加速下降时,重物处于失重状态有,即 $F < mg$,重物对弹簧的拉力会小于重力,由胡克定律可知,Δx 将减小如图中 7.49(d)所示.根据这一原理我们可设计制作超重—失重演示器.

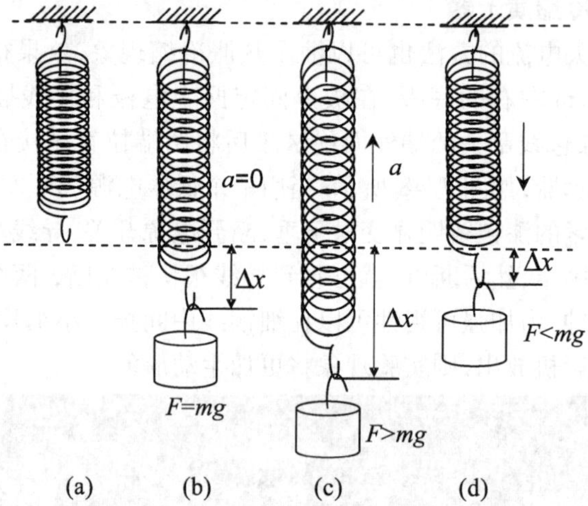

图 7.49　超重与失重时弹簧伸长量示意图

2. 装置结构

超重—失重演示装置如图 7.50 所示.

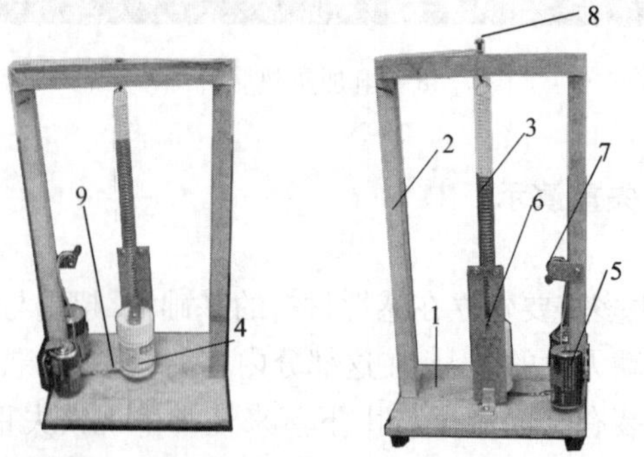

图 7.50　超重—失重演示装置照片

1—底座;2—支架;3—弹簧;4—重物瓶;5—电源;

6—限位板及指针;7—红色发光二极管;8—升降调节螺钉;9—开关

(1)底座:用废木板制作.

(2)支架:用废木条制作.

(3)弹簧:可用气垫导轨振子弹簧或橡皮筋.

(4)重物瓶:用装有废铁钉或砂砾的废药瓶.

(5)电源:两节干电池.

(6)限位板及指针:废印制绝缘板,用以限制重物的摆动.

(7)红色发光二极管:便于观察.

(8)升降调节螺钉:微调重物高度.

(9)开关:用薄铜片制成,在重物瓶下方.上边铜片略弯曲,下边设有一铜螺钉,两者均与如图7.51所示电路相连,铜片受压力后可接通电路,压力撤销后可断开电路,即当铜片不受压力时,开关处于断开状态,当重物处于超重状态时,Δx增大,弹簧伸长,重物向下压开关,电路接通,二极管L发光;当重物处于失重状态时,Δx减小,弹簧缩短,可使原来与开关接触的重物离开开关,二极管熄灭.

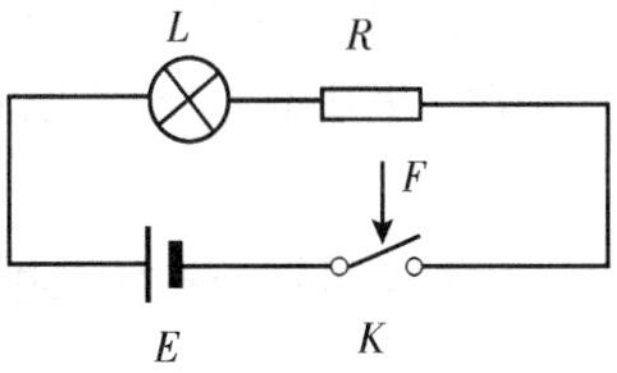

图7.51　电路原理图

3.演示方法

1)超重实验的演示

先调节升降螺钉或适当减少瓶内铁钉、砂砾来改变弹簧伸长量及重物高度,使重物接近开关但不接触开关,当手持装置向上加速运动时,由于重物超重使弹簧伸长重物将压住开关,电路此时接通,可观察到二极管发光.

2)失重实验的演示

开始时调节升降螺钉或适当增加瓶内铁钉、砂砾使重物压住开关,此时开关闭合,二极管发光,当装置向下加速时,由于物体失重弹簧将缩短,重物将离开开关,电路断开,可观察到二极管熄灭.

此外,通过限位板上指针位置上、下变化的情况也可判断超重或失重.

当我们手持仪器作加速和减速运动时,能控制的加速和减速时间较短,因此观察到二极管的亮与灭的持续时间较短,如果能使装置获得持续的加速度,效果会更好.

7.1.23　用激光散射法演示布朗运动

布朗运动也是一个不太好做的实验,原因是观察悬浮在液体中的颗粒时,要求颗粒很小才能产生显著的运动,因此要用放大倍数较高的显微镜,通常要求在600倍以上.但这样一来观察和调节都比较困难,为解决这个问题,下面介绍一种改进的实验方法.

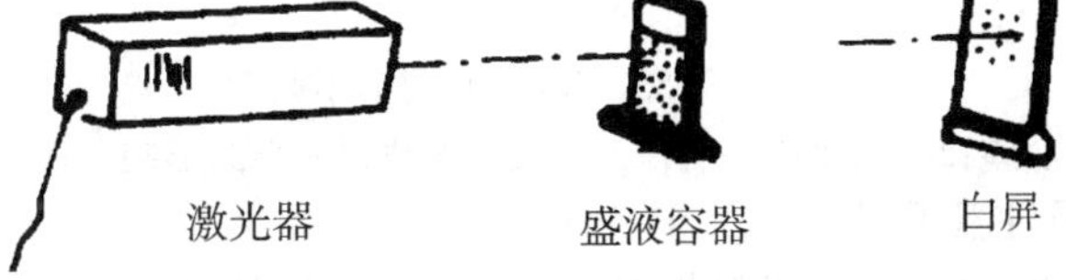

图7.52　激光散斑演示布朗运动

布朗微粒在光的照射下会产生散射现象,利用这一点可以提高实验的明显程度. 特别是采用激光透过乳浊液观察微粒的散射现象,实验操作简单,可靠性高,且可供多个学生同时观察. 实验装置如图 7.52 所示的盛液容器为扁平形状,采用有机玻璃粘成,其大小尺寸可以灵活掌握,只是要求内腔厚度不大于 10mm. 实验时用蒸馏水加少许牛奶或豆浆调成很稀的乳浊液,装于经过仔细清洗的盛液容器中. 这样,当激光按如图 7.52 所示通过容器中的乳浊液射在光屏上时,由于颗粒受到光的照射后产生的散射作用,在光屏上可以清晰地看到放大了的颗粒运动的现象.(注意:观察区域不在激光束直接射于屏上的亮斑之中,而在它周围的散射光形成的区域内,观看时若将散射光直接打在白色的墙壁上同时关掉灯光,效果会更好.)为了使学生确信所看到的运动是布朗微粒的运动,可先在容器中装入蒸馏水演示,此时将看不到微粒运动的现象.

7.1.24　光的反射、折射、最小偏向角演示

光的反射、折射定律是几何光学中最基本的物理定律,要想让学生掌握好这部分知识,最好的方法就是通过演示实验的感性认识加深学生对这一规律的理解.

我们利用玩具激光笔、废塑料板(也可用木板)、有机玻璃板和少量电子元件制作了一件结构简单、演示效果好,既能方便演示光的反射、折射、全反射等实验内容,又能测试相关介质的折射率,还可以用来演示学生比较难理解的三棱镜的最小偏向角等的演示装置.

1. 仪器组成

全部装置如图 7.53 所示. 由底座、固体激光器、一半圆形(或等边三角形)有机玻璃块或由有机玻璃制成的能存储液体的半圆形装置、刻度盘及 4.5V 直流稳压电源(仪器背面)等组成.

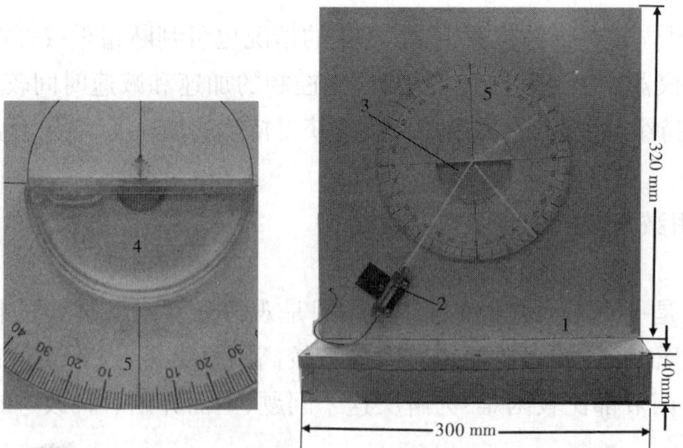

图 7.53　反射、折射演示装置

1—底座;2—固体激光器;3—有机玻璃块;4—半圆形装置;5—刻度盘

2. 制作方法及注意事项

(1)底座可用平整木板或塑料板制作,本装置是用废弃的 10mm 厚的塑料装饰板制作. 其尺寸如图 7.53 所示. 可分为两部分,下面底座部分长 300mm,宽 150mm,高 40mm.

上面面板部分就是一块宽300mm,高320mm的塑料装饰板,两者通过榫卯结构连接.

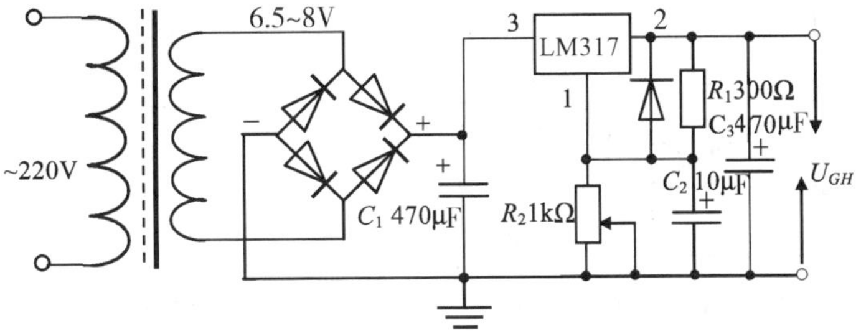

图7.54　激光器工作电路原理电路

(2)固体激光器可用玩具激光笔,考虑到所装电池容量太小不能较长时间进行演示,所以将其改成外接4.5V的直流稳压电源供电,其电路原理如图7.54所示.经测试,玩具激光笔的工作电压为4.5V时,电流大约为40mA,因此变压器功率在1W左右即可.其余元件参数可参考原理图所给出数值.调试R_2可调节输出端电压U_{GH},注意输出端电压不要超过4.5V,而且最好在激光笔电源输入端接上一个开关以防电源开启瞬间的脉冲电压损坏激光笔,即先开电源,再开激光笔.激光笔可通过一镀锌铁皮固定在面板上,让其可以转动和调节.

(3)半圆形透镜尺寸:直径约为70mm,厚5mm.用有机玻璃边角料做成.制作时可先用圆规画出圆或略大于半圆的图形,然后用锯、锉等方法切削、打磨出所需形状,再用细锉、细砂纸依次打磨后,其侧面、端面用抛光机抛光,使其能更好地透射、反射和折射.若没有抛光机,也可用毛巾或粗布平铺在桌子上用手工来回快速摩擦抛光.

(4)存储液体的半圆形装置先用厚2mm的透明有机玻璃制作一直径约为70mm的半圆,用厚2mm、宽12mm、长180mm的有机玻璃条,经过切割、打磨、热弯、粘接等加工制作成一半圆空心盒状容器;将此半圆空心盒用三氯甲烷(或二氯乙烷)粘接在一直径约为180mm的有机玻璃圆盘上,粘接时注意使半圆盒的圆心与圆盘的圆心重合;在半圆盒的左或右上角钻一直径约为1mm的孔,以方便用注射器加待测液体.

(5)刻度盘先用厚3mm左右的透明有机玻璃或透明塑料板制作一直径约为180mm的圆盘,在其圆心处钻直径为2.5mm的孔,用ϕ3mm丝锥攻出螺纹并用6mm左右的钻头锪出沉头螺钉孔,再用一颗M3×25的沉头螺钉旋上使螺钉头与圆盘保持在同一平面.将5mm厚的半圆形板对准大圆盘中心用少量三氯甲烷(或二氯乙烷)粘接.利用计算机做出同样直径,最小刻度1°的刻度盘,用打印机打出剪下后用固体胶或少量透明胶带贴在圆盘上,如图7.53所示(如果演示最小偏向角,则先在圆盘上贴刻度盘再用螺钉将等边三棱镜模型固定在刻度盘上,等边三棱镜的制作材料、方法与半圆形演示器相同).

调整激光射出位置,使其能掠过刻度盘射到半圆透镜,则能较清楚地看到光的路径.利用本实验装置可以很方便地演示光的反射、折射、全反射、三棱镜的最小偏向角及测量折射率等物理实验.

光的反射:根据中学学过的反射定律可知,不论是透明物体还是不透明物体,都要反射一部分射到它表面上的光.实验证明,光在反射时遵循如下的规律:反射光线与入射光线和法线在同一平面上,反射光线和入射光线分别位于法线两侧,反射角r等于入射角i,如图7.55所示.

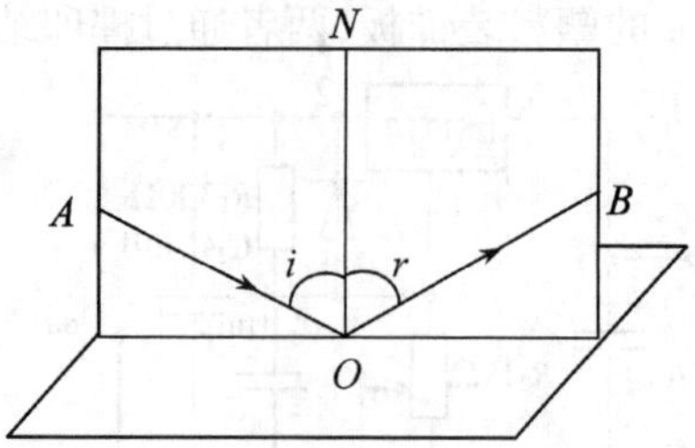

图 7.55　光的反射原理

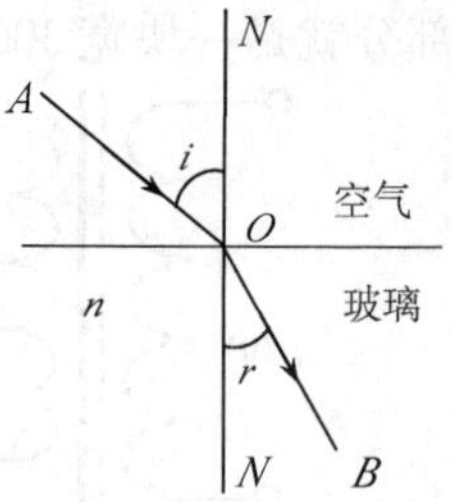

图 7.56　光的折射原理

光的折射:当光从一种介质进入另一种介质,如从空气进入玻璃(有机玻璃)时,在两种介质的界面处,一部分光进入后一种介质中去,并且改变了原来的传播方向,这种现象叫做光的折射,如图 7.56 所示.入射光线与法线间的夹角 i 叫做入射角,折射光线与法线间的夹角 r 叫做折射角.折射光线与入射光线和法线在同一平面上,并且分别位于法线的两侧.折射定律指出,当波长一定的单色光从真空(或空气)射入另一透明物质时,将产生折射,入射角 i 和折射角 r 之间有如下关系:

$$\frac{\sin i}{\sin r}=n$$

其中,n 为该透明物质的折射率,它与通过该物质的波长有关.一般所说的固体或液体的折射率是对钠黄光而言的.

全反射:根据几何光学理论,当光线以某一较小的入射角 θ_1,由折射率(n_1)较大的光密介质射向折射率(n_2)较小的光疏介质($n_1>n_2$)时,则一部分入射光以折射角 θ_2 折射入光疏介质,其余部分以 θ_1 角度反射回光密介质,如图 7.57 所示.根据折射定律和反射定律,光折射和反射之间的关系为

$$\frac{\sin\theta_1}{\sin\theta_2}=\frac{n_2}{n_1}$$

当光线的入射角 θ_1 增大到某一角度 θ_c 时,透射入光疏介质的折射光将折向界面传播($\theta_2=90°$),称此时的入射角 θ_c 为临界角.由折射定律可得

$$\sin\theta_c=\frac{n_2}{n_1}$$

由此可知临界角 θ_c 仅与介质的折射率的比值有关,利用上式也可测介质的折射率.

当入射角 $\theta_1>\theta_c$ 时,光线不会透过其界面,而全部反射到光密介质内部,也就是说光被全反射.

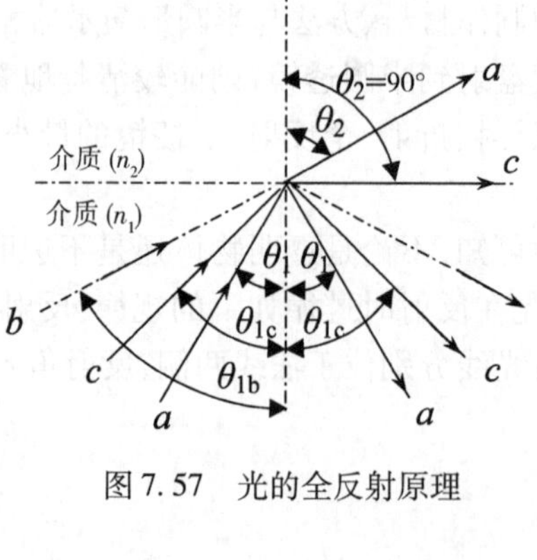

图 7.57　光的全反射原理

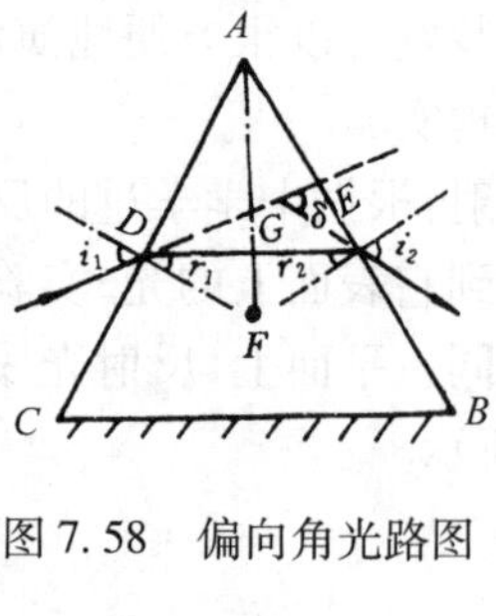

图 7.58　偏向角光路图

三棱镜的最小偏向角：如图7.58所示，在三棱镜主截面ABC内某种波长的光线以入射角i_1自光学面AC射入，经棱镜折射后由光学面AB以折射角i_2射出.入射光线与折射光线的夹角θ称为光线在棱镜主截面的偏向角.对于给定的棱镜，顶角A一定，则偏向角θ的大小随入射角i_1的变化而变化.实验和理论均可证明，当$i_1=i_2$时偏向角最小，称为最小偏向角，记为δ_{min}.根据最小偏向角，由折射定律和几何关系可导出

$$n=\frac{\sin i_1}{\sin r_1}=\frac{\sin\frac{\delta_{min}+A}{2}}{\sin\frac{A}{2}}$$

图7.59　最小偏向角演示

由上式可见，只要测得三棱镜的顶角A和对钠黄光的最小偏向角δ_{min}，便可间接测出棱镜对该波长的光的折射率.

但是如何通过演示实验来证明当$i_1=i_2$时偏向角的确最小仍然比较困难.利用图7.59所示演示实验装置即可以很方便地演示和证明当$i_1=i_2$时偏向角是最小的.因为，在一般情况下由图7.58可以计算得

$$\begin{aligned}\delta&=(i_1-r_1)+(i_2-r_2)\\&=(i_1+i_2)-(r_1+r_2)\\r_1&=90°-\angle ADE\\r_2&=90°-\angle AED\\r_1+r_2&=180°-(\angle ADE+\angle AED)\\&=180°-(180°-\angle A)\\&=60°\\\angle A&=60°\end{aligned}$$

即

$$\delta=(i_1+i_2)-60°$$

因此，当入射光线与折射光线的夹角δ不是最小偏向角时，入射角i_1与出射角i_2之和将大于最小偏向角时的值，即任何i_1+i_2的值将大于$i_1=i_2$时两角和之值.利用演示仪可直观地显示出最小偏向角与非最小偏向角时入射角与出射角之和的差异.

如果在本仪器侧面再装上几只相互平行的激光笔并用有机玻璃制成凸透镜、凹透镜主截面模型安装在仪器上（图7.60），则还可以演示凸、凹透镜对平行光的光线汇聚、发散作用原理.

图7.60　凸、凹透镜原理及演示装置图

7.1.25　导光水柱

导光水柱是根据前面介绍的全反射原理进行工作的,即当入射角 $\theta_1 > \theta_c$ 时,光线不会透过其界面,而全部反射到光密介质内部,也就是说光被全反射. 根据这个原理,只要使光线射入光纤端面的夹角小于一定值,即当光入射界面的角 θ_1 大于临界角 θ_c 时,光线就射不出光纤的纤芯,如图 7.61 所示. 光线在纤芯和包层的界面上不断地产生全反射而向前传播,光在光纤内经过若干次的全反射,光就能从光纤的一端以光速传播到另一端,这就是光纤传光的基本原理.

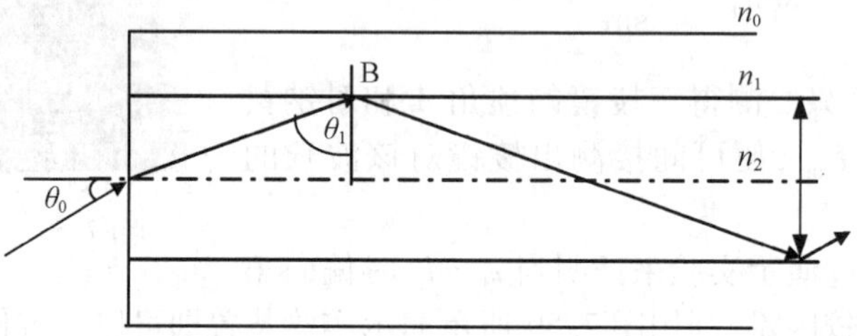

图 7.61　光在光纤中的传播原理

实验装置如图 7.62 所示. 全部装置由一个饮料瓶、一个固体激光器、平板支架和接水盆等组成. 在透明的饮料瓶靠近底部的一侧开一小孔,再用一小节孔径为 2 ~ 3mm 的玻璃管或签字笔杆穿入小孔形成喷水口,使流出的水柱更圆润,当饮料瓶中盛有水时,水经喷水小孔流出而成为连续水柱,使一束激光从另一侧射入水柱,光束将在流动的水柱中沿曲线传播,若水中有小气泡或微悬粒时,则可从侧面看到光束在水柱侧面的全反射. 通过这个演示实验可使学生了解光纤传播光学信号的基本原理.

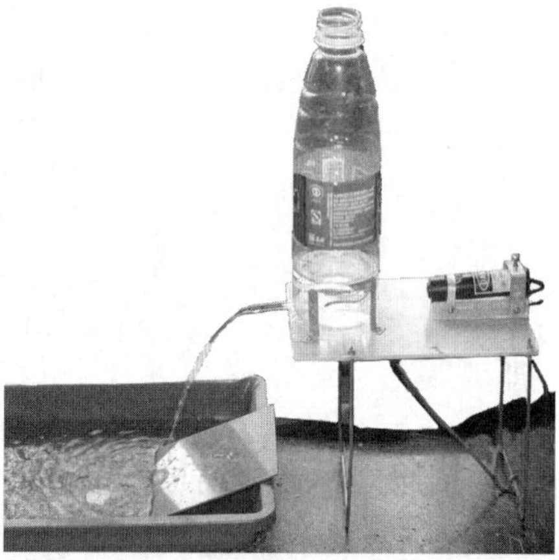

图 7.62　导光水柱

7.1.26　玻璃导电实验

在各种电学和电磁学的书中,对于导体和绝缘体的定义有多种,没有统一的定义. 一般认为,电导率大的物体为导体,电导率小的物体为绝缘体. 有的书则从微观角度来描述,认为电荷能迅速转移或传导的物体为导体,电荷几乎只能停留在产生地方的物体为绝缘体. 在初中物理教材中,曾这样定义:容易导电的物体叫导体,不容易导电的物体叫绝缘体. 也曾这样定义:能够导电的物体叫导体,不能够导电的物体叫绝缘体.

导体和绝缘体之间没有明确的界线,绝缘体和导体是可以转换的. 玻璃在常温下是绝缘性能很好的物体,但是当其温度发生改变时就可能变成导体. 以上所述正确与否必须通过实验演示方能证明.

演示实验装置如图 7.63 所示. 由废白炽灯、酒精灯、照明灯泡、支架、导线等组成. 其

图 7.63　玻璃导电实验

中废白炽灯作为开关使用，即当保留有灯丝电极的白炽灯在常温时，由于玻璃是绝缘体而不能导电，插上电源的照明灯泡不会点亮，但如果用酒精灯给废白炽灯加热，当其玻璃被加热后变成导体使电路连通，这时照明灯泡就会点亮，由此可以说明绝缘体和导体是可以转换的.

7.1.27　光的分解与合成演示

1665 年，牛顿进行了太阳光分律的实验. 在实验中，太阳光通过窗板上的小圆孔照射在玻璃三棱镜上，光在棱镜中折射后，投射在光屏上形成一个颜色按一定顺序排列的长条像，牛顿称它为光谱. 这个现象在牛顿之前已经有人知道，并且有这样的解释：玻璃会影响太阳光使它呈现颜色，但牛顿从他自己的实验推翻了这一说法. 他认为白光（太阳光）是复杂的，是无数种不同的光线的混合，各种光线在玻璃中受到不同程度的折射. 棱镜没有改变白光而只是把它分解成简单的组成部分，把这许多组成部分混合起来就能重新恢复最初的白色. 如果进一步实验还可看到，若把从第一棱镜中分出的某种颜色（如黄色）的光从光谱中分离出来，令它再通过第二棱镜，结果没有新的成分. 因此，在第一次棱镜分解中，事实上是分出了某种不变的东西. 但色彩本身并没有说明光的性质，它是靠视觉得到的印象. 例如，倘若我们把单纯的红色和绿色混合起来，也能得到太阳中的黄色，而单纯颜色的光在空间上的分离却是与光的本质联系着的，它使人们第一次接触到了光的客观的定量的特征，因为这种特征可根据棱镜折射率和棱镜的形状算出. 换句话讲，牛顿的太阳光实验，使颜色学说脱离了主观印象而走上与客观量相联系的科学发展道路.

为了演示上所述实验现象，我们可用溴钨灯（投影机光源或光学实验用的白光源）作光源，由于光线较强不需暗室，通过狭缝射出经三棱镜折射后可直接在教室内进行演示，其装置和光路如图 7.64 所示.

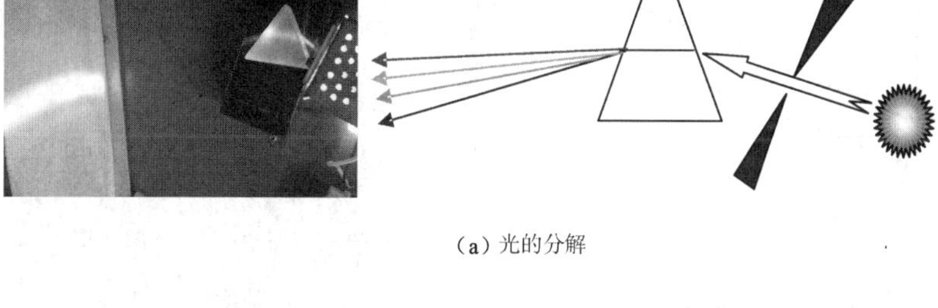

（a）光的分解

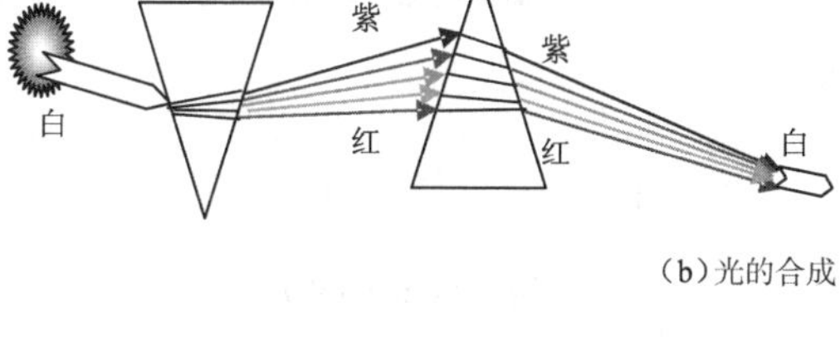

（b）光的合成

图 7.64　光的分解与合成实验

7.1.28　用已知波长的激光测 CD 光盘条纹的间距

CD 光盘是以较高折射率的透明塑料为基片的圆形盘片，盘中央开有圆孔，盘面有蒸镀铝膜的坑槽，坑槽的宽度为 0.5μm，深度为 0.11μm，长度为在 0.9～3.3μm 范围内的 11 种长度，铝膜厚度为 0.01μm，并涂有透明树脂保护层. 盘面坑槽有无，对应于数码信号的“1”和“0”，光盘就是利用坑槽的有无和长短来存储信息的.[10]

光盘的结构如图 7.65 所示. 由光盘的结构可知，CD 光盘条纹相当于一平面反射光栅，测定 CD 光盘条纹间距的方法与光栅的衍射实验类似.

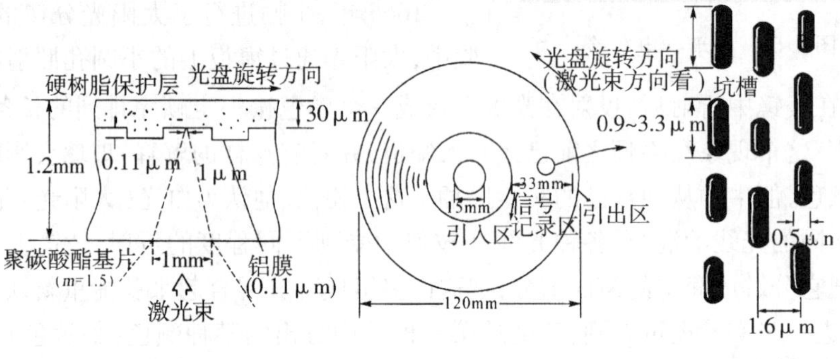

图 7.65　光盘的结构

实验装置及测量原理如图 7.66 所示.

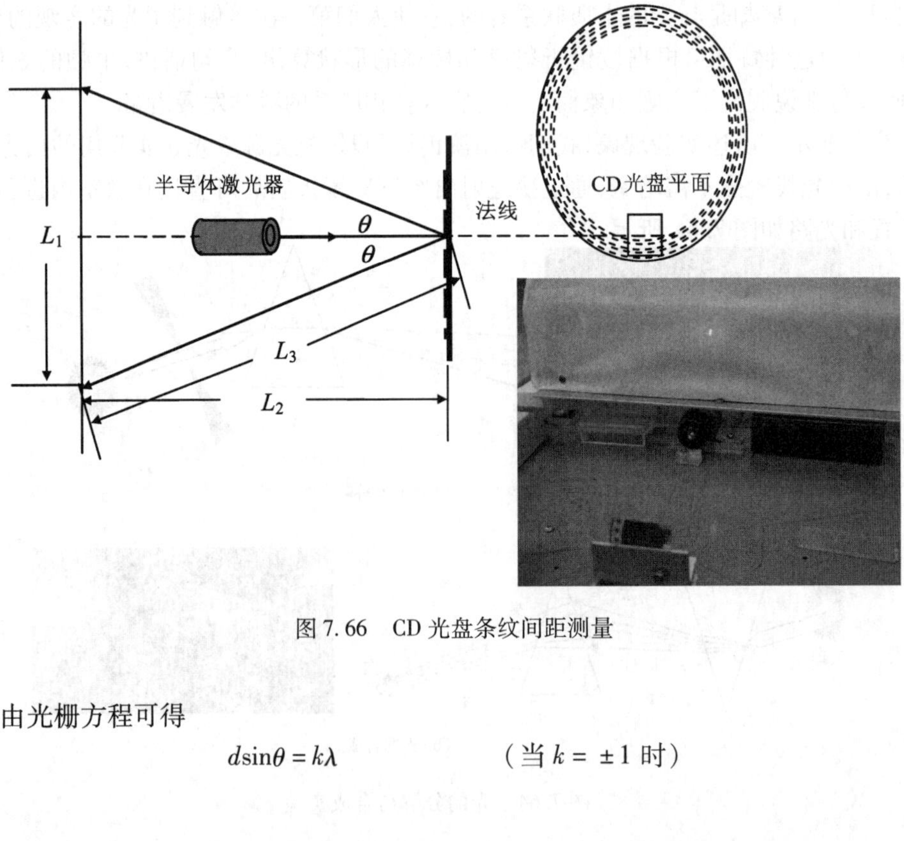

图 7.66　CD 光盘条纹间距测量

由光栅方程可得

$$d\sin\theta = k\lambda \qquad (\text{当 } k = \pm 1 \text{ 时})$$

则

$$d=\frac{\lambda}{\sin\theta}=\frac{\lambda}{\frac{L_1}{2L_3}}=\frac{2\lambda L_3}{L_1}=\frac{2\lambda\sqrt{\left(\frac{L_1}{2}\right)^2+L_2^2}}{L_1}$$

d 即为 CD 光盘条纹的间距.

7.1.29 焦耳定律实验演示仪

焦耳定律是中学物理的重要内容之一,只有通过演示实验学生才能更好地理解和掌握该部分教学内容.现有物理课本的焦耳定律演示装置如图 7.67 所示.若按课本的方法做有几点不足:①由于装煤油的玻璃烧杯容积比较大,加热时间较长;②煤油在玻璃管中上升的高度差不大,可见度小;③实验组件较多、较重、易碎,搬动、使用均不太方便.

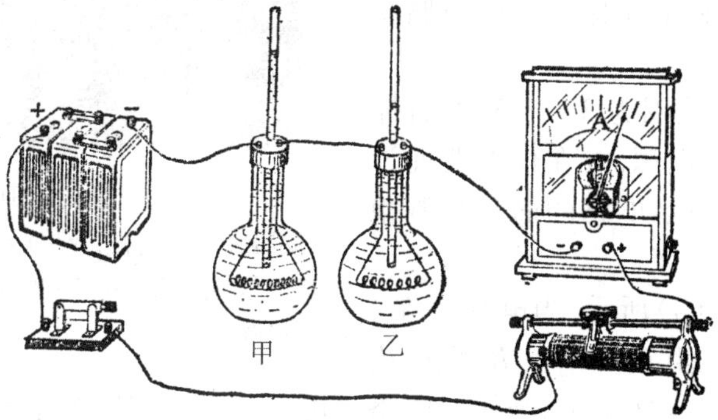

图 7.67 焦耳定律实验

由焦耳定律可知,电流通过导体产生的热量与电流的平方成正比,与导体的电阻成正比,与通电的时间成正比,即 $Q=I^2Rt$. 经过研究与实践,我们用废弃的塑料装饰板、废饮料瓶、电阻丝、吸管等材料制作的焦耳定律实验演示仪,具有快速、轻便等特点,该仪器如图 7.68 所示.

1. 制作方法

(1)仪器底座及面板均用厚 10mm 的塑料装饰板制作,底座、面板两部分之间采用榫卯结构方式连接.面板高 330mm、宽 320mm,底座长 320mm、宽 150mm、高 35mm.

(2)将 3 个 100 ~ 200mL 的废饮料瓶(其他能密封、透明的瓶也可),用清水洗涤晾干后在瓶颈较厚处用 2.5mm 钻头钻孔,并攻 3mm 标准螺纹作为放气孔.

(3)用一根签字笔芯清洗后截出三段,每段长 25mm 备用.将厚 0.6 ~ 1mm 的黄铜片或废旧闸刀开关上的铜电极,切割成长 40mm、宽 5mm 左右的条状后将其弯折成一边长 8mm,另一边长 32mm 左右的电极支架,并在两端离端面 4mm 处钻出 3mm 的螺钉孔备用.

(4)在每个饮料瓶盖密封线内钻 3 个孔,其中两个边孔用 M3 螺钉将电极、焊片固定在一起,中心孔穿签字笔芯作为 U 型压力计连通孔.为了防止漏气可在螺钉及笔芯与瓶盖连接处用黏结剂密封.

(5)电热丝用 500 或 800W 电炉丝制取,截取阻值为 $R_1=5\Omega, R_2=R_3=R_4=10\Omega$ 的四段,将 R_1, R_2, R_3 分别装在三个瓶盖的铜电极上,并用导线与相关接线柱连接,R_4 装在仪器右边支架上(图 7.68 中 A 位置处).

(6)U 型压力计如图 7.68 所示.将计算机制作的刻度尺贴在仪器面板上后,用 4mm(或 5mm)粗的透明饮料管及橡胶管连接瓶盖上签字笔芯并用铁皮将其固定在仪器面板上,并注意让每个压力计的高度器、起始位置均相同即可.

2. 实验方法

(1)用注射器给每个压力计注入 3mL 左右带有颜色的水,并注意使每个压力计内的液柱高度及起始点均相同.

(2)将放气螺钉旋入瓶颈上的放气孔,必要时可在螺钉上涂抹一点密封脂防止漏气.

(3)用一可调范围为 3 ~ 12V 的直流稳压电源作为工作电源,或在仪器背面设置一类似图 7.54 所示电路的简易自制稳压电源做工作电源.

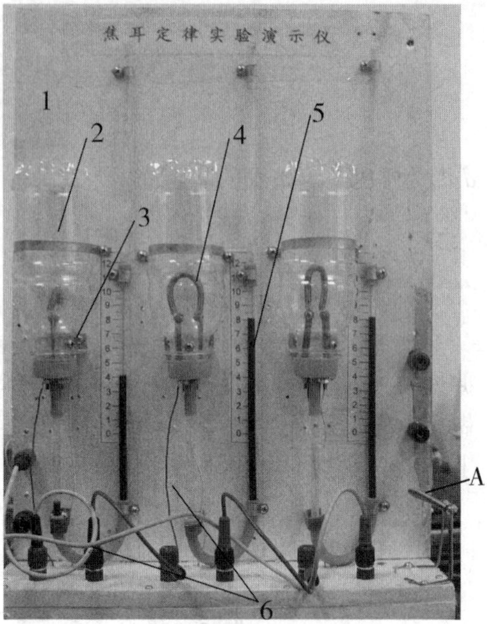

图 7.68　自制焦耳实验演示仪

1—仪器底座及面板;2—饮料瓶;3—放气螺钉;4—电热丝及铜支架;5—U 型压力计;6—连接导线及电源接线柱

(4)如图 7.69(a)所示,当电热丝 R_1,R_2 和 R_3 串联时,电阻 $R_2 = R_3 > R_1$ 但电流 I 相同,此时应有 $Q_2 = Q_3 > Q_1$,当接通电路时可看到装有相同电阻丝 R_2 和 R_3 的压力计液柱上升高度基本相同,而装有电阻丝 R_1 的压力计液柱高度只有一半左右,如图 7.68 所示.

(5)如图 7.69(b)所示,当电热丝 R_3 与 R_4 并联后再和 R_2 串联时,虽然 $R_2 = R_3$,但 $I_3 < I_2$,此时应有 $Q_3 < Q_2$,接通电路时可看到 R_2 瓶的液柱比 R_3 瓶的液柱高(图 7.70).

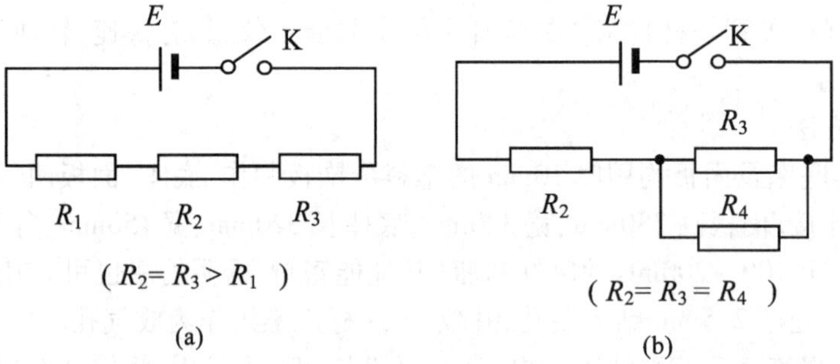

图 7.69　实验电路

根据教学需要,整个“焦耳定律”实验可分步完成也可一次完成.

思考题

1. 通电后 U 型压力计中的液柱为什么会上升?

2. R_1 和 R_2,R_3 串联,二者电流相等,为什么 R_2 瓶压力计中的液柱比 R_1 瓶塑料管中的水柱上升得高?

3. 当电阻 R_3 和 R_4 并联后再与 R_2 串联时，$R_3=R_2$，为什么 R_2 瓶的液柱比 R_3 瓶的液柱高？

4. 3 个 U 型压力计中的液柱上升高度与通电时间长短有何关系？

5. 本实验装置还有哪些不足和值得改进的地方？

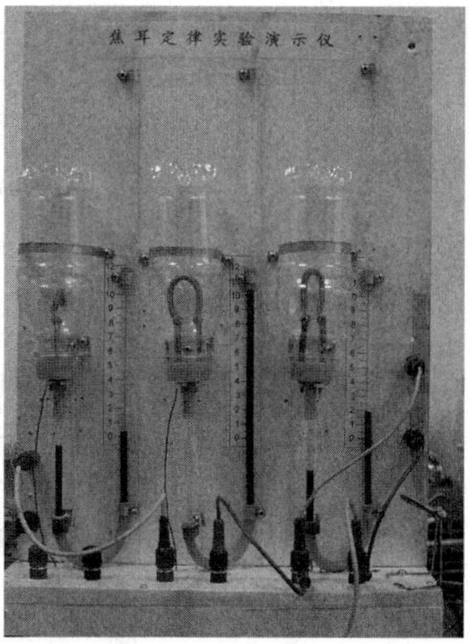

图 7.70　$I_3<I_2$ 时演示效果

7.1.30　势能、动能、做功的演示

1. 势能、动能与做功

如图 7.71 所示的装置，由支架、高度指针、可变质量摆锤、柱体、导轨等组成.

支架板厚 10mm、宽 120mm、高 400mm，高度指针位置分别为 50mm、100mm 及 150mm 高度，用 3mm 厚层板制作，可转动内收，可变质量摆锤用工程塑料、装饰板边角料及 M10 的大螺钉等组成，柱体用废塑料药瓶内装沙子或泥土做成，导轨用塑料装饰板、层板、刻度尺及螺钉等制作.

将一定质量的摆锤，从不同高度降落到平衡位置时通过对柱体的撞击和柱体滑动的距离（即对柱体做功），可演示物体势能、动能（速度）、做功与高度的关系.

将不同质量的摆锤从相同高度降落又可演示物体势能、动能（速度）、做功与物体质量的关系.

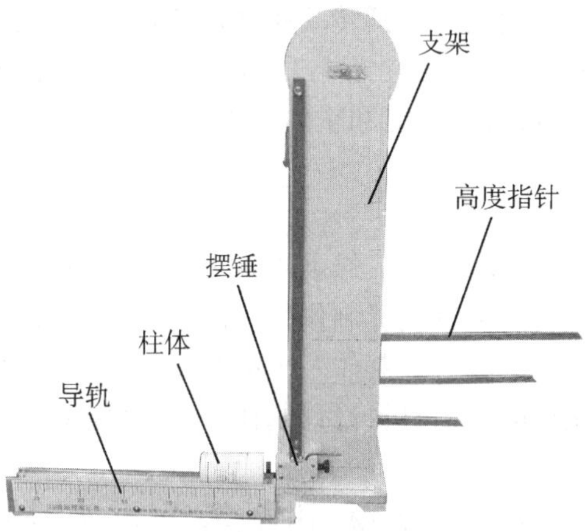

图 7.71　势能、动能与做功

2. 动能与势能的相互转化

如图 7.72 所示的装置为滚摆，装置（a）为带有轴尖、轴承作为支撑的滚摆. 系有重物的细绳绕在滚摆一侧轴上. 演示时，转动摆轮，先将重物（用废药瓶制作）提升到某一高度放手，使重物自由下落，带动摆轮转动. 当重物到达最低点时，因摆轮的转动惯性又带动重物上升，如果摩擦阻力和空气阻力足够小，则重物基本仍可升高到原来位置.

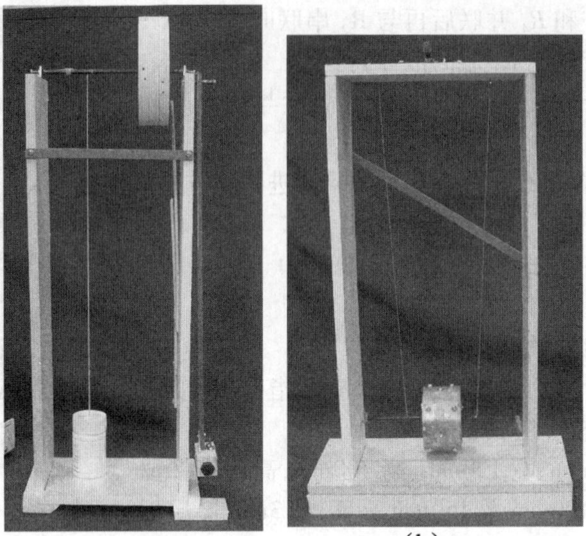
（a）　（b）

图 7. 72　动能与势能的转化

本演示可说明动能和重力势能的相互转化和转换过程中机械能总量保持不变，即机械能守恒. 演示时重物质量远小于滚摆质量时效果较好. 装置（b）是另一种形式的滚摆，即将两根线直接拴在摆轴对称位置并固定在支架上，调节两线等长使摆成水平状态. 演示时先转动摆轮使线均匀对称绕在轴上，绕到一定高度后由静止释放，这时可看到摆轮在重力势能的作用下随着摆轮下降其转动速度逐渐加快，当摆轮到达最低点时转动速度最大. 因摆轮的转动惯性作用又会逐渐上升，如果过程中没有阻力则摆轮基本仍可升高到原来位置. 演示结果仍可说明动能和重力势能的相互转化和转换过程中机械能总量保持不变.

作业与练习

1. 请用废易拉罐、废铁丝或铁钉、蜡烛头等设计制作一个演示空气对流的演示教具.
2. 请用废签字笔杆、芯，废铁皮等制作一个演示喷雾器的教具.
3. 请用废饮料瓶、笔杆、吸管等制作一个能演示大气压强的教具.
4. 根据自己所能获得的废旧材料设计制作 1 ~ 2 个能演示物理原理的小实验教具.

7. 2　机械振动和机械波演示方法的改进

机械振动和机械波是中学物理的教学难点，做好有关的演示实验对于突破这一难点至关重要，然而这一部分的演示实验大都不好做，用学校现存的仪器设备有时难以得到满意的演示效果. 长期以来，人们不断地对此进行研究探讨，研制出了不少改进的实验方案和装置. 本节介绍其中的一些经教学试用效果良好的及我们自己研制的改进方案，希望对读者的创新思维有所启发.

7. 2. 1　简谐运动图像的演示

中学课本上介绍的简谐运动的演示（图 7. 73）是通过从振动的沙摆中不断漏出细沙

于一被作匀速直线拉动的底板上的办法来记录简谐运动的图像.这种方法的缺点是:①振动体的质量随着沙子的漏出而减小,本来单摆周期不因质量变化受影响,但细沙的流出会引起沙摆重心的变化,使摆长改变,因而会影响摆动的周期;②用手拉动放在桌面上的底板很难保证其作匀速直线运动,因而影响效果;③释放沙摆开始振动时,操作者要同时放开漏沙口和启动底板,操作难度较大,难保一次成功;④尽管选用细沙,但仍难使其流量均匀,因而影响图线质量,而且最后得到的图线也不能立即供学生观察研究.另外,用手释放沙摆时其摆动很多情况下都是椭圆摆而不是单摆.

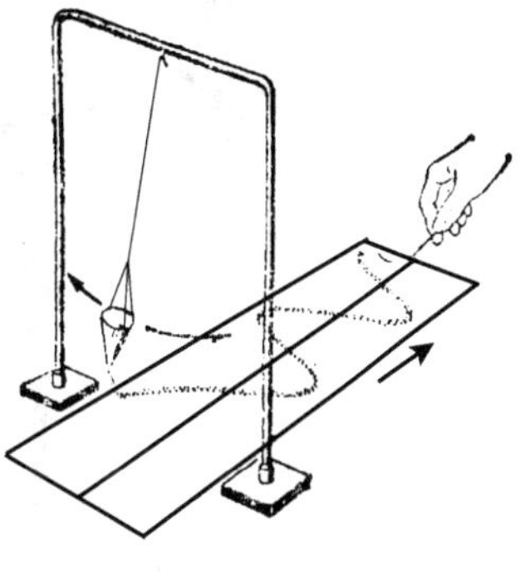

图7.73　沙摆

若将漏沙口改细,用墨水代替细沙实验,可以解决上述第四个问题,但前三个问题仍然不能解决.于是人们又想了许多其他的办法,如用固定在弹簧振子上的毛笔在运动的底板上画图的办法;利用火花打点代替漏沙、电机拖动纸带匀速运动等.这些方法不同程度地改进了实验效果,但也同时提高了对仪器设备的要求.我们的设计指导思想是用尽可能简单的方法,选用尽可能简易的器材解决这个问题.怎样才能简单有效地做到使振动质量不明显变化,同时又使振动记录的开始和终止能控制自如呢?可以设想,在单摆振动时,若有一根极细的软管附着其上随之振动,管中虽然有墨水流动,但它对摆球振动的影响将是很小的,摆球的质量也可以认为基本不变.这样就可实现在不显著影响摆球运动的情况下将摆球的运动"传感"到细软管上,通过细管流出的墨水再喷到匀速直线运动的记录底板上,喷墨的开始和终止可由与细软管相连的注射器进行控制.这样,就能简单有效地实现振动体和记录体的分离,使它们之间的相互影响降到很微弱的程度.

如图7.74所示的装置就是按照以上所述的设计思路研制成的.图中的摆球为直径稍大的铅球或钢球,通过球心钻一直径为3mm左右的孔.细软管可采用医用一次性输液管中与针头相连的那一段细管,可找多根这样的细管,用塑料接头连接成足够长的细软管,它一头与注射器连通,另一头穿过摆球上的孔而过,通过塑料接头与一个4号医用注射针头相连.演示时,先用注射器向管中注入适量墨水,直至墨水流到接近针头处,这时,不再推注射器活塞,墨水并不喷出.接着让摆球开始振动,待其稳定后,启动记录底板,然后再开始轻推注射器活塞,一股细墨水流随即从针头喷出射向平放在运动记录底板上的白纸,图线描绘开始.而若要终止图线描绘,只需将轻推改为轻拉注射器活塞,喷墨即可停止,控制起来十分方便.

由于从小号针头喷出的墨水流很细,这样描绘好的图像可立即拿起来供学生观看.但若进一步要求学生也能够看到图线描绘的过程,则可以采用如图7.75所示的方式悬挂摆球.这样,只要使记录底板在竖直平面内上下运动、针头与底板平面垂直且足够靠近,从针头喷射到底板上的墨迹就可以很好地反映出振动体的运动.

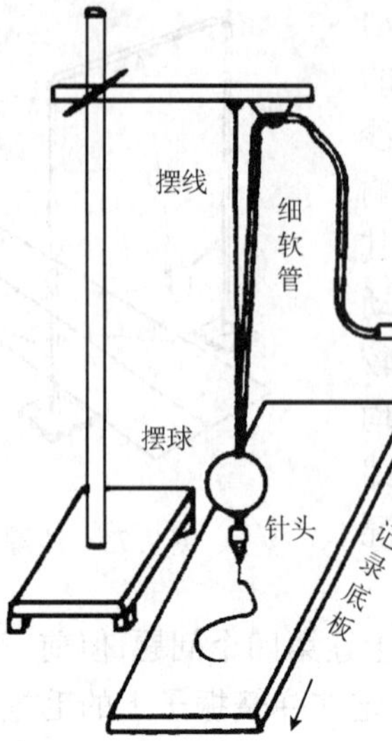

图 7.74　竖直喷墨摆

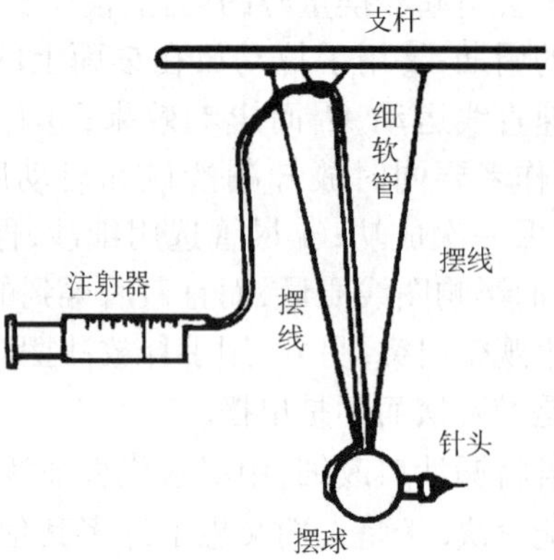

图 7.75　水平喷墨摆

演示简谐运动图像的另一个关键问题是如何保证记录底板的匀速运动. 常见的改进办法是将原来的手拉底板改为电机驱动,简便易行的办法是用两个运动小车驮载一块木板(用胶带纸或橡皮泥将车与板固定即可),然后用一电动玩具小汽车拉动木板. 由于电机在负载不变时转速稳定,这就从技术上保证了所描绘出的图线的质量. 需要指出的是:在教学中,记录底板保持匀速运动应该作为实验条件而事先得到学生的认可,而不能颠倒过来根据所绘出的图线结果来判断底板的运动.

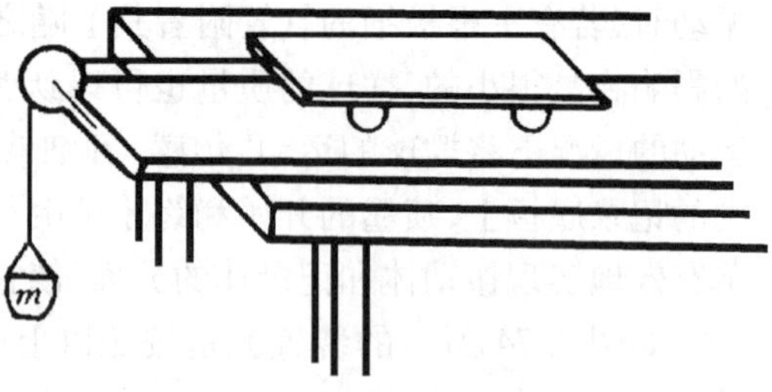

图 7.76　匀速小车

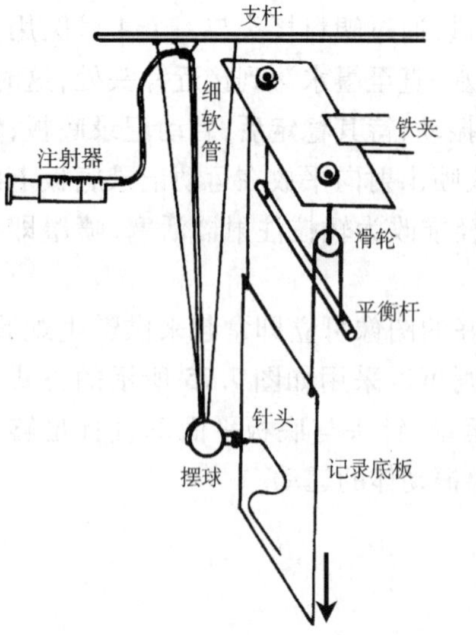

图 7.77　阿托伍德机式振动演示装置

因此,有必要不仅在技术上保证底板的匀速运动,而且让学生易于感知和理解这种运动,从而确信它. 如图 7.76 所示的使底板运动的方法可以做到这一点. 图中记录底板照前述方法置于运动小车之上,用一根细绳一端连接运动底板,另一端跨过滑轮挂一质量为 m 的物体,若调好 m 的大小,使 mg 刚好可以抵消所有动摩擦的影响,使小车运动时处于受合力为零的状态. 这样,“静者恒静,动者恒动”,小车就可以被停止在任意位置,但轻轻往滑轮方向推它,就可使小车匀速运动起来. 运动的快慢完全由初始的推动决定,若推动很轻微,可使小车以极其缓慢的速度运动,以利于学生观察并确信其速度不变化. 在实验上,这看似不易实现,而实际上只要选取了质量较好的运动小车,就可以做到.

同样,在按图 7.75 所示的方式悬挂摆球的情况下,记录底板的运动可以采用一个阿托伍德机式的装置来实现. 如图 7.77 所示,两根细绳一头挂住记录底板,另一头分别跨过固定在平板上的两个滑轮(要求采用摩擦很小且均匀的)与平衡杆相连. 调节平衡杆或记录底板的质量(可采用在平衡杆上挂小铁丝圈、在记录底板背面贴胶布或粘橡皮泥的办法),使平衡杆重力略小于夹上白纸后记录底板的重力,以刚好克服底板下降、平衡杆上升时系统所受的摩擦力. 这样,记录底板可以在任意位置停止,但被轻轻推后,即可见其匀速下降,速度看不出明显变化. 这样实现的匀速直线运动,学生在看到最后描绘的图线之前就不仅可以感觉到,而且能理解、确信它,因而有利于逻辑清晰地安排教学过程.[11]

上面所介绍的实验方法,在课堂上调整演示时还是有相当的难度,装置搬动也不方便. 2010 年在四川雅安举行的第 25 届四川青少年科技创新大赛评比会上,泸州老窖天府中学的尹崇荣老师通过拍摄的视频图像展示了他们研制的用磁性写画板和伺服电机等连接成的振动图像演示实验装置,我们觉得效果不错,但装置太过分散,不利于在课堂上演示. 根据他们的思路我们进行了改进和重新设计,将几个分开的部分制作为一个整体,并加上自制直流稳压电源、电磁铁、倒向开关等,使搬动、安装、调节、演示都更加方便. 装置如图 7.78 所示.

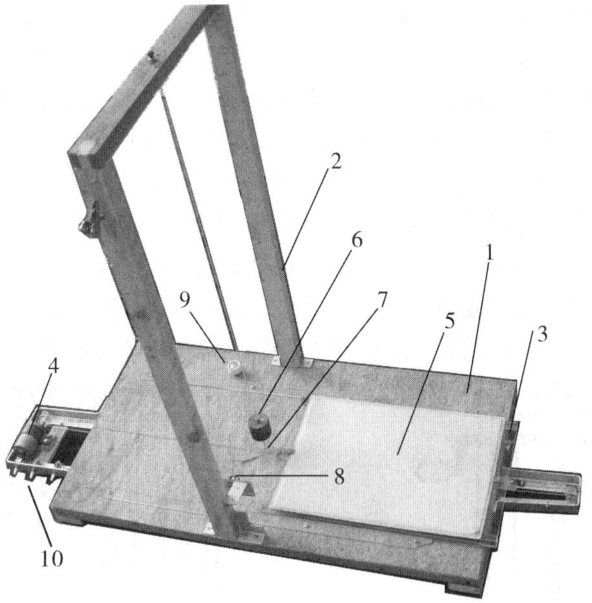

图 7.78 振动图像演示器

1—平板及电机支架;2—单摆支架;3—拖板;4—可调速电机;5—磁性写画板;6—单摆;
7—柱形小磁铁;8—电磁铁;9—可调直流稳压电源;10—控制开关

整个装置主要由平板及电机支架、单摆支架、拖板、可调速电机、磁性写画板、单摆、柱形小磁铁、电磁铁、可调直流稳压电源、控制开关等组成. 平板长约 70cm、宽 34cm,左边固定电机的支架长、宽各约 13cm、右边固定滑轮的支架长 13cm、宽 5cm,单摆支架高约 65cm、宽 34cm,直流稳压电源有两组输出,其中一组输出电压调节范围为 1.25 ~ 12V,供电机使用,通过双刀双掷开关可使其很方便地改变转速和转向,使演示更加方便. 另一组输出电压为固定 9V,供电磁铁用,电磁铁用废继电器制作,用以控制单摆起始位置,防止形成圆锥摆. 若在支架上方装一摄像头,通过显示屏可让全班学生看到整个演示过程. 用本演示装置所得到的实验图像如图 7.79 所示.

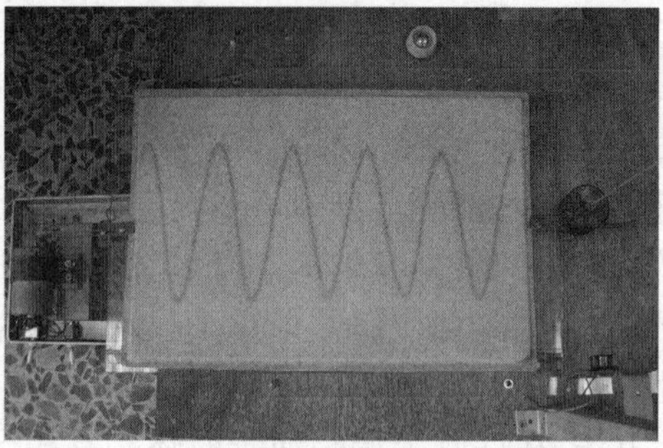

图 7.79　振动图像

7.2.2　受迫振动和共振实验的演示

图 7.80 和图 7.81 所示分别是高中物理课本中采用的演示受迫振动和共振的实验装置,有经验的物理老师都知道,这两个实验都不太好做. 用如图 7.80 所示的装置演示受迫振动,要说明的是受迫振动的频率等于驱动力的频率,而与系统的固有频率无关. 但实际上能否明显地演示这个结果跟演示者转动把手的速度有很大的关系,若转动速度过快或过慢,导致驱动力的频率偏离系统的固有频率太大,所见到的受迫振动就与驱动力很不同步,给学生的印象是受迫振动的频率并不是与系统的固有频率无关. 这个实验之所以这样,是因为虽然在驱动力持续作用下,受迫振动的系统最终可以达到定态,但是在开始的一段时间里有一暂态过程,在此过程内,振动频率不等于驱动力的频率. 在如图 7.80 所示的系统中,受迫振动实际上是由驱动力决定的振动(定态)与系统自由(阻尼)振动的叠加. 因此,必须有效地衰减系统的自由振动,缩短暂态过程,简便的方法就是将振子浸没在水或油中进行演示,利用增大的阻尼衰减系统的自由振动,使之较快地达到定态.

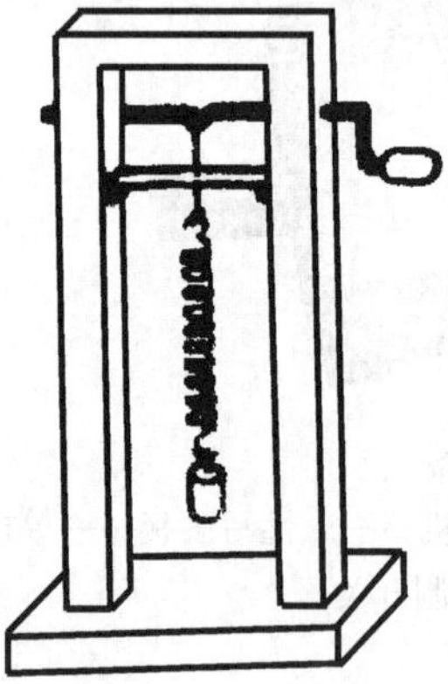

图 7.80　受迫振动演示器

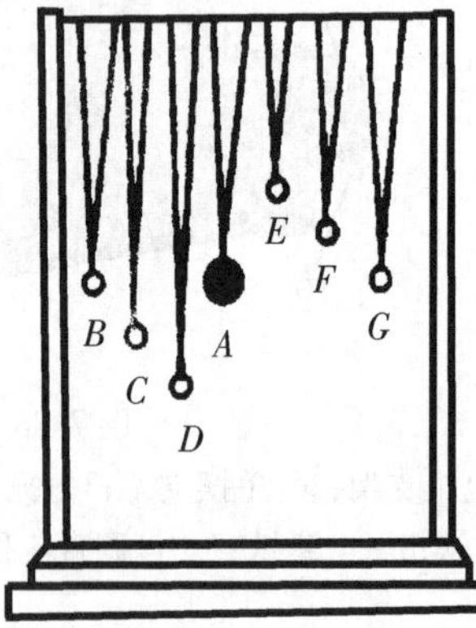

图 7.81　共振演示器

而若用如图 7.81 所示的装置来演示共振则会发现,拉开驱动摆再释放后需要等较长的时间才可看到摆长与驱动摆 A 摆长相同的 B 和 G 两个摆振幅最大,摆长与驱动摆摆长相差最大的 D 和 E 两个摆振幅最小的实验现象. 但事实并非如此究其原因,首先是因为有关的摆长很难调得一致,从而产生“拍”的现象;其次是驱动摆的驱动力是通过张紧的挂单摆的绳子传给其他摆的,而其他摆一有振动也同样可以通过绳子影响驱动摆的振动,这样相互影响,使得问题变得很复杂.此外,挂单摆的绳子松紧程度影响着能量沿绳子的传播快慢,若适当放松张紧的绳子,可以加快能量的传递,缩短开始等待的时间,但是其他的问题依然存在.

因此,若改用如图7.82所示的简易装置,则不存在上述问题.图中是用长短不一的细线各拴一个回形针后固定在一支铅笔上,演示时手握铅笔的一端微微振动,回形针也随之摆动,哪个回形针摆幅最大则由驱动的频率决定.这样演示颇为生动有趣,但缺点是演示时驱动力的频率是由演示者来把握的,如何能使学生认识到振幅最大的摆的自由振动频率与驱动力频率的联系还是个问题.但这个实验装置极其简易,每个学生都可当堂自制作一个来体验什么情况下摆幅最大,从中不难发现共振的条件.

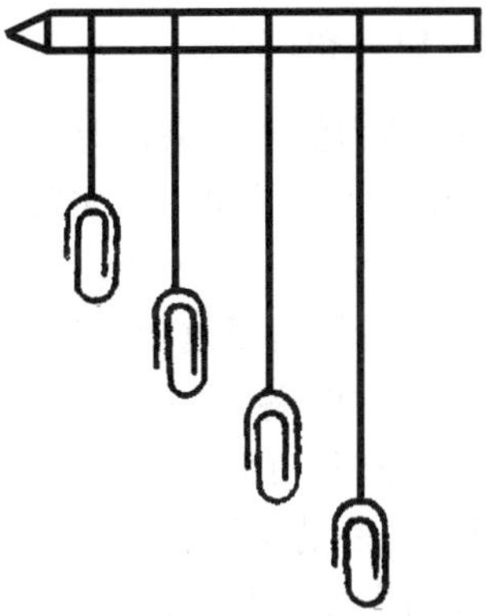

图7.82　回形针演示器

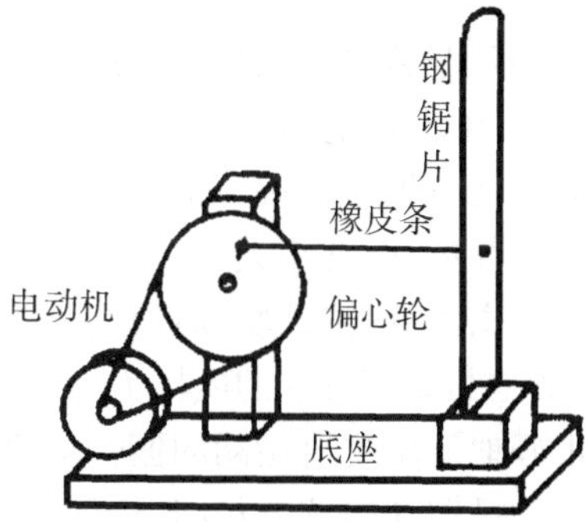

图7.83　偏心轮演示器

实际上,受迫振动和共振可以用各种不同的形式表现,不必拘泥于课本上所介绍的装置.用如图7.83所示的偏心轮驱动钢锯片的装置,也可以演示共振.图中的电动机转动时,它所带动的偏心轮就会通过一端固定在轮边缘处,另一端固定在钢锯片上的橡皮条对钢锯片施加一个周期性的驱动力,使钢锯片作受迫振动.在电动机转速很高或很低时,钢锯片振幅都很小,只有在电动机转动的周期等于钢锯片自由振动的周期时,振幅才最大.

同样是使用钢锯片振动,实际上也可用手动代替上面所说的由电动机带动的偏心轮驱动.如图7.84所示的就是这样一个简易的装置.图中,在一木板底面装两只轮子(可用皮箱用的拖轮)制成一辆小车,木板两端各钉上一块钢锯片,钢锯片上分别夹上一个相同的夹子.按住小车,弹开锯片使之自由振动,改变夹子在锯片上的位置,可明显地看到振动频率随之变化.演示开始时先调好夹子的位置,使两锯片的自由振动频率相同,然后用手推小车左右运动以驱动钢锯片的振动,可见到锯片随之开始振动,且稳定时振动的频率与驱动力的频率相同.但同时发现驱动幅度不变而驱动频率改变时,锯片振动的幅度也随之变化,这就可用于共振的讨论.若从较低的驱动频率开始逐渐增大,可发现在某一驱动频率时,受迫振动的振幅最大.进一步实验并引导学生观察,就不难使学生发现共振的条件.而若将两夹子分别夹在锯片的不同位置上,使两个振子的固有频率不同,再分别对小车施加接近于两锯片固有频率的驱动,则可见到它们分别发生共振,即产生一个振幅很大时另一个几乎不动的有趣现象.

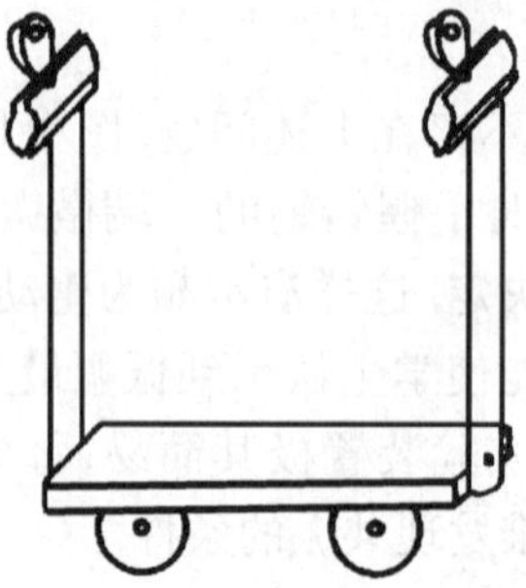
图7.84　锯条振动器

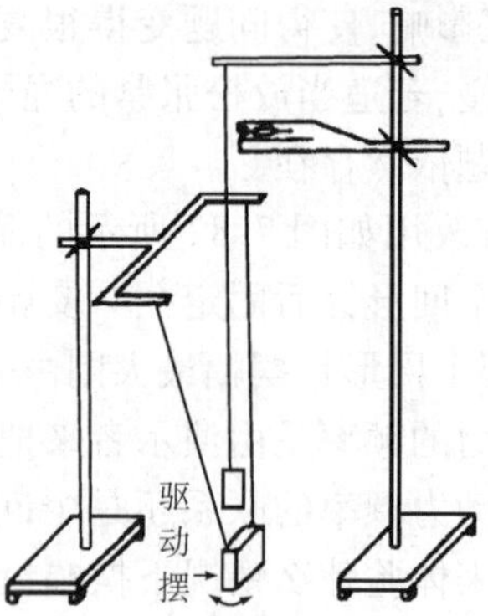

图7.85　磁性单摆

通过以上的各个装置,虽然实验方法各有特点,但从驱动力的性质来说是相同的,都是弹力.若采用其他性质的力来驱动,是否可以进一步地改进实验效果呢？实际上,这个实验用磁场力驱动效果也很好.如图7.85所示,用细线分别挂一大一小两块磁钢,悬挂起来作为两个磁性单摆.其中大的一个作为驱动摆,实验时,摆长需要改变但始终保持两个磁钢之间的距离不变.拉开驱动摆使其摆动,可见到另一个摆(称为振动摆)很快开始摆动,驱动力就是驱动摆对它的磁场力,由于磁场力较强,受迫振动很快可以进入稳定状态.因此,可很好地演示受迫振动的振幅随两摆之间的固有频率的接近程度而变化,但其频率始终与驱动摆摆动的频率相同.仔细调节图中的木夹的高度后将其伸出夹住振动摆的摆线,就可方便地在不改变两磁钢的距离的情况下改变振动摆的摆长,这样确定出使振动摆振幅最大时振动摆的摆长,固定此位置,然后分别用停表测出两个摆自由振动的周期,可以发现两者很接近.

此外,涡流的效应也可以较好地用来设计驱动力源.美国亚利桑那大学物理系的坎加斯(D. Kangas)等曾设计了一个如图7.86所示的悬挂式楞次定律演示仪,代替传统的楞次定律演示器,广西师大的罗星凯教授曾经仿制了一个,演示效果不错.这样一个用于演示楞次定律的实验装置,实际上也利用了共振的原理,因为在图7.86中,铝环与磁棒的等效摆长应该是一样的,否则即使闭合的那个铝环也不会有较大的振幅.按照这样的思路,他还设计制作了一个如图7.87所示的装置,将铝环的摆长改成可以伸缩的方式.这样,演示时当调节铝环的摆长使之与磁棒的摆长差别越大,铝环摆动的幅度越小,在其摆长与磁棒的摆长相等时,振幅最大.但不管如何改变铝环的摆长,其振动总是可以较快地达到稳定,且振动频率与磁棒振动的频率相等.[12]

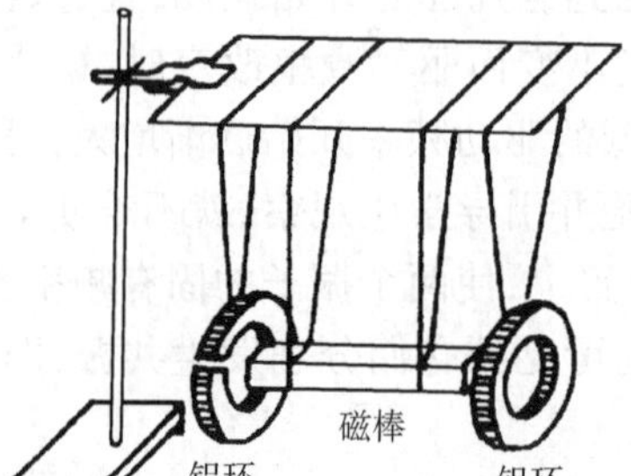

图7.86　涡流效应磁性摆

图7.87　可调节磁性摆

7.2.3　多功能振动演示仪

前面介绍的关于研究振动的各种实验装置仍有较多的不足,于是又设计制作了如图7.88所示的实验装置.

图7.88　多功能振动演示仪

本装置主要由简易低频信号发生器、数字频率计、振动器和工作电源等组成.装置的信号输出频率和功率均连续可调并能读出其输出频率大小,使用调节都比较方便,而且演示效果明显.

简易低频信号发生器电路原理如图7.89所示.[13]

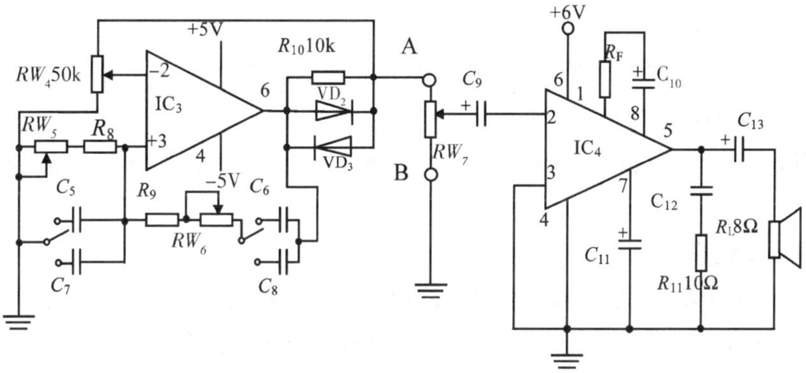

图7.89　简易低频信号发生器电路原理

电路主要由集成运算放大器IC_3(OP07)和集成功率放大器IC_4(LM386)及少量外围元件构成.其中,IC_3与选频网络RW_5+R_8,C_5、RW_6+R_9,C_6和稳幅电路RW_4,R_{10},VD_2,VD_3组成RC正弦波振荡电路.当$RW_5+R_8=RW_6+R_9=R$;$C_5=C_6=C$时,该电路的振荡频率为$f_0=\dfrac{1}{2\pi RC}$;当$R_8=R_9=1\text{k}\Omega$,$RW_5=RW_6=11\text{k}\Omega$(注:$RW_5$、$RW_6$用同轴电位器并且用10kΩ和1kΩ的两只电阻串联构成粗调和细调),$C_5=C_6=0.47\mu\text{F}$时,信号源频率调节范围为28～338Hz(当$C_7=C_8=0.047\mu\text{F}$时,频率调节范围为280～3380Hz).由IC_4,RW_7,R_F,$C_9\sim C_{13}$,组成音频功率放大电路,该电路的最大输出功率可达0.5W左右.其中$RW_7=10\text{k}\Omega$用以调节输入信号大小从而调节输出功率.$C_9=10\mu\text{F}$是输入耦合电容,R_F

$=1.2k\Omega$，$C_{10}=10\mu F$，与集成电路内部电阻组成交流负反馈支路，控制电路的闭环电压增益. $C_{11}=220\mu F$，是去耦电容，用于消除低频自激；$C_{12}=0.047\mu F$，$R_{11}=10\Omega$ 串联电路用于校正扬声器的频率特性，防止高频自激. $C_{13}=1000\mu F$ 为输出电容，R_L 为 8Ω 阻抗，5 英寸椭圆扬声器. 若将 RW_7 两端(即 A、B 两点)与 JL4ZPL－A 四位数显自动频率面板表相连，即组成简易低频数字信号发生器.

振动器用外形最大尺寸为 128mm×76mm×60mm 的 YDT-813-C6-10W-8Ω 椭圆形内磁式扬声器制成，如图 7.90 所示.

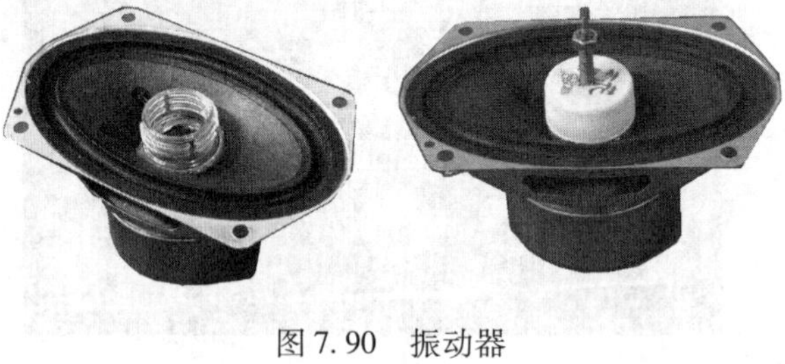

图 7.90　振动器

制作方法：将 500mL 左右的饮料瓶或纯净水瓶的瓶颈锯下后用锉刀打磨切口使其与扬声器纸盆底部吻合，用环氧树脂或 AB 胶将其对准扬声器纸盆底部中心黏合后待其固化；在其瓶盖中心钻一个直径为 4mm 的小孔后用 M5 的丝锥攻出螺纹，将 M5×35 左右的螺丝端部锉成高 8mm、厚 1.5mm 左右的薄片，并在距顶端 4mm 左右的中部钻出 1.2mm 左右的小孔即构成振动杆. 将此振动杆固定在瓶盖上调节其高度并锁紧，然后旋紧在粘有瓶口的扬声器上即构成振动器.

另外，±5V，6V 工作电源，主要利用变压器将市电降压后，通过整流、滤波并分别用线性集成三端稳压器 7805、7905、7806 等获得.

利用本实验装置可以演示受迫振动、共振、弦线横驻波、弹簧纵驻波、圆环驻波等实验.

1. 演示受迫振动和共振

如图 7.91 所示，将厚度和宽度均相同但长度不同的薄塑料条固定在振动器上，因长度不同的塑料条固有振动频率不同，当开启演示仪电源，适当调节其输出功率和频率时可看见所有塑料条在振动器带动下均作上下往复的振动，即受迫振动. 但当其振动频率满足某一塑料条的固有振动频率时，可看见该塑料片振幅最大，即产生共振.

图 7.91　受迫振动和共振演示

本实验演示一个由一系列长度不同的弹性塑料条构成的系统，在策动力的激励下作受迫振动.每片弹性塑料条作弯曲振动都各有一系列振动模式，其中频率最低者为基频，基频与其长度有关，长度不同的弹性塑料条具有不同的弯曲振动基频.当策动力频率接近某一个的频率时，它将共振.若由低到高逐渐提高策动力的频率，将看到从长到短的弹性塑料条依次出现共振现象.其基本原理的详细推导可参阅路峻岭主编的《物理演示实验教程》第193～197页相关内容.

2. 演示弦线横驻波

如图7.92所示，将弦线一端固定在装置边立柱上，穿过振动器后绕过定滑轮悬挂一定质量的砝码或重物（即给弦线施加一定张力），线密度一定的弦线其振动频率与弦线长度，弦线中的张力满足关系

$$f=\frac{n}{2L}\sqrt{\frac{F}{\rho}}$$

式中，L为弦长，即图7.92中振动杆与定滑轮之间的距离；$n=1,2,3,\cdots$为半波长的个数；F为弦中的张力；ρ为弦线的密度.

图7.92　弦线横驻波

在实验中当固定L改变F（或固定F改变L）时，只要调节信号发声器的输出频率，就能使弦线发生共振，当频率为基频（半波长时的频率）的整倍数时，就可看到驻波图形.同样，也可用固定L和F的方法，换用不同线密度ρ的弦线，测量或研究f与ρ之间的关系.[14]

3. 演示弹簧纵驻波

如图7.93所示，将一弹簧竖直悬挂起来，其上端固定，下端挂在振动杆上，调节输出频率，当振动频率是弹簧振子自由振动频率（基频）的整数倍时可看见明显的纵驻波.

4. 演示圆环驻波

如图7.94所示，将一个两端封闭的钢丝圆环圈或薄钢条圆环圈固定在振动器上即可演示圆环驻波.相关原理请参阅路峻岭主编的《物理演示实验教程》.

5. 演示相互垂直振动合成（李萨如图形）

两个相互垂直振动的合成是物理学力学中重点讨论的问题之一，也是学生理解比较

困难的难点之一，特别是当两个相互垂直振动的频率不同时，其合成振动更为复杂，当两个振动的频率成整数比时，合成振动的轨迹线是一些稳定的闭合曲线，这些曲线叫李萨如图形. 利用李萨如图形，将不容易直接比较的被测振动信号转换成为能够进行比较的图像后再进行测量也是物理测量中常用的方法之一. 通过李萨如图形的观测有利于学生对合振动问题的理解，作李萨如图形过去常用的方法通常有：① 计算机绘制；②手工绘制(用旋转矢量法)；③全机械结构的“振动合成仪” 绘制；④用示波器观察合成波形图. 上述 4 种方法虽然都可以作出李萨如图形，但是由于有的直观性较差，学生对于振动合成理解仍然比较困难，有的只能在几个特定的频率下使用，频率不能连续变化，有的绘制图像过程复杂制作也不方便. 例如，手工绘制一般都需时较多，不能演示，而全机械结构的“振动合成仪”的结构很复杂，只能在几个特定的频率下才能工作，直观性也不强，要理解其工作原理有困难，用计算机和示波器改变频率容易，图像效果也很好，由于是全电子仪器，学生对于振动的认可度也有限，并且其价格比较高，使用、搬动也不方便. 鉴于以上原因我们利用电子技术和光杠杆原理设计制作出一种用简易正弦波低频数字信号发生器作为振荡电源，用扬声器和平面反射镜根据光杠杆放大原理制作振动器，用固体激光器作光源显示图像，并将数字信号源、振动器、光源等装置设计制作为一体，可用于演示或测量振动频率的两个相互垂直振动合成实验仪. 实验时学生可直接看见振动器的振动情况和合振动的图像，产生的图像与示波器显示的图像基本相同. 本仪器体积小、质量轻，搬动、使用、调节、读数、图像观察都很方便.

图 7.93　弹簧纵驻波

图 7.94　圆环驻波

1) 结构与组成

我们所设计制作的相互垂直振动合成仪如图 7.95 所示. 该装置全长约 32cm、高 14cm、宽 16cm，重约 2kg.

在仪器内部有两组相同的正弦波低频信号发生器及稳压电源供电电路等. 仪器外观经优化、改进后如图 7.96 所示.

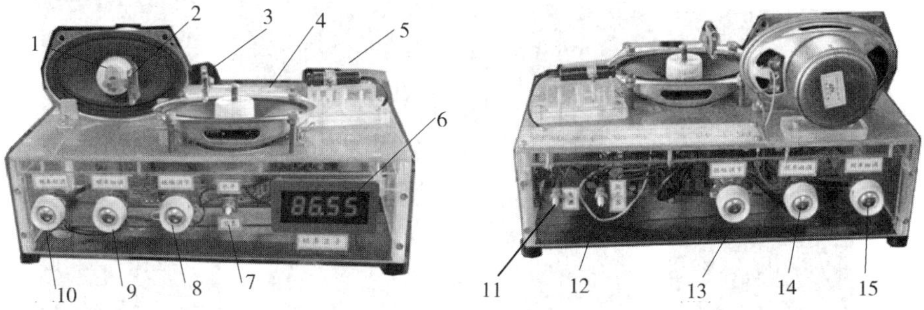

(a) 正面图　　(b) 背面图

图 7.95 相互垂直振动合成仪

1—水平振动器;2—水平反射镜;3—垂直反射镜;4—垂直振动器; 5—固体激光器;6—频率计;7—水平、垂直测量转换开关;8—水平振幅调节旋钮;9—水平振动频率细调旋钮;10—水平振动频率粗调旋钮;11—电源开关;12—激光器开关;13—垂直振幅调节旋钮;14—垂直振动频率粗调旋钮;15—垂直振动频率细调旋钮

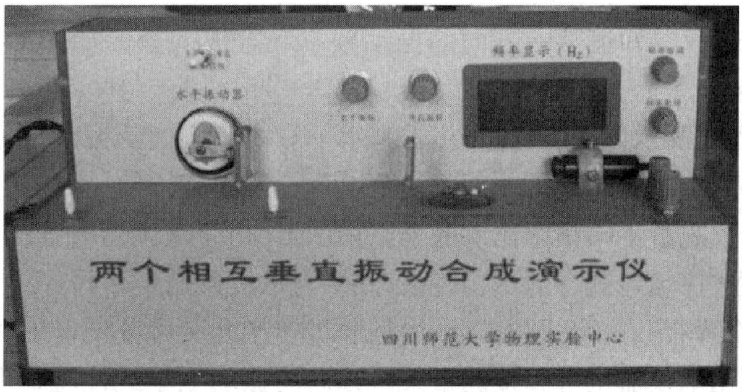

图 7.96 改进的相互垂直振动合成演示仪

2) 演示原理与效果

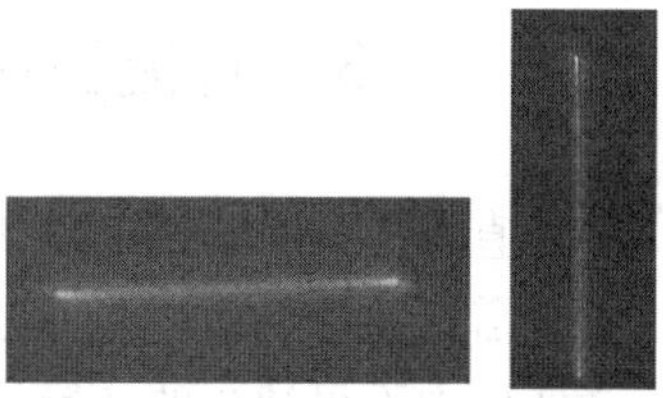

(a)　　(b)

图 7.97 水平与竖直图像

当振动器在某一频率的正弦信号的激励下,扬声器纸盆在音圈的带动下将作与激励信号频率相同的往复直线运动. 通过瓶盖与纸盆相连接的平面反射镜也将随纸盆作往复直线运动,由于平面反射镜是通过一金属片与瓶盖的中心相连,其质心与扬声器纸盆中心不重合,反射镜对扬声器纸盆将有一附加力矩,当反射镜随扬声器纸盆作往复运动时,其镜面将会作微小角度的摆动产生类似光杠杆的效果,其摆动频率与往复运动频率相同. 当激光射到镜面时,通过镜面反射的光点同样会作往复运动,当频率高于 20Hz/s 以上时,由于人眼的视觉暂留原因,我们在激光照射的平面处看到的将是一条直线. 图 7.97(a)所示为只有水平振动时的图像,图 7.97(b)所示为只有垂直振动时的图像.

当把两个振动器均开启时,激光器光点的运动轨迹即是两个相互垂直振动调动的合成. 当改变两个振动频率为某些整数比时,我们所看到的李萨如图形如图 7.98 所示.

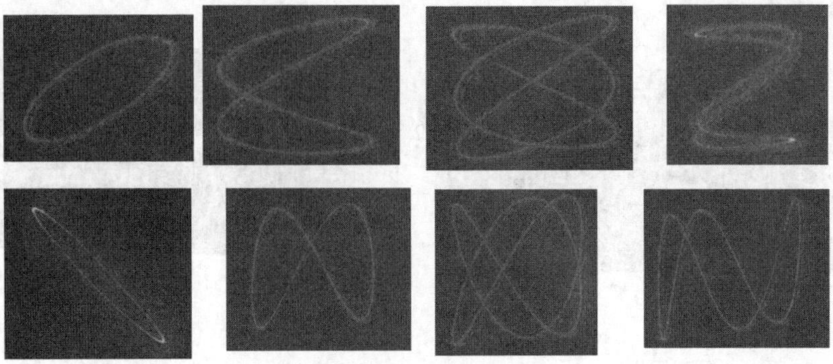

图 7.98　李萨如图形

利用李萨如图形,可以从一个已知简谐振动频率求另一个未知的简谐振动频率. 设 N_x、N_y 分别为水平方向和垂直方向切线(交线)与李萨如图形的切点(交点)数,f_x、f_y 为水平方向和垂直方向的振动频率,则有

$$\frac{f_y}{f_x}=\frac{N_x}{N_y} \qquad f_y=\frac{N_x}{N_y}f_x \text{ 或 } f_x=\frac{N_y}{N_x}f_y$$

由上式可知,只要知道某一方向的振动频率和合成的李萨如图形,就可以求出另一个方向的振动频率.

通过本仪器的演示,学生可以直接看到水平和垂直方向的振动情况和所显示的利萨如图形,本仪器两个方向的振动频率均可在 26 ~ 300Hz 之间连续变化,可以很方便地调整改变其频率比,观看不同频率比下的李萨如图形. 由于激光器光强度大,即使白天也可在教室内很方便、快捷地进行演示,其演示效果与示波器完全相同.

本仪器上设置有一数字式频率计,而且通过转换开关可分别读出两个振动方向各自的频率,因此利用本仪器也可直接测量某一方向的振动频率或检验利用合成的李萨如图形求频率的正确性. [15]

7.3　直流稳压电源、微电流放大器及电磁学演示实验

直流稳压电源是电磁学实验中最基本、使用最多的仪器之一,在自制仪器设计中也常常需要设计工作电源. 因此,直流稳压电源既是电子仪器中的重要组成部分也是电磁学实验中不可缺少的装置. 利用现代集成技术只要使用很少的元件即可制作一台适用的可调直流稳压电源.

7.3.1　LM117/LM317 集成电路简介

集成三端可调式线性稳压器属于第二代三端线性稳压器. 它既保留了第一代三端固定式线性稳压器 7800,7900 系列产品结构简单的优点,又克服了电压不可调整的缺点,并且在电压稳定度上比前者提高了一个数量级,适合制作实验室电源及多种供电方式的直流稳压器.

LM317(LM117) 是美国国家半导体公司的三端可调正稳压器集成电路. 我国和世界各大集成电路生产商均有同类产品可供选用,是使用极为广泛的一类串联集成稳压器.

1. 输出电压范围

LM317 的输出电压范围是 1.25~37V,负载电流最大为 1.5A. 它的使用非常简单,仅需两个外接电阻来设置输出电压. 此外它的线性调整率可达 0.01%,负载调整率可达 0.1%,均比标准的固定稳压器好. LM317 内置有过载保护、安全区保护等多种保护电路. 通常 LM317 不需要外接电容,除非输入滤波电容到 LM317 输入端的连线超过 6 英寸(约 15cm). 使用输出电容能改变瞬态响应,调整端使用滤波电容能得到比标准三端稳压器高得多的纹波抑制比.

2. 封装形式

其封装形式及管脚分布如图 7.99 所示. 有 TO－220,TO－220FP,D^2PAK 塑料封装、TO－3 铝壳封装及 TO－39 金属封装等多种. 图中,ADJ(ADJUST)是调整端,INPUT(INPUTS)是输入端,而 OUTPUT 是输出端.

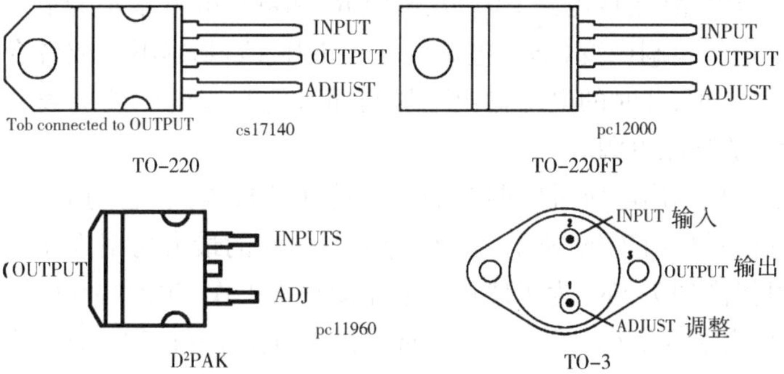

图 7.99　LM317 常见封装及管脚分布

注意事项:

输入电压至少要比输出电压高 2V,否则不能调压,输入电压最高不能超过 40V,输出电流最好不超过 1A. 如果输入电压为 12V,输出电压最高就是 10V 左右. 由于它内部是线性稳压,因此功耗较大. 当输入输出电压差较大且输出电流也较大时,注意 LM317 的功耗不要过大,一般加散热片后功耗也不超过 20W. 因此,工作压差大时最好采用分挡调压.

7.3.2　由 LM317 组成的可调稳压电源电路原理

稳压电源一般由变压器、整流器和稳压器三大部分组成,即变压器把市电交流电压变为所需要的低压交流电,整流器把交流电变为直流电,经滤波后,稳压器再把不稳定的直流电压变为稳定的直流电压输出.

制作简单可调直流稳压电源可用如图 7.100 所示的电路. 图中 220V 市电经过变压器降压后变成 18V 左右的低压交流电;交流电经过 VD_1 桥式整流器后成为脉动直流电;在未接上电容 C_1 的情况下,用万用表直流电压挡测量时,其数值在理论上应为交流电压的 0.9 倍;接上滤波电容 C_1 后,电容器两端电压 U_{AB}理论上应变为交流电压的 1.4 倍.

在未接稳压电路(虚线框内电路)时,在 A、B 两端接上负载后,随着负载电阻减小,负载流增大,电压 U_{AB}将减小,也就是说,直流电压 U_{AB}与负载电阻的大小有关.

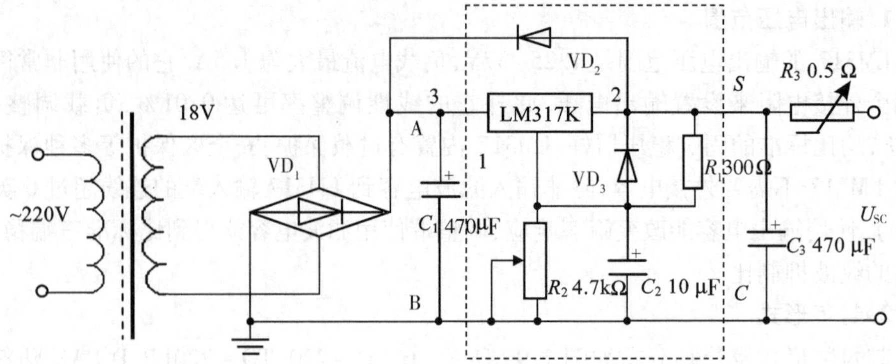

图 7.100　LM317 组成的可调直流稳压电源

当接入稳压电路(集成电路 LM317、电阻 R_1 和可变电阻器 R_2)后,负载电流或者交流输入电压在规定的范围内变化时,电源的输出电压 U_{SC} 基本不变或者变化极小(0.1% ~ 1% 以内). 也就是说,此时的电源输出电压与输入的交流电压及负载电流的变化基本无关,故称之为直流稳压电源.

LM317 是一块输出电压可以调节的三端稳压集成电路,它的输入端、输出端和调整端三个管脚的位置如图 7.99 所示. 未加散热片时,它的最大功率为 0.5W,加上规定面积的散热片后可提高到 7.5W. 为了使稳压电路能正常工作,输入端与输出端的电位差不能小于 2 ~ 3V. 输出端的最小负载电流为 5mA,最大可达 1 ~ 1.5A(加散热片). 输出电压的表达式为

$$U_{SC} = 1.25 \times \left(1 + \frac{R_2}{R_1}\right)$$

设置 R_1、R_2 取值时要保证 $U_{SC}/(R_1 + R_2) \geqslant 1.5\text{mA}$,才能保证 LM317 稳压块在空载时能够稳定地工作. 式中的 1.5mA 为 LM317 稳压块的最小稳定工作电流. 当然,只要能保证 LM317 稳压块在空载时能够稳定地工作,$U_{SC}/(R_1 + R_2)$ 的值也可以设定为大于 1.5mA 的任意值. 图 7.100 所示电路中 R_1 取固定值,当 $R_1 = 300\Omega$ 时,调节 R_2 可以改变输出电压值;当 $R_2 = 0$ 时,$U_{SC} = 1.25\text{V}$,随着 R_2 增大,输出电压不断增高;当可变电阻器(电位器)R_2 取 4.7kΩ 时,由上式可以算得输出电压的调节范围为 1.25 ~ 21V,但因输入电源电压最大只有 18V,因此,在负载情况下输出最大电压可达 16V 左右. LM317 稳压集成电路两端的电压 $U_{32} = U_{AB} - U_{SC}$,它的自身耗散功率为 $W_{32} = U_{32}I$,式中,I 为输出电流.

7.3.3　微电流(电压)放大器原理

在现代测量技术及某些物理演示实验中,通过传感器或演示装置检测到的信号通常很小,不能用普通仪器仪表直接进行显示或测量. 往往需要先将信号放大到一定程度后才能显示出该物理量的大小或变化过程,如此,就需要制作微弱信号(微小电压或电流)放大器,将待测信号放大到一定倍数后再输入显示系统或测量读数机构,这样才能读出待测物理量的大小,从而研究其变化规律. 由于电子技术的快速发展,利用集成运算放大器来检测微弱的电压(电流)已经成为很通用的方法.

1. 集成运算放大器的基本概念

集成运算放大器又称运算放大器，简称运放，其符号、使用条件及管脚介绍如下.

运算放大器是一种具有高放大倍数和深度负反馈的直接耦合放大电路，它由基本放大电路和外接反馈电路两部分构成. 运算放大器的输入电压和输出电压的关系仅仅取决于反馈电路和输入电路的形式及参数，不同的电路形式和参数可以进行信号的不同组合与运算.

例如，OP07 型运算放大器，它具有低失调、低噪声、低漂移、偏置电流小等特点.[16]能广泛用于稳定积分、精密加法、阈值电压检测和对微弱信号进行精确放大. 它是有 8 个管脚的集成电路芯片，它的管脚图和各引出端的符号如图 7.101 所示.

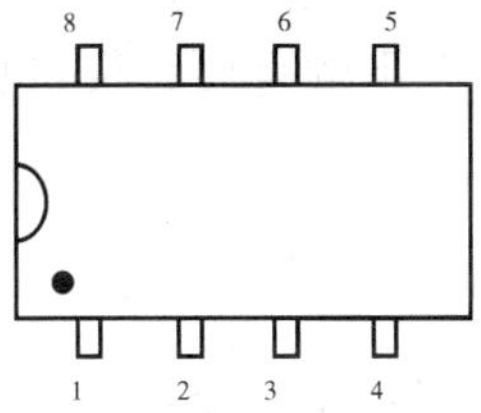

（a）管脚图

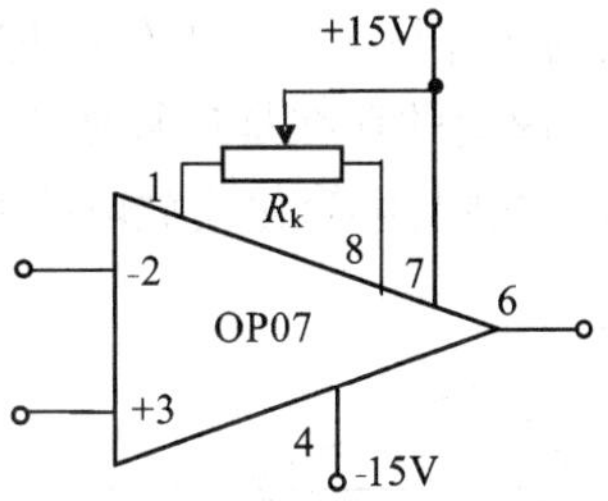

（b）引出端

图 7.101　OP07 型运算放大器的管脚与引出端

由于芯片是由很多元件构成的复杂电路，这里不探讨其内部结构，主要关心它的用途、性能和使用条件.

1）工作电压

OP07 型运算放大器的工作电压范围很宽，除能在 ±（3 ~ 18）V 电源电压下工作外，还能在低电压 2 ~ 3V 单电源下进行交流放大.

图 7.101（b）中“7”脚接 +15V，“4”脚接 −15V，是典型的工作电压.

2）调零电路

由于运算放大器的内部参数不可能完全对称，以致当输入信号为零时，输出信号可能不为零，为此设置了调零电路. 在图 7.101（b）中调零电路由管脚“1”、“8”、“7”连接电位器 R_k 组成.

3）输入与输出端

OP07 型运算放大器有两个输入端，标记为“ − ”和“ + ”，称为双端输入. 图 7.101（b）中“2”脚称为反相输入端，当输入信号电压 u_i 从“2”脚加入而“3”脚接地时，放大电路的输出电压 u_o 与输入电压 u_i 反相；“3”脚称为同相输入端，当输入信号电压 u_i 从“3”脚加入而“2”脚接地时，则输出电压 u_o 与输入电压 u_i 同相.

OP07 型运算放大器只有一个输出端，见图 7.101（b）中脚“6”，在输出端与地之间获得输出电压 u_o.

2. 理想运算放大器的特征

图 7.102 所示为运算放大器的内部等效电路. 对输入信号来讲，运算放大器相当于一个等效电阻 r_i，称为输入电阻；对负载来讲，运算放大器可以看做由一个电压源（电动势的大小受输入电压控制）和内阻 r_o 串联的等效电源，r_o 称为输出电阻. 图 7.102 的电路称为开环电路，k_u（$k_u = u_o/u_i$）称为开环电压放大倍数，$k_u u_i$ 是输出端的电压源.

在理想的情况下,运算放大器具有如下参数:

开环电压放大倍数 $k_u=\infty$;

输入电阻 $r_i=\infty$;

输出电阻 $r_o=0$.

由上述参数可得到两条重要结论:

(1)理想运算放大器的输入电流为零.

(2)理想运算放大器的两个输入端 a 和 b 之间的电压 $u_{ab}=0$,即 $u_a=u_b$,若此时同相输入端 b 接地,即 $u_b=0$,则有

$$u_a=u_b=0$$

实际使用的运算放大器 a 点的电位虽不为零,但其数值很小,接近于零,所以常把 a 点称为"虚地",虚地的存在是运算放大器在闭环状态下的重要特征,也是分析理想运放应用电路的基本规则,可简化运放电路的计算.

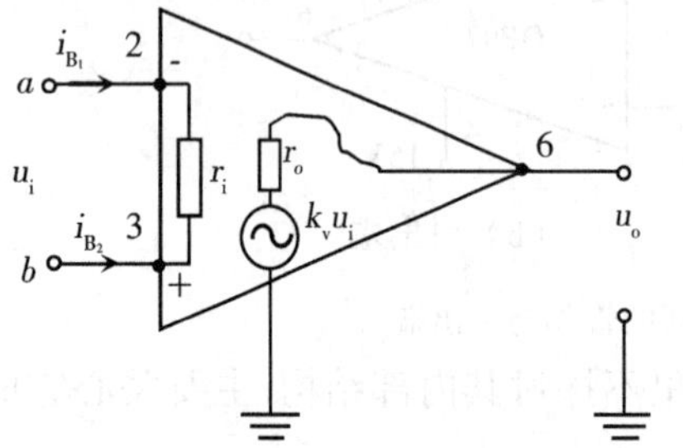

图 7.102　内部等效电路

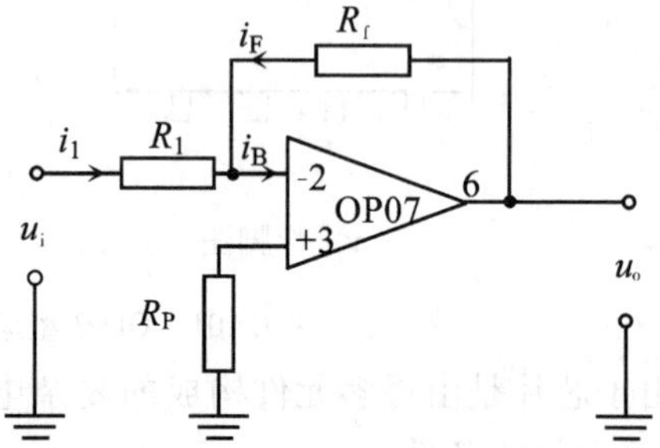

图 7.103　负反馈基本电路

3. 运算放大器的应用

运算放大器的应用分为线性应用和非线性应用. 线性应用是指运算放大器本身工作在线性区域的应用. 图 7.103 中由于运算放大器具有很高的开环电压放大倍数 k_u,一般不能直接工作在开环状态下,而引入负反馈电路,使运算放大器处于闭环状态,才能稳定工作. 而要实现负反馈,则要通过反馈电阻 R_f 将输出信号反馈到反相输入端,从而形成深度负反馈,以保证运算放大器的输出电压与输入电压形成线性关系. 一般来说,反相比例、加法、减法都是运算放大器线性应用的例子. 非线性应用是指如果运算放大器不加负反馈电路,则由于运算放大器的开环电压放大倍数很高,很小的输入电压便能驱使输出电压达到饱和值,而饱和值的大小主要取决于电源电压,因此,在输入和输出之间不存在线性关系. 运算放大器的这种应用称为非线性应用,电压比较器便是一例.

1)反相比例运算

反相比例运算所起的作用是线性放大,电路如图 7.104 所示. 在输入端接入电压 u_i,则输出端得到输出电压 u_o,其输入电压值和输出电压值之比与 R_f 和 R_1 之比成负比例关系,公式为

$$\frac{u_o}{u_i}=-\frac{R_f}{R_1}$$

$$u_o=-\frac{R_f}{R_1}u_i=-ku_i$$

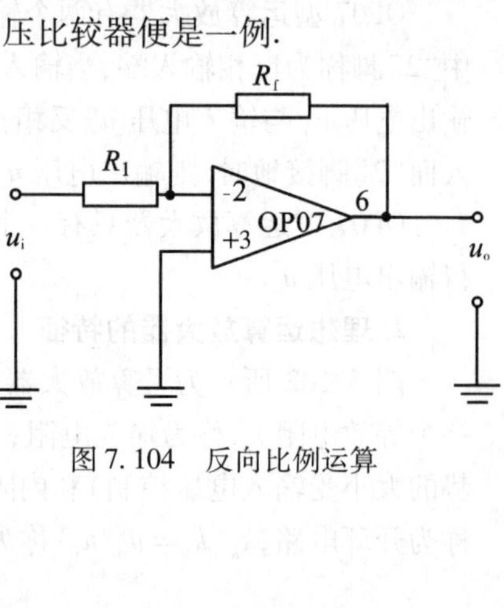

图 7.104　反向比例运算

$$k=\frac{R_f}{R_1}$$

放大倍数 k 由 R_f、R_1 决定.

2)反相加法运算

在图 7.105 中,当两个信号 u_1,u_2 分别经过 R_1,R_2 同时从反相端输入时,其输入电压和输出电压之间的关系为

$$u_o=-\left(\frac{R_f}{R_1}u_1+\frac{R_f}{R_2}u_2\right)$$

当 $R_1=R_2=R_f$ 时,则

$$u_o=-(u_1+u_2)$$

这说明 u_o 的大小正是 u_1 和 u_2 值之和. 图 7.105 所示电路便是反相加法器,图中 R_P 为平衡电阻,其值为 R_1、R_2 和 R_f 的并联值.

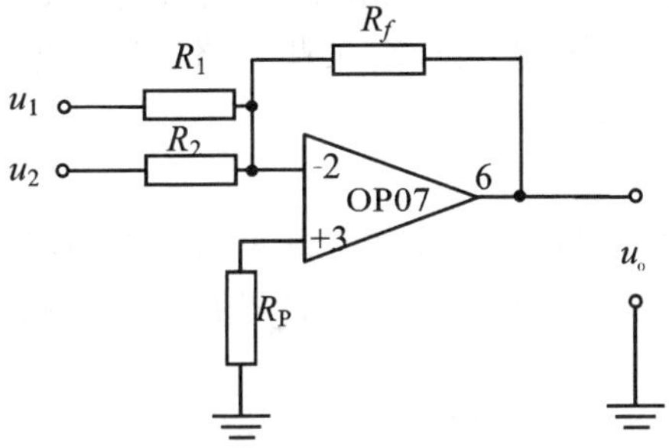

图 7.105　反向加法运算

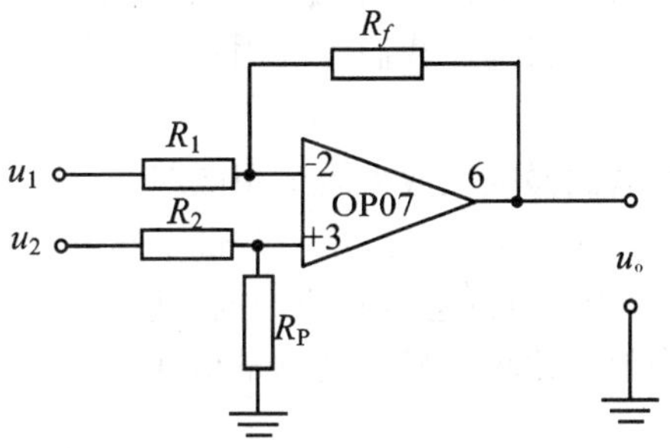

图 7.106　反向加法运算

3)反相减法运算

图 7.106 所示为减法运算电路. 若从反相端输入电压 u_1,则在输出端产生的电压 u_{o1} 为

$$u_{o1}=-\frac{R_f}{R_1}u_1$$

若从同相端输入电压 u_2,根据理论推导,在输出端产生的电压 u_{o2} 为

$$u_{o2}=\left(1+\frac{R_f}{R_1}\right)\left(\frac{R_P}{R_2+R_P}\right)u_2$$

由电压叠加原理可得

$$\begin{aligned}u_o&=u_{o1}+u_{o2}\\&=\left(1+\frac{R_f}{R_1}\right)\left(\frac{R_P}{R_2+R_P}\right)u_2-\frac{R_f}{R_1}u_1\end{aligned}$$

当 $R_1=R_2$ 和 $R_f=R_P$ 时,上式为

$$u_o=\frac{R_f}{R_1}(u_2-u_1)$$

令 $R_1=R_f$,即 $R_1=R_2=R_f=R_P$ 时,

$$u_o=u_2-u_1$$

于是,当 u_1 和 u_2 分别从正、反相端输入时,在输出端的电压 u_o 便是二者之差.

4)电压比较器

电压比较器电路如图 7.107(a)所示. 图中 u_R 为参考电压. 当输入电压 u_i 低于参考

电压时,输出正电压 $u_o = u_z$,u_z 由稳压管 DZ 稳定电压决定(稳压管的稳定电压应小于与运算放大器的饱和值). 当 u_i 高于 u_R 时,$u_o = -u_D$,输出负电压,u_D 是稳压管的正向电压值,于是 u_o-u_i 图线如图 7.107(b)所示.

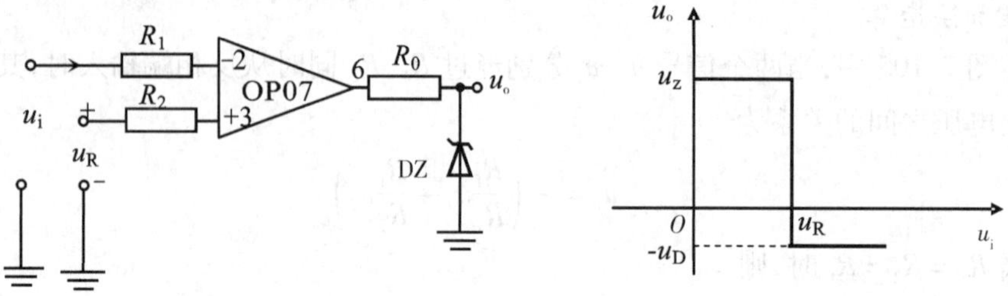

(a) 比较器电路　　(b) 输入输出图

图 7.107　电压比较器

因此,只要参考电压和稳压管的稳定电压已经确定,那么输出电压 u_o 只取决于 u_i 与参考电压 u_R 的比较. 我们可以用这一方法获得所需要的方波或对某些电路的通断进行控制. [17]

4. 可调式微电流放大器适用电路

图 7.108 所示的电路是一个带工作电源,放大倍数在 0 ~ 30 倍之间可调整的微电流放大器. 可用于电磁感应实验中放大感应电流、电压或在电桥、电位差计等补偿平衡比较法电路中放大比较信号提高测量精度.

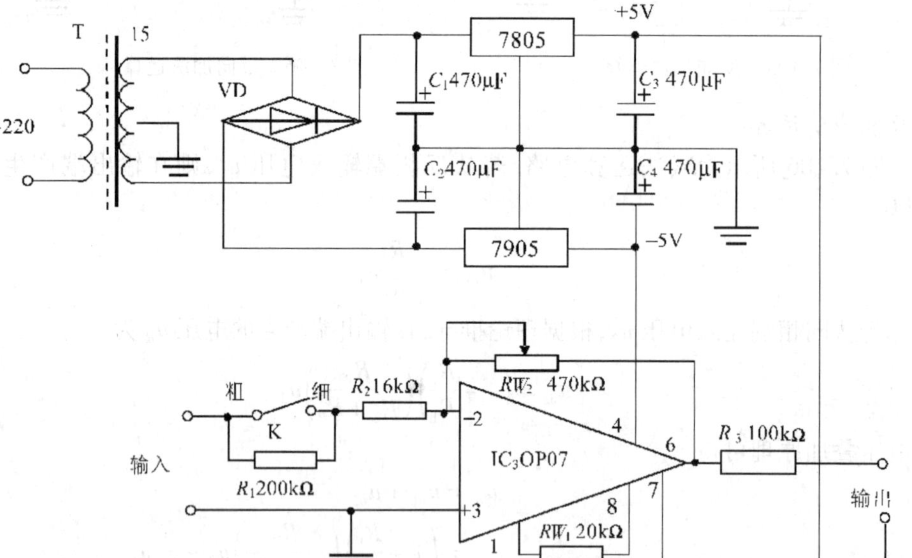

图 7.108　微电流放大器

图中 T 是电源变压器,将 220V 市电变为 15V 带中间抽头的低电压;VD 为整流电桥将交流变成脉动直流,通过 $C_1 \sim C_4$ 电容的滤波及 7805、7905 集成三端稳压器的稳压作用后,可以保证在市电电压波动或负载变化时,保持输出的 ±5V 直流工作电压稳定不变;RW_1 是调零电位器;R_1,R_2,K,RW_2 构成粗、细调及电路放大倍数调节电路.

当 K 断开时为粗调,此时若 RW_2 调到零电阻位置(图中调于最右端)时,电路输出信号与输入信号大小相同,运算放大器无放大作用,即使 RW_2 处于最大电阻位置,输出信号也只有输入信号的 2 倍左右，这样可以保护平衡指示器不会过载. 当 K 接通时电阻 R_1 失去作用，运算放大器的放大倍数由 RW_2/R_2 的比值决定，这样就可以根据需要将放大倍数调节到所需值以满足不同实验的需要.

图 7.109 所示为图 7.108 的印制电路参考图.

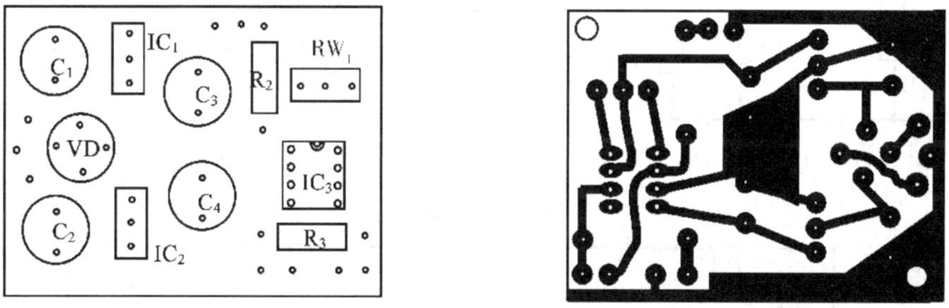

(a) 正面元件分布图　　　　(b) 背面印制电路图

图 7.109　印刷电路参考图

7.3.4　自制电学仪器及演示实验

1. 电学多用示教仪

将直流稳压电源、数字电流表、电压表、检流计、滑线变阻器、待测电阻等放到一个面板中，即可组成一台如图 7.110 所示的电学多用示教仪. 利用这个仪器可作欧姆定律、全电路欧姆定律、串并联电路、制流电路、分压电路、电桥电路、补偿电路等多个电学演示实验.

图 7.110　电学多用示教仪

1) 欧姆定律演示实验

由欧姆定律知，导体中的电流强度与它两端的电压成正比，与它的电阻成反比，即

$$I=\frac{U}{R}\quad 或\quad R=\frac{U}{I}$$

若按图 7.111 电路连线，按表 7.1 所示项目进行数据测量，即可在课堂上方便地演示

电流与电阻、电压之间的关系.

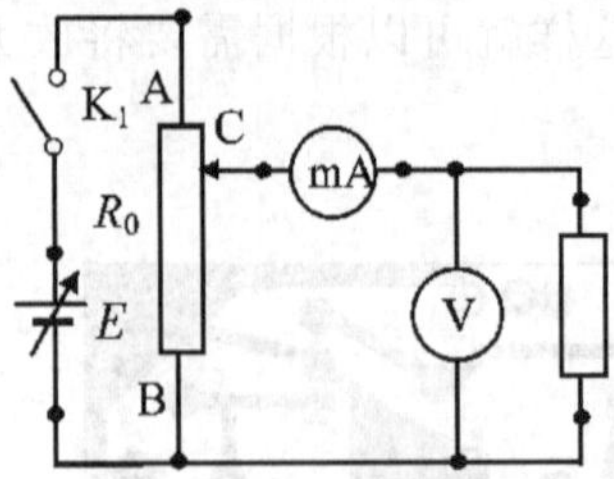

图 7.111　伏安法电路

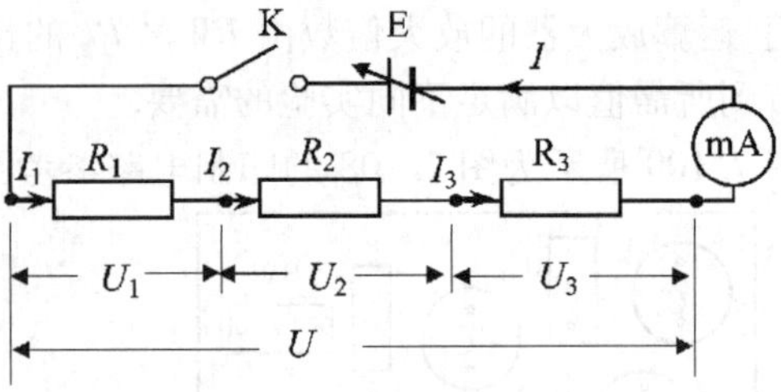

图 7.112　串联电路

表 7.1　测量数据表

项目＼次数	1	2	3	4	5
U/V					
I/mA					
R/Ω					

2) 串联电路演示

按图 7.112 电路连线,先用电压表分别测量 U_1,U_2,U_3 和 U 各点的电压,检验是否有

$$U = U_1 + U_2 + U_3$$

再将电流表分别接入 I_1,I_2,I_3 各点,看是否有

$$I_1 = I_2 = I_3 = I$$

若在实验误差范围内上述两式成立,则串联电路特点可让学生较好认识和掌握.

同样,用本示教仪也可很好地演示并联电路和其他实验内容.

2. 电容储能演示仪

1) 仪器简介

图 7.113　电容储能演示仪

电容储能演示仪如图 7.113 所示. 内设一小功率直流可调稳压电源,储能电容(C_1、C_2 容量均为 22000μF/25V 电容)电压表,电键 K_0,K_1,K_2 等器件. 其中,K_0 是电源开关,K_1、K_2 可作为演示时所用充、放电功能转换开关. 各器件均分别与接线柱相连,便于实验时根据需要连接成不同电路.

2) 仪器功能

本实验仪器通过使白炽灯发光而演示电容的储能功能,同时演示储能多少与电容的容量与电压的关系. 本仪器也可用于需要提供短时间、大电流的实验,如演示平行载流导线之间相互作用力、载流线圈之间的相互作用力、磁场对载流导体的作用力等实验.

3) 实验原理

一个孤立的带电导体可以在它的周围激发电场,而要把一定量的电荷集中到一个导体上,外界一定要对这些电荷做功. 或者反过来,若条件允许,电场力会使导体上的电荷分散到无穷远处,此带电系统就有一定的能量释放出来. 这些电力功和静电能之间有什么关系呢? 我们说,构成带电导体上的各微元电荷之间存在着电荷之间的相互作用能,它就等于把这一定量的电荷从无穷远处集中到导体上的过程中外力所做的功,因而也是一个导体上电荷的相互作用能,有时也称为带电导体的自能.由两电极板组成的一个电容充电后,两电极板上带有等量异号电荷,电容这个带电系统总的静电能包括两极板的自能和它们所带电荷之间的相互作用能.这些说法虽然在静电学中没有什么问题,但却未能反映问题的实质,带电系统的静电能实质上是带电系统激发的电场能量.[18]

本实验通过让充电电容将电场能释放出来,以使白炽灯发光的方式来演示电容的储能,同时演示储能多少与电容容量大小及充电电压高低的关系.

4)演示内容及步骤

(1) 演示 Q 与 U 的关系.当电容容量 C 不变时,电容储存的电能(电荷)与充电电压成正比.按图 7.114 所示电路接线后,先用 K_1 对 C(注:C 包含 C_1 和 C_2)充电.K_1 断开后再通过 K_2 对白炽灯 D 放电,观察电容充电电压不同时,如充电电压分别为 8V,12V,16V 或 20V 时放电瞬间白炽灯发光强度的差别.

(2) 演示 Q 与 C 的关系.同样,利用图 7.114 所示电路保持充电电压为 12V 或 15V 不变,使用大小不同的电容 C(即分别用 C_1,C_1 与 C_2 的并联,C_1 与 C_2 的串联)接入电路观察白炽灯的亮度,说明电容储能与电容 C 的关系.同时,通过充电过程中电源端电压表指针变化情况可观察到:电容容量越大,储存电能越多,充电速度越慢,反之越快.

(3) 演示 RC 时间常数.若按图 7.115 所示电路连线,在电容支路串接一个可调电阻 R,并在 C 两端并联一个内阻很大的电压表,则可以演示充、放电过程中电容两端的电压变化与 R 的关系,即 RC 时间常数.

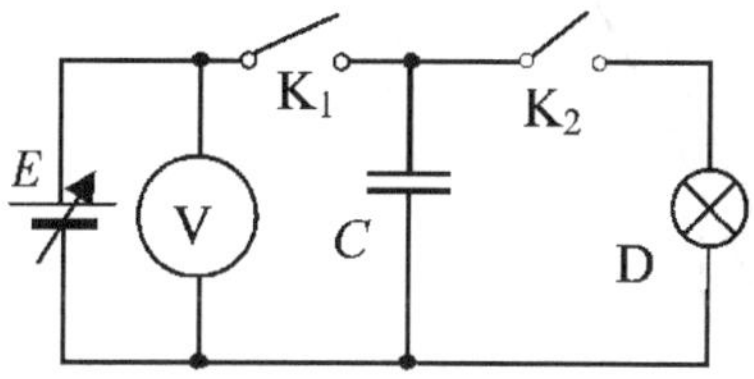

图 7.114　储能演示电路

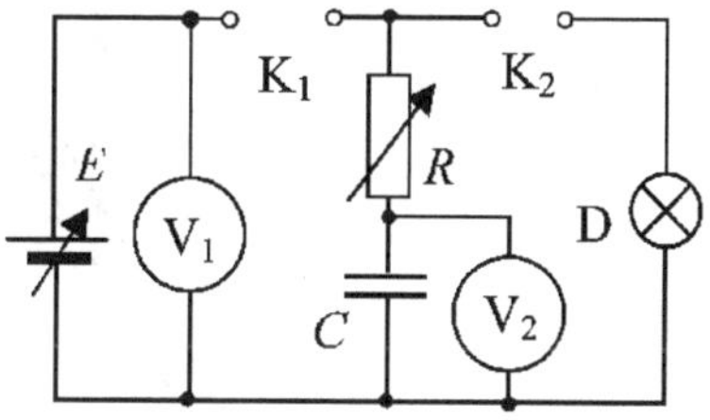

图 7.115　RC 常数演示电路

3. 自制稳压电源、微电流放大器及相关演示实验

根据稳压电源的基本电路和扩大电流原理及微电流放电器电路原理制成的可调直流稳压电源和微电流放大器组合装置如图 7.116 所示.本装置输出电压为 1.25～20V,输出电流最大可达 6A.利用它和一些相关器材也可完成以下电磁学演示实验.

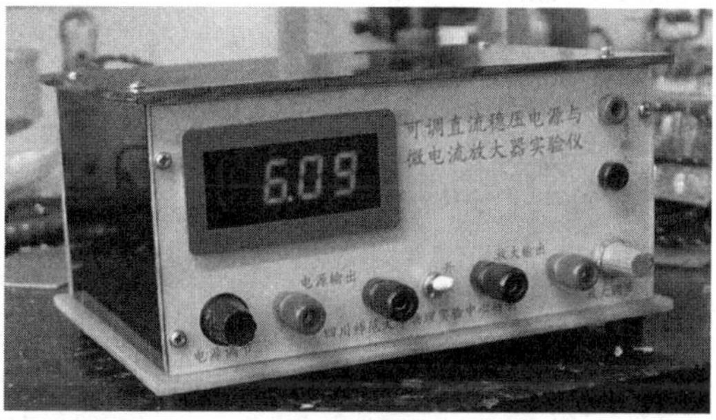

图 7.116　电源、放大器组合仪

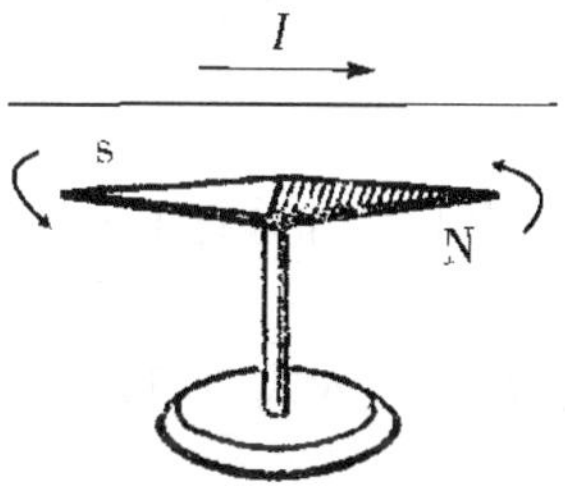

图 7.117　奥斯特实验

1) 奥斯特实验(载流导体中的磁场)

丹麦科学家奥斯特于 1820 年发现电流的磁效应,第一次揭示了磁与电存在着联系,从而把电学和磁学联系起来,使电磁学进入一个迅速发展的阶段,其后在短短的几年内,人们就发现了稳恒电流与磁相互作用的所有定律. 因此,如图 7. 117所示的奥斯特实验就是一个举足轻重的演示实验.

2)两平行载流直导线间的相互作用力

图 7. 118 所示为两根分别载有电流 I_1,I_2 且相距为 a 的平行直长导线,由无限长直导线周围的磁感应强度公式

$$B=\frac{\mu_0}{2\pi}\frac{I}{a}$$

可得,直长导线电流 I_1 在导线 2 处的磁感应强度为

$$B_{21}=\frac{\mu_0}{2\pi}\frac{I_1}{a} \tag{7.1}$$

方向如图 7. 118 所示. 反之 I_2 在导线 I_1 处的磁感应强度为

$$B_{12}=\frac{\mu_0}{2\pi}\frac{I_2}{a} \tag{7.2}$$

方向如图 7. 118 所示.

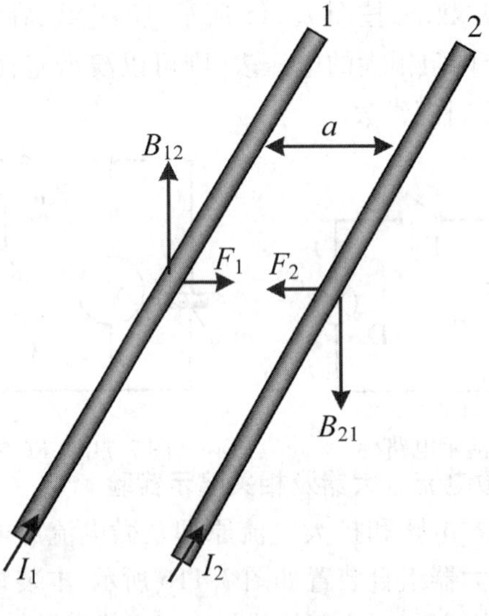

图 7. 118　平行直长载流导线相互作用力

现在计算导线 2 上长度为 l 的线段所受到的磁场力. 由安培力公式有

$$F_2=\int_0^l I_2\mathrm{d}\boldsymbol{l}\times\boldsymbol{B}_{21}$$

因 l 段 B 相等并垂直于 $I_2\mathrm{d}l$,所以

$$F_2=I_2lB_{21} \tag{7.3}$$

将式(7. 1)代入式(7. 3)有

$$F_2=\frac{\mu_0}{2\pi}\frac{I_1I_2}{a}l \tag{7.4}$$

方向在导线 1,2 所确定的平面内指向导线 1.

同理证明 F_1(I_1 上 l 长一段所受的磁场力)为

$$F_1 = \frac{\mu_0}{2\pi}\frac{I_1 I_2}{a}l \tag{7.5}$$

方向在导线1、2所确定的平面内指向导线2. 可见两个流向相同的平行直导线电流之间的磁场力是相吸的.[19]

不难看出,两个反向的平行直导线电流,通过磁场的作用,将相互排斥,而每一导线所受的斥力的大小与两电流同方向时的引力相等.

由式(7.4)可知,两平行载流导线之间的相互作用力与导线中电流强度和导线长度成正比,与导线间的相互距离成反比. 当导线长度为0.5m,相互间距离为1.5×10^{-2}m,导线内电流强度为5A时,导线间的相互作用力仅为1.67×10^{-4}N. 若相互间距离为5×10^{-3}m,导线间的相互作用力也仅为5×10^{-4}N,所以本演示实验通常比较难做. 要想演示实验能成功,必须将演示装置设计得非常灵活、轻便,而且两载流导线之间的距离还要能够快速调节,才可以较方便地既能演示同向电流之间的相互吸力,又能演示反向电流之间的排斥力. 为此我们将演示装置设计成如图7.119所示的形式.

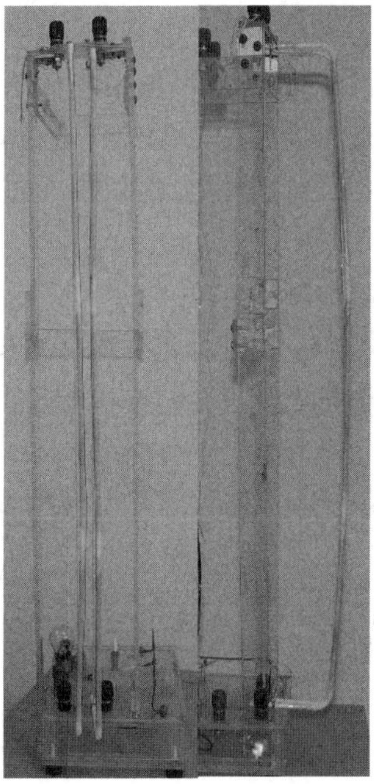

图7.119 长直载流导体中的相互作用力演示装置

图7.120所示为仪器局部照片图. 从图7.119和图7.120中我们可以看到,仪器用有机玻璃作底座及支撑骨架,导线支架用饮料吸管插接制成,用直径为0.4mm的漆包线作为载流导体,经涤纶胶带将其固定在支架上. 骨架长约50cm,导线回转半径为6~7cm,为了能灵活转动又不上下滑动,使用棉线作转轴,即将导线支架穿在棉线上后通过有机玻璃底座上的小孔固定并拉直棉线. 使导线支架能自由地绕线轴转动. 为了便于调节两导线的相互位置,在导线与接线柱之间用0.2mm的漆包线做成游丝状弹簧以便载流导线能停留在某一位置而不致来回晃动.

利用本装置演示长直载流导体中相互作用力时效果很好,即当导线中通过的电流达到5A左右时,其相互作用力 F 虽然只有5×10^{-4}N左右,但在通电瞬间仍可看到两导线具有非常明显的移动.

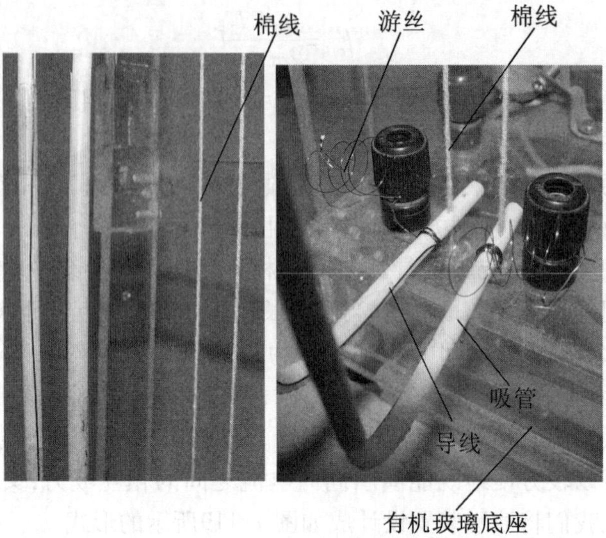

图 7.120　仪器结构图

如果没有供电电流较大的直流电源也可以采用图 7.113 所示的电容储能演示仪,用图 7.114 所示电路,将图中灯泡 D 换为图 7.119 所示的演示装置即可. 演示时先将 C_1,C_2 并联,并用较大电压(如 15～18V)对其充电,然后再通过导线作大电流放电,演示效果仍然明显且又不会损坏电源.

3)演示载流线圈之间的相互作用力

如图 7.121 所示,把两个载流线圈面对面地挂在一起,当两电流流向相同时,也可看到两线圈相互吸引,当两电流流向相反时则相互排斥. 由于线圈匝数较多,其作用更加明显.

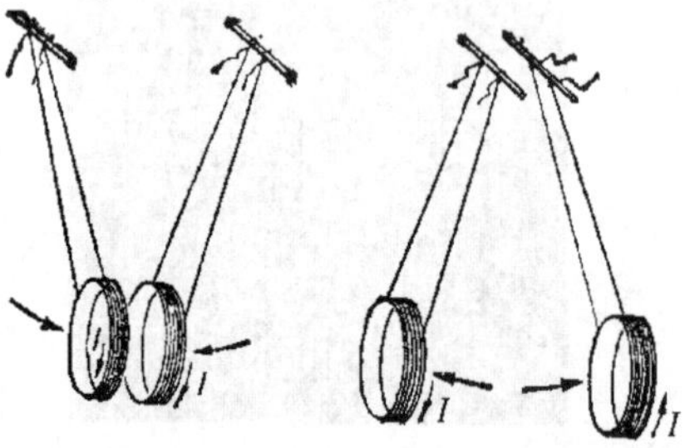

图 7.121　载流线圈间相互作用

4)电磁感应现象比较明显时的演示

使用图 7.122 中的电流计、自制稳压电源、线圈、磁铁等可演示图 7.123 中所示的三种电磁感应现象,即图 7.123 (a)中,当磁铁插入线圈时,电流计指针偏转;磁铁在线圈内不动时,指针不动;拔出磁铁时指针反向偏转. 这个实验说明当穿过闭合线圈的磁通量变化时的确会出现感应电流. 以载有稳恒电流的细长线圈代替磁铁(图 7.123(b))重做上述实验,也能得到类似结果. 可见,关键不在于磁场由什么激发,而在于穿过线圈的磁通量是否有所改变. 以上两个实验的磁通量变化都是由于相对运动引起的. 但是相对运动并非磁通变化的唯一原因. 例如,激发磁场的电流量变化时,磁通量也会变化,图 7.123(c)

就是这种情况的一个演示实验.无论开关处于接通或切断状态,电流计指针都不动,但在开关接通或切断的瞬间,指针会突然偏转(接通时指针的偏转方向和切断时的方向相反).开关的接通和切断都使线圈④的电流变化,从而使穿过线圈②的磁通量变化.可见,只要磁通量有变化就会出现感应电流,不论这个变化是由相对运动引起的,还是由电流变化引起的.

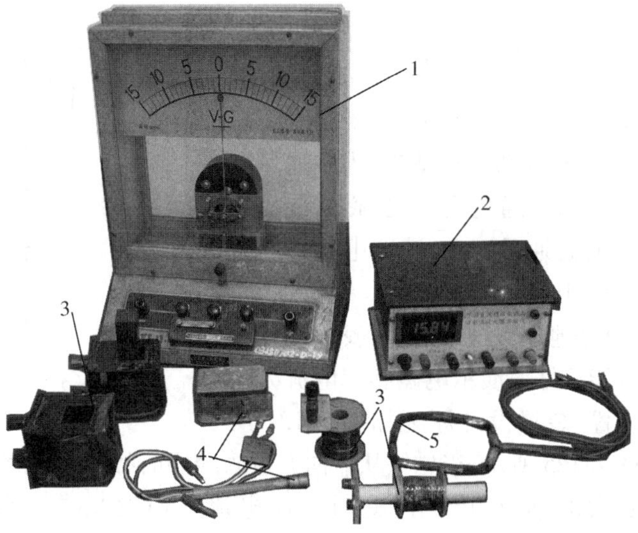

图 7.122 电磁感应演示教具

1—电流计;2—自制稳压电源;3、5—线圈;4—磁铁

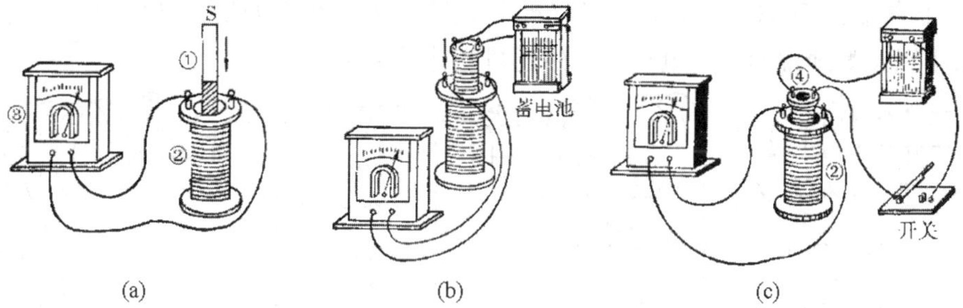

图 7.123 三种电磁感应现象

做图 7.123(a)中的实验可看到,磁铁插入(或拔出)线圈的速率越大,电流计指针的偏角就越大.若把图 7.123(c)中的开关换成变阻器或调节稳压电源的输出电压,同样可看到阻值改变越快或电压变化越快,指针偏角越大.通过以上实验可以看到磁通量变化越快,感应电动势越大.

5)电磁感应电动势较小时的演示

当实验产生的感应电动势较小时,如用图 7.122 中线圈及磁铁进行电磁感应演示,由于线圈匝数少,感应电动势小,直接用电流计显示偏转不明显,不易观察到实验现象,若用电源内所装的微电流放大器将信号进行适当放大再用电流计显示则实验效果非常明显.

6)用发光二极管代替演示电流计演示电磁感应

当我们手中没有图 7.123(a)中所示电流计作显示仪器时,也可以用微电流放大器和发光二极管来代替电流计演示电磁感应,即用发光二极管的发光强度演示电磁感应的强弱.

4. 电磁感应演示装置的制作及演示

1)实验原理

法拉第电磁感应与愣次定律 $\varepsilon=-\dfrac{\mathrm{d}\Phi}{dt}$,告诉我们,当穿过线圈的磁通量发生变化时,闭合线圈就会产生阻碍磁通量变化的感应电动势,当磁通量变大时,感应电动势阻碍磁通量变大,当磁通量变小时,感应电动势阻碍磁通量变小,感应电动势的大小与磁通变化率成正比.

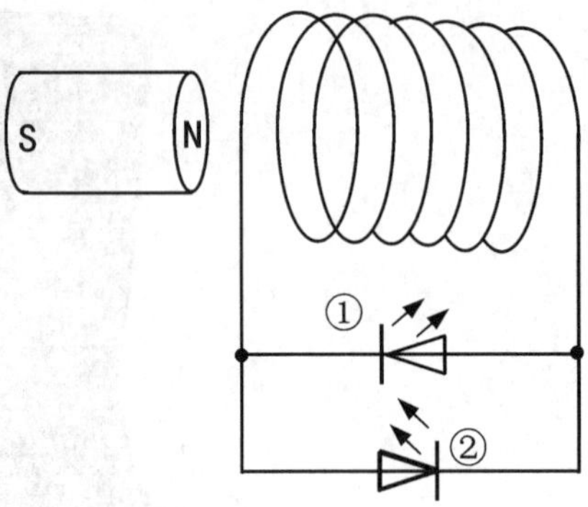

图 7.124　演示装置设计原理图

为了让学生更好地理解这个定律,我们设计了一个简单方便,且能很好地演示电磁感应电流大小和方向变化的装置. 装置设计原理如图 7.124 所示,演示原理如图 7.125 所示. 当磁铁从左向右进入线圈时线圈中磁通量变大,线圈中产生阻碍磁通量变大的感应电动势,此时感应电流将使发光二极管②点亮,①不亮(图 7.125(a)),当磁铁穿过线圈后将离开时,磁通量减小,线圈中产生阻碍磁通量变小的感应电动势,此时发光二极管①点亮,②不亮(图 7.125(b)),至此完成一个周期. 同理,当磁铁从右向左进入线圈时,发光二极管①点亮,②不亮(图 7.125(c)),离开线圈时发光二板管②点亮,①不亮(图 7.125(d)). 由磁铁插入线圈的快慢和两只二极管的交替发光,可以很好地说明感应电动势与磁通量变化的关系.

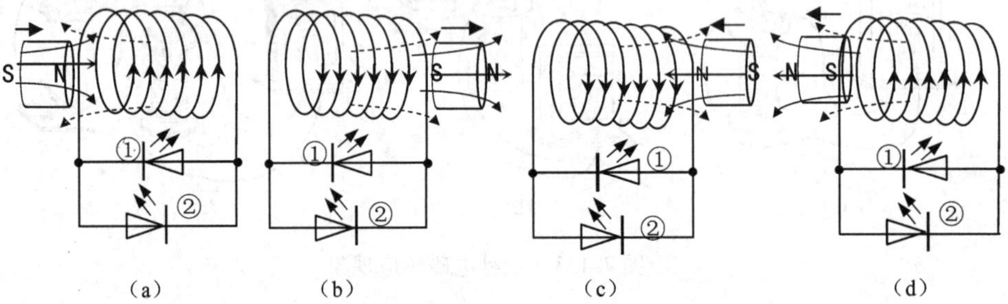

图 7.125　演示原理

2)制作方法

(1)截取一段直径约为 19mm、长度在 120mm 左右的塑料管或有机玻璃管,将两端打磨光滑、平整.

(2)用废旧有机玻璃或塑料块截取长宽各在 40mm 左右的两片,将其打磨成两个直径约为 35mm 的圆盘,并在两个圆盘中心各钻或锉出刚好能穿过塑料管的孔.

(3)将两个圆盘相距 40mm 左右对称地套在塑料管上,两端各露出约 40mm,用二氯乙烷或其他胶黏剂将圆盘与管粘接牢固.

(4)把塑料管套在绕线机上,用直径为 0.2 ~0.4mm 的漆包线连续单向绕 1200 圈左右(如无绕线机也可直接用手缠绕),在外面用绝缘胶带缠绕保护,注意两端各留出一段线头.

(5)用红、绿两只发光二极管反向并联后与线头一起焊接在与香蕉插座或接线柱相连的焊片上制作成如图 7.126 所示的线圈装置.

(6)用一支废签字笔杆或其他杆状物在其一端固定一枚 M4 的平头铁螺钉,再将 1 ~ 2 枚直径约为 10mm 的磁钢吸上作为带手柄的磁钢.

3)制作及演示注意事项

(1)绕制线圈时一定要朝一个方向绕线,以免磁通量相消,没有感应电动势产生.

(2)塑料管的长度一定要大于线圈的长度,以免磁通量不变化而没有感应电动势产生.

(3)发光二极管一定要反向并联,以保证两只发光二极管发光不同步.

(4)注意不能让铜线断裂和短路.

(5)演示时若将带柄磁钢放入线圈,当磁钢较快地在线圈中来回移动时可看见两只二极管交替发光(图 7.126(a)). 也可将圆柱形磁钢直接放入线管内,将连有二极管的香蕉插头插入线圈香蕉插座内,用拇指封住线管开口一侧,食指和中指夹住线管快速左右或上下摇动时也可看见两只二极管一前一后交替发光(图 7.126(b)). 如将磁钢调转方向放入则发光顺序改变.

(6)注意磁钢穿入和穿出两个瞬间两只发光二极管的发光情况. 当用眼观察二极管发光顺序有困难时,可用演示电流计通过慢速移动磁钢在线圈中的位置,观察电流计的偏转方向判断感应电动势(电流)的方向.

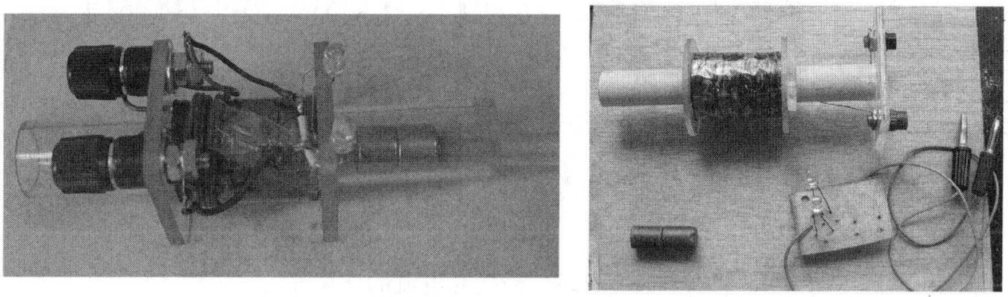

(a) 发光二极管直接焊在线圈上　　　(b) 发光二极管用香蕉插头连接

图 7.126　演示装置照片

5. 磁场对电流的作用力演示实验装置设计制作

在中学物理教材中关于磁场力大小的描述是:把一小段通电导线垂直放入磁场中,我们根据导线受的力 F、导线中的流强度 I 和导线的长度为 l 定义了磁感应强度

$$B = \frac{F}{Il}$$

对这个公式进行变形,就得到磁场对电流的作用力公式,即

$$F = IlB$$

上述公式给出了磁场力的大小,磁场力的方向是怎样的呢? 通电导线在磁场中的受力方向跟磁场方向、导线中的电流方向都有关系. 实验表明,电流所受作用力的方向既跟磁场方向垂直,又跟电流方向垂直,即作用力的方向总是垂直于磁力线和通电导线所在的平面. 可用左手定则来判定作用力的方向. 如图 7.127 所示,伸开左手,使大拇指跟其余四个手指垂直,并且都跟手掌在一个平面内,让磁力线垂直进入手心,并使四指指向电

流方向,这时手掌所在的平面跟磁力线和导线所在的平面垂直,拇指所指的方向就是通电导线在磁场中的受力方向.[20]

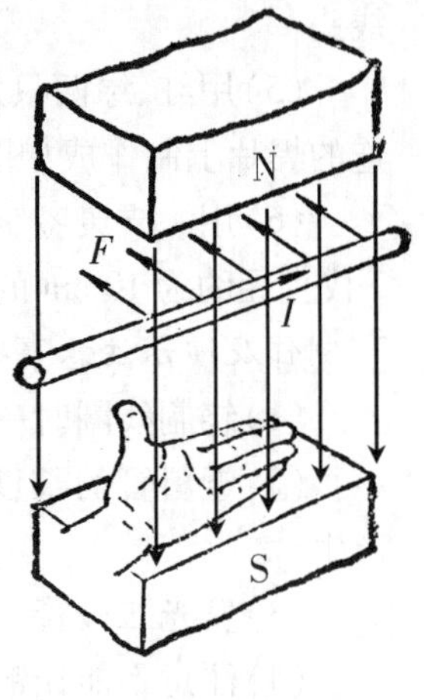

图 7.127　左手定则

不管是初中物理还是高中物理,磁场对电流的作用一直都是教学中的重要内容,教科书在介绍磁场对电流作用时,提供了如图 7.128 所示的简明演示实验方法. 但是通常实验提供的磁感应强度 B 只有 10^{-2}T 数量级,电流在 10^{0}A 数量级,导线长度在 10^{-1}m 数量级. 因此,实验中产生的力是很小的,而且这方面的成品实验仪器很少,要想成功演示本实验有比较大的困难而且不方便. 例如,当电流强度 I 等于 2A、处于磁场中导线长度 l 为 6cm,磁钢磁场 B 等于 0.04T 时,由公式 $F = IlB$ 可知,导线所受的力 F 只有约 0.0048N. 由此可见,要将这个实验做成功是不太容易的. 若要使实验能可靠、方便地进行,就必须使力 F 尽可能增大,即在 I 保持一定的情况下尽可能增大 l 和 B.

为此我们设计制作了既可以按图 7.128(a)所示方式进行演示,又可以按图 7.128(b)所示方式进行演示,还可以进行定量测量,使用简单方便,工作电流较小,可靠性高的通电导线在磁场中受力作用的实验装置.

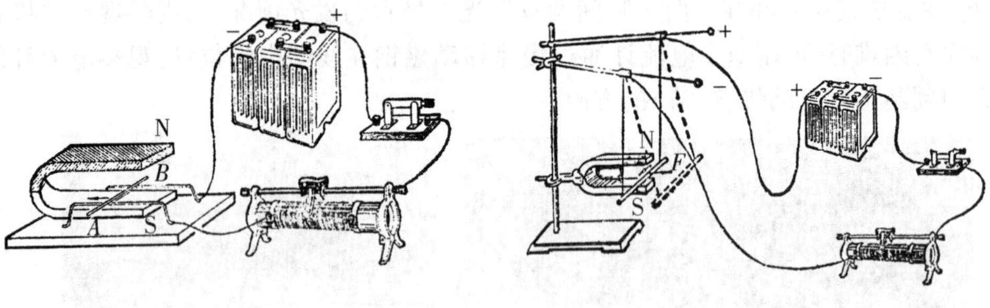

(a) 导线受力滚动　　(b) 导线受力偏转

图 7.128　磁场对电流的作用

1) 装置组成及外观

我们设计制作的装置如图 7.129 所示. 由底座、黄铜管导轨及电源引线、黄铜滚动棒、电源引线接线柱、铷铁硼磁钢、磁钢支撑平板、刻度盘、圆弧形磁钢支撑板底座及磁钢调节板、可变换长度线框及变换连接线、导线悬挂支架、线框悬挂连线螺钉、限流灯泡、串并联转换开关及导线位置指针等组成. 其中,图 7.129(a)主要用于演示载流导体受到磁场的作用力后根据左手定则将向某方滚动,即图7.128(a)所示演示实验. 图 7.129(b)主要用于演示载流导体受到磁场的作用力后将向某一边偏转,即图 7.128(b)所示的演示实验. 利用本仪器实验数据,也可由公式 $F = IlB$ 分析载流导体所受到的力与磁场强度 B、载流导线长度 l 和电流强度 I 之间的定量关系.

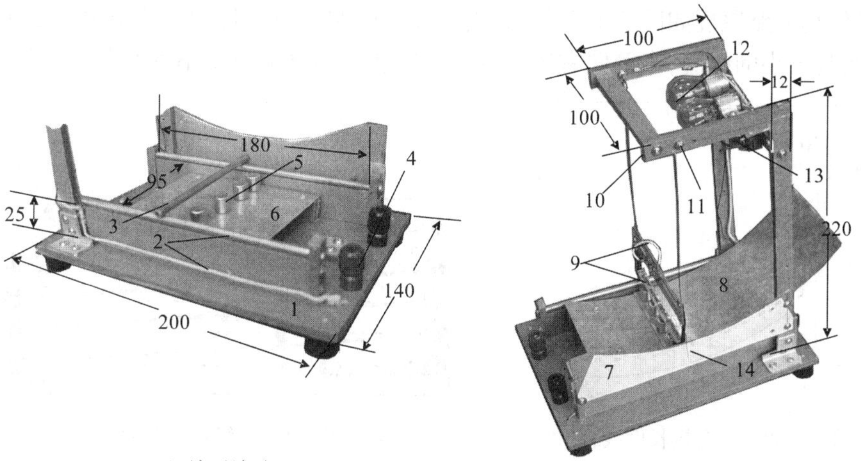

（a）演示滚动　（b）演示偏转

图 7.129　磁场对电流的作用实验装置

1—底座;2—黄铜管导轨及电源引线;3—黄铜滚动棒;4—电源引线接线柱;5—铷铁硼磁钢; 6—磁钢支撑平板;7—刻度盘;8—圆弧形磁钢支撑板底座及磁钢调节板;9—可变换长度线框及变换连接线;10—导线悬挂支架;11—线框悬挂连线螺钉;12—限流灯泡;13—串并联转换开关;14—导线位置指针

2)装置各元件尺寸

(1)装置底座与导线悬挂架均用 5mm 厚的工程塑料板制作,其尺寸如图 7.129 所示.

(2)导轨用直径为 5mm,长 180mm 的黄铜管制作,在导轨下用 180mm×25mm×5mm 的工程塑料板作支撑以保持导轨的平直和可靠的导电性能.

(3)铷铁硼磁钢的直径为 10mm,高 10mm,经用数字特斯拉计测量,其距磁极掌面 3mm 左右区域的磁场强度约为 250mT.

(4)磁钢支撑平板的尺寸为 120mm×85mm×17mm,用工程塑料条作支撑,镀锌铁皮作面板,磁钢放上后距黄铜滚动棒约 3mm.

(5)可变换长度线框如图 7.130 所示.图中 A 由 5 根直径为 1mm 的漆包线通过并排的方式用长 90mm、宽 5mm、厚 1mm 的有机玻璃片经绝缘胶带绑在一起后分别焊接在由敷铜板 B 制作成的线长调节器上,引线 C、转轴 E 由直径为 1mm 和 1.5mm 的铜线焊接而成,D 是用直径为 0.3mm 的漆包线制作的指针用以指示线圈偏转时的位置.由敷铜板制作的线长调节器 B 原理如图 7.131 所示.图中 11′,22′,…,55′代表 5 根长度和直径均相同的并排导线(图中虚线所示),导线 1 端经敷铜板铜箔与导线 2′端相连,且设置接插口 a,其余 b,c,d,e 分别是导线 23′,34′,45′的接插口,导线 5 端与接插口 e 相连,即当电源线端 B 与接插口 a 接通时,只有导线 11′有电流通过,当 B 与 b 接通时导线 11′和 22′同时有电流通过,以此类推.改变 B 连接到接插口位置就可以改变通电导线的数目,即改变通电导线在磁场区域中的长度 l.

(6)导线悬挂连接螺钉用 M3×10 的黄铜螺钉中心钻 1.5mm 的通孔制成,当线框两边转轴穿入挂上后既能灵活转动减小转动摩擦,又能保持良好的导电性能.

(7)由于载流导线电阻很小,为保护电源不致短路并使工作电流稳定和调节方便,我们用双刀双掷钮子开关设计了串并联转换开关,用两只 12V/21W 的小灯泡作为限流保护电阻,其电路原理如图 7.132 所示.当开关倒向左边时两灯泡为串联状态,回路电阻增大可调节较小的电流,当倒向右边时变为并联状态回路电阻变小可调节较大的电流.

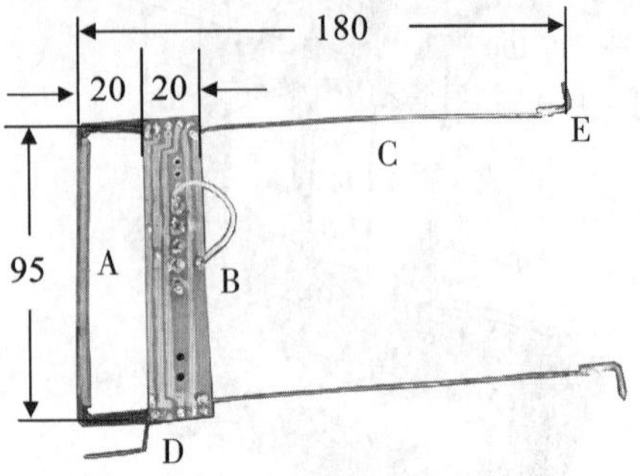

图 7.130　可变换长度线框

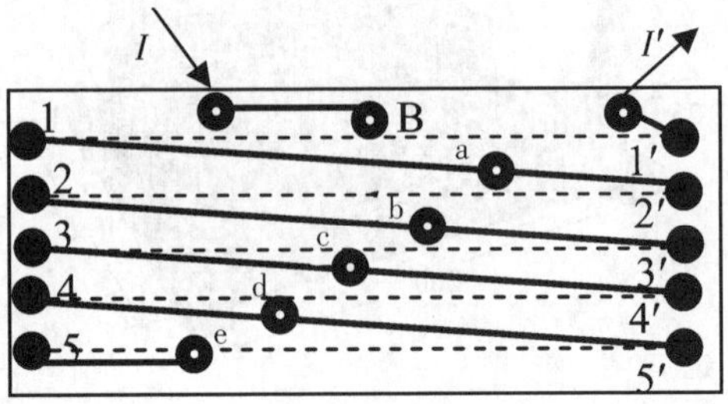

图 7.131　线长调节原理

(8)为使通电导线受力偏转后导线所在区域磁场大小保持不变,即使导线与磁钢的距离保持不变,因此设置了圆弧形磁钢支撑板底座和圆弧形磁钢调节板,如图 7.133 所示.由于线框回转半径为 180mm,磁钢高 10mm,导线与磁钢距离 3mm,再考虑使用的镀锌铁皮的厚度为 0.6mm 等因素,所以圆弧形支撑板底座的圆弧半径约为 195mm,长 150mm,宽 85mm.圆弧形磁钢调节板圆弧面半径与其相同.圆弧形磁钢调节板可自由地在支撑座上向左右滑动.另外,在底座的前后两端均设有一定位块与仪器底座相连,用以固定圆弧形磁钢支撑板底座,以免实验时出现相对位移造成误差.

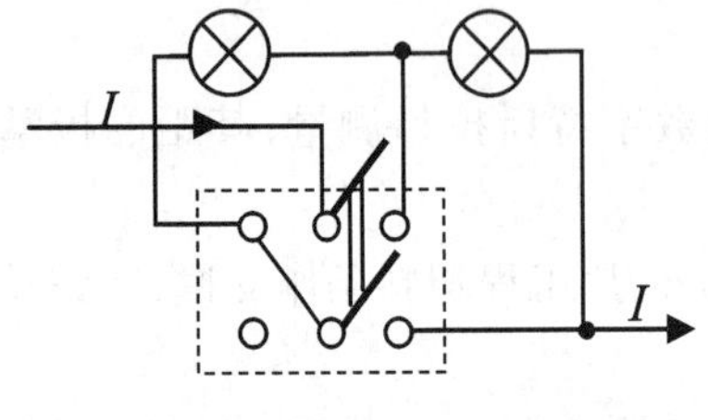

图 7.132　串并联电路

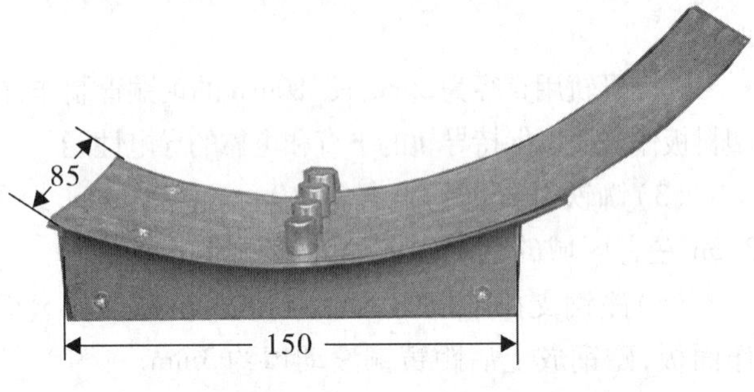

图 7.133　弧形调节板

(9)刻度盘利用计算机绘制打印后贴在 1mm 厚的塑料板上,左右各有 25°区域,如图 7.134 所示.其圆弧半径为 200mm,每度的弧长约为 3.5mm,0.5°弧长约为 1.75mm,因此通过指针很容易判断出偏转角度.

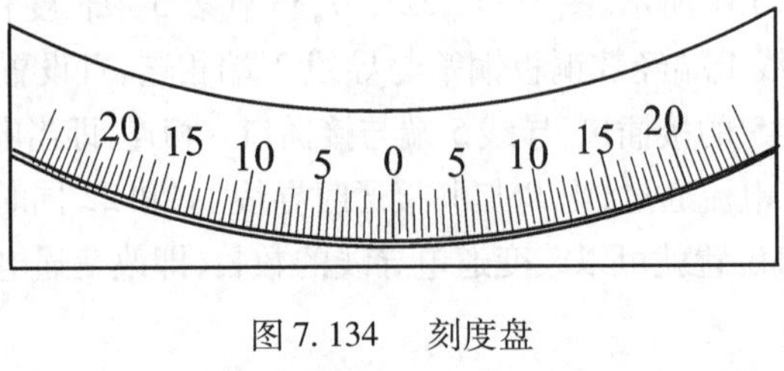

图 7.134　刻度盘

3)演示方法及实验数据

(1)演示通电导线在磁场作用下的滚动.若按图 7.129(a)所示的方式将磁钢支撑平板放在导轨之间并等间距放上 4 粒铷铁硼磁钢,再将黄铜滚动棒(用直径为 5mm,长为

100mm 的黄铜管）放于导轨上，使滚动棒也处于磁钢上，由于每粒磁钢直径为10mm，磁钢距离滚动导体棒2.5mm左右，导体所处位置磁场强度 B 为0.25T左右，当导体内通过电流 $I=1\text{A}$ 时，导体将受到约0.01N的推力.而直径为5mm，长100mm的黄铜管质量约为12g，因此黄铜管导体棒将较快地向一方滚动，如果此时红色接线柱接到直流稳压电源的正极，当磁钢向上的一方为磁北极时，黄铜棒将滚向右边.通过改变电流方向或磁极方向可以看到导体滚动方向将发生改变，由此可演示载流导体在磁场中受到力的作用和左手定则.

（2）演示通电导线在磁场作用下的偏转.若将导轨内的磁钢支撑平板换成圆弧形磁钢支撑板底座，固定后放上圆弧形磁钢调节板和磁钢，挂上可变换长度线框，利用导线接上稳压电源、数字电流表和开关，并将磁钢均匀放好后移到导线下面.当线框上的导线通以电流后，根据左手定则将向左或右摆动（图7.135），由此，同样可演示磁场对电流的作用力.由于线框只能围绕悬挂螺钉作圆弧转动，当线框受力偏转后滑动磁钢调节板使磁钢始终位于线框正下方位置，这样可使垂直穿过导线的磁场强度始终相同.在式 $F=IlB$ 中，当载流导线与磁感线垂直且 I,B,l 大小一定时，线框所受的沿圆弧切线方向与 B,l 相互垂直的推力也是确定的.

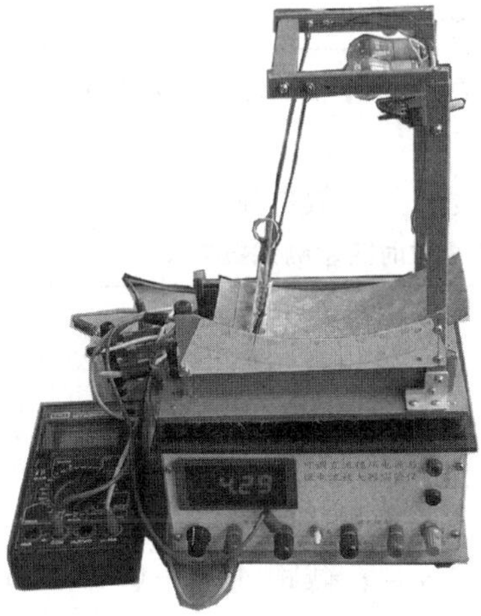

图7.135 实验测试

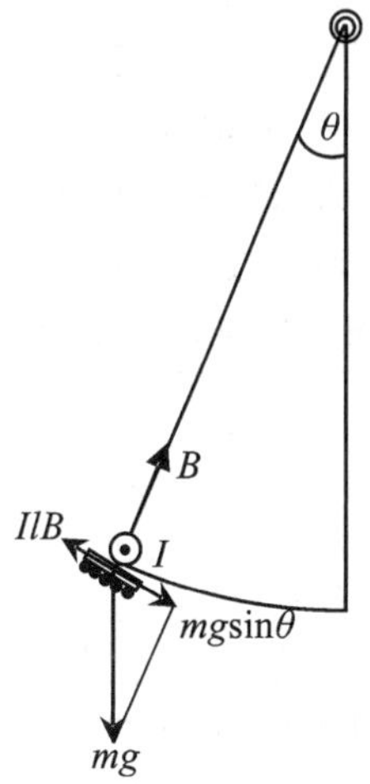

图7.136 受力分析

当线框所受重力沿圆弧切线方向的分力与切线方向的磁场作用力（即安培力）大小相等，方向相反即 $F=mg\sin\theta=IlB$ 时，线框将偏转到某一角 θ 稳定下来.如图7.136所示，图中电流 I 的方向由纸面穿出，保持 B 始终垂直于导线沿圆弧半径方向，即在线长 l 一定，电流 I 一定的情况下缓慢移动磁钢位置使磁钢始终在导线正下方，可以找到一个相应的最大偏转角 θ，这时只要能读出电流 I 或载流导线长度 l，或磁场强度 B 变化时相应的 θ 角，则可以定量分析 $F=IlB$ 关系式.

（3）实验测试数据及结果.根据上面的讨论我们测试了不同导线长度（变化量单位为根，每根导线通过的磁场区域强度和长度相同），不同磁钢数目（变化量为粒，每粒磁钢的强度和磁极面积相等）时，偏转角 θ 与电流 I 之间的实验数据，以及导线长度 l、电流强度 I 均不变时偏转角与磁钢数目的关系及电流强度，磁钢数目均不变时偏转角与导线长度的关系.

①磁钢数目、导线长度（导线数目）不变时偏转角与电流强度间的关系数据见表7.2

和表 7.3.

表 7.2 磁钢数目为 4 粒，导线数目 $L=2$ 根时的实验测试数据表

I/A	0.500	0.800	1.100	1.416	1.698	1.975
$\theta_{右偏}$/(°)	4.5	7.7	10.8	14.5	17.5	20.6
$\theta_{左偏}$/(°)	4.5	7.7	10.7	14.4	17.2	20.4
平均/(°)	4.5	7.7	10.75	14.45	17.35	20.5
$\sin\theta$	0.07846	0.1340	0.1865	0.2495	0.2982	0.3502

由式 $F=mg\sin\theta=IlB$ 可得 $\sin\theta=\dfrac{lB}{mg}I$，将上述数据进行 $\sin\theta$– I 线性拟合可得：数据组数 $n=6$，截距 $A_e=-0.01397$，斜率 $B_e=0.18436$，线性相关系数 $R_e=0.99988$.

表 7.3　磁钢数目为 3 粒，导线数目 $L=3$ 根时的实验测试数据表

I/A	0.510	0.750	1.00	1.25	1.50	1.75
$\theta_{右偏}$/(°)	5.2	8.0	11.0	14.0	16.8	20.7
$\theta_{左偏}$/(°)	5.3	8.5	12.0	15.0	18.0	21.2
平均/(°)	5.25	8.25	11.5	14.5	17.4	20.95
$\sin\theta$	0.0915	0.1435	0.1994	0.2504	0.2990	0.3576

将上述数据进行 $\sin\theta$– I 线性拟合可得：数据组数 $n=6$，截距 $A_e=-0.01574$，斜率 $B_e=0.2124$，线性相关系数 $R_e=0.99973$.

②电流强度、磁钢数目不变时，偏转角与导线长度的关系数据见表 7.4.

表 7.4　电流强度 $I=0.800$A，磁钢数目为 4 粒时实验测试数据表

L/根	1	2	3	4	5
$\theta_{右偏}$/(°)	3.5	7.4	11.6	16.1	20.0
$\theta_{左偏}$/(°)	3.4	7.4	11.5	16.0	19.5
平均/(°)	3.45	7.4	11.55	16.05	19.75
$\sin\theta$	0.06018	0.1288	0.2002	0.2765	0.3379

将上述数据进行 $\sin\theta$– l 线性拟合可得：数据组数 $n=5$，截距 $A_e=-0.010226$，斜率 $B_e=0.07031$，线性相关系数 $R_e=0.99955$.

③电流强度、导线长度不变时，偏转角与磁钢数目的关系数据见表 7.5.

表 7.5　电流强度 $I=0.800$A，导线数目 $L=5$ 根时实验测试数据表

磁钢数目/粒	1	2	3	4
$\theta_{右偏}$/(°)	4.3	9.5	14.5	19.5
$\theta_{左偏}$/(°)	4.7	9.3	14.8	20.0
平均/(°)	4.5	9.4	14.65	19.75
$\sin\theta$	0.07846	0.1633	0.2529	0.3379

将上述数据进行 $\sin\theta$– 磁钢粒数线性拟合（由于每粒磁钢磁场强度相同、截面积大小相同，改变磁钢粒数实质上也是改变通电导体在磁场中穿越的长度）可得：数据组数 $n=4$，截距 $A_e=-0.00884$，斜率 $B_e=0.08679$，线性相关系数 $R_e=0.99994$.

由以上几组测量数据及分析结果均表明：第一，截距 A_e 均接近零，说明本实验装置系统误差小；第二，偏转角 θ 与电流强度 I 及导线长度 l 之间的线性相关系数均接近 1，说明线性很好且随机误差小，同时也证明 $F=IlB$ 关系是完全成立的.

本实验装置由于采用了线长变换装置可使导线在磁场中的有效长度成倍变化，因此可使导线受到的磁场力成倍增加，再加上采用铷铁硼磁钢使磁场强度有较大增加，因此实验时所需电流强度大大减小，用普通直流稳压电源即可进行实验. 再加上设计了串并联转换电路和铜质导线悬挂连接螺钉使电流调节更方便，转动灵活摩擦力小且电性能良好，因此本实验装置实验效果很好，既能作定性演示，又能作定量测试. [21]

6. 电学多用实验仪

将直流稳压电源、微电流放大器及电流表电压表和检流计等放到一个面板中，再加上滑线变阻器(电位器)、待测电阻、整流二极管、发光二极管、含内阻待测电源及开关等，则可组成一台电学多用实验仪，如图 7.137 所示. 该仪器可以作为大中学生的分组实验仪器，利用这个仪器可作 10 余例电学实验.

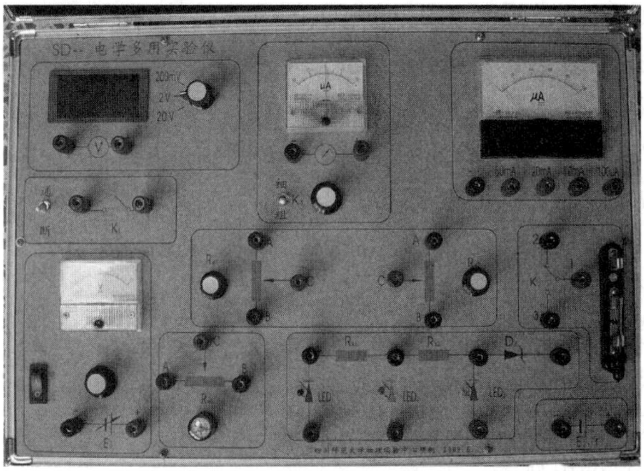

图 7.137　电学多用实验仪

1)电阻元件的伏安特性

当按图 7.111 所示的方式连线时，可做线性电阻伏安特性实验，其中 R 可用 R_{x1} 或 R_{x2} 也可用 R_{x1} 和 R_{x2} 的串联值或并联值.

2)稳压二极管的伏安特性

若按图 7.138(a)所示的电路连线，可做二极管(稳压二极管)的正向伏安特性实验；按图 7.138(b)所示的电路连线，可做二极管的反向伏安特性(稳压二极管的稳压特性)实验.

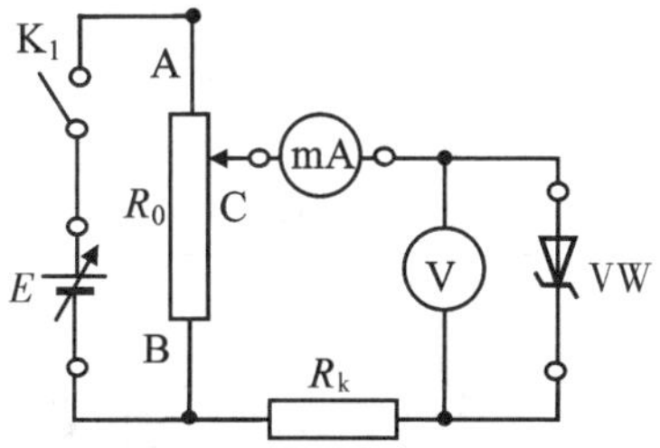

(a)二极管正向特性

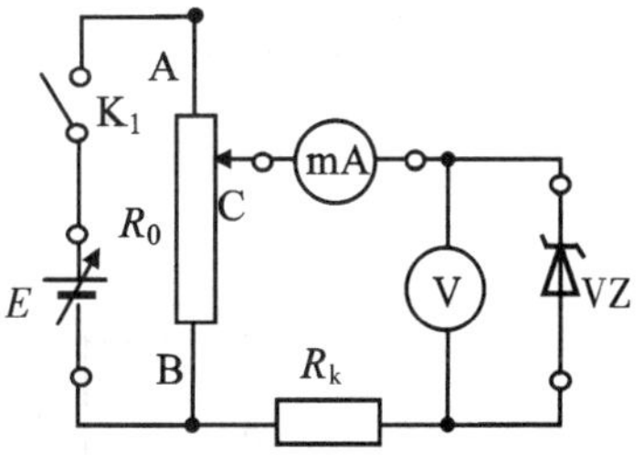

(b)二极管反向特性

图 7.138　伏安法测稳压二极管管特性

3) 单臂电桥法测量中值电阻

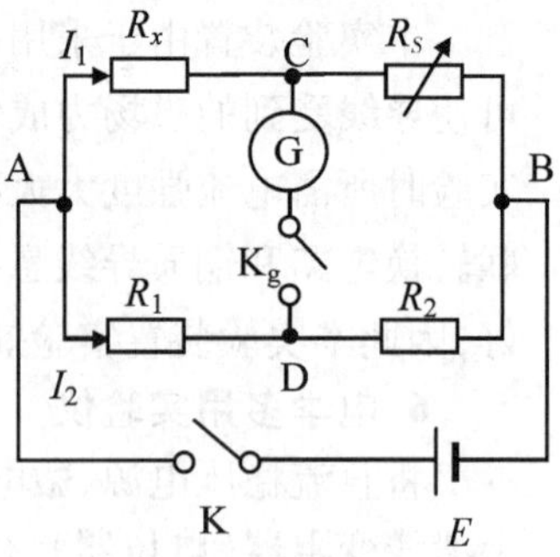

图7.139　单臂电桥电路连线图

按图7.139所示电路连线，可做单臂电桥测电阻实验，图中C，D两点可直接接G表两接线柱两端. R_1，R_2可用滑线变阻器调到中点使 $R_1 \approx R_2$，采用换臂法测量. 实验时可先将 E 调到最小值（约1.5V），K_g 拨到粗调位置，灵敏度调节旋钮逆时针旋转到放大倍数较小的位置，当找到平衡点后再将 K_g 拨到细调位置，灵敏度调节旋钮顺时针旋转到放大倍数较大的位置，同时也可将电源电压 E 调到4.5V左右以增加测量的灵敏度和准确度.

4) 磁电式直流电流表的改装

若先按图7.140(a)或图7.140(b)所示的方式接线可用半偏法或替代法测量出待改装微安表 μA_x 的内阻 R_g 和满偏电流 I_g，然后再根据图7.141所示电路进行计算、改装即可.

除以上介绍外，利用本仪器还可以进行以下实验：

(1) 用量程为200mV(0.2V)的直流数字电压表设计组装成多量程的直流电压表和直流电流表.

(2) 用补偿法测量电源电动势和内阻.

(3) 测量发光二极管的光电特性.

(4) 用补偿法校准电流表.

(5) 用补偿法测量电阻.

(6) 用补偿法校准电压表.

(7) 测定直流电源的参数并研究其输出特性.

(8) 变阻器的使用与电路控制（设计性实验）.

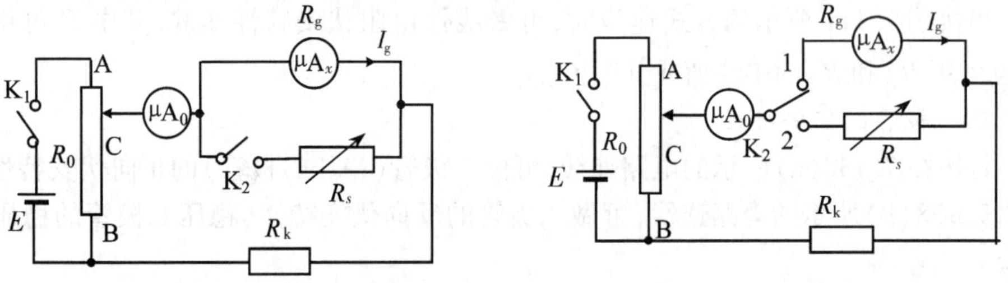

(a) 半偏法　　　　(b) 替代法

图7.140　电流表内阻测量电路

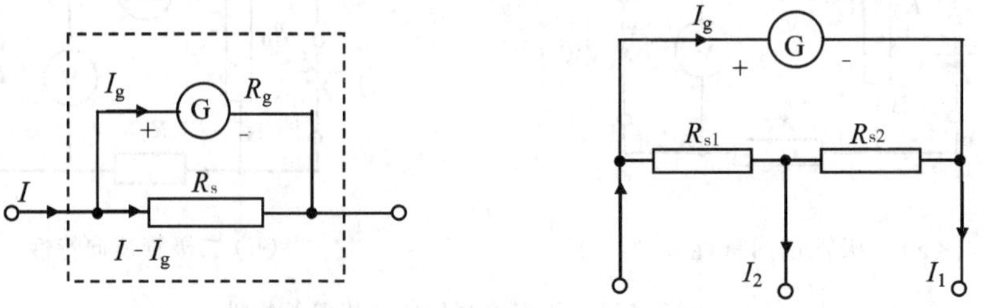

(a) 扩流原理电路　　　　(b) 双量程扩流电路

图7.141　电流表的改装

7.4 静电实验问题及演示实验

7.4.1 静电演示实验疑难问题讨论

静电实验是广大教师感到最难做好的物理演示实验之一,因此,一些教师担心做静电实验,特别是不敢在天气不好的时候做静电实验.但是也有不少教师和实验技术人员勇于实践、不断探索,积累了丰富的静电演示实验的经验.例如,用石蜡加强仪器的绝缘,设法保持实验仪器表面的清洁和干燥等,使静电实验在他们手中变得可以驾驭.但不少教师吸收这些经验和方法后,感到仍难以保证在课堂上能成功地演示,究其原因,主要是影响静电实验结果的因素颇多,这些因素作用在具体的仪器条件和实验环境下,往往使问题变得复杂.若缺乏对每一因素的作用和机理的系统把握以及对每一实验方法和仪器结构原理的正确理解,就难以在具体的实验环境条件下发现问题的症结,及时采取有效措施使实验得以成功.下面就上述问题分几个方面来讨论.

1. 静电的特点及其所导致的漏电问题

静电的特点是电压高,带电量少.这一特点使得静电电荷很容易漏失,而且常常漏失彻底,不易察觉,这种情况在天气潮湿时尤为突出.为什么会这样呢?人们自然会想到潮湿的空气绝缘性差,静电电荷容易通过暴露于空气中的带电部分而漏掉,这就使不少教师只有在天气足够干燥时才敢在课堂上做静电演示实验.实际上这样做的教师并没有把握漏电的关键.因为常见的漏电实际上主要是由于材料的绝缘性能不好引起的.这里特别值得指出的是,在低压情况下(如交流市电)我们已经熟悉的不少绝缘体,如硬纸板、干木棍、塑料电线,甚至玻璃棒、橡胶棒等,对于静电来讲都不是可靠的绝缘材料,在空气较潮湿、材料老化变性或表面不清洁时更是如此.一般教科书上所介绍的用丝绸摩擦玻璃棒和用毛皮摩擦橡胶棒的起电方法之所以效果不佳,原因不是用这些材料摩擦时不能起电,而是玻璃棒和橡胶棒不易保持住电荷.空气不够干燥时,通常被我们视为绝缘体的这些材料,在静电(高压)的条件下形同导体,漏电之快,出乎意料.为体会这一点,我们可按照图7.142所示的方法对材料进行检验,用待测材料去接触带电验电器的导电杆,若验电器指针张角较快地减小为零,则说明待测材料绝缘性能欠佳.在用这种方法检验了多种材料之后,会发现,在静电条件下,原有的绝缘体的概念必须要加以改变,绝不能想当然地认为某种材料一定绝缘良好.即使对有机玻璃、聚氯乙烯、聚苯乙烯、聚四氟乙烯塑料这类一般情况下绝缘性能优良的材料,在环境或材料表面状况不良时也会有不同程度的漏电,因此最好也用前述方法检验之后再使用.

图 7.142 材料检验

由于材料的绝缘性能差导致的漏电往往非常迅速,这是影响静电实验的因素中最致命的一个.因此,在进行静电实验演示前,必须对仪器进行仔细检验,所有绝缘部分,如绝缘导体的支杆支座、起电盘的手柄、验电器导电杆与外壳之间的绝缘塞等,都必须采用绝缘性能良好的材料.这里特别值得一提的是,使用石蜡可以起到很好的绝缘效果,因为石蜡不仅绝缘性好,而且不会被水浸润,防潮性能甚佳,特别适合潮湿的地区和季节.具体使用时,可以将蜡熔化后敷一层在绝缘部分的表面上或是用蜡块作为对地绝缘的垫块.这样处理后,即使在很潮湿的天气,仍可以进行实验演示并获得较好的实验效果.[22]

2. 摩擦起电的机理和方法

摩擦起电是课堂教学中最常用的起电方法,而且带电体往往是绝缘体,对于它的微观机理,一般教材中限于知识要求的程度只是给出一个总的解释,即由于得失电子而产生的带电.但对在摩擦过程中电子转移的物理机理,一些人存有误解,以致不能在实验中有效地使用这一方法.例如,有人认为摩擦生热导致了电子的转移,因而只有快速、反复地摩擦才能起电.实际上,有经验的教师在不易起电时,往往是通过紧压摩擦成功起电的,其中的道理就与摩擦起电的机理有关.

从物理过程的本质来讲,摩擦带电是一种接触带电,它是由于物质逸出功的不同,相互紧密接触时,外层电子轨道相互重叠,导致物体间电子的转移所致.据此,相互摩擦的两种材料之间挤压得越紧,就越易实现电子在两种材料间的转移而使之分别带电.因此,摩擦起电不仅可以使绝缘体带电,也同样可以使金属导体带电,即将金属导体或有机玻璃棒与绝缘材料相互摩擦后都能带上电荷,而且可靠性很高,前提条件是金属导体应有绝缘柄与人手之间隔离,否则产生的电荷会通过人手立即跑掉.另外,与金属导体摩擦所用的材料不是丝绸与毛皮,而是泡沫塑料、有机玻璃板等.而且金属导体与绝缘材料摩擦,既能产生正电荷,又能产生负电荷.

用金属跟泡沫塑料摩擦后产生的电荷与丝绸跟有机玻璃棒所产生的电荷相同,金属跟有机玻璃板摩擦后产生的电荷与毛皮跟橡胶棒摩擦后产生的电荷相同,且与所用的金属种类和形状无关.金属摩擦起电器可以用铜、铁、铝或废易拉罐加上绝缘柄等做成如图 7.143 所示的盘、杆、筒等多种形状,还可以用带有机玻璃手柄的螺丝刀摩擦起电.

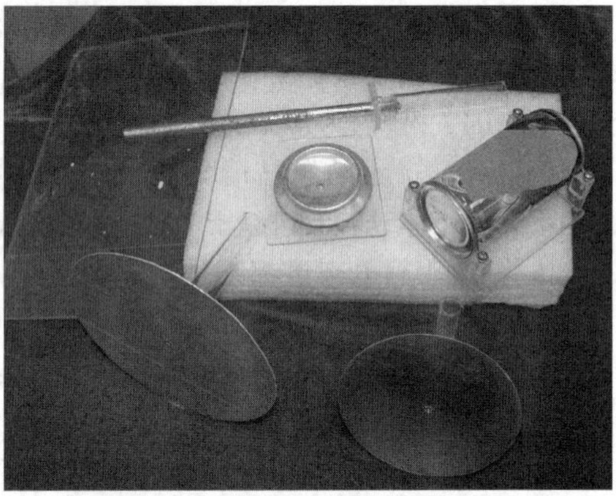

图 7.143　金属摩擦起电器装置

对于盘状的金属摩擦起电器还可以用来做静电感应起电盘,即用丝绸摩擦有机玻璃板或泡沫塑料后,将金属盘靠在摩擦过的有机玻璃板或泡沫塑料上,再用接地导线将靠近绝缘柄一侧的感应电荷放掉,此时通过绝缘柄拿起起电盘时,起电盘就会带上相当多的感应电荷.丝绸与泡沫塑料摩擦后使感应盘所带电荷与用金属盘直接和泡沫塑料摩擦产生的(正)电荷相同;丝绸与有机玻璃板摩擦后使感应盘带的电荷与起电盘直接与有机玻璃摩擦产生的(负)电荷相同.

在天气比较干燥时,如在空气相对湿度在 60% 以下时,当感应起电盘靠上摩擦过的泡沫塑料或有机玻璃后,用接地线放电时还可以听到“嗤嗤”的放电声,环境光线很暗时还可看到放电火花.如果此时直接用手去接触金属盘则有被电击产生的针刺般的疼痛感觉.

3. 静电电荷转移释疑与法拉第冰桶实验

当我们用摩擦的方法使绝缘体带电时,如何将它所带的电荷转移到验电器或其他物体上去呢？人们自然想到使它们相互接触，如将已起电的有机玻璃棒与验电器的导电球接触，使验电器带电．但是，做过这个实验的读者一定会有这样的体会，仅仅将棒与导电球接触往往不易使电荷转移到验电器上去，特别是在天气较潮湿时更是如此．而若照图 7.144 所示，使棒在导电球上转动摩擦几下，往往可使验电器带上足够多的电荷．这是什么原因呢？实际上，大家知道，作为绝缘体，它带电的情况与导体大不一样，绝缘体所带的电荷是以束缚电荷的形式出现的，因而不能像导体上所带的电荷那样可以自由移动，以传导的方式实现电荷的转移．试想，如果绝缘体上的电荷可以通过传导的途径转移，那从电荷产生伊始，它不就可以通过我们持棒的手跑掉了吗？哪里还谈得上转移电荷呢？实际上，带电的绝缘棒与导体接触后，导体上所得到的电荷是通过放电的形式转移而来的，即金属中的电子在强电场的作用下从金属表面逸出．导体表面电荷集中的尖端部分最易发生这种放电现象．如图 7.145 所示，在验电器导电杆上插一块表面光滑的薄金属板，用带电的有机玻璃棒或橡胶棒靠在金属板面上来回移动摩擦数次后再移开棒，发现验电器并未带上多少电荷，但若将棒靠在金属板边缘上刮擦一次，即可使验电器带上足够的电荷．这正是由于金属板边缘电荷集中，电场较强，容易产生放电现象．事实上，在天气干燥时，只要将带电棒靠近金属板边缘而并不与之接触，就足以使验电器带上净电荷．若在此过程中细听，可听到带电棒与金属板边缘之间有“嗤嗤”的放电声．这个实验是很说明问题的，前述的将带电棒在验电球上转动摩擦，其作用也正是促进放电的发生．

图 7.144　静电荷的转移

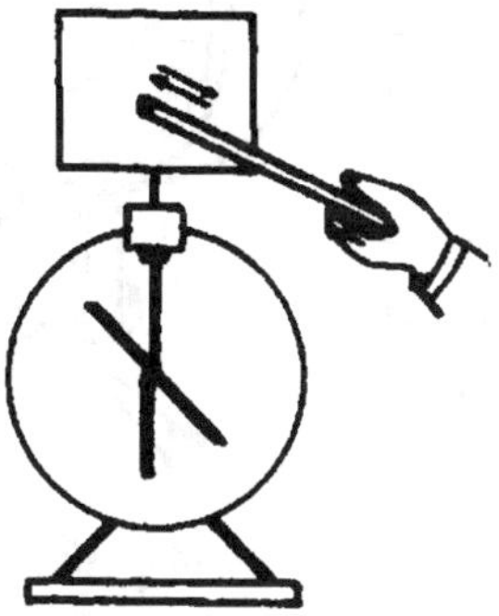

图 7.145　尖端促进放电

按照以上的解释，通过放电转移到验电器上去的电荷的正负性质应该与带电棒的一样．但是，一个善于思考的学生提出的一个在实验中发现的问题值得进一步思考：在天气干燥时将带正电的有机玻璃棒掠过插在验电器上的金属板后离开，发现原来带有正电荷的验电器指针偏角反而变小，这说明验电器上有净正电荷的减少，这又如何解释呢？的确，按照前述的电荷通过放电转移的观点，这一现象似乎不可理解．其实，验电器导电杆和指针作为一个整体处于带电棒的强电场中，由于静电感应，正电荷将聚集于验电器指针的下端，由于指针端头一般较细较尖，因此电荷较易通过放电的形式逸出指针（本质上为空气中的电子被吸到指针上）尽管在带电棒与金属板之间也可以有电荷的转移（使金属板得到正电荷），但若从指针下端逸出的正电荷较多，超过了从带棒获得的正电荷数量，移开带电棒后，就会看到验电器指针张角反而变小．

综上所述，通常我们通过接触可以实现绝缘带电体上电荷的转移，但其本质上不是传导而是放电．

对这个问题的正确理解，有助于我们把握静电实验的关键，提高实验的成功率．例如，利用法拉第冰筒演示静电平衡时电荷只分布在导体外表面的实验，许多物理教师都感到棘手，主要是将验电球从内壁取出后，验电球上也常常带有电荷．发生这种现象的原因大多是冰筒与验电球之间产生了放电(冰筒内壁若存在尖端部分也会显著地影响实验结果).在验电球从冰筒筒口经过时,它与筒口边缘之间,最易发生放电,从而导致验电球带电.为此,可采取适当扩大筒口特别是对筒口边缘进行磨光处理的措施,同时选用合适的验电球和注意操作,就可以保证实验的成功.[23]

4. 静电仪器结构、原理释疑及潮湿天气下做静电实验的措施

要正确有效地使用仪器,使用者对仪器的结构、原理必须要有正确的理解.静电仪器的使用也不例外.下面以验电器和韦氏起电机这两种常用的静电仪器为例来进行说明.

1)验电器(静电计)

验电器的结构并不复杂,原理也不难理解,但仍有不少人对它的验电机理缺乏真正的理解,导致不能顺利地进行实验.例如,在怀疑验电器漏电时,常常有人会将绝缘块垫在验电器底座下面,理由是这样电荷就不会通过底座漏掉了.实际上,这样做对防止验电器漏电是一点作用也没有的,这是因为,验电器之所以能检验电荷,是因为导电杆和可以转动的指针是连通的,当导电杆带电后,指针也会带上同种性质的电荷,同种电荷之间要相互排斥,受到导电杆排斥的指针就会转过一定的偏角,从而反映出带电的情况.对如图 7.146 所示的这种结构的验电器,在验电器底座下垫一绝缘块固然能阻止其外壳上的电荷漏入大地,但却不能起到防止导电杆及与之相连的指针上所带的电荷漏至外壳,只有将导电杆与外壳之间隔离开来的绝缘塞才是起这个作用的.而若绝缘塞绝缘性能不好,使电荷得以漏到外壳,则将极大地影响验电器指针的偏转.

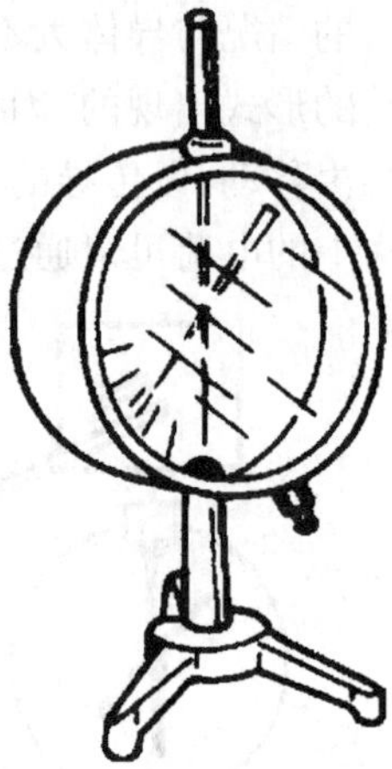

图 7.146　验电器

在绝缘塞失效的情况下,导电杆与外壳导通,这时无论转移多少电荷到导电杆上来,都将看不到指针的偏转.

因为在静电平衡时,导体上的电荷只分布于其外表面.在导电杆与外壳导通的情况下,导电杆、指针及外壳成为一个导体,而指针及导电杆的壳内部分处于整个导体的内部,将得不到电荷,指针因此不会发生偏转,在验电器底座下加上绝缘座也完全是徒劳的.因此,防止这类验电器漏电的正确方法是设法保持其导电杆与外壳之间的高度绝缘.具体方法首先是尽量选用绝缘性能良好的材料(如有机玻璃)作绝缘塞,其次是在绝缘塞与外壳之间熔一层石蜡并注意保持清洁和干燥.经过这样处理的验电器只要其指针转动灵活,就可以保证验电灵敏可靠,即使在较潮湿的天气,漏电也不会很快.

2)韦氏起电机

韦氏起电机是一种手摇静电高压电源,有人根据其外观结构以为它是靠摩擦起电的,在使用中遇到不易起电时,常常会过快地转动手柄,结果适得其反.对手柄的摇动方向,有人也很随意,认为只要快摇即可.实际上,韦氏起电机的全称应为韦氏感应起电机,它起电的原理是静电感应,所以当使用中不易起电时,第一,要看看空气湿度是否太大;第二,必要时可先用用摩擦起电的方法使起电机的金属箔带上一点电荷,做到这两点后起电机一般就能起电了.此外,要使用好韦氏起电机,需要对它的结构原理和使用方法有较细致的了解.对此,陶洪著的《物理实验论》第 81 ~ 83 页中有较详细的介绍,可供读者参考.另外,在梁灿彬等编的《电磁学》第 100 ~ 103 页中也有介绍.

3)潮湿天气下如何正常进行静电实验

空气相对湿度只要超过70% 静电实验通常就很难成功或效果欠佳,解决天气潮湿的问题我们过去所采用的方法常常是事前用红外灯对实验器材烘烤30分钟以上进行驱潮除湿,这个办法虽然可行但需要等待的时间比较长,消耗的电能也比较多,红外灯若要搬到教室也不方便.我们经过实践发现,在没有红外灯等设备,而且时间又比较紧急时,即使空气相对湿度在80%以上,只要采用电吹风将实验所需仪器和实验台用热风吹1分钟左右后即可在20~30分钟内进行正常的演示.因此,在天气相对湿度较大时用电吹风驱潮除湿比红外灯方便、快速而且节电,实验效果也很不错.

思考题

1. 在做静电实验之前必须做好哪几方面的准备才能确保实验取得成功?
2. 请出绘示意图说明金属摩擦起电和静电感应起电盘的起电原理.

7.4.2 利用自制仪器演示静电相关实验

1. 点电荷的电力线

1) 实验目的

本实验演示点电荷球对称分布的电力线,展示电力线的直观物理图像.

2) 仪器组成

如图7.147所示,本实验装置由组合式静电演示仪与点电荷演示球组成.

3) 实验原理

为了显示静电场的电力线,把彩色、柔软的电介质细线放于电场中,细线将在电场中极化.设密度为ρ、长度为l的一段细线,若它的相对电介常数为ε_r,则其极化率χ_e为

$$\chi_e = \varepsilon_r - 1$$

在电场强度为E的静电场中,电极化强度为

$$P = \varepsilon_0 \chi_e E$$

细丝线成为电偶极子或电偶极子串.由于静电力,细线的张力可近似表示为

$$T = \varepsilon_0 \chi_e E^2 S$$

式中,S为细线的横截面积.当$T \gg mg$时,若静电场的电力线为直线,则细线可以在电场力的作用下克服重力而悬浮在空中,显示出电力线来.由此可得细丝线显示出电力线的条件为

$$\varepsilon_0 \chi_e E^2 S \gg \rho l S$$

即

$$\rho l \gg \varepsilon_0 \chi_e E^2$$

由上式可见,若ρ较小,即使l较长,它也能沿电场方向悬浮而指示出电力线来.注意,若在一个较大的范围内,电力线不是直线时,它只能表示电力线的趋势,而不能准确表示出弯曲的电力线来.[24]

本实验所用的带电体为一个用铝箔包裹的泡沫塑料球,球外用礼品包装盒内的装饰绝缘衬布将其裹住,再将衬布剪下一小块并抽出其中的纱线,用针将纱线穿过衬布使其较均匀分布在球上做成.当加在金属小球的电势达到3×10^4V左右时,红色细丝线就呈

球对称辐射状分布,可以很好地显示出点电荷的电力线来,如图 7.147 所示.

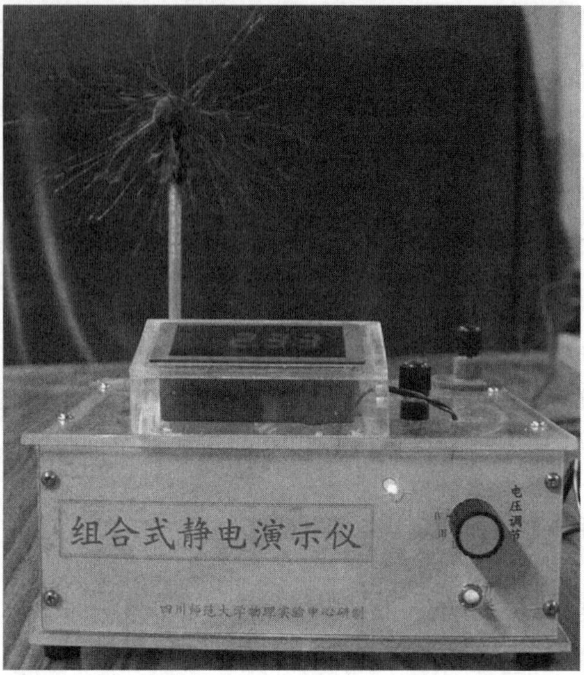

图 7.147　点电荷电力线

4) 实验步骤

(1) 将点电荷演示球装置插入组合式静电演示仪电源正端的输出端插孔内.

(2) 开启演示仪的电源开关,调节电压输出电压为 $(2.5 \sim 3) \times 10^4 V$,同时观察演示球上丝线的张角情况.

(3) 演示完毕后,首先调低高压输出,再关闭高压电源,最后用软导线将演示球与电源负极接触使它放电完毕,取出演示装置.

5) 注意事项

(1) 注意高压电源的安全使用,不要用潮湿的手触及电源.

(2) 演示完毕后,必须先关掉电源开关,再用绝缘导线触及带电体,使它完全放电.

思考题

1. 在高压电源输出端附近若有导体存在时,导体虽与高压电源输出端相互绝缘,人碰到导体也会被电击,试分析其中的原因.

2. 若实验步骤(3)未按说明去做,未关闭高压电源就进行对带电体的放电会产生什么样的严重后果?

2. 平面电荷的电力线(单板两侧)

1) 实验目的

本实验演示均匀带电平板两侧的电力线.

2) 仪器组成

如图 7.148 所示,仪器由组合式静电演示仪与导体演示平板组成.

3) 实验原理

由静电学原理可知,无限大的均匀带电导体平板两侧存在着匀强电场,电场强度的方向垂直于导体平面,正电荷时电力线的方向由平板指向两侧,负电荷时电力线由两侧指向导体平板. 但在有限大的导体平板带电时,由于边界效应,靠近边界区域的电力线要发生弯曲,故演示时应使用的红色细丝线长度不宜太长,以几厘米长为宜. 制作带电板时,可先将平整的薄铝板、镀锌铁皮或其他金属薄板剪成直径为 15cm 左右的圆板,然后用一小段长约 12cm 的废 PVC 绝缘穿线管或废笔杆将其用螺钉固定后,通过引线用香蕉插头作连线端头,再将涤纶粘胶带剪成 5cm × 10mm 左右的小块把红色绝缘介质线粘接在平板上即可.

图 7.148 带电平板两侧电力线

3. 平面电荷的电力线(双带电平板)

1) 实验目的

本实验演示均匀带电平板两侧的电力线.

2) 仪器组成

如图 7.149 所示,将两块粘有介质细线的金属平板相距一定的距离,分别插在静电高压电源的正、负相应电极插座内即成.

3) 实验原理

本实验原理与平面电荷的电力线(单板两侧)相同. 演示带等量异号电荷的两平行导体平板之间的电场时,边界效应的影响较单个导体平板带电的情况稍小一些,故所用红细丝线可稍长一些.

4. 金属丝笼演示静电屏蔽

1) 实验目的

用金属丝笼演示静电屏蔽现象.

2) 仪器组成

如图 7.150 所示,实验装置由高压静电电源、金属丝笼、演示器底座等组成.

3) 实验原理

本实验涉及静电感应及静电平衡时导体的性质,其效果便是静电屏蔽. 无论对科学本身还是对工程应用,静电屏蔽都具有重要的意义.

图 7.149 带电平板间的电力线

设有一空腔导体 A 为其内表面,B 为其外表面,外表面接地,如图 7.151 所示. 腔内有一点电荷 Q ,由于静电感应,在导体内表面 A 上将出现异号电荷. 在导体内作包围空腔的高斯面 S ,由于导体处于静电平衡状态,导体内无电场,因此无电力线穿过高斯面. 由高斯定理可得

$$\oint E\mathrm{d}S = \frac{\sum q}{\varepsilon_0} = 0$$

因此 $\sum q = 0$，所以空腔内表面 A 上的感应电荷总量 $q = -Q$. 导体空腔外表面 B 的电势因接地而为零，无穷远处的电势也为零，表面 B 至无穷远处的广大区域为无电场区域. 由此可知，点电荷 Q 与内表面 A 上的电荷 $-Q$ 的联合作用，使内表面 A 之外至无穷远的广大区域成为无电场区域，电场仅存在于内表面 A 之内的区域，该区域内电场的变化，不会影响表面 A 之外的区域的电场（如起电机或高压静电电源使表面 A 内的正电荷 $+Q$ 发生变化或在 A 内移动均不会影响区域之外的电场）. 这便是接地导体空腔对有限空间电场的静电屏蔽. 若原来导体空腔带电 Q_0，则在导体空腔不接地时，为保证 A 表面电量为 $-Q$，导体空腔的外表面 B 一定带电 Q_0+Q，这一电荷分布于外表面 B，它影响到表面 B 至无穷远这一区域的电场.

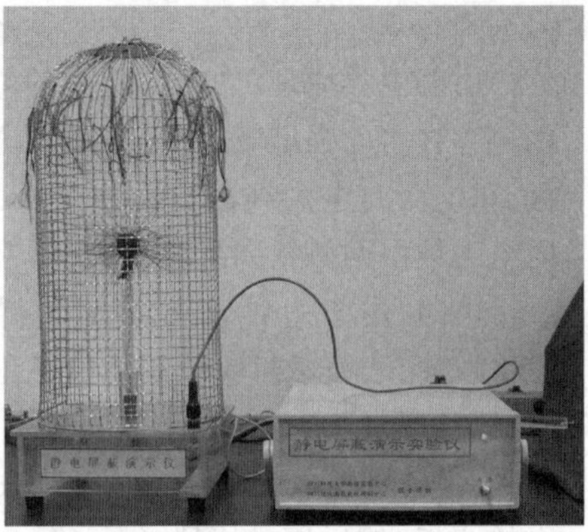

图 7.150　静电屏蔽演示装置

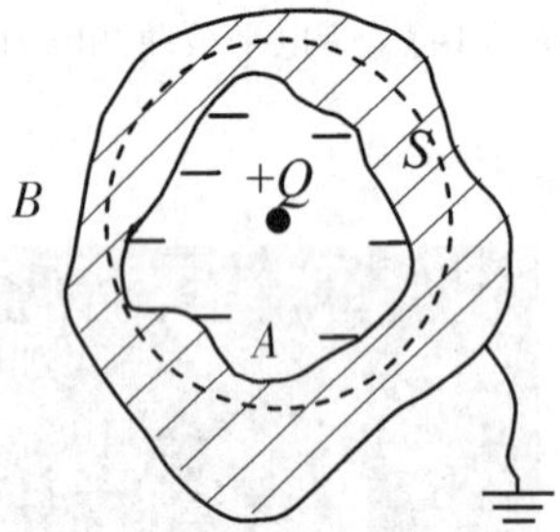

图 7.151　空腔导体内电场

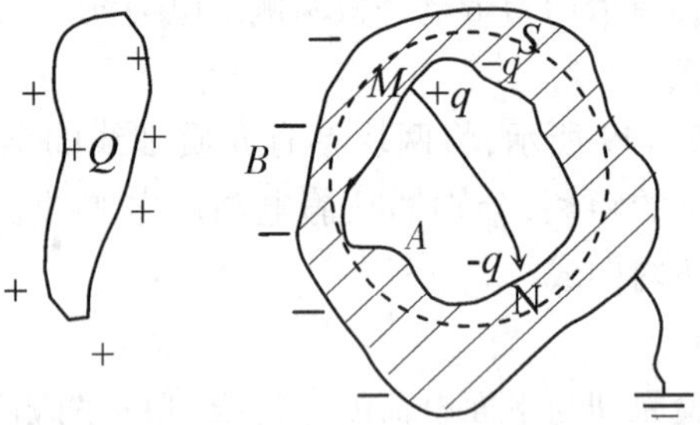

图 7.152　空腔导体外电场

把不带电荷的接地导体空腔放在静电场中（图 7.152），由于静电感应，导体空腔的外表面 B 上将出现异号电荷. 按与上述同样的方式在导体内做高斯面 S，由高斯定理可知内表面 A 上所带电荷总量为零，A 表面若带有电荷，必为等量异号电荷. 设在其上 M、N 两点各带有 $+q$ 和 $-q$ 的电荷，则必有电力线从 $+q$ 指向 $-q$，若假设成立，沿电力线积分可知 M 点的电位要高于 N 点的电位，这与导体在静电平衡时为等势体的性质相矛盾，因此，假设不成立，即 A 表面不能有电荷，空腔内一定没有电场.

这说明由于静电感应，外电场与导体外表面上的感应电荷所激发的电场的叠加，使得在导体外表面 B 以内的区域内无电场，外电场的变化可使导体外表面之外的电场和导体外表面上感应电荷发生变化，但它不会影响到外表面 B 以内的区域的电场的分布. 这便是接地导体空腔对外电场的静电屏蔽. 若原来导体空腔带电 $+Q_0$，则在导体空腔不接地时，空腔外表面 B 上尽管出现感应电荷，但其总量将仍然保持为 Q_0，外表面 B 以内的区域的电场仍然为零.

总之，由于静电感应和导体平衡时的性质，空腔不接地时，空腔外的电场不会影响到空腔内的电场，但为了保证外表面以内区域的电荷总量为零和导体空腔所带电荷总量不变，可能由于空腔内有电荷而感应得外表面上出现等量同号电荷而影响到外电场；如果将空腔导体接地，则空腔内外电场将被完全隔离，外电场不会影响到内电场，内电场也不

会影响到外电场,这就是完全的静电屏蔽.[25]

本实验以自制金属丝笼作为导体空腔,使它带电时电荷仅存在于笼体外表面,笼内无电场,可以直观地演示静电屏蔽的作用.为了更好地演示静电屏蔽现象,我们将演示装置设计制作为:①将金属丝笼做成可与底座分开的活动网罩;②为了保持屏蔽的可靠性底座上也有一块圆环型金属板,当金属丝笼罩上时可确保其内部是封闭的空腔导体;③底座中心设置有一带彩丝须的小金属球,为避免演示时产生放电现象,用绝缘有机玻璃管将金属环与中心电极分开,但在其外部设有一接线柱,需要时可使两者连通;④在底座边沿设置有一可调距离的带彩丝须的小金属球作为壳外带电体或检验壳外电场的装置.

演示效果如图 7.153 所示.图 7.153(a)所示为金属丝笼内空间有带电体,笼外无带电体且金属丝笼不接地时的实验情况;图 7.153(b)所示为在金属丝笼内空间有带电体,金属笼外无带电体但金属笼接地时的实验情况;图 7.153(c)所示为金属丝笼内空间无带电体,金属丝笼带电时的实验情况.

(a) 金属丝笼不接地 (b) 金属丝笼接地 (c) 金属丝笼带电

图 7.153 静电屏蔽演示效果图

5. 异形导体表面电荷分布演示

1) 实验目的

演示静电场中导体表面电荷分布与其曲率的关系.

2) 仪器组成

如图 7.154 所示,实验装置由尖端导体演示器(由铁质废易拉罐、PVC 线管、投影胶片介质膜及导线、香蕉插头等制成)及静电高压电源组成.

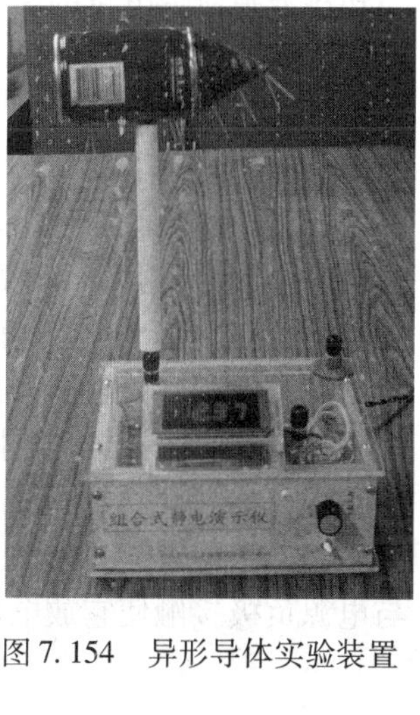

图 7.154 异形导体实验装置

3) 实验原理

静电平衡时导体表面附近的电场一定只有表面法向的分量,否则面电荷会在表面运动,导体未达到静电平衡.静电平衡的导体内部电场为零,在导体表面内外用高斯定理,可得到静电场中的导体表面上的面电荷密度 σ

与附近的电场强度 E 之间的关系：$E=\frac{\sigma}{\varepsilon_0}$. 但该式不能告诉我们电荷的面密度 σ 的分布，定量地研究这个问题是很复杂的，因为这不仅与此导体本身的形状有关系，而且还与附近是否有其他带电体有关. 对一个孤立的带电量为 Q 的导体来说，若导体上电荷的面密度为$\sigma(r')$，则它应满足下列方程：

$$\begin{cases} U(r) = \dfrac{1}{4\pi\varepsilon_0}\oint_s \dfrac{\sigma(r')\mathrm{d}S'}{|r-r'|} \\ \left.\dfrac{\partial U}{\partial n}\right|_S = \dfrac{\sigma}{\varepsilon_0} \\ \oint \sigma(r')\mathrm{d}S' = Q \end{cases}$$

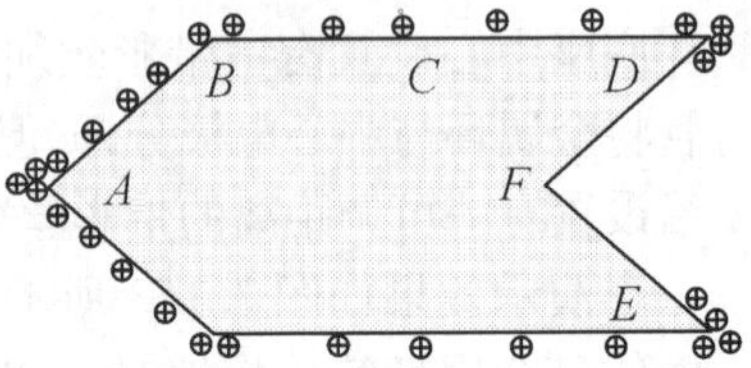

图 7.155　导体表面电荷分布示意图

上式第一式为电势公式，第二式即导体表面附近电场与电荷面密度的关系，第三式为电荷守恒定律. 严格求解此方程组是困难的，但定性的规律是电荷面密度的大小与导体表面的曲率有关，曲率大的地方（较突出而尖锐处）较曲率小的地方（较平坦处）的电荷密度大，因而它附近的电场也强. 之所以有这一结论，主要由两个因素决定：一是同符号电荷之间存在着排斥性静电力的作用；二是在导体内部，电荷可以自由移动，但不能从导体表面逸出（在通常的实验条件下尚未出现放电时就是这样），即构成导体的晶格对其表面电荷能施以一垂直于表面的拉力，而与其余面电荷对它的向外的推力相平衡，这样导体上电荷的分布将使其总体静电能处于极小值的状态. 基于这一理解可知，导体表面凹陷区域即使有电荷也将由于其他面电荷对它的斥力使它移动到凸出的区域，如图 7.155.[26]

4）实验步骤

（1）将演示装置（图 7.154）插入高压静电电源的输出端插孔内.

（2）开启高压静电电源开关，调节电源输出电压，使导体带电，随即可以看到导体表面各处塑料箔膜张角不同. 在尖端处张角最大，在平坦处张角较小，即曲率较小的地方，张角也较小. 因张角的大小与塑料箔膜所带电量的多少有关，由于塑料箔膜的长短宽窄都相同，因此张角大小也就表明该处电荷密度的大小. 演示结果如图 7.156所示.

图 7.156　导体表面电荷分布演示照片

（3）演示导体表面为等位面. 将带绝缘柄的金属小球用绝缘软导线与接地的验电器相连，当金属小球在带电导体各处移动时可观察到验电器箔片张角不变. 验电器箔片张角的大小表明箔片与验电器电势差的大小，而箔片与带电导体等电势，因此金属球在带电导体表面移动时，验电器箔片的张角不变，也就表明导体表面各处电势相等，即整个导体表面为等势面.

（4）演示完毕后，首先调低高压输出，再关闭高压电源，最后用绝缘软导线将演示球与电源负极接触使它放电后再取出演示装置.

5)注意事项

(1)注意高压电源的安全使用,不要用潮湿的手触及电源.

(2)演示完毕后,必须先关掉电源开关,再用绝缘导线触及带电体,使它完全放电.

6. 电风轮演示尖端放电

1)实验目的

演示尖端放电产生的一种有趣的力学现象.

2)仪器组成

如图 7.157 所示,仪器由金属尖端叶轮、导电杆及静电高压电源组成.

3)实验原理

静电风轮实验依据的原理在电学方面是尖端放电,而在力学方面是转动定律.本实验的主要部件是用一个易拉罐底剪成的如图 7.158(a)或图 7.158(b)所示的形状对称且具有相同方向尖端的金属件.

图 7.157 静电风轮

当金属件加上静电高压时,尖端处的电荷密度最大,尖端附近的电场最强,若强到使空气击穿则发生尖端放电,即强电场使空气中的分子电离.若金属件带正电荷,则放电过程中产生的正离子将与金属尖端的正电荷相互排斥,其反冲作用使尖端受到推力;若金属件带负电荷,则放电过程中将有空气中的正离子被吸到尖端与处于尖端上的负电荷中和,正离子的冲击形成了对尖端的推力.无论哪一种情况都将使金属件受到对称力矩的作用而转动.

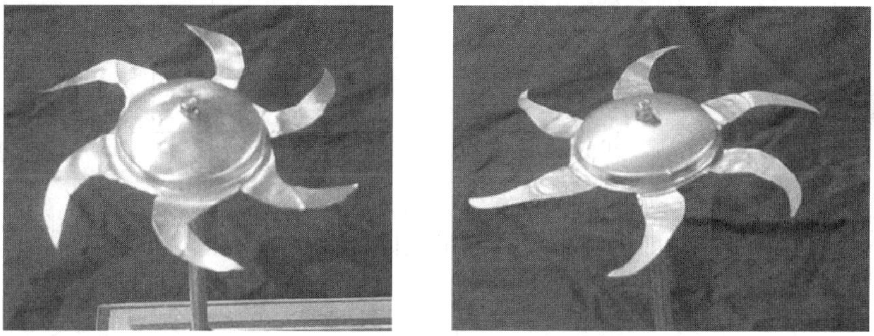

(a) 顺时针转风轮　　(b) 逆时针转风轮

图 7.158 废易拉罐底制作的风轮

4)注意事项

(1)注意高压电源的安全使用,不要用潮湿的手触及电源.

(2)演示完毕后,首先调低高压输出,再关闭高压电源,最后用绝缘软导线使演示杆与电源负极接触放电,放电完毕,取出演示装置.

7. 静电除尘

1)实验目的

(1)演示静电场对电介质的作用,加深对电介质的理解.

(2)演示静电场的一种应用实例——静电除尘.

2）仪器组成

如图 7.159 所示，仪器由中心装上铜管电极、外部缠绕铜线的组合废饮料瓶，烟雾产生装置及高压静电电源组成.

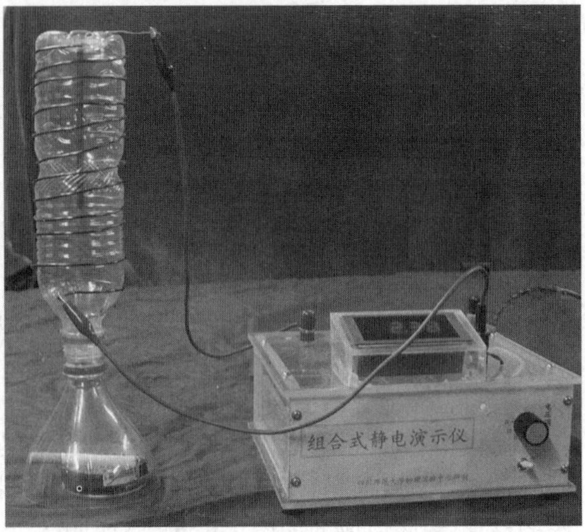

图 7.159　静电除尘演示装置

3）实验原理

燃煤的废弃物，重者变为炉渣沉积下来，轻者顺着烟囱冲向蓝天. 冲向蓝天的烟尘飘浮在空气中将成为主要的污染物，为了保护环境，必须设法消除这些污染物.

除尘的方法有多种，静电除尘就是一种消除污染、改善空气质量的有效的物理方法. 其装置是沿烟囱（看做圆柱）的轴线上安装半径为 r_0 的导线，它与四周绝缘，仅与高压发生器（静电高压电源）的输出端相接，如图 7.160 所示. 烟囱相当于一筒状导体，设半径为 R，当中轴导体的电压为 V_0 时，在烟囱中就形成了轴对称的非均匀电场，距中轴 r 处的电场强度和电势分别为

$$E(r)=\frac{V_0}{r\ln\frac{R}{r_0}}$$

$$V(r)=\frac{\ln\frac{R}{r}}{\ln\frac{R}{r_0}}V_0$$

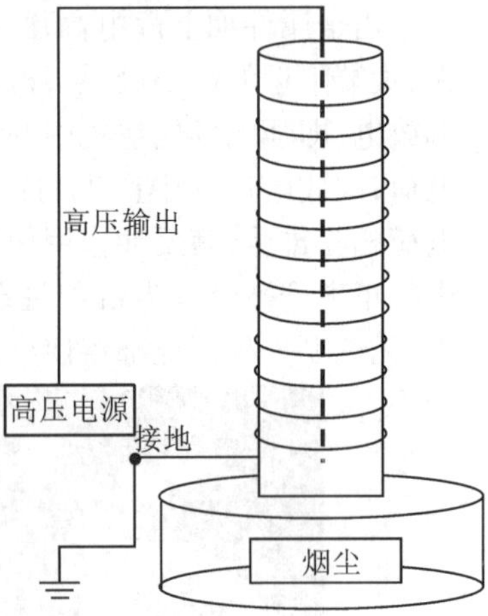

图 7.160　静电除尘原理

烟尘一般是电介质，在电场中将发生极化，设其极化率为 χ，则每一颗烟尘即为一个电偶极子，其电偶极矩 p 由下式确定：

$$p=\varepsilon_0\chi E$$

在非均匀电场中它所受的力为

$$f=p\nabla E$$

此处

$$f=\frac{\varepsilon_0\chi V_0^2}{r^3(\ln R-\ln r_0)^2}$$

方向指向中轴. 在该电场力的作用下，烟尘纷纷向中轴运动，并在那里聚合成稍大的尘粒而下落，变成炉渣的一部分. 若中轴接负高压时，烟尘受力方向与前述方向相反，将向烟囱周围运动.

本实验中，在用废饮料瓶做的底座筒下的铁盒内点燃木屑或香烟，会生成烟尘，充满全筒. 若将中轴导体接静电高压电源的正端，将绕在废矿泉水瓶外的线圈接高压发生器的负端（接地），一旦开启高压发生器，烟尘将很快消失.

8. 电风吹火演示尖端放电

1) 实验目的

演示由尖端放电产生的一种力学现象,加深对尖端放电的了解.

2) 仪器组成

如图 7.161(a)所示,实验装置由带放电针的导体棒、蜡烛及可转动支架、高压静电电源等组成.

3) 实验原理

电风吹火实验的基本原理是尖端放电,本实验的主要部件为一个导体棒,导体棒上装有一支端部磨得很尖的放电针. 首先把此棒与高压静电电源的输出端相连,然后开启高压电源,因导体棒上针的尖端曲率半径很小,电荷密度很大,则其附近的电场将很强,强电场使空气击穿,空气中的带电荷的粒子(电子或正离子)飞向尖端,若与导体棒相连的是正电极,则放电针尖端附近带正电的粒子将受到强电场的排斥作用并向空气中寻找带负电的粒子进行中和,放电过程中由于带正电的粒子从尖端附近向外喷射,从而形成一股宏观气流,称为电风. 若尖端靠近蜡烛火焰,它将把蜡烛火焰吹向一边直至吹灭,如

(a) 实验装置　　(b) 吹火演示

图 7.161　电风吹火

图 7.161(b)所示. 同样,若与导体棒相连的是负电极,也会形成一股宏观气流,即电风.

9 . 静电摆球及静电摆

1) 实验目的

用导体壳小球在静电场中的运动来演示静电场力的作用.

2) 仪器组成

如图 7.162 所示,本实验的装置主要由输出 20kV 左右的静电高压电源,竖直放置的两块相距 7 ~ 8cm 的平行导体板,以及一个通过绝缘支架和细线悬挂于它们之间且外面包有金属箔的乒乓球组成.

3) 实验原理

当两导体平板分别与高压静电电源正负极相连时,两导体平板上就分别带上正负电荷,在两板之间就产生了大体沿水平

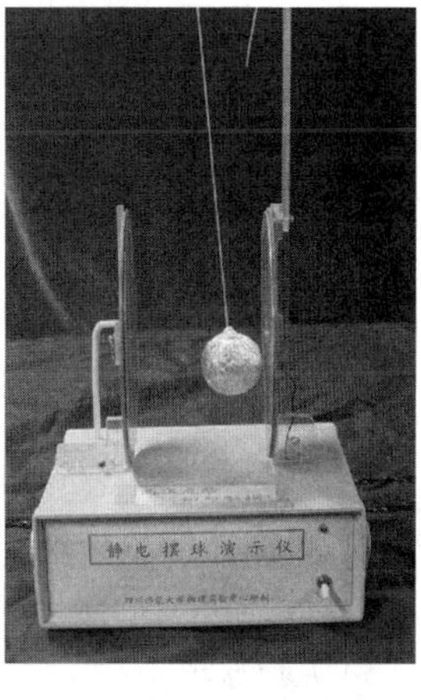

图 7.162　静电摆球

方向的电场. 处于两板间的导体壳球的两边将感应异号的电荷,球上感应电荷也使极板上电荷的分布改变,两极板间电场发生变化. 由于空间电场较强,导体球受到较大的吸引力,因而小球摆向受力较大的极板一方,当球与极板相接触时,球上的电荷被中和后带上了与它接触的极板符号相同的电荷而受到排斥. 在它被弹回的同时,在电场力的作用下又飞向另一极板,接触极板时它先中和掉所带的电荷,同时又带上了与刚接触的极板符号相同的电荷. 在电场力的作用下它又向相反方向飞去,在另一个极板上重复上述过程. 它来回往返碰撞,同时转移电荷;能量来源是与极板相连的高压静电电源. 静电场对飞行中的带电乒乓球做的功补充了由于空气阻力因素而产生的能耗,所以乒乓球在两极板间的来回碰撞可以持续进行下去.

为了增加趣味性和演示效果,我们制成了如图 7. 163 所示的静电摆演示仪. 该仪器用废铝质易拉罐底、有机玻璃、塑料纸等做成小鸟及小鸭和钟摆的形状,所需的高压静电电源根据倍压整流原理用变压器、电容、整流二极管等设计制作而成,用发光二极管、光电二极管、集成运算放大器设计成简单的光电控制器,使静电摆每摆动一次,表示鸭子眼睛的发光二极管闪亮一次. 仪器具体原理和参数请参阅,潘学军在大学物理(教育专刊)第 21 卷,2009 年第 3 期发表的《静电摆的设计制作》一文.

4) 注意事项

(1) 注意高压电源的安全使用,不要用手触及高压电源.

(2) 演示完毕后,先关掉电源开关,再用金属绝缘线触及带电的极板,使它完全放电.

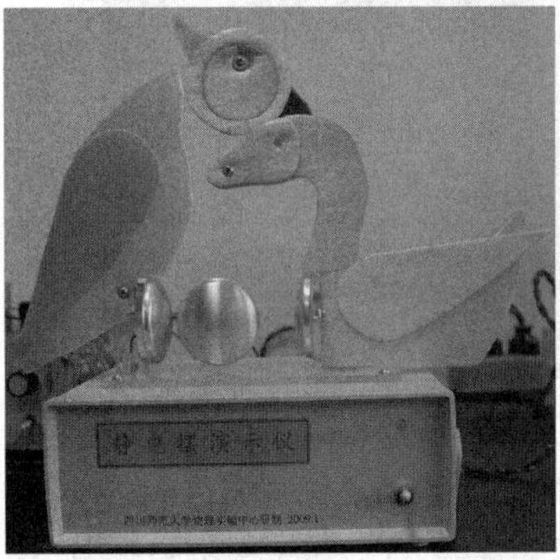

图 7. 163　静电摆演示仪

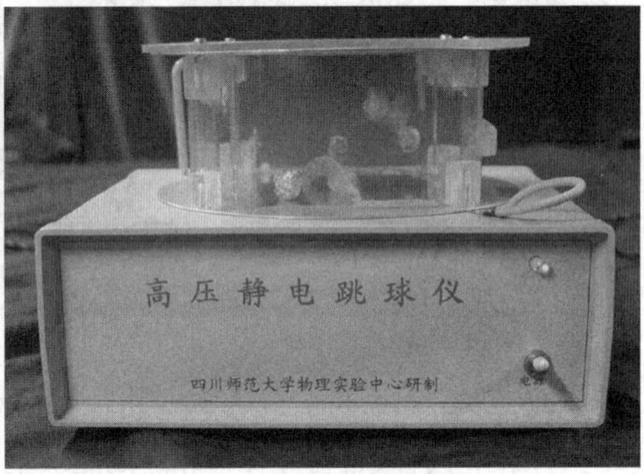

图 7. 164　静电跳球仪

10. 静电跳球

1) 实验目的

演示由同号电荷相斥、异号电荷相吸而产生跳球的现象.

2) 仪器组成

如图 7. 164 所示,用两块直径为 15cm,厚 1mm 左右的薄铝板作电极板,在酒瓶外包装透明塑料盒,或在直径为 12cm 左右的透明纯净水瓶上切割高 5. 5cm 左右的边框作围板,将泡沫塑料切割成直径约 10mm 的小球后,在球外包裹一层铝箔做成跳球,再接上输出可达 30kV 的静电高压电源即组成高压静电跳球装置.

3) 实验原理

本实验演示静电场的力效应. 如图 7. 165所示,带电量为 q 的小金属球壳在场强为 E

的电场中所受的电场力为$f=qE$,若电场力的方向向上,在$f>mg$时,电场力可以克服重力使它向上运动. 本实验装置是在竖直方向设置两个相互平行且有一定间距d的导体平板,若d远远小于平板线度,则两导体平板之间就存在大体沿竖直方向的电场. 在两平板之间用铝箔加泡沫塑料裹成的小球,由于它们既轻又导电,当两板与高压电源的正负电极相连时,小球就带有与下极板符号相同的电荷;这时它们将受到下极板上同号电荷的推力作用,同时又受到上极板异号电荷的吸引力作用,当电场力(推力、吸引力之和)足够大(大于其自身重力)时,可使小球飞向上极板,接触后小球所带电荷与上极板上的电荷中和同时又带上与上极板符号相同的电荷;在电场力与重力的作用下它又飞向下极板,接触下极板后先中和后再带上与下极板符号相同的电荷. 这一过程周而复始,小球跳上跳下转移电荷,其消耗的能量由与极板相连的静电电源提供.

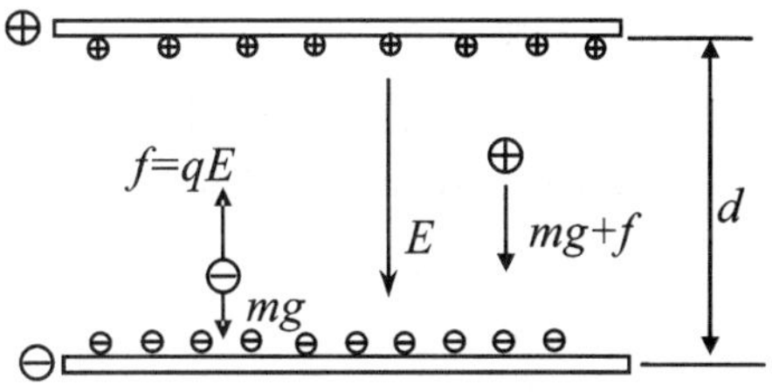

图 7.165　电跳球受力示意图

4) 注意事项

(1) 注意保持绝缘围板和电极板的干燥、清洁,防止漏电.

(2) 当天气相对湿度达70%以上时,电极容易通过围板及空气放电,为保证实验顺利进行,可用电吹风对围板及电极板内空气作驱潮处理.

11. 静电滚筒

1) 实验目的

演示由于尖端放电而产生的力学效应.

2) 仪器组成

如图 7.166 所示, 仪器主要由可绕中轴转动的绝缘塑料筒(矿泉水瓶或其他绝缘瓶)、梳状放电针、静电高压电源、圆筒支撑架(或支撑铁丝)等组成.

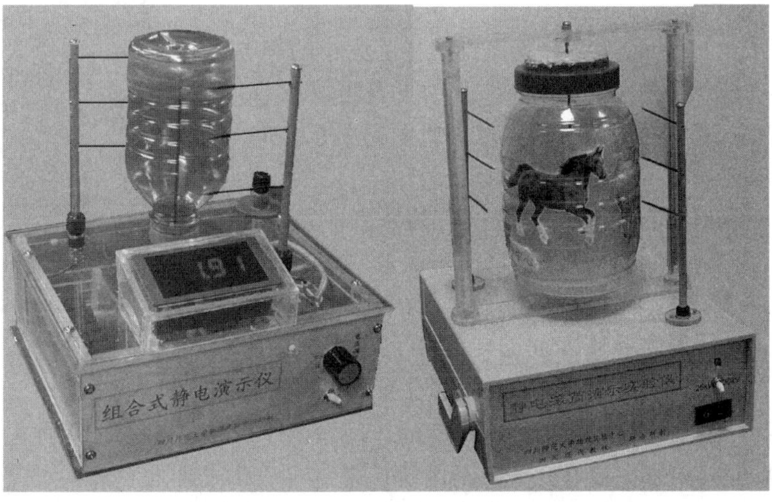

图 7.166　静电滚筒演示装置

3）实验原理

本实验是演示尖端放电而产生的力学效应实验.

如图 7.167 所示，当电极指针指向滚筒切线方向，给两个电极杆加上正负静电高压时，电极针作为放电的尖端，放电将在电极针尖和塑料滚筒之间发生，即当带正电的针尖 A 产生尖端放电时，会将针尖 A 前面的空气电离成大量正、负离子，其中大量正离子在电场力作用下飞向滚筒表面，使靠近针尖 A 的滚筒一侧表面带上正电荷；同样带负电的针尖 B 也会由于尖端放电，使一些负离子在电场力的作用下飞向滚筒，使靠近针尖 B 的滚筒一侧表面带上一些负电荷，因此滚筒受将到针尖 A 和 B 上的电荷的静电斥力产生的力矩作用，加上电风产生的力矩作用而旋转. 在滚筒转动过程中，当带有正电荷的滚筒表面靠近针尖 B 时会被针尖 B 上的负电荷中和. 而当带有负电荷的滚筒表面靠近针尖 A 时也会被针尖 A 上的正电荷中和；这样在滚筒表面上的电荷分布，上半圆始终带正电荷，下半圆始终带负电荷. 因此，滚筒会一直受到静电力（包括引力和斥力）的顺时针方向的力矩作用和离子风的顺时针方向力矩的作用，使滚筒保持较高的转速旋转. 若将放电针转为沿滚筒逆时针切线方向时，滚筒也将沿逆时针方向旋转.

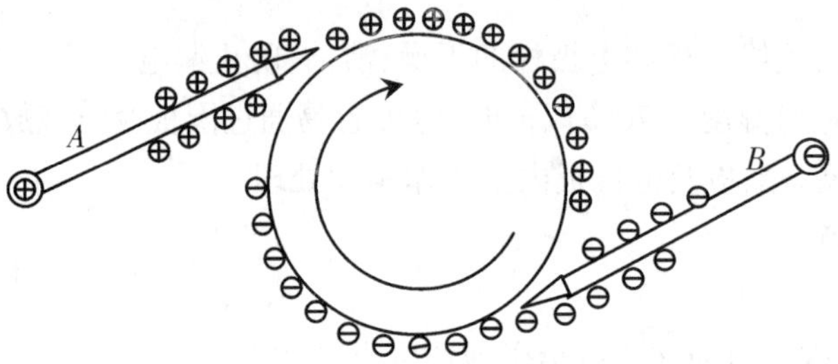

图 7.167　静电滚筒转动原理示意图

12. 避雷针原理

1）实验目的

演示尖端放电原理的应用之一：避雷针.

2）仪器组成

如图 7.168 所示，实验装置由指示场强大小的静电计、表示云层和建筑物的两个导体盘（其中下盘可以调节）、绝缘支架、静电高压电源，以及放电球和放电尖端等组成.

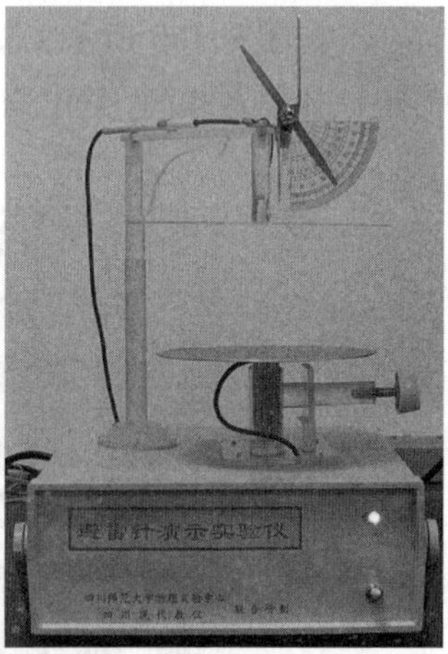

图 7.168　避雷针演示装置

3）实验原理

静电平衡时，带电导体是等势体，其外表面是等势面，导体内无净电荷，电荷只存在于它的表面上. 电荷密度与导体表面的曲率有关，曲率越大的地方，面电荷密度也越大，之所以这样，是因为导体表面的电荷相互作用的结果. 如图 7.155 所示，在导体表面同号电荷相互排斥，在曲率较小处（如图中 C 点），其他电荷对此处电荷的作用易于使它在表面移动，因此电荷密度较小；而在 B、D 等点，附近电荷对此处电荷的排斥使它在较尖处即曲率较大处集中，A 处最为显著；凹面区（如 F 点）即使初始有电荷，也会被 E，D 处的电荷排斥经导体流向其他地方，从而凹面处的电荷密度会最小. 在导体的表面附近的场强与其邻近的导体表面的电荷密度成正比，因此在曲率很大的导体的尖端附近的电场强度会很强，若电场强到足以使空气击穿时，就会产生尖端放电，电荷就从尖端处飞向空气中．一旦产生了尖端放电，导体上的电荷就不能再继续积累，导体的电势就不会再升高，导体向空气中剧烈火花放电就可以不发生．在建筑物上安装了这种导体尖端，在雷雨季节就可以避免建筑物上有过多的电荷积累而遭受雷击破坏，安装在建筑物的顶端防止雷击的导体尖端就是避雷针．

本实验演示避雷针的工作原理，当表示云层和建筑物的两个导体盘（上、下盘）加上静电高压后，若它们之间有放电尖端时，则只在尖端处有微弱的电晕；若它们之间有放电球时，球的附近会将有剧烈的火花放电．为了演示出导体盘之间在放置导体球和金属尖端等曲率半径不同的物体时其电荷积累和场强变化情况，使同学们能更好地理解尖端放电原理，我们根据静电计能测量电位差的原理，设计制作时在原避雷针演示仪器的基础上增设一静电计，即根据实验过程中静电计的指针偏转角度大小可以判断两极板之间电位差的大小或场强大小．利用改进后的仪器做避雷针演示实验，当用金属球放置在两极板之间时，除可以看到有放电火花、听到放电时的爆炸声外，在两次放电之间还可以通过静电计指针的偏转角度大小和指针偏转快慢观察两极板之间电荷积累的快慢．当在两极板之间放上单个或多个尖端时则看不到明显的火花放电，并且静电计指针偏转角度明显减小，特别是放置多金属尖端时，两极板之间无法积累电荷，由此说明利用多金属尖端作为避雷针时避雷效果会更好．增加静电计后的演示装置和演示效果如图 7.169 所示．

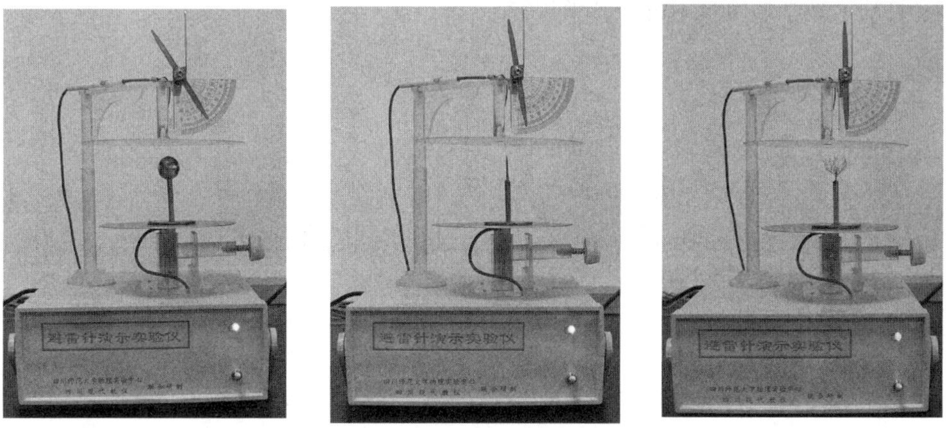

(a) 放置金属球时，两极板之间电场很强　　(b) 放置一个金属尖端时，两极板之间电场较弱　　(c) 放置多个金属尖端时，两极板之间电场更弱

图 7.169　增加静电计后的避雷针演示装置及演示效果

13. 平行板电容器演示实验

1）实验目的

演示平行板电容器容量 C 与极板面积 S、极板间的间距 d 及极板间电介质电介常数 ε 之间的关系．

2）仪器组成

仪器装置如图 7.170 所示．由半封闭有机玻璃盒、电极板、电介质板、静电计、3000V 直流电源、充电开关及照明干燥灯等组成．

3）实验原理

平行板电容器是中学物理课程教学中的一个重要内容，也是演示实验难点. 在教学中讲述和推导平行板电容器物理属性关系式（即电容量的数学表示式）

$$C = \frac{\varepsilon S}{d}$$

时，一个必不可少的教学内容就是要在课堂上演示容器的电容量 C 的大小与极板面积 S、极板间距离 d 及极板间电介质 ε 的关系. 根据 $C = Q/U$，当极板上所带电荷不变时，电容器容量与其上电压成反比，即通过静电计指针偏转角度的大小（电压 U 的大小）间接说明电容器容量 C 的大小. 但是利用现有的平行板电容器教学仪器，若按照教科书上的示意方法（图 7.171 所示的方法）做这个演示实验，在南方，特别是在天气比较潮湿的季节，根本无法演示. 根据编者多年指导学生在中学毕业实习时的经验，即使在实验室中用红外灯烘烤，并注意清洁等问题后，也很难达到比较满意的教学效果，而且操作起来也很不方便（特别是在改变面积和插入介质时）. 据了解，很多中学教师在讲授这部分内容时就只能在黑板上讲实验，或者把这个实验移到天气比较干燥的冬天去做，但这样又打乱了教学顺序且不符合教学规律.

图 7.170　平行板电容器演示仪

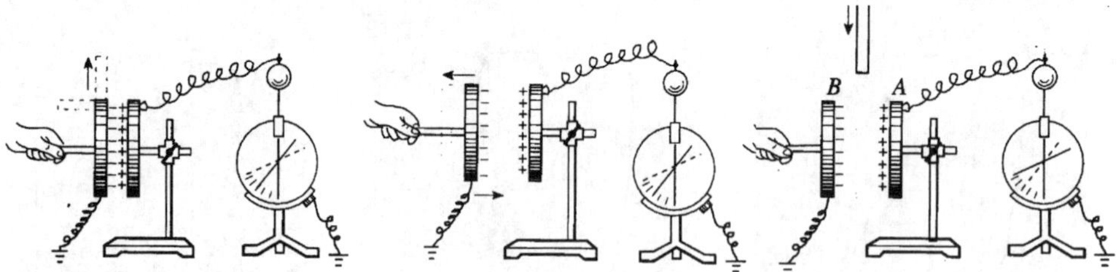

(a)保持Q和d不变，S越小，U越大，表示C越小　(b)保持Q和S不变，d越大，U越大，表示C越小　(c)插入电介质后，U越小，表示C增大

图 7.171　教科书所用平行板电容器演示实验示意图

经分析认为，造成这个实验难以成功的原因主要有以下几点.

（1）通常用于平行板电容器演示实验的金属板多为 $\phi 0.2 \sim 0.3\text{m}$ 的铝合金板，即使保持两板间距为 1cm 时（现有仪器很难做到），在空气介质中其电容量只有28 ~ 63pF，根据测量显示，当电容器的充电电压在 3000V 左右时，静电计的指针偏转角度大约为 40°；若按充电电压为 3000V 计算，充电电量也只有 $8.4 \times 10^{-8} \sim 1.89 \times 10^{-7}\text{C}$，即容量太小、电压较高，当空气潮湿时，潮湿的空气中离子密度会大大增加，因此电荷极易通过潮湿的空气"逃逸"而漏掉，因此，不满足实验过程中 Q 不变的条件.

（2）用于检测电压的静电计由于同样暴露在潮湿空气中，也易造成放电使 Q 减少.

（3）现有的演示仪器在其改变面积、间距及插入介质的过程中由于没有依托或支撑结构，因此操作比较困难.

针对以上情况我们设计制作的平行板电容器结构如图 7.172 所示. 采用接近封闭式

的结构,使电容器和静电计均处于用透明绝缘材料制作的外壳(0.3m×0.25m×0.28m)中便于干燥和观察.整个装置由外壳、固定极板、活动极板、静电计、电容器充电电源、充电开关、照明干燥灯,以及横向、纵向操纵手柄,电介质板等构成(图7.170所示仪器是经过几次修改后的作品).在外壳内设有电极滑动导轨和限位块,拉动操纵手柄可使动极板处于不同位置以改变面积或间距;定极板和动极板均用敷设有铜箔的印制电路板制作,每块板的面积为0.24 m×0.22m,两板的最小间距为0.005m,因此在空气中的最大电容量可达94pF,充电电压为3000V时,充电电量为2.82×10^{-7}C.照明干燥灯有两个,一个在电容器下部,另一个在静电计后面,照明干燥灯既可以使壳内空间空气保持干燥,达到电容充电后使极板上所带电荷保持不变的目的,又解决了照明问题,使教室后排的学生也能清楚地观察到演示实验过程中所产生的实验现象.电容器充电电源根据倍压整流的原理设计,我们设计的供电电压为3000V,它与通常用的感应起电机相比具有体积小,成本低,充电速度快,可靠性高,使用方便等特点.用上述介绍的平行板电容器可以在任何天气下进行演示,并且操作简单、方便,演示效果非常好.经过多次反复实验表明,即使在空气相对湿度达90%以上的情况下,只要将照明干燥灯开启预置15分钟左右即可顺利地进行演示实验.利用该仪器可以很方便地在教室中,利用很短的几分钟时间顺利演示完成教材所规定的各项教学内容,而不需要像过去那样要在事前做很多的准备工作.[27]

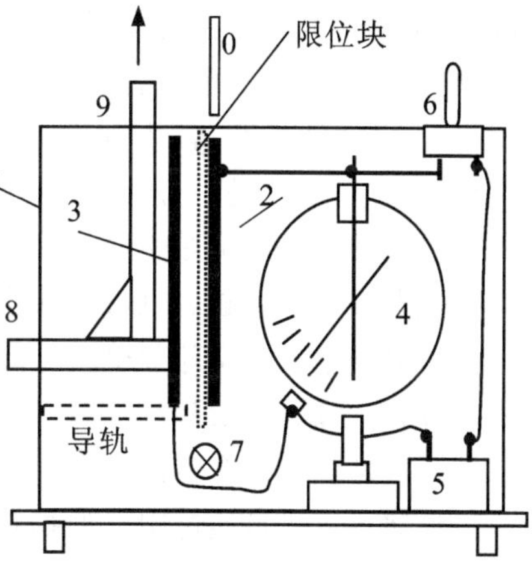

图7.172 平行板电容器演示装置示意图
1—外壳;2—固定极板;3—活动极板;4—静电计;5—电容器充电电源;6—充电开关;7—照明干燥灯;8—横向;9—纵向操纵手柄;10—电介质板

14.带电小球间相互作用力

如图7.173所示,演示带电小球(点电荷)间相互作用力或检验某空间的电场强度时,需把一个带有电荷的物体放在A处,然后把挂在丝线上的带有同种电荷的小球先后挂在支架P_1,P_2,P_3等位置处,以比较小球在不同位置处所受库仑力的大小.小球所受库仑力的大小可以通过丝线偏离竖直方向的角度显示出来,偏角越大,表示小球受到的库仑力越大;若把小球挂在同一位置,增大或减小它所带的电荷量,再比较小球所受库仑力大小的变化可以看到,点电荷相互作用力将随电荷量的增大而增大,随着距离的增大而减小,满足库仑定律:

$$F=\frac{1}{4\pi\varepsilon_0}\frac{q_1q_2}{r^2}$$

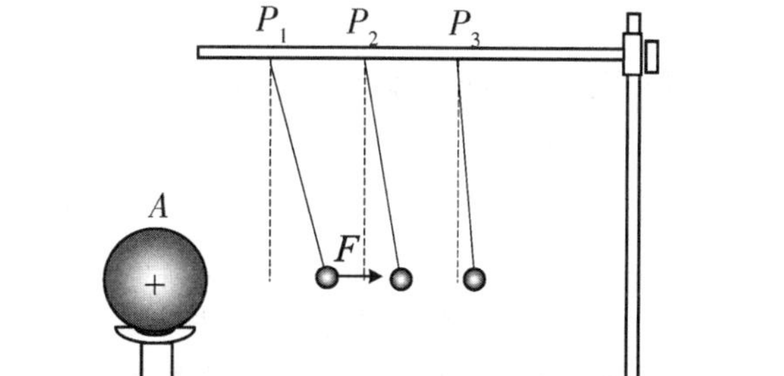

图7.173 点电荷相互作用力原理图

在南方,由于气候潮湿,作为点电荷的带电小球由于其上带的电荷本身就很小,极容易漏掉,很难使其保持稳定.因此,本演示实验无法进行,通常也只能纸上谈兵.根据平行板电容器演示仪的原理,我们设计了用于演示电荷间相互作用力或空间电场强度的实验装置,如图 7.174 所示.其内部设有烘烤照明灯、带电小球、检验电荷小球、量角器、米尺等,所有装置全部放进用有机玻璃制成的透明、密闭的箱中.只要打开烘烤照明灯工作 20 ~30 分钟左右即可进行实验演示(若需要赶时间也可打开操作口,用电吹风热风挡向内吹热风驱潮 1 分钟左右后也可很快进行演示).演示时可用丝绸摩擦过的有机玻璃棒或高压电源分别给带电小球和检验电荷小球充电,因为此时的金属小球相当于孤立导体电容器.当两个金属小球都带上同种电荷或异种电荷以后相互之间都会产生力的作用,用本仪器可定性演示库仑定律.

一种演示方式是通过用类似指针式偏转的方式,即用有一定刚性的细丝,一端固定检验带电小球(用铝箔包裹泡沫小球做成),另一端固定在有机玻璃绝缘条上,并在下面加配重调平衡,用固定在箱体上的细轴作转轴,形成可以绕轴转动的指针型式;带电小球则固定在具有磁性支撑架的有机玻璃上,通过移动带电小球位置可演示带电小球之间相互作用力与距离、电荷多少的关系.另一种方式则与图 7.173 原理图相似,是通过用细线悬挂的检验带电小球与水平方向可移动的带电小球演示它们之间的相互作用力.

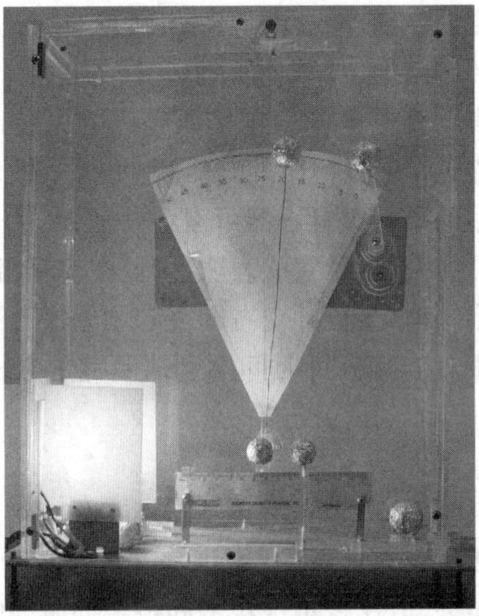

图 7.174　点电荷相互作用力演示装置

15. 高压静电电源设计制作原理

要做静电实验离不开高压直流电源,不管是做平行板电容实验、点电荷电力线分布实验、平板电荷的电力线演示实验、尖端放电演示实验,还是静电跳球演示实验等都离不开高压直流电源.在通常情况下,一台高压电源的输入信号来自 220V 的交流市电,经整流滤波后与 PWM 脉冲调制器(专用集成电路芯片)的输出信号一起驱动高频变压器,通过高频变压器得到的高压电源再经整流滤波后,输出直流高压;输出反馈信号经光电隔离后反馈给脉冲调制器,通过与脉冲调制器中误差放大器的基准电压比较,控制脉冲调制器的输出占空比以调节输出电压大小.这样的高压电源其结构比较复杂,价格当然也不便宜.如果用感应起电机也可满足演示实验需要的电压,但感应起电机易受天气影响,当天气潮湿时不易起电.另外,感应起电机体积比较大,使用时还需用人工摇动,使用可靠性、稳定性不高，鉴于上述原因，为了满足静电实验需要我们根据倍压整流原理，经过多次实验，研制成功一种电路简单、使用安全、操作方便、性能稳定可靠、价格又很便宜的直流高压静电电源，此电源完全满足静电演示实验需要.

1)半波整流合成电路原理

图7.175所示的电路是两个半波整流电路的组合，D_1，C_1是一组，D_2，C_2是另一组，共用一个交流输入电源. 在交流电正半周时电源通过整流二极管D_1对电容C_1充电；负半周时，D_2导通，电源给C_2充电，根据交流有效值和瞬时值之间的关系，每个电容器上所充得的最大电压都是$\sqrt{2}U_2$，所以负载R_L上获得的电压$U_L=2\sqrt{2}U_2$，是半波整流器电压的2倍.

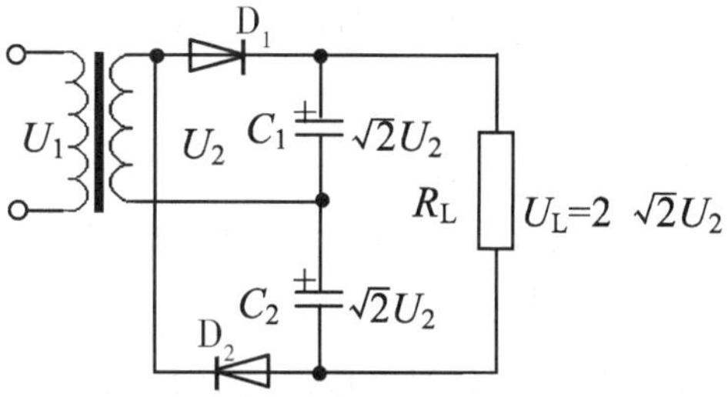

图7.175　半波整流合成电路

2)倍压整流电路原理

如图7.176所示，在电源正半周D_1，C_1构成半波整流器，u_2的最大值为$\sqrt{2}U_2$，C_1上也充电到$\sqrt{2}U_2$；在负半周，D_1截止，D_2导通，u_2和C_1上充好的电压方向相同，电容电压和电源电压加起来给C_2充电，C_2上的电压就能充到$2\sqrt{2}U_2$.

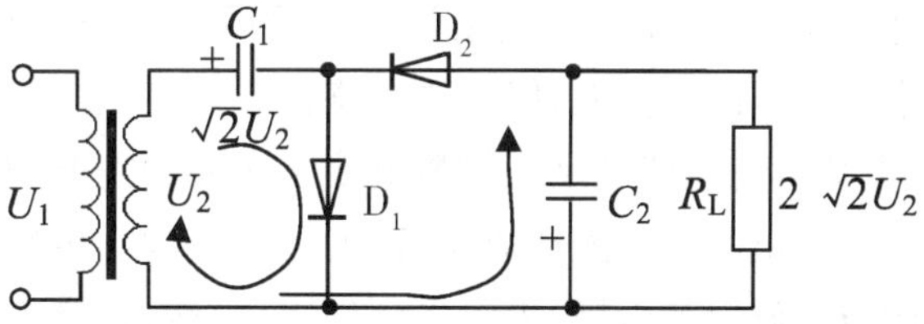

图7.176　2倍压整流合成电路

3)多倍压整流

推广图7.176中电路的原理，每增加一组整流管和一个电容，可以将整流输出电压提高$2\sqrt{2}U_2$，理论上可以提高到$\sqrt{2}U_2$的任何整数倍，但高倍数的倍压整流输出电压高但电流很小，故一般情况下很少使用.[28]

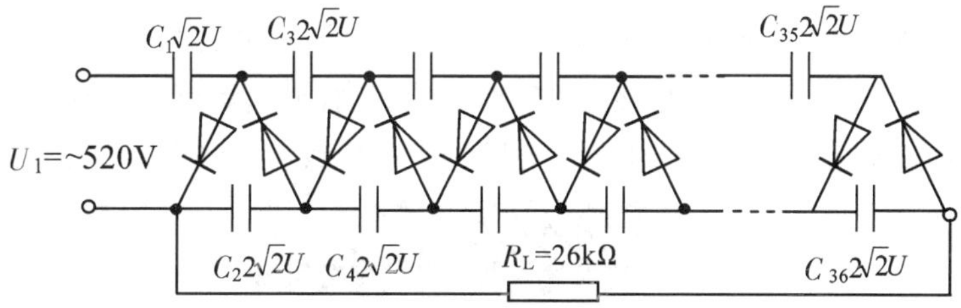

图7.177　多倍压整流合成电路

而静电实验正好需要高电压小电流的电源. 根据以上原理我们设计并制作了如图7.177所示的多倍压整流电路. 将交流$u_1=520\text{V}$作为电源输入，经36倍压后可输出约26kV的高压直流电源，此直流电源可作为静电摆球和静电跳球的工作电源，经实验检验效果很好.

若将 220V 市电通过如图 7.178 所示的分压电路后接到升压变压器，再经多倍压整流电路整流输出，则能获得连续可调的高压静电电源. 当原边电压为 220V，副边电压为 600V 时，经 36 倍压后可获得 0 ~ 30kV 的电压.

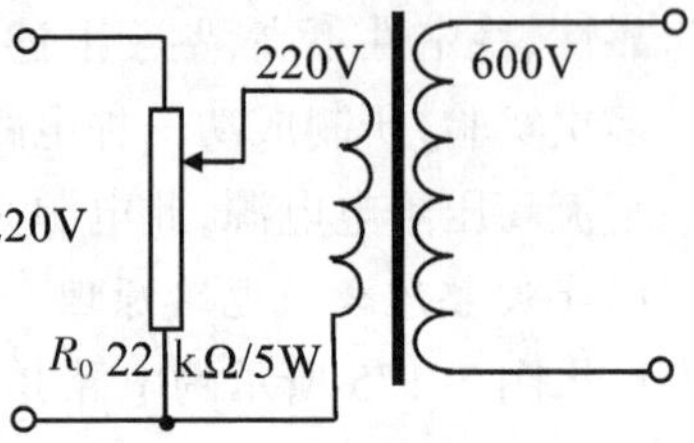

图 7.178　连续可调电路

4）每个电容上所带的电荷及放电电流强度

根据 $Q=CU$ 可计算每个电容器被充满时所带的电荷量. 当变压器输出电压为 590V，经 24 倍压，总输出电压为 20kV 时，若电容 $C=0.047\mu F$，则每级电压最大值 $U=2\times\sqrt{2}\times 590=1668.8V$，此时每个电容所带的电量为

$$Q = 7.84\times 10^{-5}C$$

其充电电流强度平均值为

$$i=\frac{Q}{t}=\frac{7.84\times 10^{-5}}{0.02\times 24}=1.63\times 10^{-4}(A)$$

若经 36 倍压，总输出电压为 30kV 时，其充电电流强度平均值为

$$i=\frac{Q}{t}=\frac{7.84\times 10^{-5}}{0.02\times 36}=1.09\times 10^{-4}(A)$$

实际上由于电压达到 10kV 以上后，将在其附近产生较强电场，其所带电荷将会向元件周围空间泄漏一部分，特别是在电路板制作和焊接质量欠佳时泄漏会更多，最后元件所带的电荷量将会小于上面的计算值，但只要电路板和焊接质量好，即电路板线条光滑、焊接无毛刺，剩余的电荷量完全能满足一般静电演示实验的需要，对人也是比较安全的，即使不慎碰触到高压电极也不会对人造成伤害，编者和个别学生在实验过程中由于不慎曾多次触到过未关闭或未放电的电极，未曾受到伤害. 当然，没有特别需要最好不要碰高压电极.

5）制作方法及注意事项

（1）印制电路绘制. 先将图 7.177 所示的多倍压合成电路原理图，根据元器件尺寸大小和倍压次数多少，在计算机上设计、绘制成如图 7.179 所示的印制电路图. 其中，图 7.179（a）所示为输出 12 倍电压的从原件方向看过去的印制电路板正面图，图 7.179（b）所示为制作印刷电路板的电路绘制图. 绘制印制电路板时要注意：元件间距要均匀，所绘线条要平整光滑，焊盘要圆润不能有锯齿类尖端，以防使用时出现放电现象.

（2）焊接电路板注意事项. 焊接元件时焊点要光滑圆润，焊点不能有尖端和毛刺以防引起不必要的尖端放电，使电源输出电量（电压）不足，导致演示效果变差或不能正常演示.

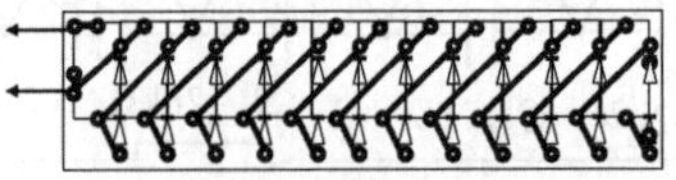

(a)

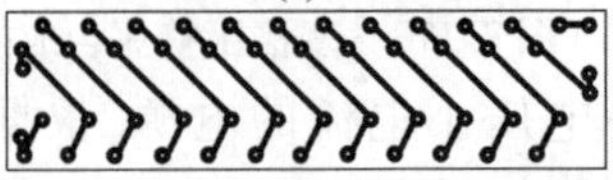

(b)

图 7.179　多倍整流电路印制电路图

参考文献

[1]罗星凯. 中学物理疑难实验专题讨论. 桂林:广西师范大学出版社,1998:40.
[2]潘学军. 虹吸式反冲演示仪的设计制作. 大学物理(教育专刊),2010,22(6):61-63.
[3]潘学军. 液体内部压强演示器的制作. 大学物理(教育专刊),2010,22(1):61-63.
[4]罗星凯. 中学物理疑难实验专题讨论. 桂林:广西师范大学出版社,1998:62.
[5]罗星凯. 中学物理疑难实验专题讨论. 桂林:广西师范大学出版社,1998:64.
[6]罗星凯. 中学物理疑难实验专题讨论. 桂林:广西师范大学出版社,1998:78.
[7]路峻岭. 物理演示实验教程. 北京:清华大学出版社,2005:146.
[8]路峻岭. 物理演示实验教程. 北京:清华大学出版社,2005:169.
[9]潘学军. 简易热胀冷缩演示器的制作. 大学物理(教育专刊),2011,23(3):63-64,70.
[10]吴宗汉. 物理学概论. 南京:东南大学出版社,2004:346.
[11]罗星凯. 中学物理疑难实验专题讨论. 桂林:广西师范大学出版社,1998:42-46.
[12]罗星凯. 中学物理疑难实验专题讨论. 桂林:广西师范大学出版社,1998:48-50.
[13]潘学军. 声速测量装置的改进. 物理实验,2006,26(5):18-21.
[14]潘学军. 弦线振动研究实验仪. 大学物理(教育专刊),2007,19(1):69-72.
[15]潘学军. 相互垂直振动合成演示仪. 大学物理(教育专刊),2007,19(3):61-63.
[16]谈文心,钱聪,宋云娴. 模拟集成电路——原理及应用. 西安:西安交通大学出版社,1995:16.
[17]万纯娣,王永新,万春华,等. 普通物理实验(修订本). 南京:南京大学出版社,2000:119-120.
[18]路峻岭. 物理演示实验教程. 北京:清华大学出版社,2005:122.
[19]梁灿彬,秦光戎,梁竹健. 电磁学. 北京:人民教育出版社,1981:337.
[20]物理. 全日制十年制学校高中课本下册. 北京:人民教育出版社,1980:109.
[21]潘学军. 磁场对电流的作用力演示实验装置设计制作. 大学物理(教育专刊),2010,22(3):67-71.
[22]罗星凯. 中学物理疑难实验专题讨论. 桂林:广西师范大学出版社,1998:84.
[23]罗星凯. 中学物理疑难实验专题讨论. 桂林:广西师范大学出版社,1998:85-87.
[24]路峻岭. 物理演示实验教程. 北京:清华大学出版社,2005:90-91.
[25]路峻岭. 物理演示实验教程. 北京:清华大学出版社,2005:114-115.
[26]路峻岭. 物理演示实验教程. 北京:清华大学出版社,2005:111.
[27]潘学军,董泽敏. 平行板电容器演示实验装置的改进. 物理实验,2002,22(4):35-36.
[28]吴润宇,轩茵华,王培刚,等. 稳定电源. 北京:人民邮电出版社,1984:27-29.

第 8 章　设计性与制作性实验①

8.1　设计性实验

8.1.1　简谐振动的研究[1]

自然界中存在各种振动现象,最基本最简单的振动是简谐振动.一切复杂的振动都可以分解为若干个简谐振动,即把复杂的振动看做若干个简谐振动的合成.简谐振动在研究电磁场振荡、固体的晶格振动及分子振动等问题中是一种十分有用的模型.因此,研究简谐振动是研究其他复杂振动的基础.本实验将对弹簧振子简谐振动的规律进行观察和研究.

1.学习重点

(1)学习进行简单设计性实验的基本方法,培养设计简单实验的能力.

(2)学习如何选择实验方法来验证物理规律.

(3)观测弹簧振子的运动是否符合简谐振动的运动学特征.

(4)通过简谐振动,研究弹簧振子中弹簧的等效质量,测定弹簧的劲度系数.

2.实验要求

1)设计一个验证简谐振动运动规律的方案

(1)写出要验证的规律与验证方法.

(2)提出数据处理的方法.

(3)提出所需要的仪器设备与器材.

2)设计测量弹簧等效质量和劲度系数的方法

(1)写出测量方法.

(2)提出数据处理方法.

(3)拟出测量步骤.

(4)拟出数据处理表格.

3.实验提示

可供选择参考的有气垫导轨法与焦利秤法.

1)气垫导轨法

如图 8.1 所示的弹簧振子系统,假设质量为 m 的物体与 AB 面之间光滑无摩擦,两弹

① 本章题目每人根据自身情况任选 3 ~ 5 题完成,也可自拟实验题目完成.

簧的劲度系数分别为 k_1 和 k_2，物体两边各与弹簧的一端相连，使物体振动后，试证明：

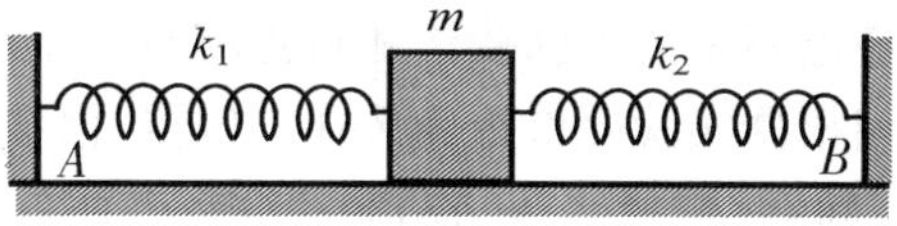

图 8.1 弹簧振子

(1)这一系统作简谐振动.

(2)系统振动的周期 $T=2\pi\sqrt{\frac{m+m_s}{k_1+k_2}}$，其中 m_s 为弹簧在振动时的等效质量.

由此考虑如何检验简谐振动的运动规律，以及如何测定 m_s 和系统的 $k(k=k_1+k_2)$值.

2)焦利秤法

焦利秤的结构和使用方法请参考大学物理相关实验. 在焦利秤上挂一根弹簧和砝码，使其上下振动，它的周期 $T=2\pi\sqrt{\frac{m+m_s}{k}}$，其中 m_s 为弹簧在振动时的等效质量. 由此考虑如何检验简谐振动的运动规律，以及如何测定 m_s 和弹簧的 k 值. 如果要用弹簧振子测定当地的重力加速度，还要安排进行怎样的实验.

4. 仪器设备

请自行指出所需的各种仪器设备.

5. 注意事项

不能用手去随便拉伸简谐振动中的弹簧. 因为它的弹性限度很小，如果超过弹性限度，弹簧就不能恢复原状了.

6. 预习报告要求

按实验设计要求写好预习报告，经与教师讨论后，自行实验.

7. 分析讨论题

(1)测量周期 T 时，取多少个周期为宜？这是由什么因素决定的？

(2)用气垫导轨法和焦利秤法做简谐振动实验时，滑块的振幅在振动过程中不断减小，其原因是什么？对实验结果有无影响？

(3)用气垫导轨法做简谐振动实验时，导轨由水平放置改为倾斜放置(可在导轨一端的下面垫一个垫块)对实验的结果有无影响，根据观察的结果从理论上加以证明.

(4)从理论上讨论可得，弹簧的等效质量为 $m_s=\frac{m}{3}$，m 为弹簧质量. 试与实验所测得的结果进行比较分析.

学习参考资料

[1]林抒，龚镇雄. 普通物理实验. 北京：高等教育出版社，1981.
[2]程守洙，江之永. 普通物理学. 第三版. 北京：高等教育出版社，1979.
[3]A. M. 波蒂斯，H. D. 杨. 大学物理实验. 北京：科学出版社，1982.

8.1.2 变阻器的使用与电路控制[2]

一般说来，要控制电路中电压和电流的变化都要使用变阻器，尤其是电位器（或滑线变阻器),它可以控制电路中的电压和电流连续地变化,几乎在所有的电子仪器中都有应用. 因此,对于电位器在电路中的不同接法和特点应有一个全面的了解,以充分地实现对电路的控制. 另外,如何根据实验要求正确选择电位器(滑线式变阻器)的参数(阻值和额定电流)也是一个重要问题. 选择得当,仪器(实验)工作就稳定、精确和顺利;选择不当,仪器(实验)就不稳定、粗糙,甚至烧坏仪器.

1. 学习重点

(1)研究电位器(滑线式变阻器)的有关参数.

(2)学会设计简单的控制电路——根据对电路控制和调整要求,正确选择电位器的参数,掌握电位器在电路中的连接方法.

2. 实验要求

(1)首先设计并画出控制电路原理图,通过理论计算后选择合适的实验方案,最终由实验验证所有设计的合理性、正确性,分析实验误差产生的原因.

(2)设计一个控制电路,使得电阻为 200Ω(或 100Ω)左右的负载上的电流调节范围为 10 ~ 20mA(或 9 ~ 100mA).

(3)设计一个用比较法来校准电压表的控制电路,待校表的量程为 3V(或 5V).

(4)设计一个玩具电动机的调速控制电路,能方便地连续控制和调节其转速和方向.

3. 实验提示

从研究电路的角度来看,一个实验电路一般可分为电源、控制电路和测量电路三部分. 测量电路是事先根据实验方法确定好的,如要用比较法校准某一电流表,先要选好一个标准电流表,使它和待校表串联,这就是测量电路. 若测量电路已确定,则可以把它抽象地用一个电阻 R_L 来代替,称为负载. 根据负载所要求的电压 U 和电流 I,就可以选定电源. 一般电学实验对电源并不苛求,只要选择电源的端电压 U_o 略大于 U,额定电流大于 I 即可.

负载和电源都确定后,就可以安排控制电路,使负载能获得所需求的电压和电流. 一般来说,控制电路中电压和电流的变化都可以用电位器(或滑线式变阻器)来实现. 控制电路有制流和分压两种最基本的接法. 两种接法的性能和特点均可由特性曲线、调节范围、细调程度来表征.

1)制流电路

(1)制流特性曲线. 如图 8.2 所示,图中负载 R_L 的电流 $I=\dfrac{U_0}{R_L+R_2}$,当 C 移至 A 端时,负载上的电流最大,即 $I_{max}=\dfrac{U_0}{R_L}$. 引进参数 $x=\dfrac{R_1}{R_0}$,$k=\dfrac{R_L}{R_0}$(x 为在变阻器上的相对位置,k 为电路特征系数),有

$$I=\frac{kI_{max}}{k+(1-x)} \tag{8.1}$$

对于不同的 k 值,x 与 I/I_{max} 的关系如图 8.3 所示. 图 8.3 中的曲线即为制流特性曲线.

由制流特性曲线可知:

①负载电阻 R_L 上通过的电流不可能为零.

②k 越大,调节范围越小,但线性程度越好.

③$k \geqslant 1$ 时，调节的线性比较好，调节范围适中.

④k 很小时，电流调节范围很大，但线性程度很差，当 x 接近 1 时电流变化很大，这种情况称为细调程度不够.

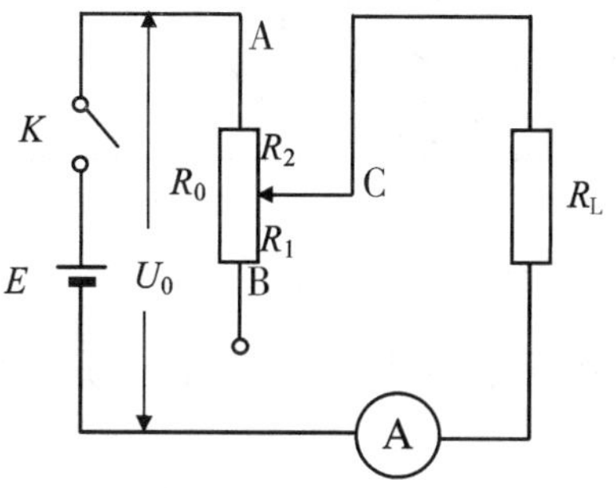

图 8.2 制流电路

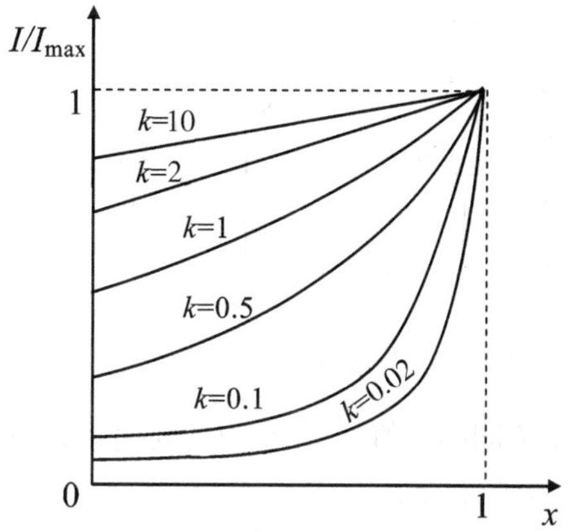

图 8.3 制流特性曲线

(2)调节范围. 当滑线变阻器(电位器)滑动端 C 移至 B 端时，负载上的电流最小，引进参数 x 和 k 后，则有 $I_{\min}=\dfrac{kI_{\max}}{k+1}$，所以制流电路的电流调节范围为$\dfrac{kI_{\max}}{k+1}\sim I_{\max}$.

(3)细调程度. 负载上电流的变化是靠变阻器滑动端的移动来实现的，对于滑线变阻器，即使很细心地移动滑动触头，位移也至少是电阻绕线的一圈. 若一圈绕线的电阻值为 ΔR_0，那么控制电路阻值的变化至少也是 ΔR_0，则 $\Delta x=\dfrac{\Delta R_0}{R_0}$，这样负载上的电流最小改变量 $(\Delta I)_{\min}$ 必然同时受到限制. 对于其他变阻器也同样存在上述限制. 由式(8.1)微分可得

$$(\Delta I)_{\min}=\frac{kI_{\max}}{[k+(1-x)]^2}\Delta x \tag{8.2}$$

由此可见，当 k 值较大或 x 值较小时，$(\Delta I)_{\min}$ 较小，控制电路就能够较精确地改变负载上的电流；当 k 值较小或 x 值较大时，$(\Delta I)_{\min}$ 较大，细调能力下降.

2)分压电路

(1)分压特性. 如图 8.4 所示，负载 R_L 两端的电压 U 为

$$U=\frac{R_1R_L}{R_1R_2+R_LR_0}U_0=\frac{R_1R_L}{R_0R_1-R_1^2+R_LR_0U_0} \tag{8.3}$$

与制流电路的讨论一样，引进电路参数

$$x=\frac{R_1}{R_0} \qquad k=\frac{R_L}{R_0}$$

可得

$$U=\frac{xkU_0}{x+k-x^2}=\frac{xkU_{\max}}{x+k-x^2} \tag{8.4}$$

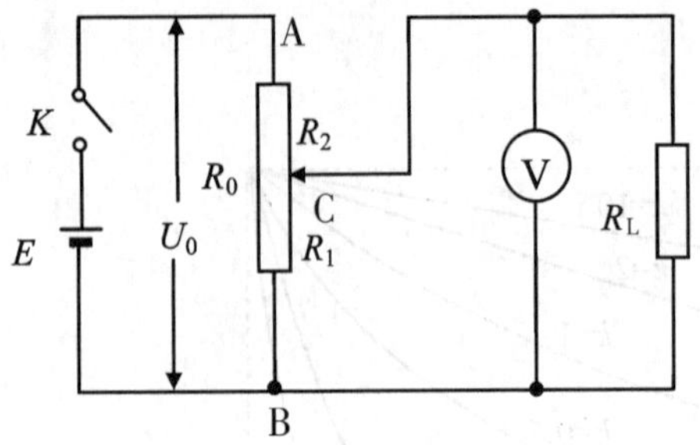

图 8.4　分压电路

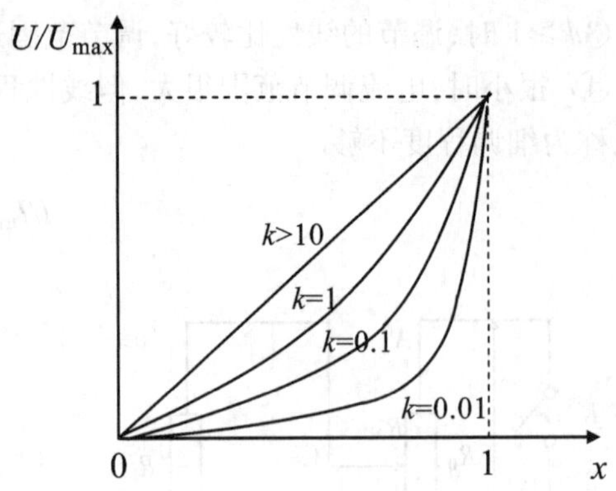

图 8.5　分压特性曲线

对于不同的 k 值，x 与 U/U_{max} 的关系如图 8.5 所示. 图 8.5 中的曲线即为分压特性曲线. 由分压特性曲线可知：

①若要使电压 U 在 $0 \sim U_0(U_{max})$ 范围内均匀变化，则取 $k>1$ 比较合适，因此要求选用的变阻器 R_0 小于负载电阻 R_L.

②$0.01 \leqslant k \leqslant 0.1$ 的曲线的突出部分，可用在自动控制中对临界点做出灵敏的反应.

③用电位器或滑线变阻器组成分压电路时，变阻器的额定电流必须大于电路的最大电流.

④若电源的端电压 U_0 远大于负载所要求的电压范围 U，如 $U_0=2\text{V}$，但 U 只要求在 $0 \sim 0.2\text{V}$ 范围内均匀调节，这时可取 $k \leqslant 0.05$，即选用 $R_0 \geqslant 20R_L$，但调节时要小心，以免当 x 接近 1 时，电流过大，烧坏负载.

(2) 调节范围. 调节范围和变阻器阻值无关，$U_{min}=0, U_{max}=U_0$.

(3) 细调程度. 可分三种情况考虑：

①$k \gg 1$（即 $R_L \gg R_0$）时，$U \approx xU_0$，$\Delta U = U_0 \Delta x$，即 U 的最小改变量为

$$(\Delta U)_{min} = U_0 \Delta x \tag{8.5}$$

由此可见，当电路元件选定之后，在整个变阻器的调节范围内，细调程度处处都是相同的，如图 8.4 中 $k>10$ 的曲线.

②$k \ll 1$（即 $R_L \ll R_0$）时，$U \approx \dfrac{kU_0}{1-x}$，$\Delta U \approx \dfrac{kU_0}{(1-x)^2}\Delta x$，所以

$$(\Delta U)_{min} \approx \frac{kU_0}{(1-x)^2}\Delta x \tag{8.6}$$

可见，当 x 值较小时，$(\Delta U)_{min}$ 较小，控制电路也能够较精细地改变负载的电流；当 x 值较大时，$(\Delta U)_{min}$ 较大，细调能力下降.

③$k \approx 1$ 时，计算式较复杂，由图 8.5 可以看出，其细调程度介于上述两者之间.

3) 安排控制电路的一般方法

一般在安排控制电路时，并不要求设计出一个最佳方案. 只要根据现有的仪器设备设计出既安全又省电，且能满足实验要求的电路就可以了. 最初设计时一般也不必做复杂的计算，可以边实验边改进. 先根据负载的电阻所要求调节的范围，确定电源电压，然后综合比较，再选择是采用分压还是制流. 确定了 R_0 之后，估计细调程度是否足够，并做一些初步实验，看看在整个范围内细调是否满足要求. 如果不能满足，则可以加变阻器，进行分段逐级细

调电路. 分段逐级细调电路如图 8.6 和图 8.7所示.

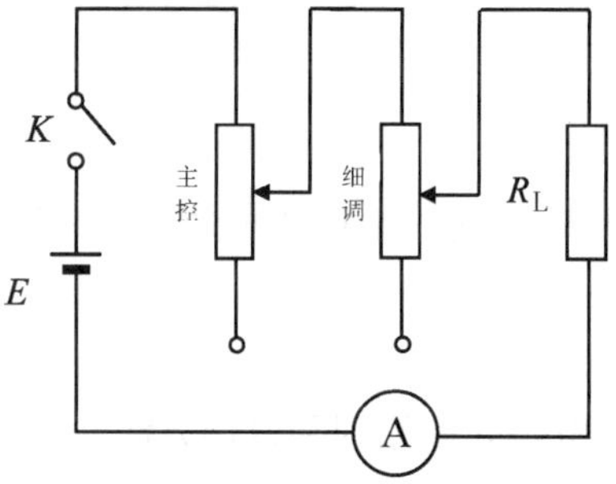

图 8.6 制流细调电路

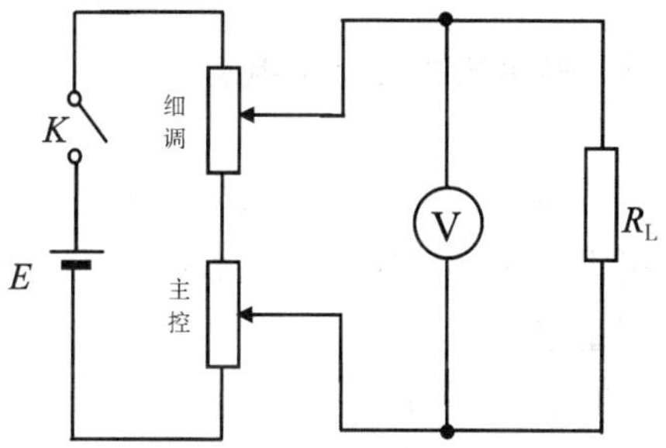

图 8.7 分压细调电路

4. 仪器设备(供参考)

多用电学实验仪(含稳压电源、几种不同规格但功率均为 2W 的电位器、数字电压表、指针式电流表、单刀单掷开关、单刀双掷开关、待测电阻、稳压二极管等),直流玩具电机,电阻箱,导线等.

5. 设计要求

1)特性曲线测试

(1)设计合理的电路.

(2)电路参数的选择:根据实验要求,计算出电路中的各个参数;然后根据实验室提供的仪器规格,将有关参数代入相关公式进行预先计算并画出相应的特性曲线,判断是否符合实验要求. 如果不符合要求,则可对有关电路参数进行重新设计,直到符合实验要求为止.

(3)若特性曲线为非线性,则应考虑测绘这样的曲线应如何选择实验点,在何处进行细调研究.

(4)确定方案后,用实验验证你的选择和设计的正确性,即作出实验结果的特性曲线,考察细调情况,进行分析和讨论.

2)调速控制电路

(1)画出控制电路,列出所需的仪器、元件及相应的电路参数.

(2)写出选择的控制方法及其原理.

(3)用实验验证选择方案.

6. 预习报告要求

按设计任务的要求,写好预习报告,经与教师讨论后自行实验.

7. 分析讨论题

(1)对设计与验证的结果进行综合分析讨论.

①选择分压或制流的主要依据是什么?

② 若已确定选择分压法,那么选择变阻器的规格时,应考虑的主要因素是什么? 若选择制流法又该如何考虑?

(2)细调时,细调变阻器与主控变阻器的阻值之比应如何考虑? 为什么?

学习参考资料

[1]林抒,龚镇雄. 普通物理实验. 北京:高等教育出版社,1981.

[2]杨述武. 普通物理实验(电磁学部分). 第三版. 北京:高等教育出版社,2002.

8.1.3　多用表的设计与组装

微安表或电流计表头经串联或并联一电阻后即可改装成一电压表或电流表. 用类似的方法还可设计出其他用途的电表或多用途的电表.

1. 学习重点

(1)掌握将一表头改装为双量程电流表、电压表、电阻表的原理和设计方法.

(2)学习多用表的组装和标定.

2. 实验要求

1)电路设计

(1)分别画出将表头改装成双量程电流表、双量程电压表、不带量程变换的电阻表的电路图.

(2)画出具有上述功能的多用表电路图,写出相应的计算公式.

2)实验操作

(1)测量表头内阻及满偏电流(画出测量电路及记录测量数据).

(2)根据实验条件计算电流量程分别为 1mA,10mA,电压量程分别为 1V、10V 的多用表所用的各电阻元件的阻值(有三位有效数字).

(3)组装一个具有上述功能的三用表.

3)数据处理

(1)以 4 1/2 位数字电流表(或 0.5 级电流表)作为标准表,作出双量程电流表的两条校准曲线.

(2)以 4 1/2 位数字电压表(或 0.5 级电压表)作为标准表,作出双量程电压表的两条校准曲线.

(3)对改装成电阻表的表头进行标定.

(4)分析讨论误差产生的原因.

3. 实验提示

1)表头内阻的测定

进行多用表设计时,必须知道表头内阻 R_g 的大小. 表头内阻的测定方法很多,常用的方法有伏安法、半偏法、电桥法、替代法等.

2)电阻表的原理

图 8.8 所示为电阻表的电路原理图. 微安表的内阻为 R_g,量程为 I_g;电源电动势为 E,它与固定电阻 R_0、可变电阻 R_t 串联;R_x 是被测电阻,测量时将它接在 a,b 两点之间. 由闭合电路欧姆定律知,接入 R_x 后,表头所指示的电流为

$$I_x=\frac{E}{(R_g+R_t+R_0+R_x)}$$

当 $E,R_g+R_0+R_t$ 的值一定时,R_x 的一个值与 I_x 的一个值相对应,所以表面可以按电阻值来划分刻度.

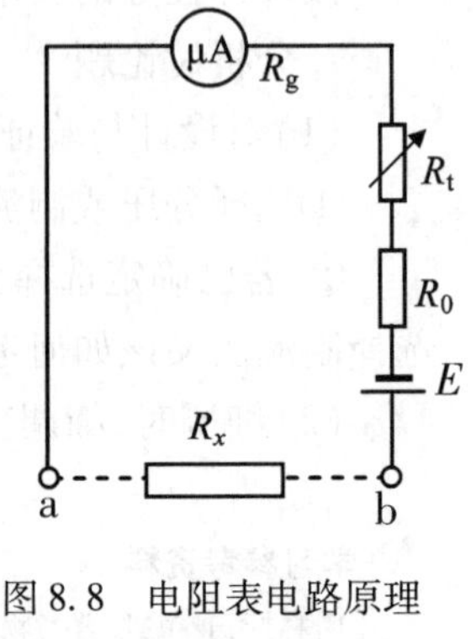

图 8.8　电阻表电路原理

3)电阻挡的调零问题

由于电池经过一段时间的使用以后,电动势有所下降,电阻显著增大.为适应电源的这种变化,可在表头回路中串联一个电位器 R(即 R_t),作为"调零电阻",调节 R_t 可改变通过表头的电流.

4.仪器设备

多用电学实验仪(内含电源、改装用的表头、电位器、电阻、二极管、电键等),干电池,0.5 级电流表、0.5 级电压表(或4 1/2 位数字多用表),电阻箱,导线等.

学习参考资料

[1]张兆奎,缪连元,张立.大学物理实验.北京:高等教育出版社,2001.
[2]刘映栋,等.大学物理实验教程.南京:东南大学出版社,2004.

8.1.4 非线性电阻特性研究

电阻元件的伏安特性曲线呈直线型的,称为线性电阻;呈曲线型的,称为非线性电阻.例如,点亮的白炽灯泡中的钨丝、热敏电阻、光敏电阻、半导体二极管和三极管等都是典型的非线性电阻元件.非线性电阻的伏安特性所反映出来的规律,总是与一定的物理过程相联系的.利用电阻元件的非线性特性研制出的各种新型传感器、换能器,在温度、压力、光强等物理量的检测和自动控制方面有着广泛的应用.因此,对非线性电阻特性及规律的研究,有助于对有关物理过程、物理规律及其应用加深理解和认识.

1.学习重点

(1)针对所给的各种非线性电阻元件的特点,选择一定的实验方法,设计合适的检测电路,选择配套的仪器,测绘出它们的伏安特性曲线或电阻温度特性曲线或光强电流或光强电压曲线.

(2)学习从实验曲线获取有关信息的方法.

(3)根据实验现象和结果,比较各种非线性电阻的特性,并从理论上进行分析讨论.

2.实验要求

(1)从下列非线性电阻元件中任选两种以上,分别测出它们的伏安特性曲线、动态阻值,并研究它们随电压、电流等参量变化的规律,得出拟合曲线方程.

可提供的非线性元器件如下:①照明电灯泡 6.3V/0.3A;②整流二极管(2CP25,$I_{max} \leqslant$ 16 mA,$U_{反向} \leqslant$50V);③稳压二极管(2CW5D,$I_{max} \leqslant$100 mA,$U_0 \approx$5V);④发光二极管(红、黄、绿、兰、紫);⑤NTC 型热敏电阻;⑥硅光电池;⑦光敏电阻.

(2)在粗测的基础上,根据电阻特性,选择适当的实验检测电路,确定测量仪表的量程、等级.实验时,尽量减小系统误差的影响或对系统误差进行修正,完成测试任务.也可对同一元件采用两种不同的检测仪器或方法进行实验,从误差情况、精度及它们对元件的影响等方面进行分析比较.

(3)学习用晶体管特性图示仪、示波器等仪器检测或观测非线性电阻元件的特性.(选做)

3.实验提示

(1)非线性电阻元件动态电阻.通常把电阻元件伏安特性曲线上某点切线的斜率称为该电阻元件在该点(工作状况下)的动态电阻,记作

$$R' = \lim_{\Delta I_R \to 0} \frac{\Delta U_R}{\Delta I_R} = \frac{\mathrm{d}U_R}{\mathrm{d}I_R}$$

显然,线性电阻的动态电阻是常量,其值与欧姆定律定义的直流电阻相等. 但非线性电阻的动态电阻和直流电阻是不同的;非线性电阻的动态电阻是变量,是状态的函数,所以非线性电阻元件的动态电阻和功率的关系是一个重要性质.

(2)若导体的温度保持不变,则伏安特性曲线是一条直线,但导体因通电而发热后,温度升高,电阻增大,伏安特性呈曲线.

(3)非线性电阻元件的伏安特性所反映的规律,总是与一定的物理过程相联系的. 例如,半导体整流二极管正向导通电流为毫安数量级,而反向电流仅为微安数量级(设计测量电路时应注意两者的区别),这与二极管的 PN 结阻挡层结构相关联. 又如,发光二极管伏安特性曲线上出现的拐点,是与发光二极管发光或不发光两种工作状态的转变相对应的. 除共同的 PN 结阻挡层的作用影响阻值的变化外,还表明由于额外的光能量输出而影响二极管内部的能量分配,所以对非线性电阻特性和规律的研究,有助于对有关物理过程的理解.

4. 仪器设备(供参考)

非线性电阻元件板(装有多种非线性元件)多量程电流表和电压表、微安表、稳压电源、滑线电阻、标准电阻、各种开关、通用示波器、晶体管特性图示仪.

5. 预习报告要求

(1)写明准备研究的项目.

(2)写明所选择的实验方法、测量电路、仪器规格和具体实验程序.

6. 分析讨论题

(1)试从照明灯泡的伏安特性曲线中,求出灯丝的零电阻($I=0$ 时的阻值).

(2)灯丝电阻随功率的变化反映出输入功率、电流的热效应及周围环境散热发光等能量转换和分配的规律,试根据实验曲线作定性分析.

(3)运用已有的理论知识,解释发光二极管发光时刻、发光颜色及伏安特性曲线偏折的规律.

(4)将整流二极管、光敏二极管、发光二极管和稳压二极管都看做二极管,试从它们的伏安特性曲线上比较分析它们之间的异同.

(5)能否从低压氖泡的伏安特性上得出能级客观存在的结论.

学习参考资料

[1]威廉 · H · 卫斯特发尔. 物理实验. 上海:上海科学技术出版社,1964.
[2]林抒,龚镇雄. 普通物理实验. 北京:高等教育出版社,1981.
[3]张立. 大学物理实验. 上海:上海交通大学出版社,1988.
[4]靳恭,武驷. 半导体及其应用. 北京:科学出版社,1975.
[5]R. M. 惠特利,J. 亚伍德. 伦敦工学院 200 个物理实验. 蔡峰怡译. 北京:科学技术文献出版社,1984.

8.1.5　自组望远镜和显微镜

1. 学习重点

(1)用平面镜法和位移法测量凸透镜焦距.

(2)组装望远镜和显微镜.

(3)研究透镜成像规律,测量望远镜、显微镜的"放大率".

2. 实验要求

1)组装望远镜

(1)用自准法和共轭法分别测出两个凸透镜的焦距,并确定一个作物镜,另一个作目镜.

(2)将另一个凸透镜与光源、透明标尺组成一近似平行光,作为无穷远发光物体.

(3)装上物镜,记下其位置,观察无穷远发光物体通过物镜后在像方空间上所成的实像,调节观察屏,测出成像位置、大小和倒正.

(4)取走观察屏,在同一位置上装上目镜,调节共轴,再前后略微移动目镜,直到眼睛可清晰地看到像,记下此时目镜位置.

(5)画出光路图,算出系统角放大率 M.

2)组装显微镜

(1)以前面测得的两凸透镜中,确定一个作物镜,另一个作目镜(注意选择条件),按照光学间隔和明视距离要求组装显微镜.

(2)测量组装显微镜的放大率.

3. 仪器设备

光学平台、凸透镜、白光源、光屏、透明标尺、透明微缩尺等.

学习参考资料

[1]潘学军,等. 大学物理实验. 北京:电子工业出版社,2006.

[2]王惠棣,等. 物理实验. 天津: 天津大学出版社,2001.

[3]林抒,龚镇雄. 普通物理实验. 北京:人民教育出版社,1982.

8.1.6 自组迈克尔孙干涉仪测量空气的折射率

迈克尔孙干涉仪的光路直观、装置简明,可以观察到丰富的干涉现象,它的调整方法在光学技术中具有典型性和代表性. 而空气的折射率与现代激光精密测长等技术密切相关,但因与真空的折射率相差甚小,仅有 10^{-4} 数量级,不能以几何光学方法直接利用折射定律测定. 如果利用迈克尔孙干涉仪干涉条纹计数的方法,则能获得相当准确的结果.

1. 学习重点

(1)掌握迈克尔孙干涉仪的原理,学会光路的布局与调整.

(2)学会利用自组迈克尔孙干涉仪测量空气折射率的方法.

2. 实验要求

(1)在光学实验平台上搭建迈克尔孙干涉仪光路.

(2)观察干涉条纹随气压变化的现象和规律.

(3)测量不同的气压变化量引起的干涉条纹变化数.

(4)计算标准状态下空气的折射率 n_0 及估算测量的不确定度.

3. 实验提示

如图 8.9 所示,激光束经扩束镜后形成点光源,在迈克尔孙干涉仪的一支光路中加入一个玻璃气室,用毛玻璃屏接收非定域圆条纹(本实验有无补偿板均可).

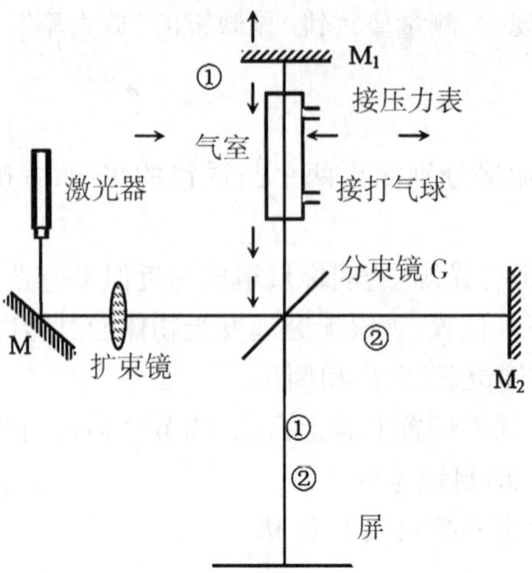

图 8.9　用迈克尔孙干涉仪测气体折射率

如果气室内空气的压强改变了 Δp,相应折射率改变了 Δn,则上述干涉光路将增加光程差 δ,从而引起干涉条纹 N 个环的变化. 设气室内空气柱的长度为 l,则有

$$\delta = 2\Delta nl = N\lambda \text{ 或 } \Delta n = \frac{N\lambda}{2l} \tag{8.7}$$

如果先把气室抽成真空(气室内压强接近于零,折射率 $n = 1$),再向气室内缓慢充气,同时数出干涉环变化数 N,由式(8.7)可计算出不同压强下折射率的变化值 Δn,则相应压强下的空气折射率为

$$n = 1 + \Delta n$$

如果不抽真空,而是采用打气的方法增加气室内的空气粒子数量,根据气体折射率的改变量与单位体积内粒子个数的改变量成正比的规律(从理论和实验上都已证实)可求出相当于标准状态下的空气折射率 n. 关于折射率的物理机制可参阅 M. 玻恩、E. 沃耳夫著《光学原理》(上册),第 122 ~ 124 页或《费曼物理学讲义》第一卷第 31 章及第二卷,第 32 章.

对有确定成分的干燥空气来说,单位体积内的粒子数与密度 ρ 成正比,于是有

$$\frac{n-1}{n_0-1} = \frac{\rho}{\rho_0} \tag{8.8}$$

式中,ρ_0 为空气在热力学标准状态($T_0 = 273.15\text{K}$, $p_0 = 101325\text{Pa}$)下的密度;n_0 为在相应状态下的折射率;n 和 ρ 分别为对应于任意温度 T 和压强 p 下的折射率和密度.

联系理想气体状态方程,有

$$\frac{\rho}{\rho_0} = \frac{pT_0}{p_0T} = \frac{n-1}{n_0-1} \tag{8.9}$$

如果实验时温度 T 不变,对上式求压强 p 的变化所引起的折射率 n 的变化,则

$$\Delta n = \frac{n_0-1}{p_0}\frac{T_0}{T}\Delta p \tag{8.10}$$

考虑到 $T = T_0(1+\alpha t)$(其中 α 是相对压强系数,等于 $1/273.15 = 3.661 \times 10^{-3}℃^{-1}$,$t$ 是摄氏温度,即室温),代入式(8.10)有

$$\Delta n = \frac{n_0 - 1}{p_0} \frac{\Delta p}{(1 + \alpha t)}$$

或

$$n_0 = 1 + p_0(1 + \alpha t)\frac{\Delta n}{\Delta p} \tag{8.11}$$

将式(8.7)代入式(8.11)得

$$n_0 = 1 + p_0(1 + \alpha t)\frac{\lambda}{2l}\frac{N}{\Delta p} \tag{8.12}$$

利用向气室内打气后再缓慢放气的方法，测出若干不同的 Δp 所对应的干涉环变化数 N. $N-\Delta p$ 关系曲线的斜率即为 $N/\Delta p$. p_0，p$_0$，t，l 及 λ 的值均可由相关参数表或仪器获得，将其一并代入式(8.12)后，即可求出相当于标准状态下的空气折射率[3].

4. 实验方法

(1)用实验室提供的实验器材，按图 8.9 所示布置光路，开始时不用扩束镜和气室，先调节激光束使其与其他光学元件的几何中心等高，再使通过分束镜 G 的两光束①、②合为一路(即到达毛玻璃屏上的两组"光点"重合). 然后按图示位置加入扩束镜，在屏上接收圆条纹；把连接着打气球和压力表的气室置入光路后，仔细调节气室的支座，尽量使光束从气室端面的中心部位通过，避免发生明显的折射.

(2)用打气球向气室内少量充气以后，稍微松动气阀，慢慢放气，观察干涉条纹变化规律，同时练习计数，目测移过屏上某点的条纹数，并估计一位小数.

(3)分别测量 p 从 0.005MPa、0.01MPa、…、0.05MPa 降到零时干涉条纹的移动数 $N_1, N_2, \cdots, N_{10}$，把多次测量数据记入表格. 及时记录室温 t，然后测出气室的空气柱长度 l.

(4)用直角坐标纸绘制干涉条纹变化数与气室气压 Δp 的关系图线；并利用 Excel 软件中的回归分析工具(线性拟合法)计算 $N-\Delta p$ 线性拟合的斜率及其标准偏差，用式(8.12)算出标准状态下空气的折射率 n_0 值，最后估算测量的不确定度.

根据图线，通过改变空气室压强测量干涉环相应的变化数目，间接测量标准状态下的空气折射率.

5. 仪器设备

光学实验平台、固体激光器、平面反射镜、分束(分光)镜、扩束镜、气室、气压表、打气球、毛玻璃屏等.

6. 注意事项

(1)在调节光路的过程中，要特别注意避免触摸光学镜面.

(2)气室加压不要超过 0.06MPa，以免乳胶管爆裂.

(3)实验中必须保持安静，尽量避免在实验台附近走动.

7. 分析讨论题

(1)为什么空气折射率与空气密度有关?

(2)本实验是否可以利用等厚干涉直条纹进行测量? 理由是什么?

(3)本实验适宜用钠灯做光源吗? 为什么?

(4)如何利用式(8.12)求出室内温度和气压下的空气折射率?

学习参考资料

[1]王惠棣,等.物理实验.天津:天津大学出版社,2001.

[2]叶声华.激光在精密计量中的应用.北京:机械工业出版社,1980.

[3]潘学军,等.大学物理实验.北京:电子工业出版社,2006.

8.2　制作性实验

8.2.1　空气对流演示器的制作

1. 学习重点

(1)学会利用身边常见的易拉罐等材料制作该仪器,培养观察生活的能力,并能激发探究物理的兴趣,能将教学融入到生活中.

(2)通过练习制作演示装置,初步练习直尺、划规、铁皮剪、手锯、锉、台钻等基本工具的使用技能.

(3)制作完成后能较好地演示空气的对流现象,并提高自己的专业素质.

2. 实验内容及步骤

(1)将事先收集、准备好的废易拉罐等用手锯、剪刀裁剪成薄板材料和对流演示器底座.

(2)用划规和直尺划出叶轮图形,用剪刀沿划线剪出叶轮并在其中心钻一直径为3mm 的孔.

(3)用台钻分别在底座、螺钉上加工支架孔和轴承孔.

(4)用锉刀打磨废铁丝或铜丝制作的支撑轴尖并将叶轮、轴承座、支撑轴等进行总体组装,制作成如图 7.1 所示的演示装置.

(5)点燃蜡烛检验装置的灵活性,如果失败分析相关原因进行修正,直至成功.

3. 主要仪器设备及材料

铝质、铁质易拉罐各 1~2 只,直径为 2~3mm、长 15~20cm 的铁丝一段,M3×5 螺钉 2~3 枚,铁皮剪,手锯,台钻,蜡烛头,直尺,划规等.

8.2.2　滚轮的制作

1. 学习重点

(1)进一步练习手锯、锉刀、台钻等的使用.

(2)掌握用手工制作圆形零件的方法和技能.

(3)学习利用板牙、丝锥等练习套螺纹和攻螺纹的技能.

2. 实验内容及步骤

(1)用直尺和圆规在所给废塑料板或有机玻璃板上画出两个尽可能大且等大的圆(注意留出加工余量).

(2)用手锯锯出圆板毛坯(注意锯的时候锯缝与板面垂直).

(3)用粗、中、细锉刀,分别采用横向和顺向滚锉等方法加工出两个相等大小的圆.掌握外圆弧面的锉削方法和技能.

(4)用锉刀打磨 PVC 管端面使端面与管轴线垂直.

(5)用榔头矫正铁丝后再用细锉刀打磨其端面加工出 15°~20°锥角以便套出螺纹.

(6)在铁丝两端用 M3 圆板牙套出 6~10mm 螺纹.

(7)用 2.5~2.6mm 麻花钻在加工好的圆板中心钻孔后用 M3 丝锥攻出螺纹.

(8)将所有加工好的零件组装后再从废旧塑料袋上剪 2~3cm 宽、20cm 左右的长条,用涤纶粘胶带粘在滚轮上即做成,可以演示滚轮转动方向与牵引方向间(即滚轮受力矩方向)关系的演示装置,如图 8.10 所示.

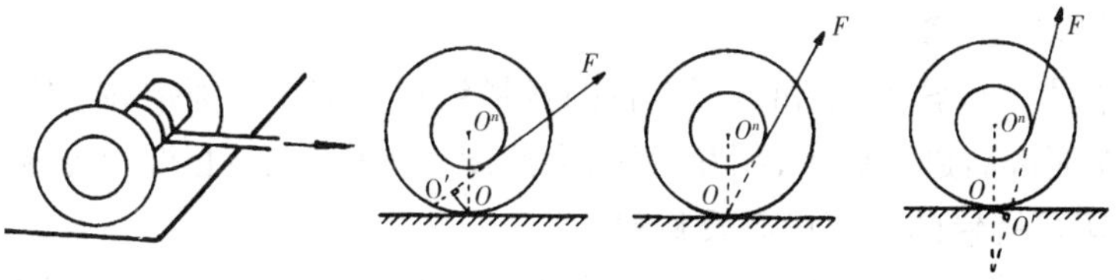

图 8.10 滚轮及演示原理

8.2.3 虹吸式反冲演示仪的制作

1. 学习重点

(1)使学生掌握常规加工方法及常用工具的使用技能.

(2)通过对虹吸式反冲演示仪的设计、制作,充实中学物理实验内容.

(3)通过演示过程,使学生加深对虹吸现象和反冲现象的理解和解释.

2. 实验内容及步骤

(1)参照图 7.7 所示图样设计、绘制支架及各部分零件尺寸图.

(2)支架的制作:利用塑料板(或木板)、螺钉等按照各零部件尺寸要求分别完成制作任务并对整个支架进行组装.

(3)转轴的制作:截取长度、直径合适的铁丝,校直后两端攻出螺纹并打磨出轴尖.

(4)转动体的制作:将易拉罐、饮料吸管、橡胶管、泡沫塑料完成对转动体的制作,用铁皮剪刀剪出合适长度的铁皮,利用电烙铁将其焊接在转动体适当位置,用以固定吸管喷嘴的位置和方向.

(5)利用台钻将螺钉制成轴承座并将支架、转轴、转动体组装起来,然后用黏结剂将其缝隙处密封.

(6)演示这个实验装置并观察相关的实验现象,分析导致这个结果的理论因素.

3. 主要仪器设备及材料

手锯、铁皮剪、锉刀、台钻、100W 电烙铁、板牙、丝锥等基本工具,塑料板(木板)、废八宝粥罐、饮料吸管、铁丝、螺钉、橡胶软管、泡沫塑料等材料.

8.2.4 利用废旧材料制作演示实验装置

1. 实验目的

(1)根据学生个人的知识、技能情况利用常见材料、物品等自主设计物理演示教具.

(2)通过演示教具的设计制作激发、培养学生的创新能力、实践能力和分析解决问题的能力.

2. 实验内容及方法

(1)由教师给出一些可供选择的演示实验题目供学生选择,学生根据自己的情况完成设计制作.(注:对于比较复杂和难度较大的项目可以由几名学生自愿组合以分工协作的方式共同完成.)

(2)学生也可以通过网络查询相关资料后自己选择、设计演示实验项目.

(3)学生根据自己所选择的演示实验项目,在课前准备相关的材料,并写出相关的设计思路和绘制设计图纸.

(4)根据设计方案、图纸和自行准备的材料到实验室在老师指导下完成制作.

(5)制作完成后进行展示,相互点评,交流设计制作方法、心得和经验.

3. 实验室可提供的主要设备及材料

钻床、车床、铁皮剪、手锯、锉刀、板牙、丝锥、各种规格的螺钉、有机玻璃、导线、废包装箱木板、黏合剂、铁丝等,其余材料自备.

8.2.5　直流稳压电源的制作

1. 学习重点

(1)学习用计算机将电路原理图设计成印制电路图.

(2)掌握直流稳压电源制作的基本知识和测试方法.

(3)掌握用电烙铁焊接的基本技能.

2. 实验要求

(1)进行实验前将直流稳压电源的电路原理图,通过计算机转换成相应的印制电路图.

(2)根据印制电路图,通过定位、描绘、腐蚀、清洗、钻孔等工序,制作印制电路板.

(3)用旧导线练习焊接技能,初步学会使用电烙铁焊接的基本技能,要求无虚焊、假焊现象.

(4)熟悉可变电阻器、电解电容器、整流二极管、桥式整流器和稳压集成电路的性能,并用万用表进行检测.

(5)分阶段焊接电路,用万用表和示波器测试相应有关电压参数及其波形,以研究稳压电源的工作原理.

(6)检查直流稳压电源的稳压性能.分别调节交流输入电压和负载电流(变化控制在10%以内),检测输出电压的稳定情况,并给予评价.

3. 实验提示

请参阅 7.3.1 及 7.3.2 相关部分内容.

4. 仪器设备

电烙铁、焊锡丝、万用表、示波器、实验电路板、胶片漆、酒精、三氯化铁及稳压电源所需全套电子元件等.

学习参考资料

[1]谈文心,钱聪,宋云娴.模拟集成电路——原理及应用.西安:西安交通大学出版社,1995.

[2]沙占友,等.数字万用表应用技巧.北京:国防工业出版社,1997.

[3]陆廷济,等.物理实验教程.上海:同济大学出版社,2000.

8.2.6　可控硅调光灯的制作

1.学习重点

(1)学习用计算机将电路原理图设计成印制电路图.

(2)初步掌握用电烙铁焊接的基本技能,焊接装配可控硅调光灯.

(3)使用双踪示波器测量电路有关点的电压波形,以进一步理解可控硅调光灯的工作原理.

2.实验要求

(1)进实验室前将可控硅调光灯的电路原理图,通过计算机转换成相应的印制电路图.

(2)根据印制电路图,通过定位、描绘、腐蚀、清洗、钻孔等工序,制作印制电路板.

(3)用旧导线练习焊接技能,初步学会使用电烙铁焊接的基本技能,要求无虚焊、假焊现象.

(4)熟悉各相关元件的性能,记录主要参数,并考虑元件的选择能否满足要求.

(5)调光灯电路的焊接、调试与装配.测试灯泡两端电压的变化范围,并观察调光效果.

(6)用双踪示波器测量可控硅调光灯电路有关点的电压波形,以具体阐明可控硅调光灯的工作原理.

3.实验提示

可控硅英文名为Silicon Controlled Rectifier,缩写为SCR,意为硅的可控整流器.SCR是一种半导体的可控整流器件,可以作为一种控制电路通断的无触点开关.如果用它组成一定的电路,用来调节灯泡两端的电压,便可以调节灯光的亮度,制成可控硅调光灯.电路如图8.11所示.图中L是灯泡,T是双向可控硅,它有三个电极,A、C和控制极G.双向可控硅无阴、阳极之分,且正、负触发电压 U_G 只要达到一定数值都可以使它导通.2CS为双向触发二极管,是一种配合双向可控硅工作的专用二极管.当二极管两端电压未达到转折电压时,它呈现高阻状态,一旦达到转折电压时突然呈低阻状态,电流迅速增大.

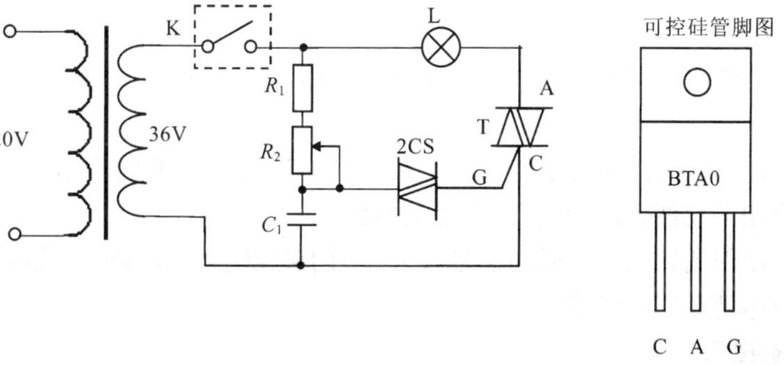

图8.11　调光灯原理电路及可控硅管脚

R_2 为电位器，作可变电阻用. R_1 为保护电阻，以免 R_2 减小到零时，将电容器 C_1、双向触发二极管、可控硅等元件损坏；当 R_2 处于阻值最大时，电容器 C_1 上充电到触发二极管转折电压所需要的时间最长，因而可控硅导通时间最短，灯泡发光最暗；当 R_2 逐渐减小时，相应可控硅的导通时间变长，灯逐渐变亮. 为达到开关灯的目的，所以采用带有开关的电位器，开关 K 接在图中虚线的部位. 可控硅调光灯实际使用的是交流 220V 市电. 但是，为了避免初学者在测试时发生触电危险，所以实验时采用 36V 安全电压的交流电源.

提示：用双踪示波器作两个波形比较时，要注意接地点的选择. 接地点必须选用同一点，以免发生局部短路事故. 另外，两个通道必须采用同一触发源，这样两个信号波形的相位比较才有意义. [4]

4. 仪器设备

电烙铁、焊锡丝、万用表、示波器、实验电路板、胶片漆、酒精、三氯化铁及可控硅调光灯所需全套电子元件等.

学习参考资料

[1] 费定曜. 测试技术. 上海：同济大学物理系，1995.
[2] 沙占友，等. 数字万用表应用技巧. 北京：国防工业出版社，1997.
[3] 陆廷济，等. 物理实验教程. 上海：同济大学出版社，2000.
[4] 郭祥沄. 半导体电路. 北京：人民邮电出版社，1985.

8.2.7　微电流（电压）放大器的制作

近年来，随着集成电路与数字化显示技术的普及. 具有低失调、低噪声、低漂移、偏置电流小等特点，且性能优越、价格低廉的集成运算放大器越来越多. 用它们设计制作的微小电流（电压）放大器，已被广泛使用在某些物理演示实验中. 利用微弱信号（微小电压或电流）放大器，可将待测信号放大到一定倍数后再输入到显示系统或测量读数仪器，这样就能读出待测物理量的大小，从而研究其变化规律.

1. 学习重点

（1）学习集成运算放大器的基本使用方法.

（2）利用集成运算放大器、集成三端稳压器及相关电子元件制作放大倍数可调的微弱信号放大器.

（3）学习印制电路制作及焊接基本技术.

2. 实验要求

（1）在读懂图 7. 108 所示电路的基础上，根据所用元件尺寸，用计算机设计并画出印制电路图.

（2）将印制电路图通过描绘、钻孔、腐蚀等工艺制成印制电路板.

（3）将相关元件焊接、安装在印制电路板上.

（4）将制作调试完毕的微弱信号放大器用于电磁感应演示实验或电桥实验的平衡指示器电路中检验其实验效果.

3. 实验提示

请参阅 7. 3. 3 微电流（电压）放大器原理一节相关内容.

4. 仪器设备

计算机、打印机、台钻、电烙铁及相关工具、变压器及相关电子元件、敷铜板、三氯化铁等.

学习参考资料

[1]万纯娣,等.普通物理实验.南京:南京大学出版社,2000.

[2]谈文心,钱聪,宋云娴,等.模拟集成电路——原理及应用.西安:西安交通大学出版社,1995.

8.2.8　小型话筒及放大器的制作

1. 学习重点

(1)学习用微型声电传感器、集成功率放大器制作话筒放大器的基本方法.

(2)掌握印制电路的制作方法及电烙铁焊接的基本技能.

(3)进一步熟悉低频信号发声器及示波器的使用.

2. 实验要求

(1)根据所给电路原理图及电子元件的大小和功能用计算机绘制印刷电路图.

(2)根据印制电路图制作印制电路板.

(3)练习焊接技能.用旧导线练习焊接,学会使用电烙铁焊接的基本技能,要求无虚焊、假焊现象.

(4)将所需电子元件焊接在电路板上并按电路要求进行调试.

3. 实验提示

图8.12所示为是一个话筒及放大器电路原理图,图中由传感器MC,三极管BG,电容 C_1 和 C_2,电阻 $R_1 \sim R_3$ 组成话筒电路.图中MC为静电式驻极体声—电传感器,它可将频率和振幅不同的声振动信号转换为相应的电信号.由于被转换后的电信号通常都较小,所以要先通过由晶体管BG和电阻、电容等构成的电压放大器进行适当的放大后,再通过功率放大器进行再次放大才能推动扬声器发出洪亮的声音.

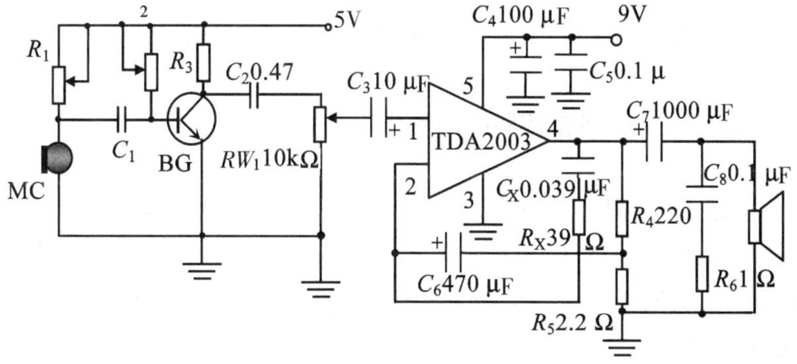

图8.12　话筒及功率放大器原理电路

C_1 是耦合电容,通过它把MC的电信号耦合到三极管的基极,通过偏置电阻 R_1,R_2 和负载电阻 R_3 的作用将电信号的幅度进行必要的放大.

放大以后的信号再通过 RW_1 和 C_3 的控制及退耦后,送到由TDA2003型集成功率放

大器和 $C_4 \sim C_8$ 及 $R_4 \sim R_6$ 等组成的功率放大电路将信号进行再次放大,使之能以较大的功率推动扬声器发出洪亮的声音.

C_4 和 C_5 是旁路电容,C_6 是纹波滤波器, C_X 和 R_X 用以控制输出频率上限(控制截止频率),C_7 为输出电容,C_8 与 R_6 用以改善高频特性,使输出频率稳定,R_4 和 R_5 为交流负反馈电路,用以控制电路增益. 输出负载为 4 ~ 8Ω,4 ~ 6W 扬声器.

参考印制电路如图 8.13 所示(含电源供给电路).

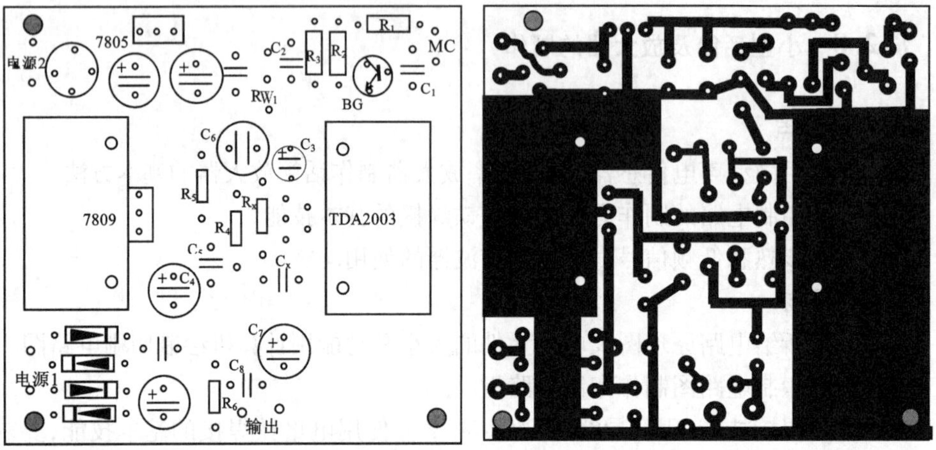

(a) 正面图　　(b) 背面图

图 8.13　印制电路

4. 仪器设备

敷铜板、台钻、腐蚀药品、电烙铁、焊锡丝、万用表、低频信号发声器、示波器、功率放大器所需全套电子元件等.

学习参考资料

[1] 谈文心,等. 模拟集成电路——原理及应用. 西安:西安交通大学出版社,1995.

[2] 谢自美. 电子线路设计 · 实验 · 测试. 武汉:华中理工大学出版社,2001.

8.2.9　数字式温度测量控制器的制作[5]

热力学温度是 7 个基本物理量之一. 在物理学、化学、热力学、飞行力学、流体力学等科学的研究中都离不开对温度测量和控制,它也是工业生产中最普遍、最重要的参数之一. 许多工业产品的质量和产量都与温度有直接关系,因此,如何正确地测量和控制温度具有非常重要的意义.

数字式仪表通常具有灵敏度高、误差小、读数方便、体积小巧等优点. 近年来随着大规模集成电路及传感技术的飞速发展,很多仪器、仪表均不断朝着集成化、数字化方向发展;利用晶体管 PN 结的电势——温度特性和大规模集成电路 ICL7107(3 1/2 位双积分 A/D 转换器)及 TL062,OP07 等再加上少量外围元件,就可以设计制作数字式温度测量控制器.

1. 学习重点

(1)了解 ICL7107(7106)双积分 A/D 转换器的基本原理和功能.

(2)了解利用热电式传感器——晶体管 PN 结设计数字温度计的原理、方法.

(3)掌握数字温度测量控制器的制作和调试方法.

2. 实验要求

(1)根据数字温度测量控制器原理电路,用计算机通用软件 PowerPoint,按电源、温度计、控制器三部分电路设计出相应的印制电路图.

(2)在敷铜板上按印制电路图形及尺寸进行描绘、切割、打磨、腐蚀、清洗、钻孔等工作.

(3)将相应电子元件按要求焊接、装配在印制电路板上.

(4)将制作完成的电路板逐项检查,看是否有错焊、虚焊和假焊.

(5)通电检查各部分电路是否能正常工作.

(6)用水的三相点和气点及标准温度计进行定标调试.

(7)给数字温度控制器制作一个适当的外壳.

3. 实验提示

1)双积分 A/D 转换器(模拟/数字)转换原理

A/D 转换器按工作方式可分为积分型,逐次逼近型和多次比较型等,双积分型转换精度高,对串模干扰抑制能力强,缺点是转换速度低.

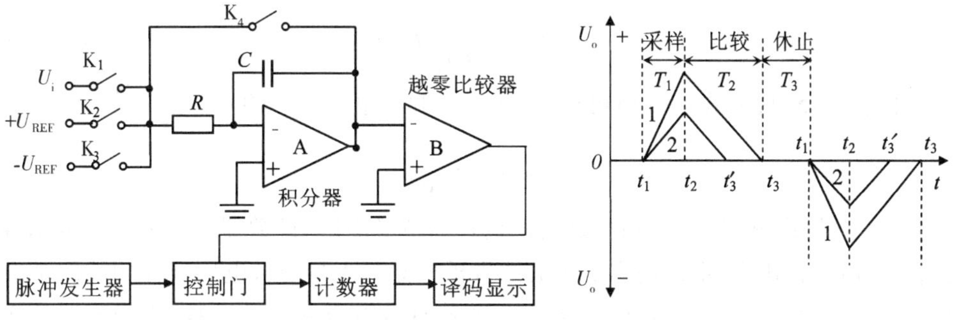

(a) 原理框图　　(b) 波形图

图 8.14 双积分 A/D 转换器原理图

双积分 A/D 转换器的工作原理是将电压量转换成与平均值成正比的时间间隔,然后用脉冲发生器和计数器测量该时间间隔,从而反应出电压量的数值,如图 8.14(a)所示.图中 U_i 为输入电压,$+U_{REF}$为正基准电压,$-U_{REF}$为负基准电压,A 为积分器,B 为越零比较器.

这种转换器一次工作周期要经历三个工作阶段:采样、比较和休止,如图 8.14(b)所示.各阶段中模拟开关接通和断开状态见表 8.1.

表 8.1　双积分 A/D 转换器开关状态

模拟开关	采　样	比　较		休　止
		正基准	负基准	
K_1	通	断	断	断
K_2	断	通	断	断
K_3	断	断	通	断
K_4	断	断	断	通

在输入不同极性电压时积分器 A 输出电压 U_o 随时间的变化如图 8.14(b)所示. 从此波形图可以看出,以采样阶段的逻辑控制电路发出启动脉冲 t_1 的时刻为起点,这时计数器复位,K_1 接通,使积分器对输入电压 U_i 开始积分. 与此同时,时钟脉冲送入计数器计数,设计数器容量为 N_m,时钟脉冲周期为 T_{CP},则从计数起始时刻 t_1 起,到计数器计满 N_m 的 t_2 时刻,这段时间间隔为 T_1,即

$$T_1 = t_2 - t_1 = N_m T_{CP} \tag{8.13}$$

由于 N_m 和 T_{CP} 为常数,故 T_1 也为常数. 可见在采样阶段中,积分器对输入电压 U_i 的积分时间是固定不变的,即始终为 T_1. 如果积分器的起始电压为 U_{o1} 则在采样阶段结束时,积分器的输出电压为 U_{o2},则

$$U_{o2} = -\frac{1}{RC}\int_0^{T_1} U_i \mathrm{d}t + U_{o1} \tag{8.14}$$

令 $\overline{U}_i$ 为输入电压 U_i 在 T_1 时间间隔内的平均值,即

$$\overline{U}_i = \frac{1}{T}\int_0^{T_1} U_i \mathrm{d}t \tag{8.15}$$

将式(8.15)代入式(8.14)可得(设积分器起始电压 $U_{o1} = 0$)

$$U_{o2} = -\frac{T_1}{RC}\overline{U}_i \tag{8.16}$$

从 t_2 时刻起,转换器进入比较阶段,这计数器已溢出(计数器全部为零),溢出脉冲在逻辑控制电路作用下,根据输出电压极性将积分器接入与输入电压极性相反的基准电压(K_2 或 K_3 接通)于是积分器 A 开始反向积分,计数器重新开始计数. 当积分器的输出电压回到起始电压 U_{o1} 的时刻 t_3,比较器 B 的输出电位突变(图 8.14 中设定 $U_{o1} = 0$). 通过逻辑控制电路将计数器关闭,所以比较阶段的时间 $T_2 = t_3 - t_2$,在 t_3 时刻,积分器 A 的输出电压为

$$U_{o3} = U_{o2} - \frac{1}{RC}\int_0^{T_2} U_{REF} \mathrm{d}t$$

即

$$U_{o3} = U_{o2} - \frac{T_2}{RC}U_{REF} \tag{8.17}$$

将式(8.16)代入式(8.17)可得

$$T_2 = -\frac{T_1}{U_{REF}}\overline{U}_i \tag{8.18}$$

从式(8.18)可知,比较阶段的时间间隔 T_2 与输入电压 U_i 在 T_1 时间间隔内的平均值 $\overline{U}_i$ 成正比,而与积分器的积分时间常数 RC 无关,与积分器的起始电压 U_{o1} 无关,与基准

电压成反比. 计数器在 T_1 时间计数值为 N_1,在 T_2 时间计数值为 N_2,则可得出

$$N_2 = -\frac{N_1}{U_{REF}}\overline{U}_i$$

$$\overline{U}_i = -\frac{N_2}{N_1}U_{REF} \tag{8.19}$$

这样,在 t_3 时刻计数器所得的数 N_2 就正比于输入电压平均值 $\overline{U}_i$,式中负号表明 T_2 时间积分器对输入反向积分.

从 t_3 时刻起到下一个启动脉冲来到之前的时间间隔为休止阶段,此阶段 K_4 接通,积分器输出回到起始值,即 $U_{o1}=0$.

从以上对双积分 A/D 转换器工作过程的分析可见,这种转换器具有许多优点,数字量输出与积分器时间常数($\tau=RC$)无关,从而消除了产生斜坡电压的有关误差源. 积分元件的精度要求并不很高,它们的变化也不影响计数精度(从波形图上看出,如在 T_1 时间对积分输出电压的影响,在 T_2 时间可以抵消). 对输入信号电压 U_i 的积分时间常数固定不变,T_2 仅正比于 U_i 在 T_1 时间的平均值 $\overline{U}_i$,这样对叠加在 U_i 上的串模干扰电压有很强的抑制能力. 如设串模干扰信号周期为 T',n 为正整数,可以证明若使 $T_1=nT'$,则双积分 A/D 转换器串模抑制能力在理论上为无穷大,为了有效地抑制工频电源 50Hz 干扰,一般选择 T_1 为 50Hz 周期 20ms 的整倍数,如 20ms、40ms、80ms…

2) ICL7107(7106)引出端功能

ICL7107(ICL7106)是双积分 A/D 转换器,采用双列直插式塑料或陶瓷封装,共有 40 个引出端(简称 DIP-400). 管脚排列如图 8.15 所示. 各管脚的功能如下:

U_+、U_-——电源的正、负端.

COM——模拟信号的公共端,简称"模拟地",使用时通常将此端与输入信号的负端、基准电压的负端短接在一起.

TEST——测试端,该端经内部 500Ω 电阻接数字电路的地端,因两端呈等电位,故亦称作"数字地 GND"或"逻辑地 GND"(ICL7107 的数字地定义为 21 脚). 此端具有两个功能,一是作"测试指示",将它与 U_+ 短接后,LED 显示器的全部笔段点亮,应显示"1888"(全亮笔段)由此可判定显示器有无笔段残缺现象;二功能是作为数字地供外部驱动器使用,如构成小数点显示电路(ICL7106 具有此功能).

$a_1\sim g_1$,$a_2\sim g_2$,$a_3\sim g_3$ 为个位、十位、百位笔段驱动端,依次接个位、十位、百位 LED 显示器的相应笔段电极,ICL7107 能直接驱动共阳极 LED 显示器,不需另加驱动电路和限流电阻.

POL——负极性指示输出端,接图 8.16(b)中的 g 段,当 POL 端输出的方波与 GND 电极反相时,显示负号"-".

GND——数字地,采用 ±5U 电源时,此端应接电源中点. 对 ICL7106 此脚为 BP;液晶显示器背面公共电极的驱动端,简称"背电极".

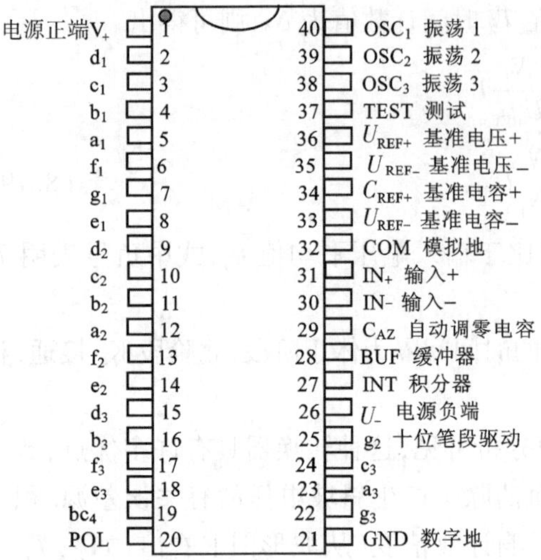

图 8.15　ICL7107 的管脚排列

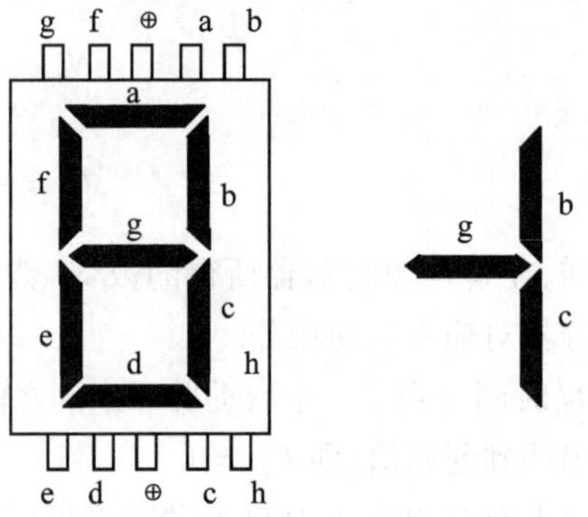

(a)　7 段数字显示　　　(b) 千位笔

图 8.16　LED 显示器笔段分布

$OSC_1 \sim OSC_3$——时钟振荡器的引出端,需外接阻容元件构成两级反相式阻容振荡器.

U_{REF+}——基准电压的正端,简称"基准 +",通常从内部基准电压源获得所需要的基准电压,亦可根据需要采用外部基准电压,以提高基准电压的稳定性.

U_{REF-}——基准电压的负端,简称"基准 －".

C_{REF+}、C_{REF-}——外接基准电容的正、负端.

IN_+、IN_-——模拟电压输入端,分别接被测直流电压 U_{IN} 的正端与负端.

C_{AZ}——外接自动调零电容 C_{AZ} 端,该端接芯片内部积分器的反相输入端.

BUF——缓冲放大器的输出端,接积分电阻 R_{INT}.

INT——积分器输出端,接积分电容 C_{INT}.

bc_4——千位(即最高位,亦称 1/2 位)笔段驱动端,接千位 LED 的 b,c 段. 当计数值 $N>1999$ 时,显示器溢出,仅千位显示"1",其余位均消隐,以此表示仪表过载.

3)晶体管数字显示温度计电路原理

如图 8.17 所示,在 ICL7107 或 ICL7106 外围加上少量元件即可构成一个数字温度计. 图中由 R_3(230kΩ),RW_1(20kΩ 电位器),R_4(68kΩ)和 R_7(20kΩ),BG(温度传感器)组成信号输入电桥,电源 U_+ 和模拟信号公共端 COM 间的电位差即是 ICL7107 或 7106 芯片内部的基准电压源,其值大约为 2.8V,用作电桥的电源,此电源稳定性特别好,经实际测试,在外接工作电源电压从 7V 变化到 10.5V 的情况下,其值基本不变. 因此正好给晶体管温度传感器 BG 及电桥提供一个稳定的工作电压,使 U_{BC}—T 关系保持良好的线性. 电桥两臂 A,B 间的信号通过由 $C_3=0.01\mu F$ 和 $R_2=1M\Omega$ 组成的滤波电路接到模拟量输入端 IN_+ 和 IN_-. 由 C_5,R_8 组成 A/D 转换器的 RC 时钟振荡器,当 $R_8=100k\Omega$,$C_5=100pF$ 时,数字温度计主振频率为 45kHz,采样时间为每秒三次. $C_4=0.1\mu F$ 为基准电容,$C_1=0.22\mu F$ 为积分电容,$C_2=0.47\mu F$ 为自校零电容,$R_1=47k\Omega$ 为积分电阻.

由 R_5(1MΩ),RW_2(50kΩ 电位器),R_6(50kΩ)构成分压电路,所输出的电压作为基准电压. 调节 RW_2 可调节基准电压的大小,使基准电压与温度传感器的温度系数成一定的比例关系,从而可使显示器读数对应于所测量的温度值.

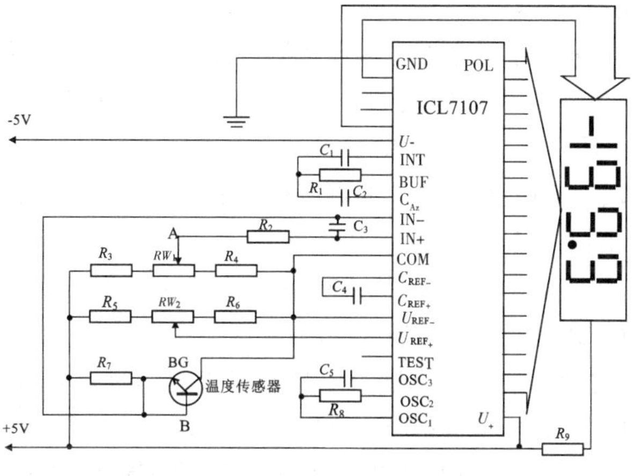

图 8.17 晶体管数字显示温度计电路原理图

4)温度控制器电路原理

温度控制电路是根据电压比较器的原理来设计的,如图 8.18 所示.由集成运算放大器 OP07 及电阻 R_{12},R_{13},R_{14},RW_4等构成一同相比较器.控制信号(基准信号、设定信号)和测量信号(比较信号)分别通过由双运算放大器 TL06 组成的两个电压跟随器输入到同相电压比较器.接入电压跟随器的目的是增大控制电路的输入阻抗,避免控制电路对测量信号和控制信号的分流影响而产生的误差,而且电压跟随器不会改变输入信号的大小.

当测量信号值 U_C 小于控制信号值 U_K 时,OP07 输出高电平,使开关管 3DK9 导通;继电器 JZC-23F 的线圈通电,常开触点闭合负载电路(被控电源电路);同时被控电源经限流电阻 R_{18}使红色发光二极管 VD_4 发光,作为电源加热指示.当测量信号值 U_C 大于控制信号值 U_K 时,OP07 输出呈低电平;使开关管 3DK9 截止;此时继电器线圈断电其常开触点切断负载电路使其停止加热.输入电源通过 R_{17}使绿色二极管 VD_3 发光,表示停止加热,开始保温.VD_2 是续流二极管,保护开关管 3DK9 不因继电器线圈反电动势而受损坏.RW_4用来调整测量值与设定值之间的控制点偏差,即当实际控制温度值与设定温度值出现偏差时,可调节 RW_4使其一致.R_{14}为正反馈电阻,使电压比较器具有一定迟滞特性,电阻值越小其迟滞特性越强.具有迟滞特性的电压比较器虽然灵敏度要低一些,但抗干扰能力大大提高.比较器的灵敏度随 R_{14}的增大而增大.

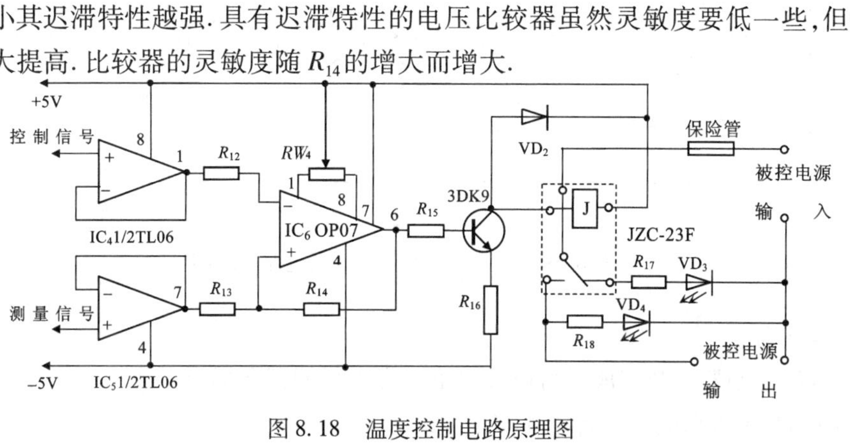

图 8.18 温度控制电路原理图

5)温度测量与控制整机电路

将晶体管数字显示温度计电路和温度控制电路结合起来再加上电源电路、显示选择开关 SK、控制信号电路等,即可构成一实用的数字温度测量控制器. 数字温度测量控制器整机电路如图 8.19 所示. 图中由电源变压器 SB,整流电桥 UD_1,集成三端稳压器 IC_2,IC_3 及滤波电容 $C_6 \sim C_{13}$ 构成输出为 ±5U 的直流稳压电源. 直流稳 压电源作为 A/D 转换器、运算放大器、继电器的工作电源. R_{10},RW_3 及 R_{11} 也接入 ICL7107 的 U_+ 与 COM 端之间 2.8V 的稳压电源,构成一分压器,用从 RW_3 的 C 点输出的电压作为温度控制信号. 调节 RW_3 的触点 C 的位置即可调节被控温度的高低.

为了既能显示温度测量值又能显示控制温度值,在 ICL7107 信号输入端 I_{N-} 电路中加接了显示选择开关 SK. 显示选择开关 SK 是一只双刀双掷开关,当其主触点与 I_{N-} 相接,测量信号和控制信号分别与两个辅助触点相连,当测量信号辅助触点与主触点接触时,显示器显示传感器所感受的温度;当设定控制信号辅助触点与主触点接触时,显示器则显示所欲控制的温度.

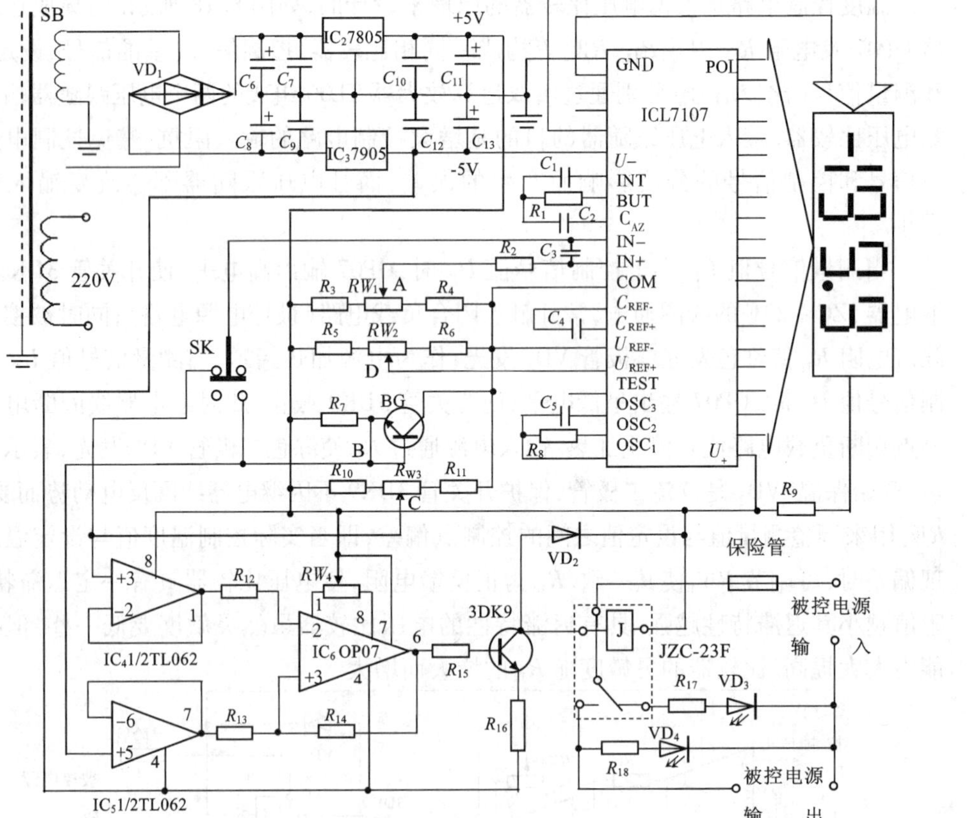

图 8.19　数字温度测量控制器电路原理图

6)调试与定标

当温度控制器安装完成后可以按以下步骤进行调试和标定:

(1)用数字电压表测量各工作点电压.

①测量并记录 7805，7905 输出端对地电压，看它们是否分别为 +5V 和 −5V 左右.

②测量并记录 U_+ 与 COM 端之间的电压，看其是否为 2.8V 左右.

③分别测量并记录 RW_1 的 A 点、BG 的 B 点、RW_3 的 C 点及 RW_2 的 D 等处对 COM 端之间的电压看是否符合设计要求.

（2）若第（1）步各点测量工作电压正常则可按以下步骤定标.

①定标时先将传感器放入冰水混合物中，同时用精密温度计监测，当达到热平衡时调节 RW_1，使温度测量显示器的读数与精密温度计一致（0.2～0.3℃），以此定标 0℃.

②0℃标定好以后再将传感器放入 100℃左右的沸腾水中（由于四川海拔较高，大气压约为 720mmHg 柱，因此水的沸点只有 98℃左右，如要精确定标，则需要测量当时的大气压并由此确定沸点），达到热平衡后调节 RW_2，使温度测量显示器的读数与该时刻水的沸点相同即定标调节完毕（此项工作最好能反复多调两次，使定标更加准确）.

（3）输出控制调节. 当显示选择开关 SK 处于控制温度显示位置时，调节 RW_3 使设定温度为某一设定值. 再使显示选择开关 SK 处于测量温度显示位置，置传感器为控制温度附近并注意继电器动作或红色指示灯发光时，显示温度读数与所设定温度是否一致. 当偏离时，调节 RW_4 使测量控制温度与设定温度基本一致（偏离小于 ±0.5℃）.

（4）用调试完毕的数字温度测量控制器测量和控制温度，并与精密水银温度计做比较确定其误差范围精度等级.

4. 仪器设备

计算机、打印机、台钻、电烙铁及相关工具、变压器及相关电子元件、敷铜板、三氯化铁等.

5. 注意事项

（1）由于输入电源电压为交流 220V，为保证安全，实验过程中请不要弄破电源输入线、电源开关及变压器上所缠的绝缘胶带.

（2）当被控电源电压高于 36V 时，请不要用手触摸其金属接头部分，更不能使其短路.

（3）测量各工作点电压时，注意选择好正确的测量位置，并注意不要造成短路.

思考题

1. 如果事前已经准确地测量出了温度传感器的电势−温度特性曲线，而在温度计定标时又没有冰水混合物和沸水器等设备，请问是否还有别的方法可以对温度计进行定标？若有请说明方法和理由.

2. 已知三极管 PN 结正向压降 U_{BC} 在 0℃时的值大约在 0.65～0.75V 之间，而 ICL7107 的 U_+ 与 COM 间的电压约为 2.8V 左右，在图 8.19 中，当 R_3 为 220kΩ 时，若要 RW_1 A 点的电压调节范在 0.65～0.75V 之间时，RW_1 和 R_4 应各取多大？

3. 若温度传感器 U_{BC} 间的电压在 0℃时的值为 0.71V，而在 100℃时为 0.49V，若要定标 100℃，在 R_5 为 1MΩ 时，RW_2 和 R_6 应各取多大？

4. 已知传感器在 0℃时 U_{BC} 间的电压是 0.70V，传感器的温度系数是−2.2mV/℃. 当设计控制温度变化范围为−50～+150℃，而 RW_3 等于 20kΩ 时，请问 R_{10}、R_{11} 应各取多大？

5. 请用铂热电阻做温度传感器，设计一台测温范围在 0～500℃的温度控制器.

表 8.2　水在不同压强 p(mmHg)下的沸腾温度

p / t / Δp	680	690	700	710	720	730	740	750	760	770	780
0	96.92	97.32	97.71	98.11	98.49	98.88	99.26	99.63	100.00	100.37	100.73
1	96.96	97.36	97.75	98.14	98.53	98.91	99.29	99.67	100.04	100.40	100.76
2	97.00	97.40	97.79	98.18	98.57	98.95	99.33	99.70	100.07	100.44	100.80
3	97.04	97.44	97.83	98.22	98.61	98.99	99.37	99.74	100.11	100.48	100.84
4	97.08	97.48	97.87	98.26	98.65	99.03	99.41	99.78	100.15	100.51	100.87
5	97.12	97.52	97.91	98.30	98.69	99.07	99.44	99.82	100.18	100.55	100.91
6	97.16	97.56	97.95	98.34	98.72	99.10	99.48	99.85	100.22	100.58	100.94
7	97.20	97.60	97.99	98.38	98.76	99.14	99.52	99.89	100.26	100.62	100.98
8	97.24	97.63	98.03	98.42	98.80	99.18	99.56	99.93	100.29	100.66	101.02
9	97.28	97.67	98.07	98.45	98.84	99.22	99.59	99.96	100.33	100.69	101.05
10	97.32	97.71	98.11	98.49	98.88	99.26	99.63	100.00	100.37	100.73	101.09

学习参考资料

[1]赵保经. 中国集成电路电路大全//CMOS 集成电路. 北京:国防工业出版社,1985.
[2]潘学军. 自制加热元件及温度测量控制器的应用. 物理实验,2001,21(5):23 -26.
[3]潘学军. 晶体管液晶数字显示温度计. 物理实验,1998,18(1):26 -27.

设计性实验练习题

1. 设计测量液体密度的实验方法.

2. 用一只量筒、一架天平、一根针、一个弹簧、一个铜块、几根细线和水,去测量一个小木块的密度,你能设计出几种方案?

3. 测量一个电源电压,要求测量结果的相对误差小于等于 0.05%. 可供选择的仪器有电压表(0.5 级)、电压表(2.5 级)、电位差计(0.1 级)、标准可变电压源(0.01%).

4. 用下列仪器用具测量待测电阻的阻值.

仪器用具:电源两个(电动势大致相等)、毫安表、电压表、滑变电阻、按键开关、待测电阻各一个、单刀开关两个.

要求:在用电流表测试电路中电流时,不得包含流过电压表的电流,同时用电压表所测量的电压也不能包含电流表的电压降,简要说明测量方法.

5. 用数字电压表(内阻极大)、电阻箱、小灯泡、直流稳压电源、单刀双掷开关测定电源内阻;测量小灯泡在不同电流下的电阻—电流曲线.

6. 用并联半偏法测量微安表内阻.

仪器用具:标准电阻两个(可用电阻箱代替)、1.5V 电池两个、待测微安表及开关两个.

要求:测量微安表内阻,说明主要系统误差来源,估计微安表内阻误差的范围.

7. 利用下列器材装配一个中值电阻为 600Ω 的电阻表,要求电动势下降到 1.2V 时测量无明显误差.

仪器用具:200 微安表、1.5V 干电池(忽略内阻)、六转盘电阻箱两个、接线柱两个、开关一个 、导线若干.

8. 利用下列器材测量铅笔芯的电阻率.(已知成都地区的重力加速度为 9.79134m/s^2).

器材用具:支架、细线、秒表、螺旋测微计、电流表、电阻箱、干电池、检流计、标准电池等各一件,单刀开关两个,导线若干.

9. 测电源的电动势及其内阻.

仪器用具:毫安表(内阻 R_A 已知)、电阻箱、开关、待测电池各一个,导线若干.

10. 测量一干电池的电动势和内阻.

仪器用具电压表(内阻未知,且内阻影响不可忽略),微安表(只能作指零仪器,不能作读数用),直流稳压电源,滑变电阻,定值电阻,待测干电池,以上器件各一件,电键两个,导线若干.

11. 利用所给仪器测量待测电容的容量.

仪器用具:直流稳压电源、电压表、电流表、滑线变阻器、电阻箱、待测电容、秒表、导线、单刀双掷开关等.

要求:①利用所给仪器设计出一种测量电容器容量的实验方法,画出实验电路图;②利用所测数据求出待测电容的容量.

提示:测量电容器容量可以利用含源的 RC 串联电路,观测电容器的充电过程.假定 $t=0$时,电容两端的电压为零,则充电过程中某一时刻电容两端的电压为

$$U_C=E(1-e^{-\frac{t}{RC}})$$

12. 网络电阻 R_1、R_2、R_3 连成一闭合回路,如图 8.20 所示.请用电桥法测量 R_2 的数值.

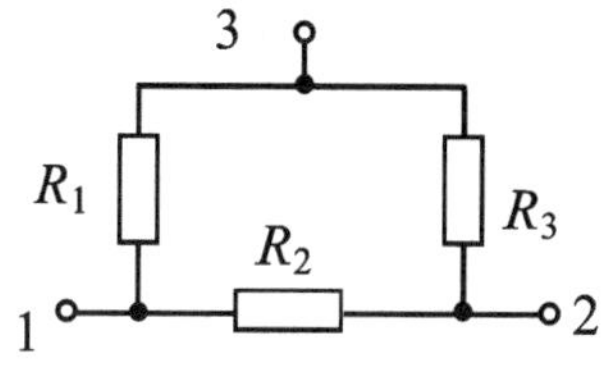

图 8.20 网络电阻闭合回路

仪器用具:网络电阻盒一个(已经连接好,不能打开,这几个电阻数值约数百欧姆和数千欧姆),微安表一个(量程和内阻标在电表上),电阻箱两个,滑线变阻器一个,电源 3V,单刀开关和双刀双掷开关个一个、导线若干.

要求:①画出实验电路图;②写明实验原理和步骤;③写出计算公式和计算结果.

13. 利用滑变电阻(标尺不准)、干电池(稳压电源)、电阻箱、保护电阻、铂热电阻、灵敏电流计(常数和内阻未知)各一个,电键、导线,测油的温度.相关参考数据见表 8.3.

表 8.3 铂热电阻阻值与温度的关系

温度/℃	90	92	94	96	98	100	102	104	106
电阻/Ω	135.24	136.02	136.79	137.56	138.33	139.10	139.87	140.64	141.41

14. 利用铜—康铜热电偶测油温

仪器用具:稳压电源(或干电池) 、滑线电阻、电阻箱、微安表、检流计(常数和内阻未知)各一个,电键,导线等.

热电偶测温在一般温度不是太高的情况下有 $\varepsilon=C(t-t_0)$,式中 ε 为热电偶的热电势;C 为热电偶的温度系数 $C\approx 4.28\text{mV}/100℃$.

15. 利用开关型霍尔集成电路(霍尔传感器)和示波器测量直流微分电机的转速.这种霍尔传感器在磁铁的磁极接近时可输出一个矩形电压脉冲,它是三端电子器件,其中 1 和 2 端接 8V 直流电源,3 端为信号输出端.器材还有小永久磁铁、圆盘可装在电机转轴

上)、直流电源、导线等. 示波器要用方波输出校准.

要求:测出电机转速(单位为转/分),并研究电源电压与转速的关系.

16. 设计一个电路,利用热敏电阻和一个继电器,使得电铃在温度达到 50℃时打响. 提出所需的仪器和器材,绘出电路图.

参考文献

[1]张兆奎,缪连元,张立. 大学物理实验. 第二版. 北京:高等教育出版社,2001:294 - 295.
[2]张兆奎,缪连元,张立. 大学物理实验. 第二版. 北京:高等教育出版社,2001:299 - 303.
[3]王惠棣,等. 物理实验. 第二版. 天津:天津大学出版社,2000:430 - 431.
[4]陆廷济,胡德敬,陈铭南. 实验物理教程. 上海:同济大学出版社,2000:301 - 303.
[5]潘学军,等. 大学物理实验(基础物理部分). 北京:电子工业出版社,2006:323 - 330.